21世纪保险精算系列教材
精算师考试用书
中国人民大学风险管理与精算中心主编

精算中常用的统计模型

黄向阳　金　阳　肖宇谷　宁　威　编著

中国人民大学出版社
·北京·

总 序

自1775年英国公平人寿最早将运用数学工具为产品定价的专门人员命名为精算师以来，精算师职业在国际上已有200多年的历史。这一职业最早在人寿和养老金业务中发挥作用，之后逐步向非寿险、健康保险、社会保障等领域扩展。20世纪以后，精算师的职业进一步延伸到银行、投资、公司财务、金融工程等领域。精算师职业领域的扩展与精算职业组织的发展和精算教育水平的提高密切相关。1848年后欧美一些国家陆续成立的精算师协会以及国际精算师协会，为提高全球精算教育标准作出了贡献。例如，国际精算师协会早在1998年就公布了初级精算教育标准，要求2005年后加入国际精算师协会的成员在精算教育标准上符合国际教育标准。2007年，国际精算师协会再次公布了重新修订的初级精算教育标准及教育大纲。国际上著名的精算师职业组织，包括北美寿险精算师协会、北美非寿险精算师协会、英国精算师协会等，也从2000年后陆续对其精算教育标准和精算师考试体系进行改革，强调精算学与统计学、金融学、投资学、会计学、经济学等学科的融合，强调精算学科培养复合型风险管理人才的目标。

我国精算教育和精算师职业发展起步较晚，1992年后才陆续引入北美寿险精算师考试、英国精算师考试、日本精算师考试、北美非寿险精算师考试等，2000年后，中国精算师考试体系逐步建立起来。目前，中国精算师考试的考点已增加到15个。2006年12月，民政部批准中国精算师协会正式筹备成立。中国精算师协会的成立，必将进一步推动中国精算教育和精算师职业的发展，也迫切要求对当前的精算教育体系和精算师考试体系进行必要的改革，以尽快向国际精算师协会发布的精算教育标准看齐。

中国人民大学统计学院是国内较早开展风险管理与精算教育的大学之一。1992年统计学院就开始招收风险管理与精算专业方向的硕士研究生，1993年开始招收该方向的本科生，1996年招收了该专业方向的第一批博士研究生。2004年，经教育部批准备案，统计学院设立了独立的风险管理与精算学硕士学位点和博士学位点，标志着在风险管理与精算人才培养上，形成了学士、硕士、博士多层次、专业化的人才培养教育体系。其专业课程设置完全与国际接轨，涵盖了北美、英国和中国精算师初级课程考试的基本内容，教学大纲紧跟国际精算师协会公布的精算教育指南，同时根据学科发展的国际趋势，每年重新修订课程和教学大纲。在研究方面，设立了中国人民大学风险管理与精算中心。多年来，在寿险风险管理与精算、非寿险特别是汽车保险风险管理与精算、养老金、社会保障等领域取得了很多有影响的成果，进一步促进了风险管理与精算教育的发展。为适应我国精算教育改革与发展的需要，并体现与国际精算师协会的精算教育标准接轨，中国人民大学风险管理与精算中心精心组织编写了一套精算学系列教材，分两个阶段完成。第一阶段涵盖精算师考试初级课程的全部专业课内容，包括《金融数学》、《风险理论》、《寿险精算学》、《非寿险精算学》、《精算中常用的统计模型》5本教材，其中每本教材包含大量的练习题和解答。第二阶段涵盖精算师考试高级课程的全部内容，分寿险、非寿险、养老金、健康保险、社会保障、投资等不同系列。这套教材一方面可以满足各高校精算专业的教学需求，另一方面也可以作为参加各类精算师资格考试学员的学习参考资料，同时可以作为对精算学科有兴趣的同仁了解和学习精算的参考书。

这套教材的特点，一是在内容上涵盖了北美寿险、北美非寿险、英国、中国精算师考试最新的内容，同时紧跟国际精算师协会提出的精算教育标准，涵盖了国际精算教育大纲的基本内容；二是为了便于读者自学和教师讲授，我们在每本教材中配备了习题及详细解答；三是在写法上，力求把精算学的数理理论与实务结合起来，注意精算数学背后的实践意义，努力从实际意义上解释各种数学关系。

本套教材凝结了中国人民大学风险管理与精算中心全体教师的心血，特别是王晓军、孟生旺、黄向阳、王燕、肖争艳、肖宇谷等老师，他们为本套教材的编写付出了极大的艰辛，统计学院部分硕士研究生和本科生对教材中的习题解答和答案进行了验证，感谢他们为本套教材作出的贡献，同时也感谢中国人民大学出版社的编辑为本书出版付出的辛勤劳动。

袁卫

前 言

精算应用中包含各种统计模型，这些模型独立出来都可以作为一门课程，但是对于基础的考试内容和简单应用，我们可以对它们进行适当的精简。经过对中国精算师考试大纲（2007）和SOA考试大纲（2007）的详细分析，我们把那些不适合归入传统精算课程的内容综合起来，以考试用书为基本目标，在包含所有有关考试内容的前提下，尽可能清晰地展现给读者。

本书由四个部分组成：（1）应用回归分析（1～3章）；（2）时间序列分析（4～12章）；（3）随机模拟（13章）；（4）生存模型及其应用（14～18章）。其中第一部分和第二部分覆盖中国精算师考试第2门课程（02数学基础Ⅱ）的相应内容，在SOA体系中这两部分属于VEE的内容。第三部分覆盖SOA考试COURSE 4中关于随机模拟的内容，且第13章1～5节包含中国精算师考试第5门课程（05风险理论）的有关内容。第四部分包含中国精算师考试第6门课程（06生命表基础）的内容。本书由黄向阳编写第一部分，金阳编写第二部分，肖宇谷编写第三部分，宁威编写第四部分，肖宇谷负责整体审校。

本书四个部分基本上是彼此独立的，读者可以有针对性地选择阅读。

为了方便读者学习，我们将本书习题的全部答案放在人大经管在线（www.rdjg.com.cn）上，同时还提供了第13章随机模拟的例题选编，读者可以下载学习。

由于作者水平有限，书中不足之处敬请批评指正。

编著者

目 录

第一部分 应用回归分析

第二部分　时间序列分析

第三部分　随机模拟

第四部分 生存模型及其应用

21世纪保险精算系列教材

第一部分

应用回归分析

第1章

相关与一元回归分析

本章重点

1. 掌握最小二乘法的计算公式以及在拟合中的应用
2. 了解相关关系和因果关系的异同
3. 掌握一元线性回归模型的假设和参数估计
4. 能够对需要变换的数据完成回归分析
5. 掌握虚拟变量的定义和解释

研究两个变量的定量关系并建立拟合这种关系的曲线是自然科学和社会科学中的常见手段。早期发展的是拟合方法，后来发展出能够检验误差影响的回归理论和算法，才算形成了完整的回归分析体系。本章按照方法的发展历史，从拟合和最小二乘法入手，介绍相关概念，然后介绍一元线性回归模型以及模型的参数估计和相关的假设检验，最后结合可以线性化的回归模型和虚拟变量介绍线性回归模型的应用。

注：本章使用的回归模型的符号并不统一（在正文部分的模型是 $y=\beta_0+\beta_1 x+\varepsilon$，在习题中经常出现的还有 $y=\alpha+\beta x+\varepsilon$，或者 $Y=\alpha+\beta X$），主要是考虑到在 SOA 考题中出现的一般是后一种模型。读者只要记住区分回归直线的常数项（截距）和斜率，就不会发生混淆。

1.1 拟合与最小二乘法

考察变量之间的数量关系是现代科学方法的基本手段。它起源于伽利略，由牛顿加以完善，随后在物理学和工程实践中得到了广泛应用并取得巨大成功。从18世纪开始，这种方法逐渐影响到几乎所有学科。定量研究方法的基本程序包括：

（1）确认需要研究的变量。

（2）获得变量的一系列观测值。

（3）研究这些观测值之间的关系。

（4）建立变量之间的关系模型（一般表现为几个变量之间的函数关系）。

1.1.1 拟合的基本步骤

下面以工厂中产量对总成本的影响研究为例说明这种方法的基本步骤。

【例1—1】 产量和成本的关系研究。为了研究产量和成本之间的关系，首先我们要收集一系列数据，而且必须是在一系列产量水平下的成本。这么做的理由是，按照普遍接受的理论，产量的增长会带来成本的增加。由此得到一系列产量和成本的观测数据的数对，如表1—1所示。

表1—1　某种产品的产量和成本之间的关系

序号	1	2	3	4	5	6	7	8	9	10
产量	1.05	4.21	5.1	6.2	8.75	2.38	1.49	4.71	7.21	4.86
成本	3.52	15.73	15.07	24.81	32.58	11.32	7.52	17.23	24.33	20.96

在处理数据之前，用更直观的方式来展示这些数据往往可以帮助我们获得更清晰的整体印象。在两个变量的关系研究中，散点图是常用的工具，因为它可以把两个变量的数量关系表现在二维平面坐标系上。绘制两个变量的散点图用Excel就可以了，见图1—1。

凭肉眼就可以判断出这10个点分布在一条直线的两侧，图1—1上的方程$y=3.442x+1.4876$是用Excel的“添加趋势线”功能得到的。之所以用添加趋势线而不是回归分析模块来得到拟合直线，是因为在提出基于概率统计理论的回归模型之前，科学家和工程师已经习惯于对散点图拟合合适的曲线方程。所使用的算法是最小二乘法，最小二乘法和数理统计理论结合之后才产生出回归分析。一般认为这项工作主要归功于高斯和马尔可夫。

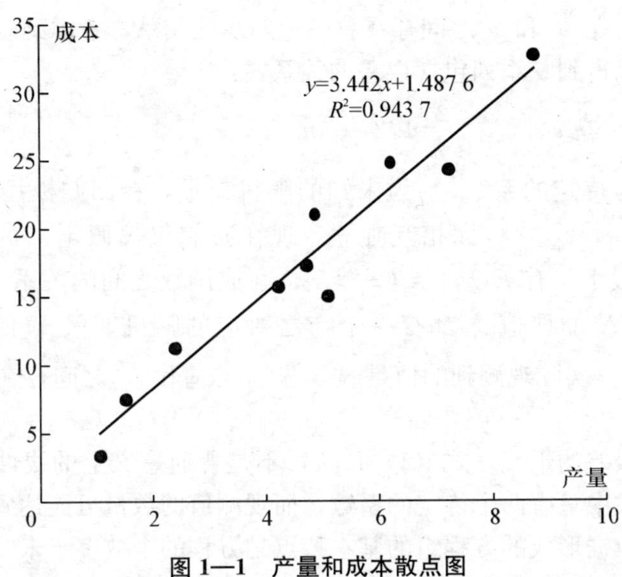

图 1—1　产量和成本散点图

从计算过程来看，给定描述两个变量之间数量关系的函数的形式，可以在不了解误差分布的条件下用最小二乘法估计该函数的各个参数。拟合与回归的发展历史可以印证这一点。回归分析的理论成熟于 19 世纪，但是科学家和工程师利用拟合已经得到了很多有用的经验法则，比如欧姆定律和波义耳的气体定律等。而勒让德在 1805 年提出最小二乘法的时候，也没有讨论误差的性质，更没有建立有关的模型和系数的显著性检验。这些问题到 1809 年才由高斯解决。回归分析理论的意义不是解决拟合函数的计算问题，而是指出：在存在各种误差的情况下，拟合得到的函数形式在多大程度上是可以信赖的。传统的拟合方法则没有给出令人信服的判断方法。因此我们先来看最小二乘法的理论和实现，然后讨论回归分析理论的假设检验问题，最后讨论回归分析模型的应用。

确定两个变量（X，Y），考察这两个变量的一系列取值形成的数对，然后在平面坐标系内画出这些数对的散点图，进一步还可以为这些数对拟合出一条具有很强表达能力的趋势线，甚至作回归分析。这种研究思路在 21 世纪看来都是再普通不过的，在缺乏计算机和计量手段的 18 或 19 世纪却是很先进的方法。按照回归方法的发展过程，我们先看不考虑误差项性质的最小二乘法。

1.1.2　拟合中的最小二乘法

对两个变量（X，Y），其中 X 不是随机变量。假定通过实验或者观察获得了 n 组观测数据，记为数对（x_1，y_1），（x_2，y_2），…，（x_n，y_n）。如果根据理

论或者经验认为在 X 和 Y 之间存在着一定的线性关系，考虑到观测数据必然包含误差，就可以得到一系列包含误差的关系式：

$$y_i=\beta_0+\beta_1 x_i+\varepsilon_i,\quad i=1,2,\cdots,n \tag{1—1—1}$$

式中，β_0 和 β_1 为待定的系数，ε_i 为未知的随机变量，在回归模型中会假定 $\varepsilon_i\sim N(0,\ \sigma^2)$，且 ε_1，ε_2，…，ε_i 相互独立，现在我们仅仅假定 ε_i 的期望为 0。在 $E(\varepsilon_i)=0$ 的假设下，有 $E(y_i)=\beta_0+\beta_1 x_i$。写成函数之间的关系，就是 $E(Y)=\beta_0+\beta_1 X$。每个 X 的取值 x_i 都有一个与之对应的随机变量 Y 的估计值 $\hat{y}_i=\hat{\beta}_0+\hat{\beta}_1 x_i$，但是实际观测到的值是 y_i，显然在 y_i 和 $\hat{y}_i$ 之间存在着因误差导致的差异。

由于存在误差的干扰，式（1—1—1）不是普通意义上的线性方程组。实际上，这组关系式中只有两个待定的系数，而观测值的数量可能达到几十个，也就是说所有这些数据形成的方程组的基本特点是方程的个数多于未知数。通常采用普通最小二乘法（ordinary least square，OLS）对参数 β_0 和 β_1 进行估计。其准则是，对每一个样本观测值（x_i，y_i），观测值 y_i 与其期望值 $\hat{y}_i$ 之间的离差平方和最小。这样，估计 β_0 和 β_1 的问题就变成了一个最优化问题，即求 $\hat{\beta}_0$ 和 $\hat{\beta}_1$，使得偏差平方和 $Q(\beta_0,\ \beta_1)=\sum\limits_{i=1}^{n}(y_i-\beta_0-\beta_1 x_i)^2$ 取最小值。

注意到求和项的平方运算，这就是最小二乘法得名的根据：所谓二乘，就是平方。在有了观测值以后，我们要解决的数学问题是：

$$\begin{aligned}Q(\hat{\beta}_0,\hat{\beta}_1)&=\sum_{i=1}^{n}(y_i-\hat{y}_i)^2=\sum_{i=1}^{n}[y_i-(\hat{\beta}_0+\hat{\beta}_1 x_i)]^2\\&=\min\end{aligned} \tag{1—1—2}$$

$Q(\beta_0,\ \beta_1)$ 是关于 β_0 和 β_1 的二次函数，对 β_0 和 β_1 的偏导存在，通过令 Q 对 β_0 和 β_1 的偏导为零，可以得到 $\hat{\beta}_0$ 和 $\hat{\beta}_1$。

$$\begin{cases}\left.\dfrac{\partial Q}{\partial\beta_0}\right|_{\beta_0=\hat{\beta}_0}=-2\sum\limits_{i=1}^{n}(y_i-\hat{\beta}_0-\hat{\beta}_1 x_i)=0\\[2ex]\left.\dfrac{\partial Q}{\partial\beta_1}\right|_{\beta_1=\hat{\beta}_1}=-2\sum\limits_{i=1}^{n}(y_i-\hat{\beta}_0-\hat{\beta}_1 x_i)x_i=0\end{cases}$$

经整理，得到关于 $\hat{\beta}_0$ 和 $\hat{\beta}_1$ 的二元一次方程组

$$\begin{cases} n\hat{\beta}_0 + n\bar{x}\hat{\beta}_1 = n\bar{y} \\ n\bar{x}\hat{\beta}_0 + (\sum_{i=1}^{n} x_i^2)\hat{\beta}_1 = \sum_{i=1}^{n} x_i y_i \end{cases}$$

求解，得

$$\begin{cases} \hat{\beta}_0 = \hat{y} - \hat{\beta}_1 \bar{x} \\ \hat{\beta}_1 = \dfrac{\sum_{i=1}^{n} (x_i - \bar{x})(y_i - \bar{y})}{\sum_{i=1}^{n} (x_i - \bar{x})^2} \end{cases} \tag{1—1—3}$$

其中

$$\bar{x} = \frac{1}{n}\sum_{i=1}^{n} x_i$$

$$\bar{y} = \frac{1}{n}\sum_{i=1}^{n} y_i$$

为了简化记号，本书使用如下简化的符号：

$$\begin{aligned} L_{xx} &= \sum_{i=1}^{n} x_i^2 - n\bar{x}^2 = \sum_{i=1}^{n} (x_i - \bar{x})^2 \\ &= \sum_{i=1}^{n} x_i^2 - \frac{1}{n}(\sum_{k=1}^{n} x_i)^2 \end{aligned} \tag{1—1—4}$$

$$\begin{aligned} L_{xy} &= \sum_{i=1}^{n} x_i y_i - n\bar{x}\bar{y} = \sum_{i=1}^{n} (x_i - \bar{x})(y_i - \bar{y}) \\ &= \sum_{i=1}^{n} x_i y_i - \frac{1}{n}(\sum_{i=1}^{n} x_i)(\sum_{i=1}^{n} y_i) \end{aligned} \tag{1—1—5}$$

$$\begin{aligned} L_{yy} &= \sum_{i=1}^{n} y_i^2 - n\bar{y}^2 = \sum_{i=1}^{n} (y_i - \bar{y})^2 \\ &= \sum_{i=1}^{n} y_i^2 - \frac{1}{n}(\sum_{i=1}^{n} y_i)^2 \end{aligned} \tag{1—1—6}$$

不管在实验中还是观察中，变量 X 的各个观测值都是可以选择的，自然不可能全部相等，所以 $L_{xx} \neq 0$，则线性函数系数的计算公式可以改写为：

$$\hat{\beta}_1 = \frac{L_{xy}}{L_{xx}}$$

$$\hat{\beta}_0 = \hat{y} - \hat{\beta}_1 \bar{x}$$

根据 $\hat{\beta}_0=\bar{y}-\hat{\beta}_1\bar{x}$，可知 $\bar{y}=\hat{\beta}_0+\hat{\beta}_1\bar{x}$，即（$\bar{x}$，$\bar{y}$）满足拟合得到的直线方程，所以必然在这条直线上。此外，从观测值计算系数估计值的时候，是先得到 $\hat{\beta}_1$，后得到 $\hat{\beta}_0$。再次强调一下，推导最小二乘法的计算公式的时候，只需要假设所有误差项的均值为 0。在第 3 节我们才会看到，如果希望做统计推断，就需要更多的假设。

【例 1—2】 现有如表 1—2 所示数据。

表 1—2

X_i	0	1	2	3	4
Y_i	−1	0.6	u	3.4	4.6

对这组数据拟合简单线性模型：

$$Y=\beta_0+\beta_1X+\varepsilon$$

其中 $E(\varepsilon)=0$

用最小二乘法得到的回归直线通过点（2，1.9）。求 $\sum_{i=1}^{5}(y_i-\bar{y})^2$。

解 注意到 $\bar{x}=2$，而回归直线会通过点 $(\bar{x},\bar{y})$，根据已知条件，这个点就是（2，1.9），所以有 $\bar{y}=1.9$，由此得到 $u=1.9$。则

$$\sum_{i=1}^{5}(y_i-\bar{y})^2=\sum_{i=1}^{5}y_i^2-5(\bar{y})^2=19.64$$

1.2 两个变量的相关关系

1.2.1 变量之间的相关关系

我们熟悉的是变量之间的函数关系，即变量之间存在因果联系，且这种联系能够用两个变量之间的函数关系加以表达。函数关系 $y=f(x)$ 隐含着因果关系，即我们认为是解释变量 x 决定了被解释变量 y 的取值。比如在复利方法下，0 时刻 1 个单位的货币，如果有效年利率为 i，则在 t 时刻的终值为 $A(t)=(1+i)^t$，可以认为累计期的长度决定了终值的数额。实际生活中的变量关系往往不会这么简单。下面我们来看几个例子。

（1）父亲身高和儿子身高的关系。一般来说，父子身高是同向变化的，但是儿子的身高受很多因素影响，比如母亲的身高、后天的营养和锻炼等。所以我们很难用父亲身高来准确预测儿子的身高，最多只能说在大部分情况下，父亲的身

高比较高，则儿子的身高也会比较高。

(2) 在某个固定的年份，比如 2006 年，居民可支配收入和消费额的关系。一般来说，收入较高的人消费额也会比较高，但是影响消费额的因素有很多。

(3) 在前面两个例子中，可以认为变量之间存在一定的先后次序。即父亲身高是影响儿子身高的因素之一，而不是相反。下面我们看一个更复杂的例子：人的腿长和臂长之间的关系。根据常识，腿长的人往往手臂也长；反过来，手臂长的人往往腿也长。这两个变量是基本同向变化的，它们之间应该没有哪个变量决定另一个的问题。比较合理的解释是腿长和臂长两个变量受到一个共同变量的影响，即随着人的成长，腿长和臂长都会增加。

数理统计方法处理的变量关系和物理学中的不同，变量的相互影响往往会受到随机因素的干扰，所以就发展出一套特别的方法。我们先来看一个比较简单的指标，即线性相关系数。线性相关系数的简称是相关系数，这个简化容易造成一种误解，即相关系数接近于 0 就说明两个变量之间没有什么明确的关系模式。实际上，线性相关系数仅仅计量两个变量之间线性关系的有无和强弱。必须强调的是，如果两个变量在统计意义下具有显著的线性相关关系，它们之间的真实关系依然有下列三种可能情况：实际上无关（虚假相关）、实际上相关和实际上具有因果关系。

(1) 虚假相关。即从观测的统计数据来看存在相关关系，但实际上两个变量是相互独立、互不影响或者受到某个共同变量的影响，可记为 $X-Y$。

(2) 统计相关，实际上也相关。但是在这种情况下也有很多复杂的变化。比如一家企业历年投资和利润的关系，两个变量之间的关系是“鸡生蛋，蛋生鸡”，不妨记为 $X \leftrightarrow Y$。当然有专门的统计方法来处理这类问题，比如联立方程模型，本书不包含这部分内容，有兴趣的读者可以参考一般的计量经济学教材。

(3) 存在实际的因果关系，前者是对其他变量发生影响的变量，后者是我们希望解释说明的变量，可记为 $X \rightarrow Y$。

区分因果关系中的被解释变量和解释变量不是一个简单的问题，比如公鸡打鸣和太阳东升的关系。在科学证据不足的情况下，有充分的理由认为是公鸡叫醒了太阳，所谓“雄鸡一唱天下白”。仅仅观察地球上的变化，就可以发现公鸡每天都打鸣，在公鸡几次打鸣之后，太阳才上山；有少数时候公鸡打鸣之后，整天阴天，我们看不见太阳，不过从天亮也可以判断太阳是出山了。

按照习惯做法，被解释变量一般用 Y 表示，解释变量一般用 X 来表示，字

面上的函数关系 $Y=f(X)+\varepsilon$ 的真实含义是：变量 Y 的实际观测值的变动可以用变量 X 来作比较有效的解释。怎样判断是否“比较好”，就要看统计方法了。要点是：变量之间的关系远非简单的函数关系可以概括，在应用定量分析方法的时候，要特别警惕滥用函数关系和回归分析方法的冲动。

1.2.2 线性相关系数

通过计算观测数据（x_i，y_i）（$i=1$，2，…，n）的样本相关系数，可以为定量描述两个变量 X，Y 之间线性关系密切程度提供一个指标：

$$r=\frac{\sum_{i=1}^{n}(x_i-\bar{x})(y_i-\bar{y})}{\sqrt{\sum_{i=1}^{n}(x_i-\bar{x})^2\sum_{i=1}^{n}(y_i-\bar{y})^2}}$$

$$=\frac{\sum_{i=1}^{n}x_iy_i-n\overline{xy}}{\sqrt{\left(\sum_{i=1}^{n}x_i^2-n\bar{x}^2\right)\left(\sum_{i=1}^{n}y_i^2-n\bar{y}^2\right)}} \tag{1—2—1}$$

其中 $$\bar{x}=\frac{1}{n}\sum_{i=1}^{n}x_i$$

$$\bar{y}=\frac{1}{n}\sum_{i=1}^{n}y_i$$

对照式（1—1—3）～式（1—1—6）和式（1—2—1），可以得到如下变换关系：

$$\hat{\beta}_1=\frac{L_{xy}}{L_{xx}}=r\sqrt{\frac{L_{xx}}{L_{yy}}} \tag{1—2—2}$$

式（1—2—2）表明，用最小二乘法得到的直线方程的斜率估计值和线性相关系数的符号相同。

必须强调的是：这种变换关系在数值计算的意义下是完全可以使用的，但是不宜作过多的因果意义或者函数关系方面的引申。

容易证明，相关系数的取值范围为 $-1\leqslant r\leqslant 1$。下面简单分析一下 r 的含义。

（1）当 $r=1$ 或 -1 时，说明变量 X 与变量 Y 完全线性相关，即 X 与 Y 之

间存在确定的线性函数关系。这时，所有数对（x_i，y_i）都严格地落在一条直线上。

（2）当 $r=0$ 时，说明变量 X 和变量 Y 完全没有线性相关关系，数据点的分布一般是不规则的。

（3）当 $0<|r|<1$ 时，说明变量 X 和变量 Y 之间存在一定的线性关系。

【例 1—3】　在对一个包含 10 组观测值的一元线性模型进行拟合的时候，得到如下数据：

$$\sum_{i=1}^{10} x_i = 30，\sum_{i=1}^{10} y_i = 110，\sum_{i=1}^{10} x_i^2 = 40，\sum_{i=1}^{10} y_i^2 = 600$$

已知线性相关系数等于 $r=0.84$，求 $X=5$ 的时候 Y 的预测值。

解　$$\hat{\beta} = r\sqrt{\frac{\sum(y_i-\bar{y})^2}{\sum(x_i-\bar{x})^2}} = 0.84\times\sqrt{\frac{\sum_{i=1}^{10} y_i^2 - n\bar{y}^2}{\sum_{i=1}^{10} x_i^2 - n\bar{x}^2}} = 2.934$$

$$\hat{\alpha} = \hat{y} - \hat{\beta}\,\bar{x} = \frac{110}{10} - 2.934\times\frac{30}{10} = 2.198$$

所求预测值等于

$$\hat{Y} = \hat{\alpha} + \hat{\beta}X = 2.198 + 2.934\times 5 = 16.87$$

1.2.3　相关系数的检验

一般来说，相关系数愈接近±1 表示线性关系愈密切，愈接近 0 表示线性关系愈不密切。但是，要想确定需要多大的相关系数才能用线性回归方程来描述变量之间的相关关系，有时并不是很容易。比较常用的方法是在建模时检验一下其相关系数是否大于临界值 $r_{\min}$，当 $|r|>r_{\min}$ 时，才能用线性回归方程描述两个变量间的关系，否则建立线性回归方程是没有意义的。$r_{\min}$ 的值可以查表得到，所需要的只是 n 和置信度。如果通过计算相关系数，知道变量之间是密切线性相关的，则下一步可建立相应的回归方程。现有的常见方法是利用 t 检验。t 统计量的计算公式为：

$$t = \frac{r}{\sqrt{1-r^2}}\cdot\sqrt{n-2}$$

计算出 t 值后，按给定的显著性水平 α 查 t 分布表，找到临界值 $t_{\alpha/2}(n-2)$，

对临界值进行推断。如果 $|t|>t_{\alpha/2}(n-2)$，表示 x 与 y 之间的相关程度显著；如果 $|t|<t_{\alpha/2}(n-2)$，表示 x 与 y 之间的相关程度不显著。

对于相关系数需要注意的一点是，变量 x 与变量 y 数值之间存在线性相关的联系，不一定就反映了变量之间的内在联系，因此，不能因为存在线性相关关系就认为存在因果关系，当然不存在相关关系也不能就认为没有因果关系。计算相关系数之前需要对两个变量的经济联系进行分析，再计算相关系数才有其实际意义。

【例 1—4】 计算表 1—3 所列数据的相关系数。

表 1—3

X	-2	-1	0	1	2
Y	4	1	0	1	4

解 现在借助计算机或者统计软件很容易完成计算，不过熟悉相关系数的计算格式还是很有必要的。计算表见表 1—4。

表 1—4 **线性相关系数计算表**

序号	X	Y	XY	X^2	Y^2
1	-2	4	-8	4	16
2	-1	1	-1	1	1
3	0	0	0	0	0
4	1	1	1	1	1
5	2	4	8	4	16
小计	0	10	0	10	34
说明	$\sum_{i=1}^{5} X_i$	$\sum_{i=1}^{5} Y_i$	$\sum_{i=1}^{5} X_iY_i$	$\sum_{i=1}^{5} X_i^2$	$\sum_{i=1}^{5} Y_i^2$

表 1—4 的表头和最后一行是对应的，表头说明各个列之间的计算关系，比如 XY 这列计算的是交叉项。

利用式（1—2—1）可以得到 $r=0$。这说明 X 和 Y 之间不存在线性相关关系，但是这些数对之间的关系显然可以用 $Y=X^2$ 来描述。这个例子说明线性相关系数是计量线性相关关系的，它等于 0 并不意味着两个变量之间就不存在其他关系。

1.3　一元线性回归

本节将引入误差项的正态分布假设，并在此基础上建立一元线性回归模型。

1.3.1　回归模型的基本假定

在第 1 节的最小二乘法的拟合中，虽然考虑到了误差项的影响，但并没有对误差项的随机性质作更多假设。采用更多假设的方法是回归分析，回归模型的基本假设如下：

$$\begin{cases} y_i=\beta_0+\beta_1 x_i+\varepsilon_i, & i=1,2,\cdots,n \\ \varepsilon_1,\varepsilon_2,\cdots,\varepsilon_n \overset{i.i.d}{\sim} N(0,\sigma^2) \end{cases} \tag{1—3—1}$$

由此可知，$y_i \sim N(\beta_0+\beta_1 x_i,\ \sigma^2)$ $(i=1,\ 2,\ \cdots,\ n)$，即从变量属性的角度来看，每一个 y_i 都是随机变量，我们得到的实际观测值只是这个随机变量的一个实现的值。在很多情况下，习惯上用大写字母表示随机变量，本书不作区分，根据上下文都能够判断是随机变量还是随机变量的某个实现值。为简化问题，这里假定变量 X 不是随机变量。对 y_i 取期望可以得到

$$E(y_i)=\beta_0+\beta_1 x_i, \quad i=1,2,\cdots,n$$

略去下标 i 就可以得到变量 X 与 Y 之间的关系，即

$$E(Y)=\beta_0+\beta_1 X \tag{1—3—2}$$

式（1—3—2）的含义是：随机变量 Y 的取值在一定程度上取决于变量 X 的取值，其依赖方式是变量 X 的取值可以决定变量 Y 的期望，而剩余的误差部分是一个均值为 0 的正态随机变量。式（1—3—2）在平面坐标系上的图像是一条直线，可以称之为回归直线，则 β_1 自然是直线的斜率，表示 X 增加一个单位的时候 $E(Y)$ 的增加量。

在实际的回归分析中必须根据观测数据来估计 β_0 和 β_1 的取值 $\hat{\beta}_0$ 和 $\hat{\beta}_1$，称由此得到的方程 $\hat{y}=\hat{\beta}_0+\hat{\beta}_1 x$ 为 Y 关于 X 的一元线性回归方程。

1.3.2　回归系数的最小二乘估计

一元线性回归分析的实施过程和传统数据拟合的相同之处是：确立变量，收

集数据，利用最小二乘法估计两个系数。不同之处在于，回归分析还要进行各种统计检验，包括：检验回归方程的显著性，检验回归系数的显著性，考察残差的特性看正态假设是否合理，考察是否存在离群值，考察是否存在异方差。多元回归分析还要处理解释变量之间的多重共线性问题。随后我们将逐渐解释这些检验方法并说明回归分析的使用方法。

在得到观测值（x_i，y_i）（$i=1$，2，…，n）之后，从数值计算的角度来看，估计回归系数的计算公式和数据拟合的最小二乘法计算公式是完全相同的。即

$$\hat{\beta}_1=\frac{\sum_{i=1}^{n}(x_i-\bar{x})(y_i-\bar{y})}{\sum_{i=1}^{n}(x_i-\bar{x})^2},\quad \hat{\beta}_0=\bar{y}-\hat{\beta}_1\bar{x} \qquad (1—3—3)$$

随后我们就要利用概率论来处理估计量 $\hat{\beta}_0$ 和 $\hat{\beta}_1$ 的随机性质。首先说明一下概念问题。每次具体的回归分析得到的计算结果都是估计量的具体取值，其计算就是将一些具体取值代入公式（估计量）中。从实际工作来看，我们希望得到对回归系数 β_0 和 β_1 的估计，既然每次估计都会有误差，比较切合实际的理想就是这些估计值能够分布在 β_0 和 β_1 的真值的“附近”，并且在重复使用式（1—3—3）来估计系数的时候能够保证各个估计值的均值“非常接近”β_0 和 β_1 的真值。利用概率论我们可以对“附近”和“非常接近”进行定量描述。

在假设式（1—3—1）之下式（1—3—3）揭示了随机变量之间的关系。

在 $\hat{\beta}_0$ 和 $\hat{\beta}_1$ 的计算表达式中都出现了一系列 y_i（$i=1$，2，…，n），而 y_i 的分布是 $y_i\sim N(\beta_0+\beta_1x_i,\ \sigma^2)$（$i=1$，2，…，$n$）。如果我们简单地利用正态分布随机变量的可加性，就会认为随机变量 $\hat{\beta}_0$ 和 $\hat{\beta}_1$ 也应该服从正态分布，并且正态分布的参数中会出现 β_0 和 β_1，这样就有可能回答我们在上一段提出的问题。但是这种思路在实际应用中会遇到一个困难：误差项的方差 σ^2 是未知的，而有应用价值的 $\hat{\beta}_0$ 和 $\hat{\beta}_1$ 的分布不能包含未知参数。如何利用观测值来估计 σ^2，并得到不依赖未知参数的 $\hat{\beta}_0$ 和 $\hat{\beta}_1$ 的分布，是回归理论要解决的问题。

在得到回归系数的估计之后，分析者自然要关心回归方程计算的预测值 $\hat{y}_i$ 和观测值 y_i 之间的差异。这个差异一般称为残差，定义为 $\hat{\varepsilon}_i=y_i-\hat{y}_i$（$i=1$，2，…，$n$），即观测值和对应 x_i 计算出来的预测值之间的差异。$\hat{\varepsilon}_i$ 是误差项的估计量。考虑它的分布，也可以知道它服从正态分布。

定义残差平方和

$$Q(\hat{\beta}_0, \hat{\beta}_1) = \sum_{i=1}^{n}(y_i - \hat{y}_i)^2 = \sum_{i=1}^{n}(y_i - \hat{\beta}_0 - \hat{\beta}_1 x_i)^2 \quad (1—3—4)$$

这就是最小二乘法希望最小化的离差平方和。

就一个实际问题得到经验回归方程 $\hat{y} = \hat{\beta}_0 + \hat{\beta}_1 x$ 之后，还不能用它作分析和预测，因为 $\hat{y} = \hat{\beta}_0 + \hat{\beta}_1 x$ 是否“真的”有意义，还需运用各种统计方法对回归方程进行检验。这些检验种类很多，在一元线性回归的场合下，至少要包括：回归方差的显著性检验、回归系数的显著性检验、残差分析（具体来说，就是残差的自相关分析）、异方差检验。后面两种检验将在第 3 章中专门论述，本章不再赘述。

1.3.3　回归方程的显著性检验

F 检验用于检验回归方程的显著性。或者说，变量 x 和 y 之间能否用一个线性模型 $y=\beta_0+\beta_1 x+\varepsilon$ 来表示。推导检验统计量的依据是总平方和的分解式：

$$\sum_{i=1}^{n}(y_i - \bar{y})^2 = \sum_{i=1}^{n}(\hat{y}_i - \bar{y})^2 + \sum_{i=1}^{n}(y_i - \hat{y}_i)^2 \quad (1—3—5)$$

首先解释一下式（1—3—5）的含义。$\sum_{i=1}^{n}(y_i - \bar{y})^2$ 称为总平方和,简记为 SST。为什么使用平方和来描述 y 的观测值所表达的信息?可以这样认为，y 既然是变量,取值必然不同,把所有取值对均值的差异作为变动的描述是合理的。平方和的形式能够保证得到比较完美的数学上的结果,也便于应用,所以主要的回归分析方法中使用的是平方和,这种分析逻辑和方差分析是一致的。$\sum_{i=1}^{n}(\hat{y}_i - \bar{y})^2$ 称为回归平方和,简记为 SSR,它是根据回归方程计算得到的 y 的预测值和总平均值之间的差异；$\sum_{i=1}^{n}(y_i - \hat{y}_i)^2$ 称为残差平方和,简记为 SSE,它是回归方程所不能解释的变量 y 的取值变动。

构造 F 统计量：

$$F=\frac{SSR/1}{SSE/(n-2)}$$

在正态假设下，当原假设成立时，F 服从自由度为（1，$n-2$）的 F 分布。当 F 值大于临界值 $F_\alpha(1, n-2)$ 时，拒绝原假设，说明回归方程显著，x 与 y 有显著的线性关系。

进行回归分析后要提供一个回归分析的方差分析表（见表 1—5）。

表 1—5　　回归分析的方差分析表

	平方和	自由度	均方	F 比	p 值
回归	SSR	1	MSR	MSR/MSE	
残差	SSE	$n-2$	MSE		
总计	SST	$n-1$			

方差分析中有一个“自由度”的概念。这个概念源于几何学，在方差分析理论的发展中曾经起过重要作用。我们对它可以作如下理解。表 1—5 中，总平方和的自由度为 $n-1$，这是因为共有 n 个 y 的观测值，且满足 $\sum_{i=1}^{n}(y_i-\bar{y})=0$，所以实际上 $\sum_{i=1}^{n}(y_i-\bar{y})^2$ 中只有 $n-1$ 个数据可以自由变动。这是因为该式是恒等式。回归平方和的自由度为 1，这是因为一元线性回归的解释变量的个数为 1，这样残差平方和的自由度就等于 $(n-1)-1=n-2$。

【例 1—5】　资本资产定价模型（CAPM）的实际拟合与检验结果。

资本资产定价模型的数学形式为：

$$r_P-r_f=\alpha+\beta(r_M-r_f)+\varepsilon$$

式中，r_P是某只股票的收益率（比如月度收益率）；r_f是无风险收益率，在模型中作为已知参数；r_M是某种股票组合的收益率；α 和 β 是待估参数。在实际拟合中会取某只股票收益率的观测值，而 r_M会取某个比较重要的市场投资组合的收益率，比如标准普尔 500 指数对应的组合，然后利用最小二乘法进行回归分析。在许多情况下，方程和回归系数的显著性都不算高，但是 β 的估计值在证券分析中扮演了很重要的角色。

表 1—6 是某只股票连续 12 个月的收益率数据，注意相同时期的无风险收益率也有变动。

表 1—6　　股票收益率数据

月份	P 公司	市场（S&P500）	无风险证券	r_P-r_f	r_M-r_f
1	6.18%	3.25%	0.25%	5.93%	3.00%
2	−11.30%	−3.00%	0.21%	−11.51%	−3.21%
3	−7.24%	−4.58%	0.27%	−7.51%	−4.85%
4	−1.35%	1.16%	0.27%	−1.62%	0.89%
5	2.95%	1.24%	0.32%	2.63%	0.92%
6	−1.54%	−2.68%	0.31%	−1.85%	−2.99%

续前表

月份	P公司	市场（S&P500）	无风险证券	r_P-r_f	r_M-r_f
7	−1.35%	3.15%	0.28%	−1.63%	2.87%
8	15.19%	3.76%	0.37%	14.82%	3.39%
9	5.27%	−2.69%	0.37%	4.90%	−3.06%
10	−0.84%	2.08%	0.38%	−1.22%	1.70%
11	4.56%	−3.95%	0.37%	4.19%	−4.32%
12	3.15%	1.23%	0.44%	2.71%	0.79%

对上述数据进行普通最小二乘回归，得到方差分析表如表 1—7 所示。

表 1—7　　方差分析表

	自由度	平方和	均方	F 比	p 值
回归	1	0.013	0.013	3.565	0.088
残差	10	0.037	0.004		
总计	11	0.051			

从 F 检验的 p 值可以看出，这个回归模型在 0.05 显著性水平下就会被判定为不显著，在 0.1 显著性水平下就可以通过检验，总的来说比较勉强。对两个系数的统计检验如表 1—8 所示。

表 1—8　　统计检验表

	系数	标准差	t 统计量	p 值
α	0.012	0.018	0.701	0.499
β	1.136	0.602	1.888	0.088

可见回归方程中的截距 α 可以认为是等于 0 的，而 β 在 0.1 显著性水平下可以通过检验。如果单纯看 β 的估计值，可以发现 β 大于 1，说明这只股票的收益率波动程度超过了市场投资组合，即该股票的风险偏高。由此得到的 β 估计值在证券分析中被称为“贝塔值”，虽然经常通不过显著性检验，但是贝塔值仍然是一个得到广泛重视的数字。

1.3.4　回归系数的置信区间

可以证明，在误差项的方差 σ^2 已知的条件下，$\hat{\beta}_0$ 和 $\hat{\beta}_1$ 都服从正态分布，即

$$\hat{\beta}_0 \sim N\left(\beta_0, \sigma^2 \frac{\sum_{i=1}^{n} x_i^2}{\sum_{i=1}^{n} (x_i-\bar{x})^2}\right), \quad \hat{\beta}_1 \sim N\left(\beta_1, \frac{\sigma^2}{\sum_{i=1}^{n} (x_i-\bar{x})^2}\right)$$

$\hat{\beta}_0$和 $\hat{\beta}_1$的协方差为：

$$\mathrm{Cov}(\hat{\beta}_0, \hat{\beta}_1) = \frac{-\bar{x}\sigma^2}{\sum_{i=1}^{n} (x_i-\bar{x})^2}$$

可见，$\hat{\beta}_0$和 $\hat{\beta}_1$分别是 β_0和 β_1的无偏估计，实际上，它们的联合分布是二元正态分布。现在的问题是 σ^2本身需要估计，即 $s^2=\hat{\sigma}^2=\frac{SSE}{n-2}$。由此我们可以得出 $\hat{\beta}_0$和 $\hat{\beta}_1$的点估计，并能够估计它们的方差和协方差：

$$s^2_{\hat{\beta}_1} = \frac{s^2}{\sum_{i=1}^{n} (x_i-\bar{x})^2}$$

$$s^2_{\hat{\beta}_0} = \frac{s^2 \sum_{i=1}^{n} x_i^2}{\sum_{i=1}^{n} (x_i-\bar{x})^2}$$

$$\mathrm{Cov}(\hat{\beta}_0, \hat{\beta}_1) = \frac{-\bar{x}s^2}{\sum_{i=1}^{n} (x_i-\bar{x})^2}$$

如果还想进一步得到 β_0和 β_1的区间估计，仅有包含未知参数的正态分布是不够的。利用 t 分布的性质，可以消去未知参数 σ^2，得到不包含未知参数的区间估计的计算公式，即置信区间的上限和下限的计算公式。

构造统计量 $t_{(n-2)}=\frac{\hat{\beta}_1-\beta_1}{s_{\hat{\beta}_1}}$，则该统计量服从自由度为（$n-2$）的标准 t 分布。考虑95%的置信区间，记 $t_{0.025}(n-2)=t_c$，下标 c 是临界值的英文“critical value”的首字母。则有

$$\Pr(-t_c<t_{(n-2)}<t_c)=0.95$$

$$\Pr\left(-t_c<\frac{\hat{\beta}_1-\beta_1}{s_{\hat{\beta}_1}}<t_c\right)=0.95$$

$$\Pr(\hat{\beta}_1-t_c s_{\hat{\beta}_1}<\beta_1<\hat{\beta}_1+t_c s_{\hat{\beta}_1})=0.95$$

这意味着区间（$\hat{\beta}_1 - t_c s_{\hat{\beta}_1}$，$\hat{\beta}_1 + t_c s_{\hat{\beta}_1}$）包含真值 β_1 的概率为 0.95。同理，我们可以构造 β_0 的 95%置信区间，即（$\hat{\beta}_0 - t_c s_{\hat{\beta}_0}$，$\hat{\beta}_0 + t_c s_{\hat{\beta}_0}$）。

1.3.5　回归系数的显著性检验

回归分析中，t 检验用于检验回归系数的显著性。检验的原假设是 H_0：$\beta_1=0$，对立假设是 H_1：$\beta_1 \neq 0$。如果原假设成立，则被解释变量 y 与解释变量 x 之间并没有真正的线性关系，也就是说解释变量 x 的变化对被解释变量 y 并没有影响。构造 t 统计量

$$t=\frac{\hat{\beta}_1}{\sqrt{\hat{\sigma}^2/L_{xx}}} \tag{1—3—6}$$

其中

$$L_{xx} = \sum_{i=1}^{n} (x_i - \bar{x})^2$$

$$\hat{\sigma}^2 = \frac{1}{n-2}\sum_{i=1}^{n} (y_i - \bar{y})^2$$

当原假设 H_0：$\beta_1=0$ 成立时，式（1—3—6）构造的 t 统计量服从自由度为（$n-2$）的 t 分布。给定显著性水平 α，双侧检验的临界值为 $t_{\alpha/2}$。当 $|t| \geqslant t_{\alpha/2}$ 时拒绝原假设，认为 β_1 显著不为零，被解释变量 y 对解释变量 x 的一元线性回归成立；当 $|t| < t_{\alpha/2}$ 时接受原假设，认为 β_1 为零，被解释变量 y 对解释变量 x 的一元线性回归不成立。

F 检验的结果与 t 检验的结果一致，在一元线性回归分析中，这两种检验方法是等价的，可任选一种进行检验。必须注意，这种等价性的依据是 F 分布和 t 分布的一个等价关系 $\sqrt{F_\alpha(1, n-2)}=t_{\alpha/2}(n-2)$，这在多元回归分析中是不成立的。

【例 1—6】　对 44 组观测值拟合了一个简单线性回归模型 $Y=1.1+1.3X$。已知总平方和等于 60，回归平方和等于 18。现在要用 t 检验来检验假设 H_0：$\beta=0 \leftrightarrow H_1$：$\beta \neq 0$，其中 β 是回归直线的斜率。求 t 统计量。

解　残差平方和 $SSE=SST-SSR=60-18=42$，对于简单线性回归，回归平方和 $SSR = \hat{\beta}^2 \sum_{i=1}^{n} (x_i - \bar{x})^2$，则

$$t=\frac{\hat{\beta}}{\sqrt{\hat{\sigma}^2/L_{xx}}}=\frac{\hat{\beta}}{\sqrt{SSE/(n-2)}\sqrt{\hat{\beta}^2/SSR}}=\sqrt{(n-2)\frac{SSR}{SSE}}=4.24$$

1.3.6 残差图

在利用回归方程作分析和预测之前，应该用残差图帮助我们诊断回归效果与样本数据的质量，检查模型是否满足基本假定，以便对模型作进一步的修改。

残差是实际观测值 y 与通过回归方程给出的回归值 $\hat{y}$ 之差，即 $e_i=y_i-\hat{y}_i$。以解释变量 x 作横轴，以残差作纵轴，将相应的残差点画在直角坐标系上，就可得到残差图。一般认为，如果一个回归模型满足所给出的基本假定，所有残差应是在 $e=0$ 附近随机变化，并在变化幅度不大的一条带子内。

普通残差不具有可比性，我们可以用标准化残差对普通残差作改进。标准化残差定义如下：

$$ZRE_i=\frac{e_i}{\hat{\sigma}}$$

$|ZRE_i|>3$ 的相应观测值即判定为异常值，从而简化了判定工作。

1.4 回归方程的应用

本节介绍利用回归方程进行区间估计、曲线回归以及虚拟变量的基本知识。

1.4.1 利用一元线性回归方程作预测

利用回归模型进行预测，预测值只是回归曲线上的数据点，变量 Y 的未来实际值可能落在回归趋势线之外，与预测值不符。实际值总是在一定幅度范围内围绕着回归线上下波动。因此，需要对未来实际值的可能取值范围，即置信区间以及其置信度进行分析。预测的置信区间，也就是由 x_0 推测 y_0 的估计区间。

【例 1—7】 表 1—9 中的变量 X 是平均货运周转量，Y 是汽车的平均拥有量，前 10 组数据是实际观测到的结果，希望利用这些数据预测平均货运周转量达到 270 时的汽车平均拥有量。

表 1—9　观测结果表

	1	2	3	4	5	6	7	8	9	10	预测值
X	80	100	120	140	160	180	200	220	240	260	270
Y	70	65	90	95	110	115	120	140	155	150	161.9

解　在这个问题中，可以提出的问题是如果平均货运周转量增加到 270，则

汽车的平均拥有量等于多少？从原始数据可以看出，货运周转量并不能决定汽车的平均拥有量，所以对汽车平均拥有量的预测在理论上就存在一定误差。在回归模型的预测中我们会使用区间估计，即给出一个预测值的范围。预测问题的数学形式为：给定 x_0，根据回归方程有

$$\hat{y}_0=\hat{\beta}_0+\hat{\beta}_1 x_0$$

求一个区间，该区间能够套住实际值的可能性应该不小于 $1-\alpha$，这个区间是以 $\hat{y}_0$ 为中心的，其数学形式为：

$$\left(\hat{y}_0-S_{y_0}\sqrt{F_\alpha(1,n-2)},\ \hat{y}_0+S_{y_0}\sqrt{F_\alpha(1,n-2)}\right)$$

其中
$$S_{y_0}=\sqrt{\frac{SSE}{n-2}}\sqrt{1+\frac{1}{n}+\frac{(x_0-\overline{x})^2}{\sum_{i=1}^{n}(x_i-\overline{x})^2}}$$

注意到

$$\sqrt{F_\alpha(1,n-2)}=t_{\alpha/2}(n-2)$$

所以置信区间的公式可以写成包含 t 统计量的形式：

$$\left(\hat{y}_0-S_{y_0}t_{\alpha/2}(n-2),\ \hat{y}_0+S_{y_0}t_{\alpha/2}(n-2)\right)$$

通过回归分析，我们得到如表 1—10 所示的方差分析表。

表 1—10　　　　方差分析表

	自由度	平方和	均方	F 比	p 值
回归	1	8 552.73	8 552.73	202.87	0.00
残差	8	337.27	42.16		
总计	9	8 890.00			

对两个参数的估计值如表 1—11 所示。

表 1—11　　　　参数估计值

	估计值	标准差	t 统计量	p 值
常数项	24.45	6.414	3.81	0.005
斜率	0.51	0.036	14.24	5.75E−07

从两张表来看，回归方程和两个系数都是高度显著的。

我们还有如下计算结果：

$$\sum_{i=1}^{10}(x_i-\bar{x})^2=33\,000$$

$$\bar{x}=170$$

查表可知

$$t_{\alpha/2}(n-2)=2.31$$

从方差分析表中可得 $SSE=337.27$，而本次回归的样本量 $n=10$，新的 X 变量取值 $x_0=270$。将 270 带入回归方程，可以得到点估计结果为 161.9；其对称的 95%的置信区间为（144.17，179.64）。也就是说，这个区间套住“真正”的结果的概率为 0.95。

统计分析软件一般都会给出回归方程系数的 95%的置信区间。本例中的两个系数的 95%的置信区间分别是常数项（9.66，39.24），斜率（0.43，0.59）。

1.4.2 曲线回归

实际问题中，有许多回归模型的被解释变量 y 与解释变量 x 之间的关系都不是线性的，其中一些回归模型通过对解释变量或被解释变量的函数变换可以转换为线性关系，利用线性回归求解未知参数。如有模型

$$y=\beta_0+\beta_1 e^x+\varepsilon$$

只需令

$$x'=e^x$$

即可化为线性的形式

$$y=\beta_0+\beta_1 x'+\varepsilon$$

需要指出，新引进的解释变量只能依赖于原始变量，而不能与未知参数有关。凡是能够通过变换得到线性回归形式的模型原则上都不是非线性回归模型。“真正”的非线性回归模型是什么样子呢？看下面这个模型：

$$y=\beta_0+\sin(\beta_1 x)+\varepsilon$$

未知参数 β_1 和变量 x 无法分离，所以不能转化成一个线性回归模型。

下面我们给出几种常见的非线性模型及其线性化方法（见表 1—12）。

表 1—12 常见的非线性模型及其线性化方法

名称	原模型	变换函数
指数函数	$y=\alpha e^{\beta x}$	$y'=\ln y$
幂函数	$y=\alpha x^{\beta}$	$y'=\log y$，$x'=\log x$
双曲函数	$y=\dfrac{x}{\alpha x+\beta}$	$y'=\dfrac{1}{y}$，$x'=\dfrac{1}{x}$
对数函数	$y=\alpha+\beta\log x$	$x'=\log x$
S 形曲线	$y=\dfrac{1}{\alpha+\beta e^{-x}}$	$y'=\dfrac{1}{y}$，$x'=e^{-x}$

此外还有多项式回归，在本书第 3 章中会讲到。

【例 1—8】 对表 1—13 中的前两行数拟合回归方程。

表 1—13 有关数据表

X	1	2	3	4	5	6	7	8	9	10	11	12
Y	1.89	4.53	5.47	4.65	6.27	8.54	19.59	25.80	22.30	28.12	37.96	58.87
ln (Y)	0.64	1.51	1.70	1.54	1.84	2.14	2.98	3.25	3.10	3.34	3.64	4.08

解 一般从散点图能够大致判断可能的函数类型。本题中 X 和 Y 之间的模型很有可能是指数函数 $y=\alpha e^{\beta x}$，因此对每个 Y 的观测值取对数，得到第三行的数据。X 和 ln (Y) 之间的回归方程为：

$$\ln(Y)=0.2844X+0.63$$

由此得

$$\hat{\alpha}=e^{0.63}=1.8776$$
$$\hat{\beta}=0.2844$$

该模型是高度显著的 $R^2=0.947$，但必须说明的是，这里得到的回归模型是一个基于观测数据的经验方程，而且误差项的性质我们还没有深入讨论。

1.4.3 解释变量为定类变量

前面的回归中，解释变量都是连续型变量，但是在许多实际问题中，还会出现离散型的解释变量，比如性别、年龄、地区等。处理此类问题需要用到虚拟变量，本章我们将通过例题来理解虚拟变量的用法。在下一章多元回归分析中，还要使用一些更复杂的虚拟变量。

【例 1—9】 设对某种职业者的工资采集了 10 个样本，列于表 1—14 中，工资单位略去，性别栏中 1 表示男性，0 表示女性。

表 1—14　　工资样本表

序号	1	2	3	4	5	6	7	8	9	10
工资	22.0	19.0	18.0	21.7	18.5	21.0	20.5	17.0	17.5	21.2
性别	1	0	0	1	0	1	1	0	0	1

解　以性别为解释变量建立回归模型：

$$Y_i=\beta_0+\beta_1 G_i+\varepsilon_i \tag{1—4—1}$$

对于表中资料，由普通最小二乘回归得到如下回归方程（有关方差及参数见表 1—15、表 1—16）：

$$Y_i=39.53+1.2G_i$$

表 1—15　　方差分析表

	自由度	平方和	均方	F 比	p 值
回归	1	3.600	3.600	8.100	0.022
残差	8	3.556	0.444		
总计	9	7.156			

表 1—16　　参数估计值

	估计值	标准差	t 统计量	p 值
常数项	39.533	0.298	132.599	0.000
斜率	1.200	0.422	2.846	0.022

该回归方程表示，女性的平均工资为 39.53，男性的平均工资为 39.53+1.2=40.73。回归系数 β_1 的 t 统计量为 2.846，p 值为 0.022，是显著的，故认为该项工作男女工资存在差别。

对模型（1—4—1）取条件期望，可以得到

$$E(Y_i|G_i=0)=\beta_0 \tag{1—4—2}$$

$$E(Y_i|G_i=1)=\beta_0+\beta_1 \tag{1—4—3}$$

这个例题的学习重点是理解虚拟变量的建立和解释，β_1 表明的是性别变量不同取值下的差异，如果它能够通过显著性检验，则可以认为 G_i 的取值不同会带

来显著差别。当然，方差分析也可以用来分析性别差异。实际上，在统一的线性模型中是用回归模型来推导一般的方差分析的。

习　题

1. 现有 12 对观测值（X_t，Y_t），要用模型 $Y_t=\alpha+\beta X_t+\varepsilon_t$ 来描述，有如下计算结果：

$$\sum_{t=1}^{12}(X_t-\overline{X})^2=450,\quad \sum_{t=1}^{12}(Y_t-\overline{Y})^2=500,\quad \sum_{t=1}^{12}(\hat{Y}_t-\overline{Y})^2=200$$

求检验假设 H_0：$\beta=0$ 的 t 统计量值。

2. 用模型 $Y_i=\alpha+\beta X_i+\varepsilon_i$ 进行回归分析，使用了 12 对观测值。部分计算结果为：

$$\sum X_i=10,\quad \sum X_i^2=12,\quad \sum Y_i^2=11\,500$$

最小二乘估计值为 $\hat{\alpha}=20$，$\hat{\beta}=12$。求 α 的 95%置信区间的上限。

3. 对 20 组观测值（X_t，Y_t）使用的模型为 $Y_t=\alpha+\beta X_t+\varepsilon_t$，部分计算结果为：

$$\overline{X}=0,\quad s^2=80,\quad \hat{\alpha}=4$$

求 α 的置信度为 98%的最小置信区间的宽度。

4. 对表 1 中的六组数据用最小二乘法拟合直线 $Y_t=\beta_1+\beta_2X_t$，得到的结果见表 1。

表 1　　　　有关数据表

X_t	Y_t	$\hat{Y}_t$
7	8.3	7.2
13	4.8	7.7
19	10.5	8.3
26	9.3	9.0
31	8.2	9.4
40	10.7	10.3

求用来检验假设 $\beta_2=0$ 的 F 比。

5. 对一组观测值（X_i，Y_i）进行两次简单线性回归分析。第一次以 Y 为被解释变量，以 X 为解释变量，所得到的回归直线斜率记作 $\hat{\beta}_{YX}$。第二次以 X 为被解释变量，以 Y 为解释变量，所得到的回归直线斜率记做 $\hat{\beta}_{XY}$。求 $\hat{\beta}_{YX}$，$\hat{\beta}_{XY}$和 r_{XY}之间的关系式。

6. 在一元线性回归中，得到如下计算结果：

$$\sum_{t=1}^{10}(y_t-\bar{y})^2=45,\quad R^2=0.8$$

求 s^2。

7. 对 n 组数据建立了线性回归模型 $y_i=\beta_0+\beta_1x_i+\varepsilon_i$，下述说法正确的是：

Ⅰ. 最小二乘估计量 $\hat{\beta}_0$和 $\hat{\beta}_1$是 y_i的线性组合

Ⅱ. 点（$\bar{x}$，$\bar{y}$）肯定落在回归直线上

Ⅲ. $\sqrt{\mathrm{Var}(\hat{\beta}_1)}=\sigma\dfrac{1}{\sqrt{\sum\limits_{i=1}^{n}(x_i-\bar{x})^2}}$

A. 仅仅是Ⅰ和Ⅱ

B. 仅仅是Ⅰ和Ⅲ

C. 仅仅是Ⅱ和Ⅲ

D. Ⅰ，Ⅱ和Ⅲ

E. 前面四个选项都不对

8. 在曲线回归中，如果回归模型为 $Y=\alpha e^X+\varepsilon$，其中 ε 的均值为 0，方差为 σ^2。求 α 的最小二乘估计。

第2章

多元线性回归模型

本章重点

1. 掌握多元线性回归模型的形式和假设
2. 掌握包含一个或两个解释变量的线性回归模型的矩阵形式
3. 掌握多元线性回归模型的参数估计和假设检验
4. 掌握多重共线性现象的判断与逐步回归
5. 了解用多元线性回归模型完成多项式回归

上一章介绍了一元线性回归模型及其应用，仅仅使用了一个解释变量。在实际的数据分析中，一个解释变量的解释能力很差，所以往往会考虑更多的解释变量，多元线性回归模型是纳入更多解释变量的基本工具。本章介绍多元回归分析模型，首先介绍多元线性回归模型的假设和形式，然后介绍多元线性回归模型的参数估计和假设检验，最后介绍多元线性回归模型在实际应用中可能遇到的多重共线性问题以及用来处理此类问题的逐步回归方法。

2.1 多元线性回归模型及其参数估计

本节首先介绍多元线性回归模型的形式和对随机项的假设，然后介绍估计未知参数的最小二乘法。这个顺序和一元线性回归的讲解顺序是一致的。

2.1.1 多元线性回归模型及其假设

多元线性回归分析考虑被解释变量 Y 与多个解释变量 X_1，X_2，…，X_m之间的线性关系：

$$Y=\beta_0+\beta_1X_1+\beta_2X_2+\cdots+\beta_mX_m+\varepsilon \tag{2—1—1}$$

式中，β_0，β_1，…，β_m是未知参数；X_1，X_2，…，X_m是 m 个可以精确测量并施加控制的一般变量；ε 是随机误差。通常假定

$$E(\varepsilon)=0,\quad \mathrm{Var}(\varepsilon)=\sigma^2 \tag{2—1—2}$$

在作显著性检验或预测的时候会作更强的假定

$$\varepsilon\sim N(0,\sigma^2) \tag{2—1—3}$$

为了估计回归系数 β_0，β_1，…，β_m，会对变量进行 n 次观测，得到 n 组观测资料（y_i，x_{i1}，x_{i2}，…，x_{im}）（$i=1$，2，…，n），一般要求 $n>m$。于是回归关系可写为：

$$\begin{cases} y_1=\beta_0+\beta_1x_{11}+\beta_2x_{12}+\cdots+\beta_mx_{1m}+\varepsilon_1 \\ y_2=\beta_0+\beta_1x_{21}+\beta_2x_{22}+\cdots+\beta_mx_{2m}+\varepsilon_2 \\ \cdots\cdots \\ y_n=\beta_0+\beta_1x_{n1}+\beta_2x_{n2}+\cdots+\beta_mx_{nm}+\varepsilon_n \end{cases} \tag{2—1—4}$$

式中，ε_1，ε_2，…，ε_n独立同分布，都满足式（2—1—2）。

用矩阵形式来表示式（2—1—4）。令

$$Y=\begin{pmatrix} y_1 \\ y_2 \\ \vdots \\ y_n \end{pmatrix},\quad X=\begin{pmatrix} 1 & x_{11} & x_{12} & \cdots & x_{1m} \\ 1 & x_{21} & x_{22} & \cdots & x_{2m} \\ \vdots & \vdots & \vdots & & \vdots \\ 1 & x_{n1} & x_{n2} & \cdots & x_{nm} \end{pmatrix}$$

$$\beta=\begin{pmatrix} \beta_0 \\ \beta_1 \\ \vdots \\ \beta_m \end{pmatrix},\quad \varepsilon=\begin{pmatrix} \varepsilon_1 \\ \varepsilon_2 \\ \vdots \\ \varepsilon_n \end{pmatrix}$$

则多元线性回归模型为：

$$Y=X\beta+\varepsilon \tag{2—1—5}$$

式中，$n\times(m+1)$ 矩阵 X 称为回归设计矩阵，一般情况下假定 X 列满秩，即 $rk\ (X)=m+1$。关于误差的假定与式（2—1—2）对应为：

$$E(\varepsilon)=0,\quad \mathrm{Var}(\varepsilon)=\sigma^2 I_n \tag{2—1—6}$$

式中，I_n为单位阵。

与式（2—1—3）对应：

$$\varepsilon\sim N(0,\sigma^2 I_n) \tag{2—1—7}$$

式（2—1—5）与式（2—1—6）（或与式（2—1—7））合在一起称为多元线性模型。

单纯从数学形式来看，式（2—1—5）与一般的线性方程组看起来很像，如果忽略后面的随机项就一样了，但是式（2—1—5）所描述的这组线性方程的特点是方程个数多于待定系数。在 19 世纪初遇上此类线性方程组的时候，采用的处理方法不是一般的求解线性方程组方法，而是最小二乘法，在这个方面作出重要贡献的是法国数学家勒让德。不过勒让德没有把他的最小二乘法纳入随机模型中，所以我们现在看到的多元回归模型要归功于高斯和马尔可夫。

2.1.2　多元线性回归模型参数的最小二乘估计

下面求模型参数的最小二乘估计（least square estimate，LSE）。定义残差平方和 $S(\beta)$ 为：

$$\begin{aligned}S(\beta)&=\sum_{i=1}^{n}(y_i-\beta_0-\beta_1x_{i1}-\cdots-\beta_mx_{im})^2\\&=(Y-X\beta)'(Y-X\beta)\\&=\|Y-X\beta\|^2\end{aligned} \tag{2—1—8}$$

这里的残差平方和定义与一元回归模型是相同的，不过随后把平方和表示成了向量内积的形式。这是一种自然的选择，因为在多元回归模型的处理中要全面采用矩阵记号。最小二乘法即求

$$\hat{\beta}=(\hat{\beta}_0,\hat{\beta}_1,\cdots,\hat{\beta}_m)，使\ S(\hat{\beta})=\min S(\beta) \tag{2—1—9}$$

或记为

$$\|Y-X\beta\|\xrightarrow{\beta}\min \tag{2—1—10}$$

由于 $S(\beta)$ 是 β 的二次可微函数，极值点处的各偏导数为 0。利用矩阵求导，得

$$\frac{\partial S(\beta)}{\partial \beta}=\frac{\partial}{\partial \beta}[(Y-X\beta)'(Y-X\beta)]$$
$$=\frac{\partial}{\partial \beta}(Y'Y-2Y'X\beta+\beta'X'X\beta)$$
$$=-2X'Y+2X'X\beta=0 \tag{2—1—11}$$

即 $(X'X)\ \beta=X'Y$ (2—1—12)

以上称为正则方程。若 X 列满秩，则 $X'X$ 为非奇异阵，其逆矩阵存在，两边左乘式（2—1—12）得 β 的最小二乘解

$$\hat{\beta}=(X'X)^{-1}X'Y \tag{2—1—13}$$

可以验证，式（2—1—13）确能使 $S(\beta)$ 为最小值。分解 $S(\beta)$ 得

$$\begin{aligned}S(\beta) &= (Y-X\beta)'(Y-X\beta)\\ &= (Y-X\hat{\beta}+X\hat{\beta}-X\beta)'(Y-X\hat{\beta}+X\hat{\beta}-X\beta)\\ &= (Y-X\hat{\beta})'(Y-X\beta)+(\hat{\beta}-\beta)'X'X(\hat{\beta}-\beta)\\ &= S(\hat{\beta})+(\hat{\beta}-\beta)'X'X(\hat{\beta}-\beta)\end{aligned} \tag{2—1—14}$$

这是因为中间两个交叉项为 0，即

$$\begin{aligned}(\hat{\beta}-\beta)'X'(Y-X\hat{\beta}) &= (\hat{\beta}-\beta)'X'[Y-X(X'X)^{-1}X'Y]\\ &= (\hat{\beta}-\beta)'[X'Y-X'X(X'X)^{-1}X'Y]=0\end{aligned}$$

同理 $(Y-X\hat{\beta})'X(\hat{\beta}-\beta)=0$ (2—1—15)

注意，式（2—1—14）第二项 $(\hat{\beta}-\beta)'X'X(\hat{\beta}-\beta)$ 为非负定二次型，当且仅当$\beta=\hat{\beta}$时它取得最小值 0，即 $S(\beta)$ 当且仅当 $\beta=\hat{\beta}$ 时取得最小值 $S(\hat{\beta})$。

2.1.3 $\hat{\beta}$ 的基本统计性质

下面研究 $\hat{\beta}$ 的基本统计性质，我们以定理形式叙述并加以证明。

定理 2.1 高斯-马尔可夫线性回归模型

$$Y=X\beta+\varepsilon,\ \mathrm{E}(\varepsilon)=0,\ \mathrm{Var}(\varepsilon)=\sigma^2 I_n \tag{2—1—16}$$

中回归系数 β 的最小二乘解 $\hat{\beta}=(X'X)^{-1}X^1Y$ 是 β 的唯一最小方差线性无偏估计。

证明 由 $\hat{\beta}$ 的表达式知 $\hat{\beta}$ 是 Y 的线性函数。又

$$\begin{aligned}E(\hat{\beta}) &= E[(X'X)^{-1}X'Y]\\ &= (X'X)^{-1}X'E(Y)\end{aligned}$$

$$=(X'X)^{-1}X'X\beta$$
$$=\beta \qquad (2\text{—}1\text{—}17)$$

故 $\hat{\beta}$ 是 β 的无偏估计。

$\hat{\beta}$ 的协方差阵为：

$$\begin{aligned}\Sigma_{\hat{\beta}} = \mathrm{Cov}(\hat{\beta}_L, \hat{\beta}_L) &= (X'X)^{-1}X'\mathrm{Cov}(Y,Y)X(X'X)^{-1}\\ &= (X'X)^{-1}X'\sigma^2 I_n X(X'X)^{-1}\\ &= \sigma^2 (X'X)^{-1} \qquad (2\text{—}1\text{—}18)\end{aligned}$$

若 $Z=C'Y$ 是 β 的另一线性无偏估计，由无偏性要求，应有

$$E(Z)=E(C'Y)=C'X\beta=\beta$$

对一切 β 成立，即有

$$C'X=I_{m+1}$$

而 Z 的协方差阵为：

$$\Sigma_Z=\mathrm{Cov}(Z,Z)=C'\mathrm{Cov}(Y,Y)C=\sigma^2(C'C) \qquad (2\text{—}1\text{—}19)$$

因为

$$\begin{aligned}C'C-(X'X)^{-1}&=C'C+(X'X)^{-1}-(X'X)^{-1}-(X'X)^{-1}\\ &=C'C+(X'X)^{-1}-(X'X)^{-1}X'C-C'X(X'X)^{-1}\\ &=[C'-(X'X)^{-1}X'][C'-(X'X)^{-1}X']\geqslant 0 \quad (2\text{—}1\text{—}20)\end{aligned}$$

这里矩阵$\geqslant 0$ 表示非负定矩阵。于是

$$C'C\geqslant(X'X)^{-1} \qquad (2\text{—}1\text{—}21)$$

即有

$$\Sigma_{\hat{\beta}}=\sigma^2 (X'X)^{-1}\leqslant\sigma^2(C'C)=\Sigma_Z \qquad (2\text{—}1\text{—}22)$$

由于 Z 是任选的一个线性无偏估计，所以最小二乘估计 $\hat{\beta}$ 是 β 的最小方差线性无偏估计。

下证唯一性。设 $Z=C'Y$ 是 β 的某一个最小方差线性无偏估计，则必有

$$\Sigma_Z=\Sigma_{\hat{\beta}}$$

即　$C'C=(X'X)^{-1}$

由式（2—1—20）知

$$C'=(X'X)^{-1}X'$$

即 $$Z=C'Y=(X'X)^{-1}X'Y=\hat{\beta}$$

需要指出的是，β 的 LSE 的最小方差性必须局限在线性无偏估计类中。如果考虑 β 的一切无偏估计类，则 LSE 就不一定是方差最小者。如果在 β 的有偏估计类中考虑，LSE 就更有可能不是方差最小的了。

【例 2—1】 用矩阵运算表示一元线性回归的最小二乘估计结果。

解 解释变量 X 和被解释变量 Y 的 n 组观测值的联立方程组形式为：

$$\begin{cases} y_1=\beta_0+\beta_1 x_1+\varepsilon_1 \\ y_2=\beta_0+\beta_1 x_2+\varepsilon_2 \\ \cdots\cdots \\ y_n=\beta_0+\beta_1 x_n+\varepsilon_n \end{cases}$$

改写为矩阵形式，自然有

$$Y=\begin{pmatrix} y_1 \\ y_2 \\ \vdots \\ y_n \end{pmatrix}=\begin{pmatrix} 1 & x_1 \\ 1 & x_2 \\ \vdots & \vdots \\ 1 & x_n \end{pmatrix}\begin{pmatrix} \beta_0 \\ \beta_1 \end{pmatrix}+\begin{pmatrix} \varepsilon_1 \\ \varepsilon_2 \\ \vdots \\ \varepsilon_n \end{pmatrix}=X\beta+\varepsilon$$

设计矩阵为：

$$X=\begin{pmatrix} 1 & x_1 \\ 1 & x_2 \\ \vdots & \vdots \\ 1 & x_n \end{pmatrix}$$

由此可得正则方程：

$$\begin{bmatrix} n & \sum_{i=1}^{n} x_i \\ \sum_{i=1}^{n} x_i & \sum_{i=1}^{n} x_i^2 \end{bmatrix}\begin{pmatrix} \hat{\beta}_0 \\ \hat{\beta}_1 \end{pmatrix}=\begin{bmatrix} \sum_{i=1}^{n} y_i \\ \sum_{i=1}^{n} x_i y_i \end{bmatrix}$$

如果 $x_i(i=1,2,\cdots,n)$ 不全相等，则 $\sum_{i=1}^{n}(x_i-\bar{x})^2\neq 0$，矩阵 $X'X$ 是可逆的。有

$$(X'X)^{-1}=\frac{1}{nL_{xx}}\begin{pmatrix}\sum_{i=1}^{n}x_i^2 & -\sum_{i=1}^{n}x_i\\ -\sum_{i=1}^{n}x_i & n\end{pmatrix}=\frac{1}{L_{xx}}\begin{pmatrix}\frac{1}{n}\sum_{i=1}^{n}x_i^2 & -\overline{x}\\ -\overline{x} & 1\end{pmatrix}$$

读者可以对照这里得到的两个估计值和第 1 章的相应结果。

【例 2—2】　求包含两个解释变量的线性回归模型的矩阵形式。

为了进一步熟悉多元线性回归模型的矩阵形式，下面考察包含两个解释变量 X_1 和 X_2 的回归模型。n 组观测值（y_i，x_{i1}，x_{i2}）（$i=1$，2，…，n）的联立方程形式为：

$$\begin{cases}y_1=\beta_0+\beta_1x_{11}+\beta_2x_{12}+\varepsilon_1\\ y_2=\beta_0+\beta_1x_{21}+\beta_2x_{22}+\varepsilon_2\\ \cdots\cdots\\ y_n=\beta_0+\beta_1x_{n1}+\beta_2x_{n2}+\varepsilon_n\end{cases}$$

改写为矩阵形式，自然有

$$Y=\begin{pmatrix}y_1\\ y_2\\ \vdots\\ y_n\end{pmatrix}=\begin{pmatrix}1 & x_{11} & x_{12}\\ 1 & x_{21} & x_{22}\\ \vdots & \vdots & \vdots\\ 1 & x_{n1} & x_{n2}\end{pmatrix}\begin{pmatrix}\beta_0\\ \beta_1\\ \beta_2\end{pmatrix}+\begin{pmatrix}\varepsilon_1\\ \varepsilon_2\\ \vdots\\ \varepsilon_n\end{pmatrix}=X\beta+\varepsilon$$

设计矩阵为 n 行 3 列的矩阵：

$$\begin{pmatrix}1 & x_{11} & x_{12}\\ 1 & x_{21} & x_{22}\\ \vdots & \vdots & \vdots\\ 1 & x_{n1} & x_{n2}\end{pmatrix}$$

由此可得正则方程：

$$\begin{pmatrix}n & \sum_{i=1}^{n}x_{1i} & \sum_{i=1}^{n}x_{2i}\\ \sum_{i=1}^{n}x_{1i} & \sum_{i=1}^{n}x_i^2 & \sum_{i=1}^{n}x_{1i}x_{2i}\\ \sum_{i=1}^{n}x_{2i} & \sum_{i=1}^{n}x_{1i}x_{2i} & \sum_{i=1}^{n}x_i^2\end{pmatrix}\begin{pmatrix}\hat{\beta}_0\\ \hat{\beta}_1\\ \hat{\beta}_2\end{pmatrix}=\begin{pmatrix}\sum_{i=1}^{n}y_i\\ \sum_{i=1}^{n}y_ix_{1i}\\ \sum_{i=1}^{n}y_ix_{2i}\end{pmatrix}$$

二元线性回归的参数估计需要计算 3×3 矩阵的逆，计算量已经比较大。可以想象，如果回归模型中包含更多的解释变量，在没有计算机的时代，回归分析的计算成本是相当高的。不过出现在矩阵中的中间计算结果和一元线性回归的并无差异，不外乎各个变量的观测值的和、交叉乘积的和以及平方和。

2.1.4 σ^2的估计

下面考虑 σ^2的估计。与一元的情况类似，应该从残差平方和出发构造估计量。记

$$\begin{aligned}\widetilde{Y}&=Y-\hat{Y}=Y-X\hat{\beta}=Y-X(X'X)^{-1}X'Y\\&=[I_n-X(X'X)^{-1}X']Y\end{aligned}\tag{2—1—23}$$

$\widetilde{Y}$ 称为残差向量。记

$$P_X=I_n-X(X'X)^{-1}X'\tag{2—1—24}$$

则 $\widetilde{Y}=P_XY$

P_X称为投影阵。容易验证，投影阵有如下简单性质：

$$P'_X=P_X,\ P_X\cdot P_X=P_X,\ P_XX=0\tag{2—1—25}$$

$$\begin{aligned}\mathrm{rk}(P_X)&=\mathrm{tr}(P_X)=\mathrm{tr}[I_n-X(X'X)^{-1}X']\\&=\mathrm{tr}(I_n)-\mathrm{tr}[X(X'X)^{-1}X']\\&=n-\mathrm{tr}[(X'X)^{-1}X'X]\\&=n-\mathrm{tr}(I_{m+1})\\&=n-m-1\end{aligned}\tag{2—1—26}$$

计算残差向量 $\widetilde{Y}$ 与 $LSE\ \hat{\beta}$ 的协方差，得

$$\begin{aligned}\mathrm{Cov}(\widetilde{Y},\hat{\beta})&=\mathrm{Cov}(P_XY,(X'X)^{-1}X'Y)\\&=P_X\mathrm{Cov}(Y,Y)[(X'X)^{-1}X']'\\&=\sigma^2P_XX(X'X)^{-1}=0\end{aligned}\tag{2—1—27}$$

所以残差向量 $\widetilde{Y}$ 与 $\hat{\beta}$ 是不相关的。

残差 $\widetilde{Y}$ 的均值向量与协方差阵分别为：

$$E(\widetilde{Y})=E(Y-X\hat{\beta})=X\beta-X(X'X)^{-1}X'X\beta=0\tag{2—1—28}$$

$$\mathrm{Cov}(\widetilde{Y},\widetilde{Y})=P_X\mathrm{Cov}(Y,Y)P_X=P_X\sigma^2I_nP_X=\sigma^2P_X\tag{2—1—29}$$

记残差平方和

$$SSE=\widetilde{Y}'\widetilde{Y}=Y'P_XY \tag{2—1—30}$$

则 σ^2 的无偏估计为：

$$\hat{\sigma}^2=\frac{1}{n-m-1}SSE \tag{2—1—31}$$

这是因为

$$\begin{aligned}E(\hat{\sigma}^2)&=\frac{1}{n-m-1}E(\widetilde{Y}'\widetilde{Y})=\frac{1}{n-m-1}\mathrm{tr}[\mathrm{Cov}(\widetilde{Y},\widetilde{Y})]\\&=\frac{1}{n-m-1}\mathrm{tr}(\sigma^2P_X)\\&=\frac{1}{n-m-1}\sigma^2(n-m-1)=\sigma^2\end{aligned} \tag{2—1—32}$$

下面给出最小二乘估计的几何解释。设矩阵 X 的列向量 $X_j=$（X_{1j}，X_{2j}，…，X_{nj}）′（$j=0$，1，2，…，m），其中第一列为（1，1，…，1）′，即完全由 1 构成的列向量。$L(X)$ 表示由向量 X_j（$j=0$，1，2，…，m）的全部线性组合构成的一个线性空间，则式（2—1—10）表示要在 $L(X)$ 中寻找一个向量 $X\beta=\sum_{j=0}^{m}\beta_jX_j$，使得 $X\beta$ 与 Y 之间的距离 $\|Y-X\beta\|$ 达到最小。由图 2—1 可知，只有当 $X\hat{\beta}$ 是 Y 在 $L(X)$ 中的投影时，式(2—1—10) 才能得到满足。

从图中还可看到，$\widetilde{Y}$ 与 $X\hat{\beta}$ 垂直，即式（2—1—27）表示的 $\widetilde{Y}$ 与 $\hat{\beta}$ 互不相关。

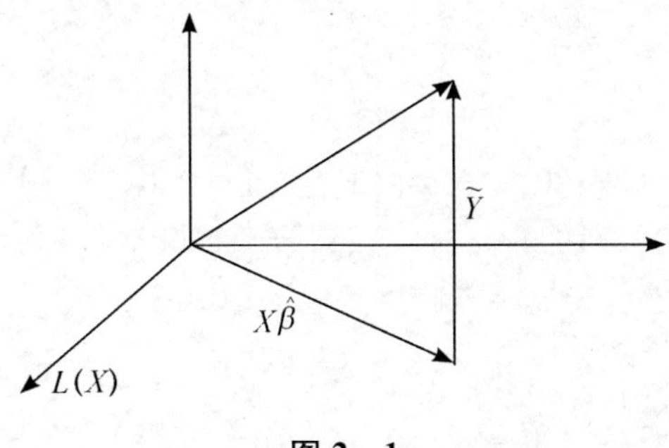

图 2—1

需要指出的是，本书引入的回归模型含有常数项 β_0（见式（2—1—1）、式（2—1—4）），所以包含 m 个解释变量的设计矩阵 X 有 $m+1$ 列，投影阵的秩为 $n-m-1$（见式（2—1—26）），σ^2 的无偏估计为 $\hat{\sigma}^2=SSE/(n-m-1)$（见式

(2—1—31))。如果回归模型不含常数项，或者将 X_1 理解为常数项而不单设常数项，也是可以的。如果 X 有 p 列，则投影阵秩为 $n-p$，$\hat{\sigma}^2=SSE/(n-p)$。我们在假设检验中为了节省符号，统一采用 p 的记法。读者要注意到，在使用 p 的模型中，真正的解释变量有 $p-1$ 个，而 X_1 就是常数项，它在设计阵中的取值恒等于 1。

【例 2—3】 一家车险公司希望用交通罚分（X_2）和驾驶者性别（$X_3=0$，女性；$X_3=1$，男性）来预测索赔次数 Y。一共收集了 8 位驾驶员的有关信息，见表 2—1。

表 2—1 **驾驶员信息**

驾驶员编号	1	2	3	4	5	6	7	8
X_2	0	1	2	2	0	1	2	2
X_3	0	1	1	0	1	0	1	0
Y	0	1	3	2	0	1	5	3

使用的回归模型为：

$$Y_i=\beta_1+\beta_2 X_{2i}+\beta_3 X_{3i}+\varepsilon_i,\quad i=1,2,\cdots,8$$

式中，ε_i 是一组独立同分布的正态随机变量，均值为 0，方差为 σ^2。

已知
$$(X'X)^{-1}=\frac{1}{88}\begin{pmatrix}47 & -20 & -22\\ -20 & 16 & 0\\ -22 & 0 & 44\end{pmatrix}$$

求 $\hat{\beta}_2$。

解 $\hat{\beta}=(X'X)^{-1}X'Y,\quad X'Y=\begin{pmatrix}15\\ 28\\ 9\end{pmatrix}$

所以

$$\hat{\beta}=\frac{1}{88}\begin{pmatrix}47 & -20 & -22\\ -20 & 16 & 0\\ -22 & 0 & 44\end{pmatrix}\begin{pmatrix}15\\ 28\\ 9\end{pmatrix}=\begin{pmatrix}-0.6\\ 1.68\\ 0.75\end{pmatrix}$$

$$\hat{\beta}_2=1.68$$

2.2 多元线性回归模型的假设检验与区间估计

在误差正态假设之下，可以对多元线性回归模型进行假设检验和区间估计。

2.2.1　参数估计的统计分布

要对多元线性回归模型作假设检验，一般需要事先作出误差正态的假设。在误差正态假设（式（2—1—7））下，上一段关于参数估计的计算公式与定理都成立，而且 β 的最小二乘估计在 β 的所有无偏估计类中都具有最小方差性。下面以定理形式给出误差正态假设下参数估计的分布及其推导过程。这个证明过程的数学难度比较大，不要求掌握，但是必须掌握结论。随后本书将以一元回归和包含两个解释变量的回归模型为例来帮助大家熟悉这个检验的计算细节。

定理 2.2　设有线性模型

$$\underset{n\times 1}{Y}=\underset{n\times p}{X}\underset{p\times 1}{\beta}+\underset{n\times 1}{\varepsilon},\quad \varepsilon\sim N_n(0,\sigma^2 I_n) \tag{2—2—1}$$

X 的秩为 p，β 的最小二乘解为：

$$\hat{\beta}=(X'X)^{-1}X'Y$$

σ^2 的估计为：

$$\hat{\sigma}^2=(Y-\hat{Y})'(Y-\hat{Y})/(n-p)$$

则有

（1）$\hat{\beta}\sim N_p(\beta,\ \sigma^2\ (X'X)^{-1})$

（2）$(\hat{\beta}-\beta)'X'X(\hat{\beta}-\beta)/\sigma^2\sim\chi^2(p)$

（3）$\hat{\beta}$ 与 $\hat{\sigma}^2$ 独立

（4）$SSE/\sigma^2\triangleq(Y-\hat{Y})'(Y-\hat{Y})/\sigma^2=(n-p)\hat{\sigma}^2/\sigma^2\sim\chi^2(n-p)$

证明　因为

$$\varepsilon\sim N(0,\sigma^2 I_n)$$

故

$$Y\sim N_n(X\beta,\ \sigma^2 I_n) \tag{2—2—2}$$

（1）因为 $\hat{\beta}$ 是 Y 的线性函数，而 Y 服从多元正态分布，故 $\hat{\beta}$ 也服从多元正态分布。由式（2—1—17）知

$$E(\hat{\beta})=\underset{P\times 1}{\beta}$$

由式（2—1—18）知

$$\mathrm{Var}(\hat{\beta})=\sigma^2\ \underset{p\times p}{(X'X)^{-1}}$$

故

$$\hat{\beta}\sim N_p(\beta,\ \sigma^2\ (X'X)^{-1})$$

(2) 记 $\Sigma = \sigma^2(X'X)^{-1}$,则 $\beta \sim N_p(\beta,\Sigma)$,且 Σ 正定。分解 Σ^{-1} 为两非奇阵之积，即

$$\Sigma^{-1} = T'T$$

则 $$\Sigma = T^{-1}(T')^{-1}$$

$T(\hat{\beta}-\beta)$ 为正态分布的线性变换，仍为正态分布，且

$$E(T(\hat{\beta}-\beta)) = T(E(\hat{\beta}-\beta)) = 0$$

$$\begin{aligned}\mathrm{Var}(T(\hat{\beta}-\beta)) &= T\mathrm{Var}(\hat{\beta}-\beta)T' = T\mathrm{Var}(\hat{\beta})T' \\ &= T\Sigma T' = TT^{-1}(T')^{-1}T' = I_p\end{aligned}$$

因此

$$C=T(\hat{\beta}-\beta)\sim N_P(0,I_p) \qquad (2\text{—}2\text{—}3)$$

于是

$$\begin{aligned}(\hat{\beta}-\beta)'X'X(\hat{\beta}-\beta)/\sigma^2 &= (\hat{\beta}-\beta)'\left(\frac{1}{\sigma^2}(X'X)\right)(\hat{\beta}-\beta) \\ &= (\hat{\beta}-\beta)'\Sigma^{-1}(\hat{\beta}-\beta) \\ &= (\hat{\beta}-\beta)T'T(\hat{\beta}-\beta) \\ &= C'C\sim\chi^2(p) \qquad (2\text{—}2\text{—}4)\end{aligned}$$

(3) 由式 (2—1—27) 知 ($\hat{Y}$, $\hat{\beta}$) =0，在现在的正态假设下，即有 $\hat{Y}$ 与 $\hat{\beta}$ 独立。$\hat{\sigma}^2$ 是 $\tilde{Y}$ 的可测函数，故 $\hat{\beta}$ 与 $\hat{\sigma}^2$ 独立。

(4) $$\begin{aligned}SSE &= \tilde{Y}'\tilde{Y} = (P_XY)'(P_XY) = Y'P_XY \\ &= (Y-X\beta)'P_X(Y-X\beta) \qquad (\text{因为 } P_XX=0) \\ &= \varepsilon'P_X\varepsilon \qquad (2\text{—}2\text{—}5)\end{aligned}$$

式中，$\varepsilon\sim N(0, \sigma^2 I_n)$；$P_X$ 是幂等对称阵，其特征根非 0 即 1。由 P_X 的秩为 $(n-p)$ 可知，P_X 的特征根有 $(n-p)$ 个 1 和 p 个 0，因此存在正交阵 C，满足 $C'C=I_n$，且

$$CP_XC'=\begin{pmatrix} I_{n-p} & 0 \\ 0 & 0 \end{pmatrix} \qquad (2\text{—}2\text{—}6)$$

令 $Z=C\varepsilon$，则 $Z\sim N(0, \sigma^2 I_n)$，$\frac{1}{\sigma^2}Z_i\sim N(0, 1)$，于是

$$SSE/\sigma^2 = \frac{1}{\sigma^2}\varepsilon'C'CP_XC'C\varepsilon = \frac{1}{\sigma^2}Z'\begin{pmatrix} I_{n-p} & 0 \\ 0 & 0 \end{pmatrix}Z$$

$$=\frac{1}{\sigma^2}(Z_1^2+\cdots+Z_{n-p}^2)\sim\chi^2(n-p)$$

证毕。

【例 2—4】　考察一元线性回归模型的部分统计性质。

按照本书约定的记号，一元线性回归模型中有 $p=2$。把 $\hat{\beta}\sim N_p(\beta,\sigma^2(X'X)^{-1})$ 套用到第 1 章的符号上，就有

$$\begin{pmatrix}\hat{\beta}_0\\ \hat{\beta}_1\end{pmatrix}\sim N_2\left(\begin{pmatrix}\beta_0\\ \beta_1\end{pmatrix},\frac{\sigma^2}{L_{xx}}\begin{pmatrix}\frac{1}{n}\sum_{i=1}^{n}x_i^2 & -\bar{x}\\ -\bar{x} & 1\end{pmatrix}\right)$$

即回归方程的斜率和截距的估计量服从二元正态分布，它们的方差与协方差和第 1 章的结果是一致的，不过采用了多元统计中的矩阵表示。

如果 σ^2 未知，则必须利用回归的残差平方和估计 σ^2，即

$$s^2=\hat{\sigma}^2=\frac{SSE}{n-p}$$

由此可以得到 $\hat{\beta}$ 的协方差矩阵的估计值：

$$\text{Var}(\hat{\beta})=(X'X)^{-1}s^2$$

【例 2—5】　在例 2—3 车险回归的计算结果基础上，如果已知 $s^2=0.839$，求 $\hat{\beta}_2-\hat{\beta}_3$ 的标准差的估计值。

解　首先求 $\hat{\beta}_2-\hat{\beta}_3$ 的方差。有

$$\text{Var}(\hat{\beta}_2-\hat{\beta}_3)=\text{Var}(\hat{\beta}_2)+\text{Var}(\hat{\beta}_2)-2\text{Cov}(\hat{\beta}_2,\hat{\beta}_3)$$

而

$$\text{Var}(\hat{\beta})=(X'X)^{-1}s^2=\frac{1}{88}\times\begin{pmatrix}47 & -20 & -22\\ -20 & 16 & 0\\ -22 & 0 & 44\end{pmatrix}\times 0.839$$

从矩阵可以得到

$$\text{Var}(\hat{\beta}_2)=\frac{16}{88}\times 0.839=0.153$$

$$\text{Var}(\hat{\beta}_3)=\frac{44}{88}\times 0.839=0.420$$

$$\text{Cov}(\hat{\beta}_2,\hat{\beta}_3)=0$$

所以

$$\mathrm{Var}(\hat{\beta}_2-\hat{\beta}_3)=0.153+0.420=0.573$$

2.2.2 回归方程的显著性检验

在定理 2.2 的基础上，可以对回归方程进行显著性检验。此时的检验问题为：

$$H_0:\beta_1=\beta_2=\cdots=\beta_p=0\longleftrightarrow H_1:\beta_1,\beta_2,\cdots,\beta_p \text{ 至少有一个不为 } 0$$

如果 H_0 被接受，则表明用模型 $Y=X\beta+\varepsilon$ 来描述 Y 与解释变量 X_1，…，X_m 的关系是不恰当的。在进一步推导之前，应该指出这里的原假设 H_0 是很强的。

建立统计量的基本思路还是进行平方和分解：

$$\begin{aligned}SST &= \sum_{i=1}^{n}(y_i-\bar{y})^2=\sum_{i=1}^{n}(\hat{y}_i-\bar{y})^2+\sum_{i=1}^{n}(y_i-\hat{y}_i)^2\\ &= SSR+SSE\end{aligned} \tag{2—2—7}$$

即分解成回归平方和 $SSR=\sum_{i=1}^{n}(\hat{y}_i-\bar{y})^2$ 与残差平方和 $SSE=\sum_{i=1}^{n}(y_i-\hat{y}_i)^2$ 两项之和。

在误差正态假定下，如果 H_0 成立，则 Y_1，Y_2，…，Y_n 独立同分布于 $N(0,\sigma^2)$。由于 SSR 与 SSE 也相互独立，且

$$SSE/\sigma^2\sim\chi^2(n-p),\ SSR/\sigma^2\sim\chi^2(p-1)$$

于是可以建立 F 统计量

$$F=\frac{SSR/(p-1)}{SSE/(n-p)}\sim F(p-1,n-p) \tag{2—2—8}$$

对给定显著性水平 α，查得临界值 $F_\alpha(p-1,\ n-p)$，如果 $F>F_\alpha(p-1,\ n-p)$，则拒绝 H_0，即不接受 Y 与 X_1，…，X_p 不存在任何线性关系的说法。这种检验的直观解释和一元线性回归的方差分析是相同的：把残差平方和经过自由度修正之后的结果理解为随机误差的定量刻画，如果 F 统计量很大，就意味着回归平方和显著地超过随机误差，也就可以据此拒绝 Y 与 X_1，…，X_p 不存在任何线性关系的说法。

F 检验是对整个回归模型的整体检验方法。在回归分析的实际操作中，存在整个回归方程显著但是一些回归系数明显不合理的情况，所以我们还要对每个解释变量的回归系数进行显著性检验。在本章后面出现的多重共线性现象表明这种

检验是完全必要的。

2.2.3 回归系数的显著性检验

对 X_j 的回归系数 β_j 进行显著性检验的检验问题是

$$H_0:\beta_j=0 \longleftrightarrow H_1:\beta_j\neq 0$$

定理 2.2 指出 $\hat{\beta}$ 与 $\hat{\sigma}^2$ 相互独立，且 $\hat{\beta}\sim N_p(\beta,\ \sigma^2(X'X)^{-1})$。$\hat{\beta}$ 的第 j 个分量为 $\hat{\beta}_j$，β 的第 j 个分量为 β_j，$(X'X)^{-1}$ 的对角线上第 j 个元素为 C_{jj}，则

$$E(\hat{\beta}_j)=\beta_j,\quad \mathrm{Var}(\hat{\beta}_j)=C_{jj}\sigma^2$$

于是有

$$(\hat{\beta}_j-\beta_j)/\sqrt{C_{jj}\sigma^2}\sim N(0,1)$$
$$(\hat{\beta}_j-\beta_j)^2/(C_{jj}\sigma)\sim \chi^2(1)$$

又知 $SSE/\sigma^2\sim \chi^2(n-p)$，故得分布

$$F=\frac{(\hat{\beta}_j-\beta_j)^2/C_{jj}}{SSE/(n-p)}\sim F(1,n-p) \tag{2—2—9}$$

$$t=\frac{(\hat{\beta}_j-\beta_j)/\sqrt{C_{jj}}}{\sqrt{SSE/(n-p)}}\sim t(n-p) \tag{2—2—10}$$

在假设 H_0 成立时，$\beta_j=0$，于是得统计量

$$F=\frac{\hat{\beta}_j^2/C_{jj}}{SSE/(n-p)} \tag{2—2—11}$$

及

$$t=\frac{\hat{\beta}_j}{\sqrt{C_{jj}SSE/(n-p)}} \tag{2—2—12}$$

两个统计量的等价性是由 F 分布和 t 分布的性质决定的。

不过即使根据上述检验拒绝了 H_0：$\beta_j=0$，也不能认定解释变量 X_j 对 Y 有显著影响，更不能认为变量 X_j 肯定能够进入最终的多元回归模型。关于这一点，参看后面的多重共线性和逐步回归。多元回归分析模型在实际应用中会出现很多超出直观想象的问题，需要特别谨慎。

在一元线性回归的显著性检验中有一个相关系数检验，类似地可以建立推广到多元的 R^2 统计量。由正则方程 $X'X\hat{\beta}=X'Y$，可得

$$\hat{Y}'\hat{Y}=(X\hat{\beta})'(X\hat{\beta})=\hat{\beta}'X'X\hat{\beta}=\hat{\beta}'X'Y=\hat{Y}'Y \qquad (2—2—13)$$

于是 $\sum_{i=1}^{n}\hat{Y}_i^2=\sum_{i=1}^{n}\hat{Y}_iY_i$

进一步由 $\overline{\hat{Y}}_i=\overline{Y}$，有

$$\sum_{i=1}^{n}(Y_i-\overline{Y})(\hat{Y}_i-\overline{\hat{Y}}_i)=\sum_{i=1}^{n}(\hat{Y}-\overline{Y})^2 \qquad (2—2—14)$$

于是有

$$R^2=\frac{\sum_{i=1}^{n}(\hat{Y}_i-\overline{Y})^2}{\sum_{i=1}^{n}(Y_i-\overline{Y})^2}=\frac{\left[\sum_{i=1}^{n}(Y_i-\overline{Y}_i)(\hat{Y}_i-\overline{\hat{Y}}_i)\right]^2}{\sum_{i=1}^{n}(Y_i-\overline{Y})^2\sum_{i=1}^{n}(\hat{Y}_i-\overline{\hat{Y}}_i)^2}=r_{Y\hat{Y}}^2$$

(2—2—15)

我们看到了 R^2 的直观意义，它是资料 $Y_i(i=1,\cdots,n)$ 与 Y_i 的估计值 $\hat{Y}_i(i=1,\cdots,n)$ 之间的相关系数的平方。当回归效果特别好时，R^2 应该近似于 1，即表示拟合值 $\hat{Y}_i$ 几乎与观测值 Y_i 重合。当回归效果特别不好时，R^2 近似为 0，表示拟合值 $\hat{Y}_i$ 与观测值 Y_i 完全不相关。可见 R^2 是回归效果的一个很好的度量。一般称 R 为复相关系数，或全相关系数。

2.2.4 多元线性回归预测与参数的区间估计

在通过了线性回归的显著性检验后，可以利用回归方程作预测。点预测只需将 $X_0=(X_{01},\cdots,X_{0p})$ 代入回归方程算出 $\hat{Y}_0=X_0\beta$ 即可。

要作出 $\hat{Y}_0$ 的区间估计，需要求得它的分布。在误差正态假设下，$\hat{\beta}\sim N_p(\beta,\sigma^2(X'X)^{-1})$，故

$$\hat{Y}_0=X_0\hat{\beta}\sim N(X_0\beta,\sigma^2X'_0(X'X)^{-1}X_0) \qquad (2—2—16)$$

则当 σ^2 未知时，以 $\hat{\sigma}^2=SSE/(n-p)$ 替代，有

$$\frac{\hat{Y}_0-X_0\hat{\beta}}{\hat{\sigma}\sqrt{X'_0(X'X)^{-1}X_0}}\sim t(n-p) \qquad (2—2—17)$$

故 $\hat{Y}_0$ 的区间估计（置信度为 $1-\alpha$）为：

$$X_0\hat{\beta}\pm t_{1-a/2}(n-p)\hat{\sigma}\sqrt{X'_0(X'X)^{-1}X_0} \qquad (2—2—18)$$

当 σ^2 已知时，$(\hat{\beta}-\beta)'X'X(\hat{\beta}-\beta)/\sigma^2\sim N(0,\ 1)$，故 $\hat{\beta}$ 的置信度为 $1-\alpha$ 的联合置信域为：

$$(\hat{\beta}-\beta)'X'X(\hat{\beta}-\beta)\leqslant\sigma^2U_{\alpha/2} \tag{2—2—19}$$

这是一个椭球。

当 σ^2 未知时，可以由定理 2.2 的性质（2）与性质（4）构造一个新的统计量：

$$\begin{aligned}F&=\frac{(\hat{\beta}-\beta)'X'X(\hat{\beta}-\beta)/(\sigma^2 p)}{(n-p)\hat{\sigma}^2/(\sigma^2(n-p))}\\&=\frac{(\hat{\beta}-\beta)'X'X(\hat{\beta}-\beta)}{p\hat{\sigma}^2}\sim F(p-1,n-p)\end{aligned} \tag{2—2—20}$$

于是得椭球置信域（置信度为 $1-\alpha$）：

$$(\hat{\beta}-\beta)'X'X(\hat{\beta}-\beta)\leqslant p\hat{\sigma}^2F_\alpha(p-1,n-p) \tag{2—2—21}$$

对于给定的椭球，可以解出各参数分量的置信区间。当维数太高时，$c^p\to0$ $(p\to\infty)$成了小概率事件，这样的置信域意义不大。

现在对一般多元线性回归模型的参数估计与假设检验结果总结如下：

模型：$Y_i=\beta_0+\beta_1X_{1i}+\cdots+\beta_mX_{mi}+\varepsilon_i$，$\varepsilon_i\sim N(0,\ \sigma^2)$，$i=1,\ \cdots,\ n$

或 $\underset{n\times1}{Y}=\underset{n\times p}{X}\underset{p\times1}{\beta}+\varepsilon$，$\varepsilon\sim N(0,\ \sigma^2I_n)$，$p=m+1$

参数估计：$\hat{\beta}=(X'X)^{-1}X'Y$

$$\hat{\sigma}^2=\frac{1}{n-p}SSE=\frac{1}{n-p}(Y-\hat{Y})'(Y-\hat{Y})$$

显著性检验：

回归方程整体显著性检验的原假设：H_0：$\beta_1=\beta_2=\cdots=\beta_p=0$

F 统计量：$F=\dfrac{SSR/\ (p-1)}{SSE/\ (n-p)}$，临界值 $F_\alpha(p-1,\ n-p)$

回归平方和：$SSR=(\hat{Y}-\bar{Y})'(\hat{Y}-\bar{Y})$,这是向量内积的形式

残差平方和：$SSE=\sum\limits_{i=1}^{n}(\hat{Y}_i-Y_i)^2$

回归系数逐一显著性检验的原假设：H_0：$\beta_j=0$，其中 $j=1,\ 2,\ \cdots,\ m$ 中的某个数

F 统计量：$F_j=\dfrac{\hat{\beta}_j^2/C_{jj}}{SSE/(n-p)}$，临界值 $F_\alpha(1,\ n-p)$，其中 C_{jj} 是矩阵 $(X'X)^{-1}$主对角线的第 j 个元素

t 统计量：$t=\dfrac{\hat{\beta}_j}{\sqrt{C_{jj}}\sqrt{SSE/(n-p)}}$，临界值 $t_{\alpha/2}(n-p)$

全相关系数 R：$R^2=\dfrac{SSR}{SSR+SSE}=1-\dfrac{SSE}{SST}=r^2_{Y\hat{Y}}$

推导回归系数的置信度为 $1-\alpha$ 的对称置信区间需要以下结论：

（1）$\dfrac{(n-p)\hat{\sigma}^2}{\sigma^2}$ 服从自由度为 $n-p$ 的标准 χ^2 分布。

（2）$\hat{\beta}_j-\beta_j$ 服从均值为 0，方差为 σ^2C_{jj} 的正态分布，其中 C_{jj} 是矩阵 $(X'X)^{-1}$ 主对角线的第 j 个元素。

（3）$\dfrac{(n-p)\hat{\sigma}^2}{\sigma^2}$ 和 $\hat{\beta}_j-\beta_j$ 独立。

由此可得 β_j 的 $1-\alpha$ 置信区间为：

$$\hat{\beta}_j\pm t_{\alpha/2}(n-p)\sqrt{C_{jj}}\sqrt{SSE/(n-p)}$$

【例 2—6】 续例 2—3，求回归系数 β_2 的 95%置信区间。

解 在求置信区间之前应该作 β_2 的显著性检验 H_0：$\beta_2=0\longleftrightarrow H_1$：$\beta_2\neq 0$。由计算可以得到 $SSE=4.193$，$(X'X)^{-1}$ 的第二个对角线上的元素等于 0.182，残差平方和的自由度等于 5（即 8—3），代入公式

$$t=\frac{\hat{\beta}_j}{\sqrt{C_{jj}}\sqrt{SSE/(n-p)}}$$

得 $$\frac{1.68}{\sqrt{0.182\times 0.839}}=4.299$$

临界值 $t_{0.025}(5)=2.571$，所以可以拒绝原假设。计算得到 β_2 的 95%置信区间为（0.678，2.686）。

2.3 使用多元线性回归的注意事项

多元线性回归模型的实际使用需要大量计算，尤其是要计算逆矩阵，所以在数值计算上的稳定性并不是太好。对计算所得到的结果作简单解释往往很容易导致错误结论，本节和下一章会描述在多元回归分析的实际应用中要注意的问题及其解决方法。本节包括多重共线性问题及逐步回归。

2.3.1　样本的相关阵和偏相关系数

前面已经提到相关系数矩阵（相关阵），这里说明它的定义。多元线性回归的相关阵是由其相关系数构成的对称阵，由样本观测值 x_{i1}，x_{i2}，…，x_{ip}（$i=1$，…，n），分别计算 x_i 与 x_j 之间的简单相关系数 r_{ij}，得解释变量样本相关阵

$$r=\begin{pmatrix} 1 & r_{12} & \cdots & r_{1p} \\ r_{21} & r_{22} & \cdots & r_{2p} \\ \vdots & \vdots & & \vdots \\ r_{p1} & r_{p2} & \cdots & 1 \end{pmatrix}$$

增广的样本相关阵为：

$$\tilde{r}=\begin{pmatrix} 1 & r_{y1} & r_{y2} & \cdots & r_{yp} \\ r_{1y} & 1 & r_{12} & \cdots & r_{1p} \\ \vdots & \vdots & \vdots & & \vdots \\ r_{py} & r_{p1} & r_{p2} & \cdots & 1 \end{pmatrix}$$

在多元线性回归分析中，其他变量被固定后任意两个变量之间的相关系数叫偏相关系数。偏相关系数可以度量 $m+1$ 个变量 y，x_1，x_2，…，x_m之间任意两个变量的线性相关程度，而这种线性相关程度是在固定其余 m 个变量的影响之后的线性相关。这意味着，偏相关系数在一定程度上能够排除其他变量的干扰，之所以说是一定程度，是因为这里计量的还是线性相关系数。

首先我们来看一阶偏相关系数。以二元线性回归模型为例，一阶偏相关系数可以解释扣除变量 x_2 的影响之后得到的被解释变量 y 和解释变量 x_1 的相关程度，公式如下：

$$r_{y1;2}=\frac{r_{y1}-r_{y2}r_{12}}{\sqrt{1-r_{y2}^2}\sqrt{1-r_{12}^2}}$$

类似地，在扣除变量 x_1 的影响之后得到的被解释变量 y 和解释变量 x_1 的偏相关系数为：

$$r_{y2;1}=\frac{r_{y2}-r_{y1}r_{12}}{\sqrt{1-r_{y2}^2}\sqrt{1-r_{12}^2}}$$

【例 2—7】　表 2—2 是某市在 1998 年 15 个经济开发区的招商成果记录。变量 y 是销售收入（单位：百万元），变量 x_1 是到 1998 年止的累计招商数目，

x_2是累计招商企业注册资本（单位：百万元）。

表 2—2　　招商成果记录

时间	1	2	3	4	5	6	7	8
y	554.0	208.6	3.1	2 815.4	1 052.1	122.2	1 400.0	464.0
x_1	25	20	6	1 001	525	7	532	75
x_2	3 547.8	896.3	750.3	2 087.1	1 639.3	671.1	2 863.3	1 160.0
时间	9	10	11	12	13	14	15	
y	7.5	224.2	3 427.0	442.8	70.1	538.9	2442.8	
x_1	40	187	825	120	28	122	74	
x_2	862.8	673.0	3 357.7	808.5	520.3	901.8	3 546.2	

解　根据上述数据得到的样本相关矩阵如表 2—3 所示。

表 2—3　　样本相关矩阵

	y	x_1	x_2
y	1.000	0.807	0.746
x_1	0.807	1.000	0.439
x_2	0.746	0.439	1.000

即 $r_{y1}=0.807$，$r_{y2}=0.746$，$r_{12}=0.439$。利用偏相关系数的计算公式，可以得到

$$r_{y1;2}=0.802,\quad r_{y2;1}=0.739$$

进一步计算决定系数和偏决定系数：

$$r_{y1}^2=0.807^2=0.651,\ r_{y2}^2=0.746^2=0.557$$
$$r_{y1;2}^2=0.802^2=0.643,\ r_{y2;1}^2=0.739^2=0.546$$

以上数据表明，用 y 与 x_1 作一元线性回归时，x_1 能消除 y 的变差 SST 的比例为 $r_{y1}^2=0.651=65.1\%$，再引入 x_2 时，x_2 能消除剩余变差 $SSE(x_1)$ 的比例为 $r_{y2;1}^2=0.546=54.6\%$，因而解释变量 x_1 和 x_2 消除 y 变差的总比例为 $1-(1-r_{y1}^2)(1-r_{y2;1}^2)=0.842=84.2\%$。而这个值恰好是 y 对 x_1 和 x_2 二元线性回归的决定系数 R^2，这一点请读者自己验证。

相应地，用 y 与 x_2 作一元线性回归时，x_2 能消除 y 的变差 SST 的比例为 $r_{y2}^2=0.557=55.7\%$，再引入 x_1 时，x_1 能消除剩余变差 $SSE(x_2)$ 的比例为 $r_{y1;2}^2=0.643=64.3\%$，因而解释变量 x_1 和 x_2 消除 y 变差的总比例为 $1-(1-r_{y2}^2)(1-r_{y1;2}^2)=0.842=84.2\%$。这个值同样是 y 对 x_1 和 x_2 二元线性回归的决

定系数 R^2。

偏相关系数反映的是变量间的相关性，因而并不需要有处于特殊地位的变量 y，即无须区分解释变量和被解释变量。我们可以对任意 p 个变量 x_1，x_2，…，x_p 定义它们之间的偏相关系数。例如有一阶偏相关系数

$$r_{12;3}=\frac{r_{12}-r_{13}r_{23}}{\sqrt{1-r_{13}^2}\sqrt{1-r_{23}^2}}$$

有了一阶偏相关系数以后，就可以计算二阶偏相关系数。比如现有 4 个变量，则

$$r_{12;34}=\frac{r_{12;3}-r_{14;3}r_{24;3}}{\sqrt{1-r_{14;3}^2}\sqrt{1-r_{24;3}^2}}$$

依此类推，就可以得到更高阶的偏相关系数，有兴趣的读者可以自己进行练习。

2.3.2　多重共线性问题

多元线性回归模型有一个基本假设，就是要求设计矩阵 X 满秩，即要求矩阵 X 中的列向量之间线性无关。如果存在不全为 0 的 $p+1$ 个数 c_0，c_1，c_2，…，c_p，使得

$$c_0+c_1x_{i1}+c_2x_{i2}+\cdots+c_px_{ip}=0,\quad i=1,2,\cdots,n$$

则解释变量 x_1，x_2，…，x_p 之间存在完全多重共线性。实际中，完全多重共线性并不多见，常见的情况是其近似成立。

多重共线性产生的实际原因在于，解释变量间完全不相关的情形基本上是不存在的。比如，研究我国居民消费状况要考虑的因素很多，大致包括职工平均工资、农民平均收入、银行利率、全国零售物价指数、国债利率等，这些因素都能影响居民消费，而且彼此之间显然存在很强的相关性。从数值计算的角度来看，多重共线性的危害是通过系数估计中的求逆矩阵体现出来的。

多元线性回归的系数估计公式为 $\hat{\beta}=(X'X)^{-1}X'Y$，其中的关键步骤是计算逆矩阵 $(X'X)^{-1}$。而逆矩阵对原矩阵的数值敏感性很高，也就是说，如果原矩阵的某个元素发生微小改变的话，所得到的逆矩阵就可能发生巨大的变化，在原矩阵的行列式比较小的时候这种效应尤其明显。如果各个变量之间存在比较严重的多重共线性，则矩阵 $X'X$ 的行列式会非常小，计算出来的逆矩阵离“正常”的逆矩阵可能相去甚远。在利用多元线性回归分析经济现象的时候，要尽可能降低多重共线性的影响。判断多重共线性的方法很多，比如方差扩大因子法、特征

根判定法、直观判定法以及逐步回归法。目前的统计软件都提供强大的逐步回归法，从使用者的角度来看，逐步回归法比较容易掌握和理解，所以本节将结合一个例子说明逐步回归方法的原理。

【例 2—8】 进行体形数据的变量筛选。为了解释身体脂肪度，研究人员选取以下三个变量：三头肌皮褶厚度、大腿围长、上臂围长，获得了 20 个人的有关数据，希望用多元线性回归方法建立关于身体脂肪度的模型。见表 2—4。

表 2—4 **身体脂肪度数据**

编号	身体脂肪 Y	三头肌皮褶厚度 X_1	大腿围长 X_2	上臂围长 X_3
1	11.9	19.5	43.1	29.1
2	22.8	24.7	49.8	28.2
3	18.7	30.7	51.9	37.0
4	20.1	29.8	54.3	31.1
5	12.9	19.1	42.2	30.9
6	21.7	25.6	53.9	23.7
7	27.1	31.4	58.5	27.6
8	25.4	27.9	52.1	30.6
9	21.3	22.1	49.9	23.2
10	19.3	25.5	53.5	24.8
11	25.4	31.1	56.6	30.0
12	27.2	30.4	56.7	28.3
13	11.7	18.7	46.5	23.0
14	17.8	19.7	44.2	28.6
15	12.8	14.6	42.7	21.3
16	23.9	29.5	54.4	30.1
17	22.6	27.7	55.3	25.7
18	25.4	30.2	58.6	24.6
19	14.8	22.7	48.2	27.1
20	21.1	25.2	51.0	27.5

解 本题的可能解释变量一共有 3 个，不算多。要判断各个变量的重要程度，比较简单的方法是观测各个变量之间的样本相关矩阵（见表 2—5），当然这个方法仅供参考，不能滥用。

表 2—5　　各个变量之间样本相关矩阵

	Y	X_1	X_2	X_3
Y	1.000	0.843	0.878	0.142
X_1		1.000	0.924	0.458
X_2			1.000	0.085
X_3				1.000

从样本相关矩阵可以看到，Y 和 X_1，X_2的相关系数都超过了 0.8，而和 X_3的相关系数仅为 0.142，可以猜测的结论是 X_3很有可能无法进入回归模型。事实上，从各个解释变量与 Y 的散点图也可以看到，Y 和 X_3不仅仅是线性相关系数很小，而且确实看不出什么趋势来。这里值得关注的还有 X_1 和 X_2的相关系数，高达 0.924，说明如果这两个变量同时出现在模型中会比较浪费。现在我们可以作一个大胆的猜测：X_3不能进入模型，而 X_1 与 X_2之间存在竞争关系，最后可能只会挑选其中一个进入模型，由于 X_2的相关系数更大，所以 X_2入选的可能性也更大。从常识判断，包含变量越少的模型越好，这符合“奥卡姆剃刀”原则，即用一个变量能够解释的模型就不要用两个变量。

上面的推导应该是不够完善的，而且也缺乏理论支持。下面我们考虑更为谨慎的逐步回归方法。由于备选的解释变量数目不大，所以可以用“最笨”的方法来决定三个变量的取舍。首先进行包含三个变量的多元线性回归分析，然后进行包含两个变量的回归分析（共有 3 组），最后进行包含一个变量的回归分析（对 X_3的一元回归就不作了）。这种方法是对解释变量的所有可能子集分别进行回归分析，然后比较各个模型的优劣。从对方程的 F 检验来看，所有的回归模型都是高度显著的，但包含变量 X_3的模型的分析结果都很奇怪。

包含全部三个变量的多元线性回归模型的参数估计及显著性检验如表 2—6 所示。

表 2—6　　包含三个变量的多元线性回归模型

	估计	标准差	t 统计量	P-value
截距	117.085	99.782	1.173	0.258
三头肌皮褶厚度	4.334	3.016	1.437	0.170
大腿围长	−2.857	2.582	−1.106	0.285
上臂围长	−2.186	1.595	−1.370	0.190

有两点值得关注：

（1）回归模型的方差分析表（见表 2—7）说明模型是显著的。

表 2—7 方差分析表

	df	SS	MS	F	Significance F
回归分析	3	396.98	132.33	21.52	0.00
残差	16	98.40	6.15		
总计	19	495.39			

但是三个变量没有一个能通过显著性检验，对照 Y 和 X_1，X_2的相关系数以及散点图，这个结果很难让人信服。

(2) 在包含三个解释变量的模型中，大腿围长和上臂围长的系数都是负的，这意味着身体脂肪度与它们反向变化，这显然不合理。

这个结果说明，多余的变量进入模型会让整个模型变得没有意义，所以变量的筛选不仅仅是为了实现“奥卡姆剃刀”原则。下面不再列举各个解释变量子集回归模型的方差分析表（全部是显著的），仅仅列举各个解释变量的估计和显著性检验。见表 2—8。

表 2—8 变量估计和显著性检验

	估计值	标准差	t 统计量	P-value
截距	−19.174	8.361	−2.293	0.035
三头肌皮褶厚度	0.222	0.303	0.733	0.474
大腿围长	0.659	0.291	2.265	0.037
截距	6.792	4.488	1.513	0.149
三头肌皮褶厚度	1.001	0.128	7.803	0.000
上臂围长	−0.431	0.177	−2.443	0.026
截距	−1.496	3.319	−0.451	0.658
三头肌皮褶厚度	0.857	0.129	6.656	0.000
截距	−23.634	5.657	−4.178	0.001
大腿围长	0.857	0.110	7.786	0.000

值得关注的有两点：

(1) 在包含三头肌皮褶厚度和上臂围长的模型中，两个变量都是显著的，这和相关系数的结果之间有冲突，同时上臂围长的系数小于 0，也显得不合理。所以上臂围长这个变量必须剔除。

(2) 在大腿围长和三头肌皮褶厚度之间出现“竞争”关系，在分别对两个变量的一元线性回归中，它们都是高度显著的，但是在同时包含两个变量的模型中，三头肌皮褶厚度变得不显著了。

所以最后只能选择一个解释变量，综合上面的分析，这个入选变量就是 X_2（大腿围长），这和最初根据相关系数所作的初步判断相符。

我们得到的回归模型是：身体脂肪度＝－23.634＋0.857×大腿围长。

简单解释这个方程的实际意义：从统计意义上看，大腿围长增加 1 个单位，其身体脂肪度大约平均增加 0.857 个单位。

2.3.3　多项式回归

变量 X 和 Y 之间的回归方程可能不是简单的线性形式，而是多项式：

$$Y=\beta_0+\beta_1X+\beta_2X^2+\cdots+\beta_kX^k$$

这时可以利用处理多元线性回归模型来处理数据。在分析之前，要对原始数据集进行一定的加工，依次计算 X 的各个观测值的 2 次方、3 次方，直至 k 次方。虽然在多项式回归中只有一个解释变量，但是在完成回归计算的时候必须利用多元回归模型。

【例 2—9】　用多项式回归模型处理我国 1985—2001 年的个体经济投资额数据（见表 2—9）。说明：以时间 t 为解释变量建立回归模型，所给出的是一个趋势线拟合结果。

表 2—9　　　　**个体经济投资额数据**

年份	投资额	t	t^2
1985	535.2	1	1
1986	649.4	2	4
1987	795.9	3	9
1988	1 022.1	4	16
1989	1 032.2	5	25
1990	1 001.2	6	36
1991	1 182.9	7	49
1992	1 222.0	8	64
1993	1 476.2	9	81
1994	1 970.6	10	100
1995	2 560.2	11	121
1996	3 211.2	12	144
1997	3 429.4	13	169
1998	3 744.4	14	196
1999	4 195.7	15	225
2000	4 709.4	16	256
2001	5 429.6	17	289

解 对年份和对应的投资额画散点图，可以判断至少应该用二次函数建立趋势线。为此建立新变量 t，以 1985 年为 1，余下各年依次加 1，在 t 所在列的右边建立 t^2。

模型是高度显著的，回归方程为：

$$\hat{y}=706.216-61.718t+19.947t^2$$

但是系数并非全部显著。见表 2—10。

表 2—10 **参数估计表**

	估计值	标准差	统计量	*P*-value
截距	706.216	151.640	4.657	0.000
t	−61.718	38.782	−1.591	0.134
t^2	19.947	2.094	9.525	0.000

其中一次项的系数是不显著的，根据这个情况，再对仅仅包含常数项和二次项的模型作回归分析，得到的参数估计如表 2—11 所示。

表 2—11 **参数估计表**

	估计值	标准差	统计量	*P*-value
截距	490.833	71.801	6.836	0.000
t	16.708	0.517	32.291	0.000

习　题

1. 现有如表 1 所示数据。

表 1

Y	0	1	3	4	5
X_1	1	2	3	4	5
X_2	1	1	2	2	3

希望用模型 $Y=\beta_0+\beta_1X_1+\beta_2X_2+\beta_3X_2^2+\varepsilon$ 拟合这些数据，其中 ε 是均值为 0，方差为 σ^2 的误差项。已经得到

$$(X'X)^{-1}=\begin{pmatrix} 11.00 & 1.00 & -14.00 & 3.00 \\ 1.00 & 1.00 & -2.75 & 0.25 \\ -14.00 & -2.75 & 20.94 & -4.06 \\ 3.00 & 0.25 & -4.06 & 0.94 \end{pmatrix}$$

求 $\hat{\beta}_3$。

2. 对一组包含 N 个观测值的数据集估计了两个回归模型，观测值中有三个可能的解释变量 X_1，X_2，X_3，被解释变量为 Y。由第一个模型 $Y_t=\alpha+\beta X_t+\varepsilon_t$，得到 $R^2=0.75$；由第二个模型 $Y_t=\beta_0+\beta_1X_{1t}+\beta_2X_{2t}+\beta_3X_{3t}+\varepsilon_t$，得到 $R^2=0.8$。检验假设 $\beta_2=\beta_3=0$ 的 F 统计量等于 2.5。求 N。

3. 在对 30 组观测值拟合多元线性回归模型 $y_i=\beta_0+\beta_1x_{1i}+\beta_2x_{2i}+\beta_3x_{3i}+\varepsilon_i$ 的时候，得到如下计算结果：

$$Y'Y=5\,734.29,\quad X'Y=\begin{pmatrix}387.7\\2\,406.8\\1\,331.6\\3.292\end{pmatrix},\quad \hat{\beta}=\begin{pmatrix}4.31\\1.80\\-0.30\\-1.38\end{pmatrix}$$

$$(X'X)^{-1}=\begin{pmatrix}0.290 & 0.060 & -0.190 & -0.030\\0.060 & 0.070 & -0.143 & -0.023\\-0.190 & -0.143 & 0.313 & 0.050\\-0.030 & -0.023 & 0.050 & 0.072\end{pmatrix}$$

求 $\hat{\beta}_2$ 的 95%的置信区间的宽度。

4. 现有如表 2 所示数据。

表 2

序号	y	x_1	x_2	x_3	序号	y	x_1	x_2	x_3
1	1	1	3	0	11	−3	1	9	3
2	−1	2	7	1	12	5	2	2	2
3	2	3	3	−2	13	7	3	2	1
4	3	4	7	0	14	2	4	6	−1
5	3	5	5	−2	15	0	5	9	−2
6	−1	1	2	0	16	0	1	6	2
7	−1	2	6	−1	17	−2	2	6	0
8	8	3	3	3	18	0	3	3	−2
9	6	4	2	0	19	10	4	3	3
10	2	5	6	−2	20	1	5	5	−2

所使用的线性回归模型为：

$$y_t=\beta_0+\beta_1x_{1t}+\beta_2x_{2t}+\beta_3x_{3t}+\varepsilon_t$$

如果有

$$(X'X)^{-1}=\begin{pmatrix} 0.5598 & -0.0980 & -0.0449 & -0.0475 \\ -0.0980 & 0.0343 & -0.0012 & 0.0140 \\ -0.0449 & -0.0012 & 0.0102 & 0.0009 \\ -0.0475 & 0.0140 & 0.0009 & 0.0218 \end{pmatrix}$$

$$X'Y=\begin{pmatrix} 42 \\ 164 \\ 110 \\ 44 \end{pmatrix}$$

且有如表 3 所示方差分析表：

表 3

	自由度	平方和	均方	F	显著性
回归	3	215.093	71.698	61.323	5.405E-09
残差	16	18.707	1.169		
总计	19	233.8			

(1) 求当 X_1，X_2，X_3 的取值分别为 3，4，1 的时候的 Y 的回归预测值。

(2) 求检验假设 $\beta_3=0$ 的 t 检验统计量的值。

(3) 求 β_2 的 95%的置信区间。

5. 用最小二乘法为一组数据建立模型 $Y=\beta_0+\beta_1X_1+\beta_2X_2+\varepsilon$，其中 X_2 为取值为 0 或 1 的虚拟变量。则下面说法中正确的包括：

A. 如果 X_2 的取值改成 0 或 2，则 $\hat{\beta}_0$，$\hat{\beta}_1$ 不会发生改变。

B. 如果 X_2 有三种可能取值，分别为 0，1 和 2，则使用两个取值为 0 或 1 的虚拟变量的模型和上述模型将得到相同的拟合值 $\hat{Y}_i$。

C. 分别对满足 $X_2=0$ 和 $X_2=1$ 的数据进行回归分析，能够得到相同的拟合值 $\hat{Y}_i$。

6. 对如图 1 所示散点图，以下五个模型中哪个最为贴切？在各个模型中，都有

$$D_t=\begin{cases} 1, & t>11 \\ 0, & t\leqslant 11 \end{cases}$$

A. $Y_t=\beta_1t+\beta_2D_t+\varepsilon_t$

B. $Y_t=\beta_1+\beta_2t+\varepsilon_t$

C. $Y_t=\beta_1+\beta_2t+\beta_3tD_t+\varepsilon_t$

D. $Y_t = \beta_1 + \beta_2 t + \beta_3 D_t + \beta_4 t D_t + \varepsilon_t$

E. $Y_t = \beta_1 + \beta_2 t + \beta_3 (t - t_0) D_t + \varepsilon_t$

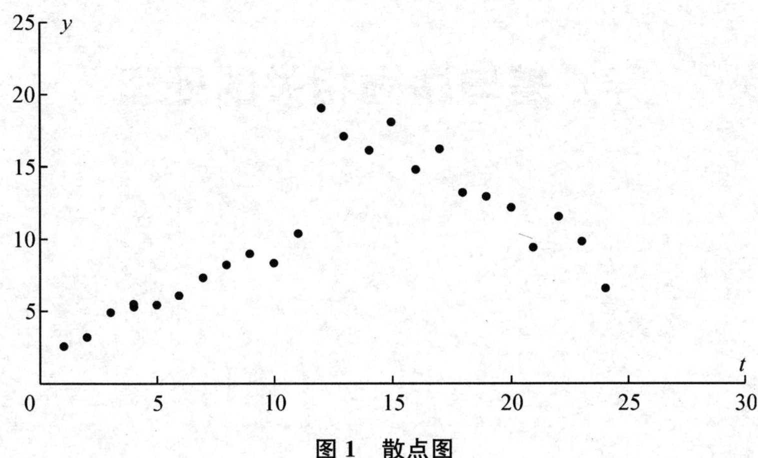

图 1　散点图

第3章

异方差与序列相关的处理

本章重点

1. 了解异方差的存在与检验、Goldfeld-Quandt 检验和 Breusch-Pagan 检验
2. 掌握处理异方差的二步估计法

在线性模型的实际应用中，经常会遇到各个误差项方差不相等的情形。这种情况下的模型仍然可以表示为 $Y=X\beta+\varepsilon$。$E(\varepsilon)=0$ 的假设保持不变，但是假设 $\mathrm{Var}(\varepsilon)=\sigma^2 I_n$ 不再成立。$\mathrm{Var}(\varepsilon)=\sigma^2 I_n$ 不成立之后，可能出现的情况，按照由难到易的次序，可以分为异方差和序列相关两类。本章第 1 节讨论异方差的存在与检验。第 2 节讨论异方差的两种简单情形，并结合二值线性模型介绍处理异方差的二步估计法。第 3 节讨论自相关线性模型。这一节仅仅介绍残差一阶自回归线性模型，它的残差满足 $\varepsilon_i=\rho\varepsilon_{i-1}+\upsilon_i$，其中 $E(\upsilon_i)=0$，$E(\upsilon_i^2)=\sigma^2$，$E(\upsilon_i\upsilon_j)=0$（$i\neq j$）。更高阶的自回归模型本章不作介绍，有兴趣的读者可以查阅和 ARCH 有关的材料。

3.1　异方差的存在与检验

本节介绍异方差现象与它的检验方法。

3.1.1　异方差的存在与影响

第 1 章和第 2 章中的线性回归模型都假定随机误差项 ε_i 独立同分布，这个假

设自然隐含着误差项是等方差（homoscedasticity）的，即

$$E(\varepsilon_i)=0,\quad \mathrm{Var}(\varepsilon_i)=\sigma^2 \tag{3—1—1}$$

但是实际得到的观测值很难保证这一点。数据可能来自不同的对象，这些对象属于不同的群体，群体间的差别导致样本方差不一致，这就是所谓的异方差（heteroscedasticity）现象：

$$E(\varepsilon_i)=0,\quad \mathrm{Var}(\varepsilon_i)=\sigma_i^2 \tag{3—1—2}$$

反映在散点图上，如图3—1可以明显地看出样本方差与点（X_i，Y_i）有关，随着样本数值增大而增大。

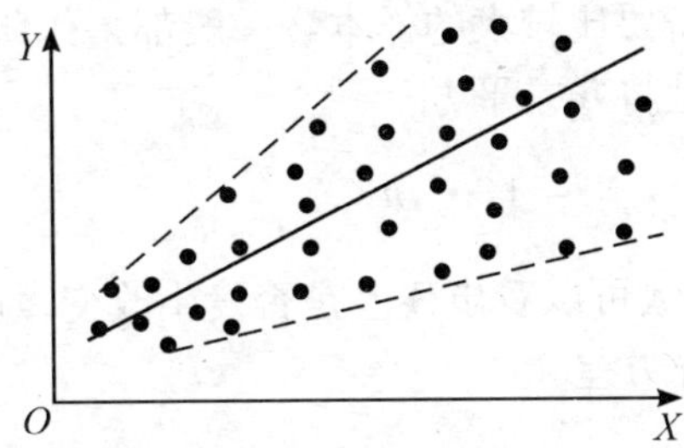

图3—1　样本数据散点图与异方差

由于样本方差的差异，简单最小二乘估计的一些优良性质就很难保存。以一元线性回归为例：

$$y_i=\beta_0+\beta_1 x_i+\varepsilon_i,\quad i=1,\cdots,n \tag{3—1—3}$$

其最小二乘估计为：

$$\hat{\beta}_1=\frac{L_{xy}}{L_{xx}}=\frac{\sum_{i=1}^{n}(x_i-\bar{x})(y_i-\bar{y})}{\sum_{j=1}^{n}(x_i-\bar{x})^2}=\sum_{i=1}^{n}\frac{x_i-\bar{x}}{L_{xx}}y_i \tag{3—1—4}$$

$$\hat{\beta}_0=\bar{y}-\hat{\beta}_1\bar{x}=\sum_{i=1}^{n}\left[\frac{1}{n}-\frac{\bar{x}(x_i-\bar{x})}{L_{xx}}\right]y_i \tag{3—1—5}$$

于是

$$\mathrm{Var}(\hat{\beta}_1)=\left(\sum_{i=1}^{n}\frac{(x_i-\bar{x})}{L_{xx}}\right)^2\mathrm{Var}(y_i) \tag{3—1—6}$$

$$\mathrm{Var}(\hat{\beta}_0)=\left\{\sum_{i=1}^{n}\left[\frac{1}{n}-\frac{\overline{x}(x_i-\overline{x})}{L_{xx}}\right]\right\}^2\mathrm{Var}(y_i) \tag{3—1—7}$$

在异方差假设下，$\mathrm{Var}(y_i)$ 各不相同，我们就无法证明 $\hat{\beta}_1$ 和 $\hat{\beta}_0$是最小方差线性无偏估计，显著性检验也成了问题。原来构造的 F 统计量是分子与分母都含有未知参数 σ^2，所以可以约去；现在是异方差，按原来方法构造的 F 统计量里的未知参数无法直接约去。与此类似，如果不作有效处理的话，前两章得到的各种统计量和检验方法都可能无效。因此，必须解决异方差问题。

3.1.2 异方差的检验

异方差的检验一般需要比较大的样本，一般都是作所谓残差分析。

最简单直观的方法是将残差平方

$$\hat{e}_i^2=(Y_i-\hat{Y}_i)^2,\quad i=1,\cdots,n \tag{3—1—8}$$

与 $\hat{Y}_i$画在一张图上，大致可以看出残差是否发生改变。图 3—2 中除了第 1 个图外，其余图像都指示有异方差。

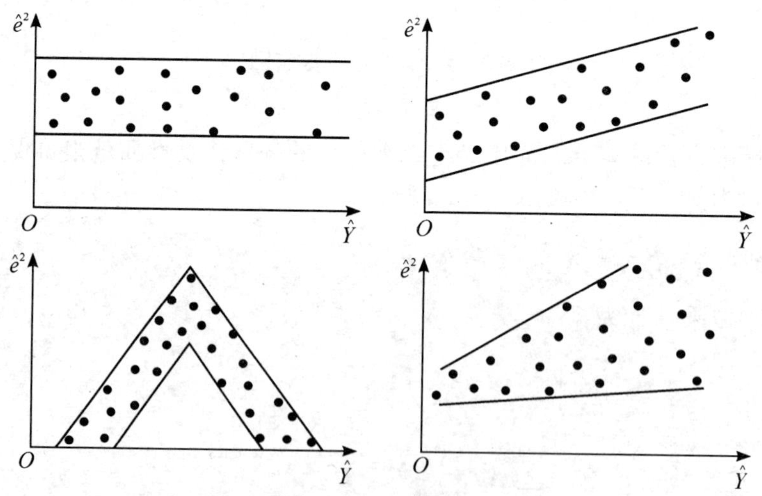

图 3—2 残差分析中的异方差现象

还有一些方法可以对异方差问题作统计检验。

3.1.3 Goldfeld-Quandt 检验

考虑一元线性回归中的异方差检验问题。这个检验问题中的原假设是各个误差项的方差相等，备择假设是 $\sigma_i^2=CX_i^2$，即误差的方差等于 X 的取值的平方。Goldfeld-Quandt 检验的基本思想是首先把观测数据按照 X 的取值大小排序，然后分成两组，对两组数据分别进行一般的线性回归。如果两次回归分析的残差平方和相差不大，就意味着不能拒绝等方差的原假设；如果两次回归分析的残差平方和有显著差异，就有可能拒绝原假设而认为存在异方差。Goldfeld-Quandt 检验的步骤如下：

（1）将所有观测值按照解释变量 X 的大小排序，这样做是考虑到备择假设认为方差和 X 的取值呈平方关系。

（2）略去排位在中间的 d 个观测值，d 的具体数值可以调整，一般大约等于样本量的 20%。为了保证下一步分组回归的自由度，d 不宜太大。

（3）分别对两组观测值进行回归分析。X 取值比较小的一组用下标 1 表示，取值比较大的一组用下标 2 表示。这样，每次回归分析的样本量都是 $(n-d)/2$，自由度等于 $(n-d)/2-2$。

（4）分别计算两次回归的残差平方和 SSE_1 和 SSE_2。

（5）假设各个误差项是独立的正态变量（即不存在序列相关），则统计量 SSE_2/SSE_1 应服从分母自由度和分子自由度都等于 $(n-d-4)/2$ 的 F 分布。在给定的显著性水平下，如果 SSE_2/SSE_1 的计算结果超过 F 分布的临界值，就可以拒绝原假设。

Goldfeld-Quandt 检验也适用于检验包含多个解释变量的回归模型。需要作的调整是：（1）将观测值按照某一个解释变量的大小排序；（2）F 检验统计量的分母自由度和分子自由度都等于 $(n-d-2m)/2$，其中 m 是回归模型中的解释变量的个数。

【例 3—1】　消费—收入异方差资料的异方差检验。表 3—1 是一组消费（Y）与收入（X）的资料，共 60 对，要求作异方差检验。注意到，观测值都已经按照变量 X 的取值大小进行排序。

表 3—1　　消费（Y）与收入（X）的数据

X	Y	X	Y	X	Y
80	55	140	95	210	144
80	54	140	95	210	143
85	70	145	108	220	152
85	71	145	106	220	153
90	75	150	113	225	140
90	73	150	113	225	142

续前表

X	Y	X	Y	X	Y
100	65	160	110	230	137
100	66	160	112	230	141
105	74	165	125	240	145
105	72	165	127	240	139
110	80	180	120	245	175
110	78	180	118	245	172
115	84	185	130	250	189
115	83	185	133	250	191
120	79	190	135	260	180
120	80	190	129	260	177
125	90	200	120	265	178
125	91	200	122	265	176
130	98	205	140	270	191
130	96	205	144	270	185

解 首先对所有 60 组数据完成简单线性回归，得到如表 3—2 所示结果。

表 3—2　　60 组数据的回归分析方差分析表

	自由度	平方和	均方	F 统计量	显著性
回归	1	83 062	83 062	1 055	0
残差	58	4 568	79		
总计	59	87 630			

得到的回归方程为：$Y=9.677+0.635X$。

从 F 统计量和拟合效果来看，这次回归的结果是相当好的（见图 3—3）。但是我们观察一下残差图，就会发现可能存在异方差（见图 3—4）。

为了检验是否存在异方差，采用 Goldfeld-Quandt 检验。由于 $n=60$ 可以被 2 整除，取 $d=0$，即两组分别包含 30 组观测值。得到如下结果。

第一组的回归方程：$Y=0.932+0.717X$，方差分析表见表 3—3。

表 3—3　　方差分析表

	自由度	平方和	均方	F 统计量	显著性
回归	1	10 410	10 410	340	0
残差	28	856	31		
总计	29	11 266			

第二组的回归方程：$Y=-10.59+0.72X$，方差分析表见表 3—4。

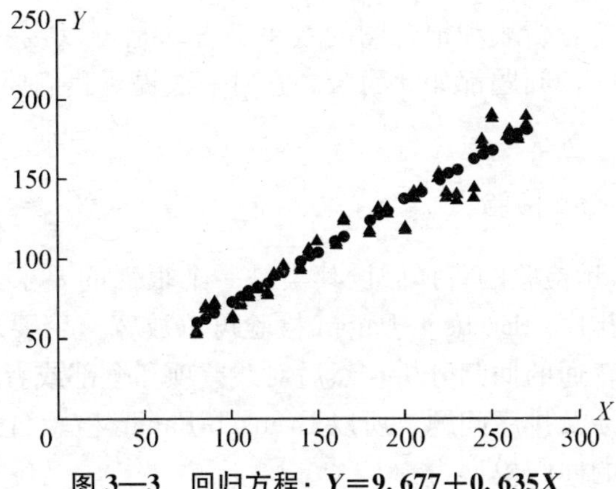

图 3—3　回归方程：$Y=9.677+0.635X$

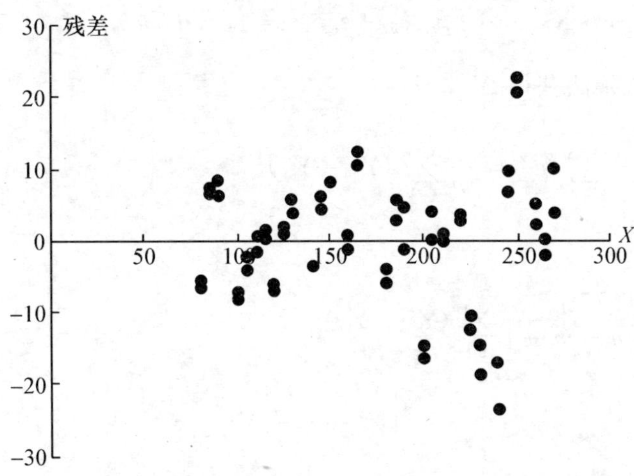

图 3—4　回归方程：$Y=9.677+0.635X$
的回归残差图

表 3—4　　方差分析表

	自由度	平方和	均方	F统计量	显著性
回归	1	12 694	12 694	107	0
残差	28	3 313	118		
总计	29	16 007			

Goldfeld-Quandt 检验的统计量为 $SSE_2/SSE_1=3\,313/856=3.87$，$F$ 分布的自由度为（28，28），取 $\alpha=0.05$，则临界值为 $F_{0.05}(28,28)=1.88$。可以拒绝等方差假设。当然，还要注意到，异方差的存在实际上隐藏着问题，即两组分开拟合之后所得到的回归系数和所有数据混在一起的结果往往不同。但是对所有数

据进行的回归从方差分析表和拟合图的效果来看却是可以接受的。例 3—1 只是简单的一元线性回归，问题都如此隐蔽。它再一次提醒我们要注意回归分析的深入分析。

3.1.4 Breusch-Pagan 检验

Goldfeld-Quandt 检验的备择假设其实是一个很强的要求，即必须能够对解释变量的取值进行排序。Breusch-Pagan 检验可以放宽这个要求，其基本思想是首先对观测值进行普通的回归分析，然后对残差项和全部或者部分解释变量进行回归分析。由于不涉及排序问题，所以 Breusch-Pagan 检验自然适用于多元回归分析。设对观测值的回归模型为：

$$Y_i=\beta_0+\beta_1X_{1i}+\cdots+\beta_mX_{mi}+\varepsilon_i,\quad i=1,2,\cdots,n \tag{3—1—9}$$

先用普通最小二乘法获得 $\hat{Y}_i$，$\hat{e}_i$：

$$\tilde{\sigma}^2=\frac{1}{n}\sum_{i=1}^{n}\hat{e}_i^2=\frac{1}{n}\sum_{i=1}^{n}(Y_i-\hat{Y}_i)^2 \tag{3—1—10}$$

注意这里不是

$$\hat{\sigma}^2=\frac{1}{n-m-1}\sum_{i=1}^{n}(Y_i-\hat{Y}_i)^2$$

然后定义变量

$$p_i=\hat{e}_i^2/\tilde{\sigma}^2 \tag{3—1—11}$$

用 p_i 与 X_{ji} 作回归

$$p_i=\alpha_0+\alpha_1X_{1i}+\cdots+\alpha_mX_{mi}+\upsilon_i \tag{3—1—12}$$

从而获得回归平方和 SSR，定义统计量

$$\Theta=\frac{1}{2}SSR=\frac{1}{2}\sum_{i=1}^{n}(\hat{p}_i-\bar{p}_i)^2 \tag{3—1—13}$$

可以证明在正态假设下，当样本容量充分大时，Θ 有渐近分布

$$\Theta\sim\chi^2(m),\quad n\to\infty \tag{3—1—14}$$

于是对给定显著性水平，当 Θ 超过 χ^2 分布的临界值时，就拒绝同方差假设，接受异方差假设。

3.2　广义线性模型和处理异方差的方法

本节采用从易到难的方式讨论异方差问题。首先考虑最简单的异方差问题，即误差项的协方差阵为已知对角阵，解决这个问题的方法是所谓广义线性模型；然后考虑稍微复杂一点的问题，即误差项方差的估计问题。首先是一个简单的情形，假设误差项方差的可能取值大大小于观测值的个数，比如只有两个，给出相关的估计和检验统计量。最后我们结合一个具体的二值模型，给出处理异方差的两步法。两步法是一个解决方差估计的实用算法，首先按照普通最小二乘法得到一组估计值，然后对观测值进行等方差变换，再对变换后的数据使用普通最小二乘法。有些情况下可以根据方差和解释变量之间的关系完成等方差变换。

3.2.1　协方差为已知对角阵与广义最小二乘

先考虑简单的情况，设模型为：

$$\begin{cases} Y = X\beta + \varepsilon \\ E(\varepsilon) = 0, \mathrm{Var}(\varepsilon) = \Phi = \mathrm{diag}(\sigma_1^2, \sigma_2^2, \cdots, \sigma_n^2) \end{cases} \tag{3—2—1}$$

如果 σ_i^2（$i=1$，…，n）已知，也就是 Φ 已知，则我们定义 β 的广义最小二乘估计为：

$$\hat{\beta} = (X'\Phi^{-1}X)^{-1}X'\Phi^{-1}Y \tag{3—2—2}$$

广义最小二乘估计（generalized least square estimate，GLS 估计）是 A. C. Aitken（1934）首先提出来的。

在 Φ 为对角阵的情形下，容易找到

$$P = \mathrm{diag}(\sigma_1^{-1}, \sigma_2^{-1}, \cdots, \sigma_n^{-1}) \tag{3—2—3}$$

使得

$$P'P = \Phi^{-1} \tag{3—2—4}$$

定义变换

$$X^* = PX,\quad Y^* = PY,\quad \varepsilon^* = P\varepsilon \tag{3—2—5}$$

则原模型成为：

$$\begin{cases} Y^* = X^* \beta + \varepsilon^* \\ E(\varepsilon^*) = 0, \quad \mathrm{Var}(\varepsilon^*) = I_n \end{cases} \tag{3—2—6}$$

$$\hat{\beta} = (X^{*\prime} X^*)^{-1} X^{*\prime} Y^* \tag{3—2—7}$$

这就转化成为普通的最小二乘估计。

这种情况的估计也称加权最小二乘估计（weighted least square estimate，WLS 估计），因为我们实际上是对观测值作了加权处理，权函数是 σ_i^{-1}（$i=1$，…，n）。此时极小化的函数是：

$$\sum_{i=1}^{n} \left(\frac{\varepsilon_i}{\sigma_i}\right)^2 = (Y - X\beta)'\Phi^{-1}(Y - X\beta) \tag{3—2—8}$$

我们看到，较小的 σ_i 将使该项变大，从而发挥较大的作用；较大的 σ_i 表示该项资料不可靠，将使其发挥较小的作用。从估计量

$$\hat{\beta} = \left(\sum_{i=1}^{n} \sigma_i^{-2} X_i X_i'\right)^{-1} \sum_{i=1}^{n} \sigma_i^{-2} X_i' Y \tag{3—2—9}$$

也容易看出这一点。

3.2.2 仅含两个未知方差量的模型

实际的数据分析中，方差都是未知的。显然未知方差不能太多，如果 $\Phi=\mathrm{diag}(\sigma_1^2, \cdots, \sigma_n^2)$ 全部未知就很麻烦：n 组观测值如何估计 n 个方差？

考虑一个简单情形，比如只有两个方差量的情况，σ_1^2 与 σ_2^2 未知，模型被划分为：

$$\begin{pmatrix} Y_1 \\ Y_2 \end{pmatrix} = \begin{pmatrix} X_1 \\ X_2 \end{pmatrix} \beta + \begin{pmatrix} \varepsilon_1 \\ \varepsilon_2 \end{pmatrix} \tag{3—2—10}$$

式中，Y_i 为 $n_i \times 1$ 向量，X_i 为 $n_i \times m$ 矩阵，β 为 $m \times 1$ 向量，ε_i 为 $n_i \times 1$ 向量；$i=1$，2；$n_1 + n_2 = n$；$Y' = (Y'_1 Y'_2)$，$X' = (X'_1 X'_2)$，$\varepsilon' = (\varepsilon'_1 \varepsilon'_2)$。

$$\mathrm{Var}(\varepsilon) = E\left[\begin{pmatrix} \varepsilon_1 \\ \varepsilon_2 \end{pmatrix} (\varepsilon'_1 \varepsilon'_2)\right] = \begin{pmatrix} \sigma_1^2 I_{n_1} & 0 \\ 0 & \sigma_2^2 I_{n_2} \end{pmatrix} \tag{3—2—11}$$

这样模型可以被划分成两个模型，它们必须要有相同的回归系数，但方差不同：

$$\begin{cases} Y_1 = X_1\beta + \varepsilon_1, & \mathrm{Var}(\varepsilon_1) = \sigma_1^2 I_{n_1} \\ Y_2 = X_2\beta + \varepsilon_2, & \mathrm{Var}(\varepsilon_2) = \sigma_2^2 I_{n_2} \end{cases} \tag{3—2—12}$$

在 σ_1^2 和 σ_2^2 已知时，由前面的广义最小二乘方法，有

$$\hat{\beta} = (X'\Phi^{-1}X)^{-1}X'\Phi^{-1}Y = \left(\frac{X'_1X_1}{\sigma_1^2} + \frac{X'_2X_2}{\sigma_2^2}\right)^{-1}\left(\frac{X'_1Y_1}{\sigma_1^2} + \frac{X'_2Y_2}{\sigma_2^2}\right) \tag{3—2—13}$$

σ_1^2 与 σ_2^2 在各自的子模型中就可以得到估计：

$$\begin{cases} \sigma_i^2 = \dfrac{SSR}{n_i - m} = \dfrac{1}{n_i - m}(Y_i - X_i\hat{\beta}_i)'(Y_i - X_i\hat{\beta}_i), & i = 1,2 \\ \hat{\beta}_i = (X_i'X_i)^{-1}X_i'Y_i, & i = 1,2 \end{cases} \tag{3—2—14}$$

在有了各自的方差估计后，在式（3—2—13）中用 $\hat{\sigma}_i^2$ 替换 σ_i^2 就回到对 β 的估计：

$$\begin{aligned} \hat{\beta} &= (X'\Phi^{-1}X)^{-1}X'\Phi^{-1}Y \\ &= \left(\frac{X'_1X_1}{\hat{\sigma}_1^2} + \frac{X'_2X_2}{\hat{\sigma}_2^2}\right)^{-1}\left(\frac{X'_1Y_1}{\hat{\sigma}_1^2} + \frac{X'_2Y_2}{\hat{\sigma}_2^2}\right) \end{aligned} \tag{3—2—15}$$

可以证明 $\hat{\beta}$ 的渐近性质：

$$\sqrt{n}(\hat{\beta} - \beta) \xrightarrow{d} N(0, (X'\hat{\Phi}^{-1}X)^{-1}) \tag{3—2—16}$$

据此我们可以作出 β 的区间估计与假设检验。

3.2.3　实用的二步估计法

这一部分所使用的二步估计法的基本思想为：先估计方差，再估计回归系数。这在处理此类问题中经常用到。在二步法之前，先简单介绍一种比较简单的等方差处理方法。在这种模型中，σ^2 和解释变量之间存在一定的关系，比如已知 $\sigma_i^2 = ax_{ik}^2$，它的含义是 y_i 的方差和第 k 个解释变量的第 i 次观测值之间存在着已知的函数关系。这种情况下的等方差变换就比较简单，先把第 i 次观测值都除以 x_{ik}，然后就可以对变换之后的数据使用等方差假设下的普通最小二乘回归。下面我们讲述更复杂一点的情况，以涉及离散变量的回归模型为例。

1．被解释变量是离散变量：二值选择的线性概率模型

在许多情况下，被解释变量也会成为虚拟变量或离散变量。比如统计居民有

无投保与收入的关系，可以建立模型：

$$y_i=\beta_0+\beta_1 x_i+\varepsilon_i$$

其中 $$y_i=\begin{cases}1, & \text{有保单}\\ 0, & \text{无保单}\end{cases}$$

这就是所谓的二值选择问题。处理这类问题不能简单套用前面的回归模型，通过比较我们能够认识到线性回归模型的基本假设的局限性，并掌握处理一些基本假设不成立的模型的方法。

先看一下二值选择的线性概率模型。考虑投保与收入关系的二值选择模型

$$Y=X\beta+\varepsilon,\quad E(\varepsilon)=0,\quad \mathrm{Var}(\varepsilon)=\sigma^2 I_n \tag{3—2—17}$$

经常可以写成等价形式

$$E(Y)=X\beta,\quad \mathrm{Var}(Y)=\sigma^2 I_n \tag{3—2—18}$$

这样就可以得到如下回归模型：

$$E(y_i\,|\,x_i)=\beta_0+\beta_1 x_i$$

对于方差我们暂不作假定。

由于 Y_i 取值非 0 即 1，如设 Y_i 取 1 的概率为 p_i，则它取 0 的概率为 $1-p_i$。并且

$$E(Y_i)=0\cdot(1-p_i)+1\cdot p_i=p_i$$

所以自然有 $0\leqslant E\ (Y_i\ |\ X_i)\ \leqslant 1$。这是一个必要的限制，但是普通最小二乘很难保证计算结果落在 0～1 之间。这是二值选择模型的第一个特点。

考虑残差

$$\varepsilon_i=Y_i-\beta_0-\beta_1 X_i \tag{3—2—19}$$

由于 Y_i 非 0 即 1，故

$$\varepsilon_i=\begin{cases}1-\beta_0-\beta_1 X_i, & Y_i=1\\ -\beta_0-\beta_1 X_i, & Y_i=0\end{cases} \tag{3—2—20}$$

因此，二值选择模型的残差在理论上不服从正态分布，而是服从二项分布。这是与普通最小二乘不同的第二个特点。

ε_i 服从二项分布，于是有二项分布的方差

$$\mathrm{Var}(\varepsilon_i)=p_i(1-p_i)=E(Y_i\,|\,X_i)[1-E(Y_i\,|\,X_i)]$$

可见残差项的方差不是常数，而与 Y_i 的条件期望值有关，即它是异方差的。

虽然二值选择模型有以上这些特点，但是通过变换，还是有可能借用线性回归模型的已有成果。当对应 $Y_i=1$ 的 X_i 比较集中于一点、对应于 $Y_i=0$ 的 X_i 比较集中于另一点时，回归效果可能是好的。处理异方差问题可以采取广义线性模型办法。令

$$\sqrt{E(Y_i|X_i)(1-E(Y_i|X_i))}=\sqrt{p_i(1-p_i)}=\sqrt{\omega_i} \qquad (3—2—21)$$

则变换后的模型

$$\frac{Y_i}{\sqrt{\omega_i}}=\frac{\beta_0}{\sqrt{\omega_i}}+\beta_i\frac{X_i}{\sqrt{\omega_i}}+\frac{\varepsilon_i}{\sqrt{\omega_i}} \qquad (3—2—22)$$

将是同方差的。

当然，理论上的 $\sqrt{\omega_i}$ 值不可能得到，只能从模型资料里估计。具体计算分为两步。

第一步：对原始的回归模型作普通最小二乘回归，算得 $\hat{Y}_i$，并以 $\hat{Y}_i$ 作为 $E(Y_i \mid X_i)$ 的估计。于是

$$\hat{\omega}_i=\hat{Y}_i(1-\hat{Y}_i) \qquad (3—2—23)$$

第二步：对变换后的模型（3—2—22）再作 OLS 回归，作为模型最后的估计。

对于二值选择模型，用全相关系数 R^2 变量拟合效果比较合适。如果必须满足 $0\leqslant\hat{Y}_i\leqslant1$，就可以采取人为限制：当 $\hat{Y}_i<0$ 时取 0，当 $\hat{Y}_i>1$ 时取 1。

【例 3—2】　有无保单与收入关系模型。建立二值选择回归模型

$$Y_i=\beta_0+\beta_1X_i+\varepsilon_i,\quad Y_i=\begin{cases}1, & \text{有保单}\\0, & \text{无保单}\end{cases}$$

第一次作 OLS 回归，得

$$Y_i=-0.6326+0.0813X_i$$

模型是高度显著的，但是 $R^2=0.516$。由此可算得 $\hat{Y}_i$，于是 $\hat{\omega}_i=p_i(1-p_i)=\hat{Y}_i(1-\hat{Y}_i)$。由于 $\hat{\omega}_i$ 需要开方然后作分母，需要作一些处理。由于 Y_i 取值非 0 即 1，当 $\hat{\omega}_i=0$ 时，表示这个观测值 Y_i 已被精确拟合，对它就不作变换。这样得到式（3—2—12）的资料 $Y_i/\sqrt{\omega_i}$，$\beta_0/\sqrt{\omega_i}$，$X_i/\sqrt{\omega_i}$。注意此时 $\beta_0/\sqrt{\omega_i}$ 已不再是常数，第二次回归解释变量列数将增加 1，并且不再设常数项。第二次

回归是广义线性模型，它的系数应该更适合原始资料。不过，注意式（3—2—12），现在解释变量是 2 列。第一列为 $\beta_0/\sqrt{\omega_i}$，$\sqrt{\omega_i}$ 在方程两边同时可以约去，这样当再把第一列作为常数项时，应该是两次回归的第一个回归系数相乘。这样我们得到最终的回归方程：

$$Y_i=-0.9873+0.1048X, \quad R=0.9870$$

全相关系数比第一次有较大提高。

2. Logit 模型

我们已经看到，二值选择模型和简单的线性回归模型之间存在着三个差异。其中方差非正态问题可以通过大样本渐近分布为正态来弥补，异方差问题可以用广义最小二乘法弥补，但是 $0\leqslant \hat{Y}_i\leqslant 1$ 的要求在普通回归模型中难以满足。除了这三个特殊点之外，还应有一个自然的要求，就是 $\hat{Y}_i$随 X 的增加而变化的速率应该越来越慢，而不能像线性模型那样直来直去地成比例增长。以保单—收入模型为例，有

$$Y=-0.9873+0.1048X$$

当收入为 10 时，有保单的可能性是 0.060 7；当收入提高到 20 时，有保单的可能性为 1.108 7，已超过 100%；当收入为 30 时，则为 2.156 7。显然，这个模型需要改进。改进的目标可以用图 3—5 表示。

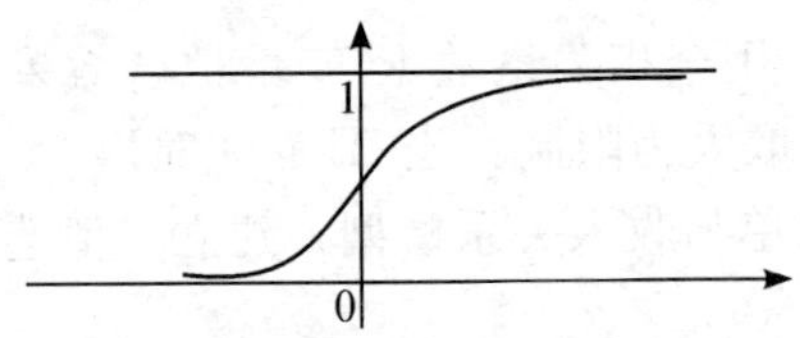

图 3—5 选择概率的改进

如果有一个这样的模型函数，它满足 $0\leqslant \hat{Y}_i\leqslant 1$，同时变化越来越缓，比较符合实际。亿万富翁与百万富翁尽管收入相差百倍，但有保单的可能性应该是差不多的。

找到这种函数的方法不少，其中有一种是利用下面这种方法。原来的形式是：

$$p_i=E(Y=1|X_i)=\beta_0+\beta_1X_i \tag{3—2—24}$$

如果改进为

$$p_i = E(Y=1|X_i) = \frac{1}{1+\mathrm{e}^{-(\beta_0+\beta_1 X_i)}} \tag{3—2—25}$$

则 $0 \leqslant p_i \leqslant 1$，且 p_i 在 $X \to \pm\infty$ 的时候都有渐近线。记 $Z_i = \beta_0 + \beta_1 X_i$，则有

$$\frac{p_i}{1-p_i} = \frac{1+\mathrm{e}^{Z_i}}{1+\mathrm{e}^{-Z_i}} = \mathrm{e}^{Z_i}$$

$$\ln \frac{p_i}{1-p_i} = Z_i = \beta_0 + \beta_1 X_i$$

这就得到了所谓的 Logit 模型函数，Logit 得名于取对数的变换。在这个函数形式下，不是 p_i 与 X_i 呈线性关系，而是 $\ln \frac{p_i}{1-p_i}$ 与 X_i 呈线性关系。当 $X \to \pm\infty$ 时，$0 < p_i < 1$。p_i 与 X_i 的关系曲线正是上图表示的 S 形曲线。将解释变量扩充为多元，加上随机项，就得到一般的 Logit 回归模型：

$$\ln \frac{p_i}{1-p_i} = X_i'\beta + \varepsilon_i \tag{3—2—26}$$

如果我们从这个模型中得到 β 的估计 $\hat{\beta}$，就可以估计出第 i 个样本有（或无）的可能性 $\hat{p}_i$。

这时又产生一个新问题：如何估计 $\hat{\beta}$？从原来的二值选择资料出发连回归模型都建立不起来。因为二值选择的形式是 $Y_i = 0$ 或 1，$\ln(Y_i/(1-Y_i))$ 无法取对数。

原始数据是完全从个体的资料出发的。现在可以改成从小范围的个体出发建立资料，即将解释变量 X 按某些值分成若干组，比如分成 X_1，…，X_n 组。每组里有 n_i 个样品，取 1 是 N_i 个，则 0 是 $(n_i - N_i)$ 个，于是有

$$p_i = \frac{N_i}{n_i}, \quad i = 1, \cdots, n \tag{3—2—27}$$

这样的 (p_i, X_i) 就可代入 Logit 回归模型。

【例 3—3】　仍以有无保单为例，设有如表 3—5 所示统计资料。

表 3—5　分组的收入与有无保单的数据

分组序号	样品数	其中有保单数	收入（千元）
1	10	1.5	2
2	20	3.2	3
3	25	4	4

续前表

分组序号	样品数	其中有保单数	收入（千元）
4	30	5	5
5	40	8	6
6	50	12	8
7	60	18	10
8	80	28	13
9	100	45	15
10	70	36	20
11	65	39	25
12	50	33	30
13	40	30	35
14	25	20	40
15	30	27	50
16	40	38	60
17	50	48	70
18	60	58	80

从表中可以看出，在年收入为 6 000 元的层次里，有保单的可能性是8/40=0.2，即 $p_1=0.2$，其他层次依此类推。余下的问题是要弄清残差分布特性。当样品数较大时，可以认为 ε_i 近似服从正态分布：

$$\varepsilon_i \sim N\left(0,\ \frac{1}{n_i p_i(1-p_i)}\right)$$

这个异方差问题比较容易处理，所用变换与前面所述类似。

算出 $$p_i=\frac{N_i}{n_i},\ i=1,\ \cdots,\ n$$

$$Y_i=\ln\frac{p_i}{1-p_i},\ i=1,\ \cdots,\ n$$

作第一次 OLS 回归。计算异方差权系数

$$\omega_i=n_i p_i(1-p_i) \tag{3—2—28}$$

作变换模型

$$\sqrt{\omega_i}Y_i=\beta_0\sqrt{\omega_i}+\beta_1\sqrt{\omega_i}X_i+\sqrt{\omega_i}\varepsilon_i \tag{3—2—29}$$

则近似有 $\sqrt{\omega_i}\varepsilon_i \sim N$（0，1）。对资料

$$Z_i=\sqrt{\omega_i}Y_i,\quad X_i^*=(\beta_0\ \sqrt{\omega_i},\sqrt{\omega_i}X_i)$$

作第二次 OLS 回归，可得原模型的估计：

$$\ln \frac{p_i}{1-p_i}=\beta_0^*+\beta_1^* X_i \tag{3—2—30}$$

至于方差估计，则为：

$$\hat{\sigma}_i^2=\frac{1}{n_i p_i(1-p_i)}$$

Logit 回归模型实质是求一种概率的估计，将某种概率与一个线性函数联系起来。在各种概率估算里，比如汽车事故的发生率、某项疾病的发病率和退保率研究，它都可以找到用武之地。

3.2.4 检验两个方程是否一致

有时要考虑的问题是两组观测数据是否可以合并处理。这里要使用 Chow 检验。对同一组变量的两组数据，其下标从 1 到 $n+m$。对下标从 1 到 n 和从 $n+1$ 到 $n+m$ 的两组数据分别使用线性回归模型建模，有

$$Y_i=\beta_0+\beta_1 X_{1i}+\beta_2 X_{2i}+\cdots+\beta_k X_{ki}+\varepsilon_i,\quad i=1,2,\cdots,n$$
$$Y_j=\alpha_0+\alpha_1 X_{1j}+\alpha_2 X_{2j}+\cdots+\alpha_k X_{kj}+\varepsilon_j,\quad j=n+1,n+2,\cdots,n+m$$

现在要检验的原假设是两个模型是完全一致的，即 $\beta_0=\alpha_0$，$\beta_1=\alpha_1$，…，$\beta_k=\alpha_k$，且 $\mathrm{Var}(\varepsilon_i)=\mathrm{Var}(\varepsilon_j)$。在原假设成立的条件下，所有的数据都可以由一个回归模型来描述，即

$$Y_i=\beta_0+\beta_1 X_{1i}+\beta_2 X_{2i}+\cdots+\beta_k X_{ki}+\varepsilon_i,\quad i=1,2,\cdots,n+m$$

记两个回归模型得到的残差平方和分别为 SSE_1 和 SSE_2，令 $SSE_0=SSE_1+SSE_2$。记单一回归模型得到的残差平方和为 SSE_R，构造 F 统计量

$$F_{k,n+m-2k}=\frac{(SSE_R-SSE_0)/k}{SSE_0/(n+m-2k)}$$

如果在分析中得到的这个 F 统计量大于临界值，就可以拒绝原假设，这就意味着要对数据进行两次回归分析，这些数据不能合并处理。

3.2.5 分段线性回归

有些经济指标在比较长的时间段之内会发生结构性的变化，即在某个时点发生转折。对此指标建立回归模型的时候要考虑分段线性回归，为不同时段的数据

建立不同的回归方程。具体做法先是建立数据所属时段的虚拟变量，然后就可以用一个统一的回归方程来描述分段的回归方程。

考虑消费和收入之间的关系，如果数据跨越了几十年的时间段，那么比较合理的现象就是两者之间的关系在某一年（也可能在某两个年份）上发生了改变。设一共有 n 年的观测数据，消费和收入的数据对记为（c_t，x_t）（$t=1, 2, \cdots, n$），假定 $t=t_0$ 的年份消费和收入的关系发生了结构改变。建立虚拟变量

$$D_t=\begin{cases}1, & t>t_0\\0, & \text{其他}\end{cases}$$

考虑包含虚拟变量的回归模型

$$c_t=\beta_0+\beta_1 x_t+\beta_2(x_t-x_{t_0})D_t+\varepsilon_t$$

在发生结构改变之前，$D_t=0$，消费和收入之间的回归方程可以表示为：

$$E(c_t)=\beta_0+\beta_1 x_t$$

在发生结构改变之后，$D_t=1$，消费和收入之间的回归方程可以表示为：

$$E(c_t)=\beta_0+\beta_1 x_t+\beta_2(x-x_{t_0})=\beta_0-\beta_2 x_{t_0}+(\beta_1+\beta_2)x_t$$

意味着在转折点之后，回归方程的截距和斜率都会发生变化。这里会产生一个疑问：分段线性回归模型是否连续？考虑 $t=t_0$ 时的情况，根据两段方程，分别得到

$$E(c_{t_0})=\beta_0+\beta_1 x_{t_0}$$
$$E(c_{t_0})=\beta_0-\beta_2 x_{t_0}+(\beta_1+\beta_2)x_{t_0}=\beta_0+\beta_1 x_{t_0}$$

可见连续性没有问题。如果 $\beta_2=0$，那么分段线性回归方程就退化成一个方程，所以通过检验 β_2 是否真等于 0 就可以检验分段是否合适，而这通过对回归系数的 t 检验就可以实现。

如果转折点不止一个，该如何处理？考虑存在两个转折点的情形，这时就必须建立两个虚拟变量，不妨设另一个转折点为 t_1（$t_1>t_0$），建立虚拟变量

$$D_t^*=\begin{cases}1, & t>t_1\\0, & \text{其他}\end{cases}$$

回归模型可以表示为：

$$c_t=\beta_0+\beta_1 x_t+\beta_2(x_t-x_{t_0})D_t+\beta_3(x_t-x_{t_1})D_t^*+\varepsilon_t$$

由此得到的回归模型的三个直线部分可以表示为：

$$E(c_t)=\begin{cases}\beta_0+\beta_1 x_t, & 0<t\leqslant t_0\\(\beta_0-\beta_2 x_{t_0})+(\beta_1+\beta_2)x_t, & t_0<t\leqslant t_1\\(\beta_0-\beta_2 x_{t_0}-\beta_3 x_{t_1})+(\beta_1+\beta_2+\beta_3)x_t, & t>t_1\end{cases}$$

3.3　自相关线性模型

现实生活中的各种变量之间往往存在相关关系（不一定是线性相关关系），本节处理回归模型中的残差序列自相关现象。

3.3.1　自相关现象

第 2 节介绍的异方差模型依然保留了普通最小二乘模型的观测值之间不相关的假设：

$$\begin{cases}Y=X\beta+\varepsilon\\E(\varepsilon)=0, \quad \mathrm{Var}(\varepsilon)=\Phi=\mathrm{diag}(\sigma_1^2,\cdots,\sigma_n^2)\end{cases}\tag{3—3—1}$$

式中，Φ 是对角阵，表示随机观测项 Y_i（$i=1,\cdots,n$）是彼此不相关的。在对实际数据的回归分析中，还会遇到不满足相关假设的情形。造成误差项相关的可能原因包括：(1) Y_i 依赖于自身过去的数值，这一点在时间序列数据中表现得特别明显；(2) X 包含解释变量的当前或滞后的数值，X 的相关性造成 Y 的相关性；(3) 随机误差项 ε 本身相关。本节的研究重点是随机误差项 ε 自身相关形成的自相关模型。特别地，我们研究的是残差一阶自回归线性模型：

$$\begin{cases}Y_i=X'_i\beta+\varepsilon_i, \quad i=1,\cdots,n\\\varepsilon_i=\rho\varepsilon_{i-1}+\upsilon_i, \quad i=2,\cdots,n, \quad 0\leqslant|\rho|<1\\E(\upsilon_i)=0, \quad E(\upsilon_i^2)=\sigma_\upsilon^2, \quad E\upsilon_i\upsilon_j=0, \quad i\neq j\end{cases}\tag{3—3—2}$$

可以看出，对于原始资料 Y_i，X_i，它的随机误差项 ε_i 不满足普通最小二乘法要求的不相关性。但是退而求其次，关于 ε_i 我们可以建立起一个真正的普通最小二乘模型。

3.3.2　残差一阶自回归的检验方法

关于残差一阶自回归线性模型的检验方法比较多，比较重要的是 Durbin-

Watson检验，在数据量较大的时候，可以使用残差一阶自回归的渐近检验。

1. 残差一阶自回归的渐近检验

在模型（3—3—2）中，主要检验一阶自回归是否成立，即原假设与备择假设为：

$$H_0:\rho=0 \longleftrightarrow H_1:\rho\neq 0$$

在适当的假定下，可以推导出 $\hat{\beta}$ 的渐近分布为正态，$E(\hat{\rho})=\rho$，$\mathrm{Var}(\hat{\rho})=(1-\rho^2)/n$，即

$$\hat{\rho}\sim N(\rho,(1-\rho^2)/n) \tag{3—3—3}$$

于是可以构造统计量

$$Z=\frac{\hat{\rho}-\rho}{\sqrt{(1-\rho^2)/n}}\sim N(0,\ 1) \tag{3—3—4}$$

当原假设 H_0成立时，有

$$Z=\sqrt{n}\,\hat{\rho}\sim N(0,\ 1) \tag{3—3—5}$$

若取显著性水平为5%，则双边假设检验有拒绝域 $|\sqrt{n}\,\hat{\rho}|\geqslant 1.96$。一般情况下，拒绝域为：

$$|\sqrt{n}\,\hat{\rho}|\geqslant U_{\alpha/2} \tag{3—3—6}$$

这个渐近检验一则需要样本容量较大，二则不是最优势检验，但是它无须重新构造统计数表，所以比较方便实用。

2. DW 检验

DW 检验是 J. Durbin 和 G. S. Watson 于 1951 年提出的，是检验序列相关常见的方法。

这种方法的主要步骤为：（1）提出假设；（2）计算 DW 检验的统计量 d；（3）根据样本容量 n，解释变量的个数 k 和显著性水平 α，确定统计量 d 检验的上限临界值 d_μ 和下限临界值 d_l。DW 检验统计量的定义为：

$$DW=\frac{\sum_{t=2}^{n}(\hat{\varepsilon}_t-\hat{\varepsilon}_{t-1})^2}{\sum_{t=1}^{n}\hat{\varepsilon}_t^2} \tag{3—3—7}$$

DW 统计量的可能取值范围是 $0 \leqslant DW \leqslant 4$。

【例 3—4】 表 3—6 是连续 7 天内变量 X 和 Y 的观测结果。

表 3—6 **观测结果表**

T	1	2	3	4	5	6	7
X	2	3	4	5	6	7	8
Y	6	7	7	11	11	14	18

利用最小二乘法，得到的回归直线方程为 $Y=0.93+1.93X$。计算 DW 统计量的值。

解 经计算得到 $DW=1.88$。

对于原假设 H_0，利用 DW 检验判断一阶自回归的区域包括：

当 $0<d<d_l$ 时，表明存在一阶正相关，且相关程度随着 d 接近 0 而逐渐增强。

当 $d_l<d<d_u$ 和 $4-d_u<d<4-d_l$ 时，表明不能确定存在自相关。

当 $d_u<d<4-d_u$ 时，表明不存在一阶自相关。

当 $4-d_l<d<4$ 时，表明存在一阶负相关，且相关程度随着 d 接近 4 而逐渐增强。如图 3—6 所示。

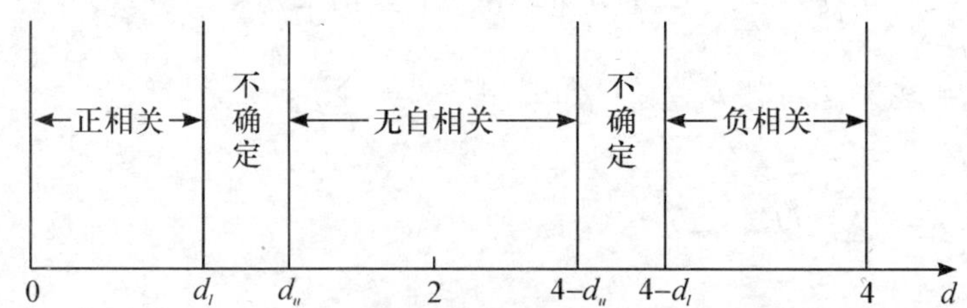

图 3—6 DW 检验统计量的取值和相关程度

DW 检验的优点是计算简便。不足之处包括：(1) 只适用于一阶自回归的检验；(2) 不适用于随机解释变量模型；(3) 有两个不能确定的区域。

造成在统计检验中出现不能确定的区域的原因是，残差序列还会受到回归方程中的各个解释变量的影响。从数据上表现出来的自相关，其来源很有可能是解释变量的自相关而不是误差项的自相关。举例来说，如果 X 服从某个一阶自回归过程，即

$$x_t=rx_{t-1}+w_t$$

式中，$0 \leqslant r<1$，w_t 是不相关的误差项。

可以证明，此时

$$DW \approx 2-2\frac{\mathrm{Cov}(w_t,w_{t-1})+r(\beta-\hat{\beta})^2\mathrm{Var}(x_t)}{\mathrm{Var}(w_t)+(\beta-\hat{\beta})^2\mathrm{Var}(x_t)}$$

如果对斜率的估计值等于真值，则变量 X 的自相关性质不会改变 DW 统计量的计算结果。但是在实际的模型分析中，斜率估计值不可能和真值相等，所以 r 和 X 的方差都会对 DW 造成影响。若其他条件不变，r 越接近 1，DW 统计量越接近于 0。

根据残差，可以估计出一阶自相关系数为：

$$r_1=\frac{\sum_{t=2}^{n}\hat{\varepsilon}_t\hat{\varepsilon}_{t-1}}{\sum_{t=1}^{n}\hat{\varepsilon}_t^2} \tag{3—3—8}$$

3.3.3 一阶自回归的处理方法

当 $|\rho|<1$ 时，一阶自回归过程是平稳的，有

$$\begin{aligned}\varepsilon_i &= \upsilon_i+\rho\varepsilon_{i-1}=\upsilon_i+\rho(\upsilon_{i-1}+\rho\varepsilon_{i-2})=\upsilon_i+\rho\upsilon_{i-1}+\rho^2\varepsilon_{i-2}\\ &=\upsilon_i+\rho\upsilon_{i-1}+\rho^2\upsilon_{i-2}+\rho^3\upsilon_{i-3}+\cdots=\sum_{k=0}^{\infty}\rho^k\upsilon_{i-k}\end{aligned} \tag{3—3—9}$$

于是 $$E(\varepsilon_i)=\sum_{k=0}^{\infty}\rho^kE(\upsilon_{i-k})=0 \tag{3—3—10}$$

$$\mathrm{Var}(\varepsilon_i)=\sum_{k=0}^{\infty}\rho^{2k}\mathrm{Var}(\upsilon_{i-k})=\sum_{k=0}^{\infty}\rho^{2k}\sigma_\upsilon^2=\frac{\sigma_\upsilon^2}{1-\rho^2}\triangleq\sigma_\varepsilon^2 \tag{3—3—11}$$

$$E(\varepsilon_i\varepsilon_{i-2})=\rho E(\varepsilon_{i-1}^2)+E(\varepsilon_{i-1}\upsilon_i)=\rho\frac{\sigma_\upsilon^2}{1-\rho^2} \tag{3—3—12}$$

$$\begin{aligned}E(\varepsilon_i\varepsilon_{i-2}) &= \rho E(\varepsilon_{i-1}\varepsilon_{i-2})+E(\varepsilon_{i-2}\upsilon_i)\\ &=\rho E((\rho\varepsilon_{i-2}+\upsilon_{i-1})\varepsilon_{i-2})+E(\varepsilon_{i-2}\upsilon_i)\\ &=\rho^2E\varepsilon_{i-2}^2=\frac{\rho^2\sigma_\upsilon^2}{1-\rho^2}\end{aligned} \tag{3—3—13}$$

类似地，有

$$E(\varepsilon_i\varepsilon_{i-s})=\frac{\rho^2\sigma_\upsilon^2}{1-\rho^2},\quad s=1,2,3,\cdots \tag{3—3—14}$$

注意，它们都有公共因子 σ_ε^2，于是得到误差协方差阵

$$\Phi = E(\varepsilon\varepsilon') = E\begin{pmatrix} \varepsilon_1^2 & \varepsilon_1\varepsilon_2 & \cdots & \varepsilon_1\varepsilon_n \\ \varepsilon_{21} & \varepsilon_2^2 & \cdots & \varepsilon_{21}\varepsilon_n \\ \vdots & \vdots & & \vdots \\ \varepsilon_n\varepsilon_1 & \varepsilon_n\varepsilon_2 & \cdots & \varepsilon_n\varepsilon_n \end{pmatrix}$$

$$= \frac{\sigma_v^2}{1-\rho^2}\begin{pmatrix} 1 & \rho & \rho^2 & \cdots & \rho^{n-1} \\ \rho & 1 & \rho & \cdots & \rho^{n-2} \\ \rho^2 & \rho & 1 & \cdots & \rho^{n-3} \\ \vdots & \vdots & \vdots & & \vdots \\ \rho^{n-1} & \rho^{n-2} & \rho^{n-3} & \cdots & 1 \end{pmatrix} \tag{3—3—15}$$

如果记矩阵

$$\Psi = \frac{1}{1-\rho}\begin{pmatrix} 1 & \rho & \rho^2 & \cdots & \rho^{n-1} \\ \rho & 1 & \rho & \cdots & \rho^{n-2} \\ \vdots & \vdots & \vdots & & \vdots \\ \rho^{n-1} & \rho^{n-2} & \rho^{n-3} & \cdots & 1 \end{pmatrix} \tag{3—3—16}$$

则 $\Phi = \sigma_v^2\Psi$。于是残差一阶自回归的线性模型也可以写为：

$$\begin{cases} Y = X\beta + \varepsilon \\ E(\varepsilon) = 0, \quad \mathrm{Var}(\varepsilon) = \sigma_v^2\Psi \end{cases} \tag{3—3—17}$$

对于普通最小二乘回归模型，这里就用 Ψ 取代了 I_n；对比上一节的异方差线性回归模型，这里就是用 Ψ 取代了 $\mathrm{diag}(\sigma_1^2, \cdots, \sigma_n^2)$。

下面以一元线性回归模型为例说明这个变形过程和结果。此时模型为：

$$Y_t = \beta_0 + \beta_1 X_t + \varepsilon_t \tag{3—3—18}$$

式中，ε_t是存在序列相关的，即 $\mathrm{Cov}(\varepsilon_t, \varepsilon_{t-1}) \neq 0$，且满足一阶自回归形式

$$\varepsilon_t = \rho\varepsilon_{t-1} + \nu_t$$

式中，ν_t满足古典假设，即

$$E(\nu_t) = 0, \ \mathrm{Var}(\nu_t) = \sigma_v^2 = \text{常数}$$

$$\mathrm{Cov}(\nu_t, \nu_s) = 0 \ (t \neq s), \quad \mathrm{Cov}(\varepsilon_{t-1}, \nu_t) = 0$$

将模型（3—3—18）滞后一期，得到

$$Y_{t-1}=\beta_0+\beta_1 X_{t-1}+\varepsilon_{t-1}$$

两边乘以 ρ 可得

$$\rho Y_{t-1}=\rho\beta_0+\rho\beta_1 X_{t-1}+\rho\varepsilon_{t-1} \tag{3—3—19}$$

式（3—3—18）减式（3—3—19）可得

$$Y_t-\rho Y_{t-1}=\beta_0(1-\rho)+\beta_1(X_t-\rho X_{t-1})+(\varepsilon_t-\rho\varepsilon_{t-1})$$

即 $Y_t-\rho Y_{t-1}=\beta_0(1-\rho)+\beta_1(X_t-\rho X_{t-1})+\nu_t$

令 $Y'_t=Y_t-\rho Y_{t-1}$，$X'_t=X_t-\rho X_{t-1}$，$\beta'_0=\beta_0(1-\rho)$

则变换为：

$$Y'_t=\beta'_t+\beta_1 X'_t+\upsilon_t \tag{3—3—20}$$

在式（3—3—20）中，随机项是满足古典假设的，故无序列自相关，这时可以对式（3—3—20）中的参数运用 *OLS* 估计。我们称式（3—3—20）为广义差分模型，这种消除自相关性、求参数估计量的方法称为广义差分法。

【例 3—5】 对表 3—7 中的数据进行回归分析。

表 3—7 **有关数据表**

t	1	2	3	4	5	6	7	8	9	10
x	2	2	2.2	2	1.9	3.1	2.4	3.7	2.3	4.2
y	1.4	2.2	1.8	2	1.6	2.8	2.2	2.7	2.5	3.3
ρ	0.3									
β_0										
β_1										

已知 $\rho=0.3$，$t=2, 3, \cdots, 10$，对 $t=1$ 没有定义。用广义差分法求 β_0 和 β_1 的最小二乘估计值。

解 对原始数据进行变换，其规则为：$Y_t^*=Y_t-0.3Y_{t-1}$，$X_t^*=X_t-0.3X_{t-1}$，变换之后待估计的模型为：$Y_t^*=0.7\beta_0+\beta_1 X_t^*$。见表 3—8。

表 3—8 **变换数据表**

t	2	3	4	5	6	7	8	9	10
X^*	1.4	1.6	1.34	1.3	2.53	1.47	2.98	1.19	3.51
Y^*	1.78	1.14	1.46	1	2.32	1.36	2.04	1.69	2.55

对这组数据进行普通最小二乘回归后，得到 $\beta_1^u=0.5059$，$\beta_1^u=1.044$。

3.3.4　ρ 的估计方法

例 3—5 中假定 ρ 已知，但是在实际的数据分析中必须根据观测值估计 ρ 的值。下面介绍两种估计方法，Cochrane-Orcutt 法和 Hildreth-Lu 法。这两种方法在数值计算上各有优劣，在大样本的时候能够保证估计值具有一定的优良性质，但是在小样本情况下其性质我们所知甚少。

1. Cochrane-Orcutt 法

Cochrane-Orcutt 法是一种递归算法。通过多次反复计算，每一次都能部分地改进对 ρ 的估计。首先对原始数据作回归，模型为：

$$Y_t = X'_t\beta + \varepsilon_t,\quad t=1,\cdots,n$$

从原始资料中得到 β 普通最小二乘估计为：

$$\hat{\beta} = (X'X)^{-1}X'Y$$

计算残差估计，得

$$\hat{\varepsilon}_t = \hat{Y}_t - Y_t = X'_t\hat{\beta} - Y_t,\quad t=1,\cdots,n$$

在关于残差的回归方程 $\varepsilon_i = \rho\varepsilon_{i-1} + \upsilon_i$（$i=2,\cdots,n$）中，利用 $\hat{\varepsilon}_i$ 作回归，得到 ρ 的估计值为：

$$\hat{\rho} = \frac{\sum_{i=2}^{n}\hat{\varepsilon}_i\hat{\varepsilon}_{i-1}}{\sum_{i=2}^{n}\hat{\varepsilon}_i^2}$$

注意这个结果和一阶自相关系数的估计量分母是不相同的。

然后根据 $\hat{\rho}$ 对原始数据进行广义差分之后再作一次回归，即利用变换之后的数据作回归：

$$y_t^* = \beta_0(1-\hat{\rho}) + \beta_1 x_{1t}^* + \cdots + \beta_{mt} x_{mt}^* + \nu_t,\quad t=1,2,\cdots,n$$

变换规则为：对于 $t=2, 3, \cdots, n$，有

$$y_t^* = y_t - \hat{\rho}\, y_{t-1}$$

$$x_{it}^* = x_{it} - \hat{\rho}\, x_{i,t-1},\quad i=1,2,\cdots,m$$

新的回归可以得到原始模型参数的一组新的估计值：β_0^u，β_1^u，β_2^u，$\cdots$，β_m^u。把这些系数带入原始模型，重新计算一组新的残差，即

$$\hat{\varepsilon}_t = y_t - \beta_0^{\mu} - \beta_1^{\mu} x_{1t} - \cdots - \beta_m^{\mu} x_{mt}$$

然后作回归，即

$$\hat{\varepsilon}_i = \hat{\rho}\hat{\varepsilon}_{i-1} + \upsilon_i, \quad i=2,\cdots,n$$

可以得到一个新的 ρ 的估计值。重复上面的计算步骤，就可以得到一系列 ρ 的估计值。在实际计算中要指定一个停止规则，可以是相邻两个估计值的差异小于某个值，比如 0. 01 或者 0.005，也可以是规定迭代的次数不超过 20 次。不过，这个计算过程不一定能够保证不断减小残差平方和，因为该算法很有可能收敛到局部而不是全局最小值上去。

2. Hildreth-Lu 法

Hildreth-Lu 法要求首先选定一些格点，即 ρ 的可能取值集合。比如，如果发现存在正相关，格点集合就可以取为 0，0.1，0.2，0.3，0.4，0.5，0.6，0.7，0.8，0.9，1.0。然后用格点集合中的每一个取值对原始数据作广义差分变换并对变换后的数据完成回归分析。判定各个格点值优劣的指标是所得到的残差平方和的大小，残差平方和最小的格点值将被确定为下一次选择格点集合的参照。比如，如果在第一轮回归分析中发现 $\rho=0.3$ 可以让残差平方和最小，那么下一轮的格点集合就会在 0.3 附近选择一批点。这个计算方法可以保证每一轮计算结束后都可以减小残差平方和，但是在选择初值的时候还是要留意，要避免残差平方和收敛于局部最小值。

习　题

1. 对 $2n$ 组数据进行线性回归之后，得到的 $2n$ 个残差的变化模式为 1，－1，1，－1，…，1，－1。记 DW 统计量为 DW，一阶自相关系数为 $\hat{r}_1$。求 $\frac{DW}{\hat{r}_1}$。

2. 对表 1 数据作线性回归：

表 1

X	2	3	4	5	6	7	8
Y	5	5	8	9	13	16	20

得到的回归方程为 $Y=-2+2.57X$，计算 DW 统计量的值。

3. 用最小二乘法对表2中的8组数据拟合模型 $Y_t=\alpha+\beta X_t+\varepsilon_t$。

表2

X	3	3	4	4	5	5	6	6
Y	6.9	5.1	8.5	11.3	13.1	11.5	12.6	11.9

假定误差项之间存在序列相关，求利用 Cochrane-Orcutt 方法对相邻误差项之间的相关系数 $\hat{\rho}$ 作初步估计得到的估计值。

第二部分

时间序列分析

简单模型

本章重点

1. 了解简单外推模型
2. 理解平滑技术的思想，包括移动平均法、指数平滑法
3. 了解季节调整思路

本章介绍时间序列常用的简单处理方法，包括多项式拟合方法、平滑技术、季节调整，这些方法构思直观，处理上方便快捷，读者通过学习能对时间序列的分析有一些简单的初步认识。

4.1 简单外推模型

粗略来说，我们得到了某一事物的不同时刻 t 的观测值 y_t，y_1 表示第一个观测值，y_2 表示第二个观测值，y_T 表示最后的观测值。我们的目的是对已有的数据 y_t 进行建模，并运用模型去预报 y_T 后的 y_t 的值。我们记向前一步的预报为 $\hat{y}_{T+1}$，两步的为 $\hat{y}_{T+2}$，l 步的为 $\hat{y}_{T+l}$。

很自然的一种想法是，通过如下的连续的时间函数 $f(t)$ 对 y_t 进行描述：

$$f(t)=a_0+a_1t+a_2t^2+\cdots+a_nt^n \tag{4—1—1}$$

式中，$n=T-1$。这样的一个多项式将通过时间序列 y_t 的每一个观测值。

是否能确信由这样的 $f(t)$ 所产生的预报 $\hat{y}_t$ 能很好地预报真实结果 y_t？看下面的公式：

$$\begin{aligned} f(T+1) &= a_0+a_1(T+1)+a_2(T+1)^2+\cdots+a_{T-1}(T+1)^{T-1} \\ &= \hat{y}_{T+1} \end{aligned} \tag{4—1—2}$$

如果没有新的信息可以获得，我们根本无法把握这种 $\hat{y}_t$ 与 y_t 的接近程度，用这样的 $\hat{y}_t$ 来作预报，我们有可能犯“致命”的错误。

利用趋势拟合法，可以对序列作简单的外推预报。根据序列所表现出的线性或非线性特征，我们的拟合方法又可以具体分为线性拟合和曲线拟合。

1. 线性拟合

如果长期趋势呈现出线性特征，那么我们可以用线性模型来拟合它，模型可写为：

$$\begin{cases} x_t=a+bt+I_t \\ E(I_t)=0, \quad \mathrm{Var}(I_t) \end{cases} \tag{4—1—3}$$

式中，$\{I_t\}$ 为随机波动，$T_t=a+bt$ 为消除随机波动的影响之后该序列的长期趋势。

2. 曲线拟合

如果长期趋势呈现出非线性特征，那么我们可以用曲线模型来拟合它。

(1) 二次型。$T_t=a+bt+ct^2$，令 $t_2=t^2$，原模型变换为：

$$T_t=a+bt+ct_2 \tag{4—1—4}$$

(2) 指数型。$T_t=ab^t$，对原模型求对数，再令 $T'_t=\ln T_t$，$a'=\ln a$，$b'=\ln b$，原模型变换为：

$$T'_t=a'+b't \tag{4—1—5}$$

(3) 修正指数型。这三种不能转换成线性模型：$T_t=a+bc^t$；Gompertz 型：$T_t=e^{a+bc^t}$；Logistic 型：$T_t=\dfrac{1}{a+bc^t}$。

4.2 平滑技术

平滑法是进行趋势分析和预测时常用的一种方法。它是利用修匀技术，削弱短期随机波动对序列的影响，使序列平滑化，从而显示出变化的规律。根据所用的平滑技术的不同，平滑法又可以具体分为移动平均法和指数平滑法。

4.2.1　移动平均法

移动平均法的基本思想是对于一个时间序列 $\{X_t\}$，可以假定在一个比较短的时间间隔里，序列的取值是比较稳定的，它们之间的差异主要是由随机波动造成的。根据这种假定，我们可以用一定时间间隔内的平均值作为某一期的估计值。它又可以分为两类：

在预测领域，n 期移动平均还是一种常用的预测方法。假定最后一期的观察值为 x_T，那么使用 n 期移动平均方法，向前 l 期的预测值为：

$$\tilde{x}_{T+l}=\frac{1}{n}(x'_{T+l-1}+x'_{T+l-2}+\cdots+x'_{T+l-n}),\quad l\geqslant 1 \qquad (4—2—1)$$

其中

$$x'_{T+l-i}=\begin{cases}\tilde{x}_{T+l-i}, & l>i\\ x_{T+l-i}, & l\leqslant i\end{cases},\quad i=1,2,\cdots,n \qquad (4—2—2)$$

移动平均的期数对原序列的修匀效果影响很大，要确定移动平均的期数，一般会从如下三个方面加以考虑：

（1）事件的发展有无周期性。如果事件的发展具有一定的周期性，一般以周期长度作为移动平均的间隔长度。比如研究每月的平均气温变化趋势，就应该作 12 期移动平均。通过周期平滑消除季节效应的影响。

（2）对趋势平滑性的要求。一般移动平均的期数越多，修匀曲线越平滑，表现出的长期趋势就越清晰。

（3）对趋势反映近期变化敏感程度的要求。用移动平均方法确定事件的发展趋势都具有一定的滞后性。移动平均的期数越多，滞后性越大；移动平均的期数越少，所得的趋势图对近期变化的反应就越敏感。

综合如上三方面的考虑，如果想得到长期趋势，就应该作期数较大的移动平均；如果想密切关注序列的短期趋势，就应该作期数较小的移动平均。

4.2.2　指数平滑法

移动平均法实际上就是用一个简单的加权平均数作为某一期趋势的估计值。以 n 期移动平均为例，$\tilde{x}_t=\frac{1}{n}(x_t+x_{t-1}+\cdots+x_{t-n+1})$，相当于用近 n 期的加权平均数作为最后一期趋势的估计值，它们的权重都取为$\frac{1}{n}$，实际上也就是假定无论时间的远近，这 n 期的观察值 x_t，x_{t-1}，…，x_{t-n+1} 对最后一期的影响都是一样的。但在实际生活中，我们会发现，对大多数随机事件而言，一般都是近期的结果对现在的影响大些，远期的结果对现在的影响小些。为了更好地反映这种影响作用，我们将考虑时间间隔对事件发展的影响，即各期权重随时间间隔的增大而呈指数衰减。这就是指数平滑法的基本思想。

$$\tilde{x}_t=\alpha x_t+\alpha(1-\alpha)x_{t-1}+\alpha(1-\alpha)^2x_{t-2}+\cdots \tag{4—2—3}$$

式中，α 为平滑系数，满足 $0<\alpha<1$。

因为

$$\tilde{x}_{t-1}=\alpha x_{t-1}+\alpha(1-\alpha)x_{t-2}+\alpha(1-\alpha)^2x_{t-3}+\cdots$$

所以 $\tilde{x}_t$ 又等价于

$$\tilde{x}_t=\alpha x_t+(1-\alpha)\tilde{x}_{t-1} \tag{4—2—4}$$

简单指数平滑面临一个确定 $\tilde{x}_0$ 初始值的问题。我们有许多方法可以确定 $\tilde{x}_0$ 的初始值，最简单的方法是指定 $\tilde{x}_0=x_1$。

平滑系数 α 的值由研究人员根据经验给出。一般对于变化缓慢的序列，常取较小的 α 值；相反，对于变化迅速的序列，常取较大的 α 值。经验表明，α 的值介于 0.05～0.3 之间，修匀效果比较好。

指数平滑法也是一种常用的预测方法，常常用 $\tilde{x}_T$ 作为一期预测值：

$$\begin{aligned}\hat{x}_{T+1}&=\tilde{x}_T=\alpha x_T+\alpha(1-\alpha)x_{T-1}+\alpha(1-\alpha)^2x_{T-2}+\cdots\\&=\alpha x_T+(1-\alpha)\hat{x}_T\end{aligned}$$

指数平滑二期预测值为：

$$\begin{aligned}\hat{x}_{T+2}&=\alpha\hat{x}_{T+1}+\alpha(1-\alpha)x_T+\alpha(1-\alpha)^2x_{T-1}+\cdots\\&=\alpha\hat{x}_{T+1}+(1-\alpha)\hat{x}_{T+1}\\&=\hat{x}_{T+1}\end{aligned}$$

容易验证，指数平滑 l 期预测值都具有如下关系：

$$\hat{x}_{T+l}=\hat{x}_{T+1},\quad l\geqslant 2 \tag{4—2—5}$$

4.3 季节调整

要对趋势起伏变动和季节效应同时进行分析，首先必须了解它们之间的相互作用关系。但是，通常我们并不知道它们到底是怎样综合作用从而影响序列变化的，这时只能根据序列的表现，选择一些经验模型来估计各因素之间的相互作用关系。常用的模型有：

（1）加法模型：

$$x_t = T_t + S_t + I_t \tag{4—3—1}$$

式中，T_t 代表序列的长期趋势波动；S_t 代表序列的季节性（周期性）变化；I_t 代表随机波动。

（2）乘积模型：

$$x_t = T_t S_t I_t \tag{4—3—2}$$

（3）混合模型：

1）$x_t = S_t T_t + I_t$

2）$x_t = S_t(T_t + I_t)$ （4—3—3）

在确定性影响很强劲而不确定性影响很微弱时，选择合适的确定性模型通常会得到非常不错的分析预测结果。

习　题

1. 移动平均法的基本思想是什么？
2. 指数平滑法的基本思想是什么？

第5章

时间序列的概率结构

本章重点

1. 了解分布与特征统计量
2. 理解平稳时间序列的定义：严平稳和宽平稳
3. 掌握平稳时间序列的统计特性
4. 掌握白噪声检验

本章应用概率统计的知识介绍时间序列的结构，首先介绍分布与特征统计量，然后是平稳时间序列的定义及其统计特性，最后介绍一种特殊的平稳时间序列——白噪声序列以及对它的检验。

5.1 分布与特征统计量

5.1.1 概率分布

分布函数或密度函数能够完整地描述一个随机变量的统计特征。同样，一个随机变量族 $\{X_t\}$ 的统计特性也完全由它们的联合分布函数或联合密度函数决定。

对于时间序列 $\{X_t, t\in T\}$，定义它的概率分布如下：

任取正整数 m，任取 t_1，t_2，…，$t_m \in T$，则 m 维随机向量（X_{t_1}，X_{t_2}，…，X_{t_m}）′的联合概率分布记为 $F_{t_1,t_2,\cdots,t_m}(x_1, x_2, \cdots, x_m)$，由这些有限维分布函数构成的全体

$$\{F_{t_1,t_2,\cdots,t_m}(x_1,x_2,\cdots,x_m), \forall m \in (1,2,\cdots,m), \forall t_1,t_2,\cdots,t_m \in T\}$$

就称为序列 $\{X_t\}$ 的概率分布族。

概率分布族是极其重要的统计特征描述工具，因为序列的所有统计性质理论上都可以通过概率分布决定，但是概率分布族的重要性也就停留在这样的理论意义上。在实际应用中，要得到序列的联合概率分布几乎是不可能的事情，这些原因使我们很少直接使用联合概率分布进行时间序列分析。

5.1.2　特征统计量

时间序列的低阶矩，特别是均值、方差、自协方差和自相关系数，也被称为特征统计量。尽管这些特征量不能描述随机序列全部的统计性质，但由于它们概率意义明显、易于计算，而且往往能代表随机序列的主要概率特征，所以我们对时间序列进行分析，主要就是通过分析这些特征量的统计特性，推断随机序列的性质。

1. 均值

对时间序列 $\{X_t, t \in T\}$ 而言，任意时刻的序列值 X_t 都是一个随机变量，都有它自己的概率分布，不妨记 X_t 的分布函数为 $F_t(x)$。只要满足条件 $\int_{-\infty}^{\infty} x \mathrm{d}F_t(x) < \infty$，就一定存在着某个常数 μ_t，使得随机变量 X_t 总是围绕在常数值 μ_t 附近作随机波动。我们称 μ_t 为序列 $\{X_t\}$ 在 t 时刻的均值函数，有

$$\mu_t = EX_t = \int_{-\infty}^{\infty} x \mathrm{d}F_t(x) \tag{5—1—1}$$

当 t 取遍所有的观察时刻时，我们就得到一个均值函数序列 $\{\mu_t, t \in T\}$。它反映的是时间序列 $\{X_t, t \in T\}$ 每时每刻的平均水平。

2. 方差

当 $\int_{-\infty}^{\infty} x^2 \mathrm{d}F_t(x) < \infty$ 时，可以定义时间序列的方差函数用来描述序列值围绕其均值作随机波动时，平均的波动程度为：

$$DX_t = E(X_t - \mu_t)^2 = \int_{-\infty}^{\infty} (x - \mu_t)^2 \mathrm{d}F_t(x) \tag{5—1—2}$$

同样，当 t 取遍所有的观察时刻时，我们得到一个方差函数序列 $\{DX_t, t\in T\}$。

3. 自协方差函数和自相关函数

类似于协方差函数和相关系数的定义，在时间序列分析中定义自协方差函数和自相关系数的概念如下：

对于时间序列 $\{X_t, t\in T\}$，任取 $t, s\in T$，定义 $\gamma(t, s)$ 为序列 $\{X_t\}$ 的自协方差函数，有

$$\gamma(t,s)=E(X_t-\mu_t)(X_s-\mu_s) \tag{5—1—3}$$

定义 $\rho(t, s)$ 为时间序列 $\{X_t\}$ 的自相关系数，记为 ACF，则

$$\rho(t,s)=\frac{\gamma(t,s)}{\sqrt{DX_t \cdot DX_s}} \tag{5—1—4}$$

通常，协方差函数和相关系数度量的是两个不同的事件彼此之间的“相互影响”程度，而自协方差函数和自相关系数度量的是同一事件（自身）在两个不同时期之间的相关程度，“自”即自身之意。

5.2 平稳时间序列的定义

5.2.1 严平稳

严平稳是一种比较苛刻的平稳性定义，它认为在序列概率分布不随时间的推移发生变化时，该序列被认为是平稳的。

定义 5.1 设 $\{X_t\}$ 为一时间序列，对任意正整数 m，任取 $t_1, t_2, \cdots, t_m\in T$，对任意整数 τ，有

$$F_{t_1,t_2,\cdots,t_m}(x_1,x_2,\cdots,x_m)=F_{t_{1+\tau},t_{2+\tau},\cdots,t_{m+\tau}}(x_1,x_2,\cdots,x_m) \tag{5—2—1}$$

称时间序列 $\{X_t\}$ 为严平稳时间序列。

在实际中，要获得随机序列的联合分布是一件非常困难的事，即使这样的序列存在，我们也几乎无法验证。所以严平稳时间序列通常只具有理论意义，在实践中用得更多的是条件比较宽松的宽平稳时间序列。

5.2.2 宽平稳

宽平稳是使用序列的特征统计量来定义的一种平稳性。从实际应用的角度来

看，掌握到二阶矩的统计特征就已经足够了，从而有如下宽泛的定义：

定义 5.2　如果 $\{X_t\}$ 满足如下三个条件：

(1) 任取 $t\in T$，有 $EX_t^2<\infty$；

(2) 任取 $t\in T$，有 $EX_t=\mu$，μ 为常数；

(3) 任取 t，s，$k\in T$，且 $k+s-t\in T$，有 $\gamma(t, s)=\gamma(k, k+s-t)$。

则称 $\{X_t\}$ 为宽平稳时间序列。宽平稳也称为弱平稳。

显然严平稳比宽平稳的条件严格。严平稳是对序列联合分布的要求，以保证序列所有的统计特征都相同；宽平稳只要求序列二阶平稳，对于高于二阶的矩没有任何要求。所以通常情况下，严平稳序列也满足宽平稳条件，而宽平稳序列不能反推严平稳成立。柯西分布的严平稳序列就不是宽平稳序列，因为它不存在一、二阶矩，所以无法验证它二阶平稳。严格来讲，只有存在二阶矩的严平稳序列才能保证它一定也是宽平稳序列。宽平稳一般推不出严平稳，但当序列服从多元正态分布时，则二阶平稳可以推出严平稳。

定义 5.3　时间序列 $\{X_t\}$ 称为正态时间序列，如果任取正整数 n，任取 t_1，t_2，…，$t_n\in T$，相对应的有限维随机变量 X_1，X_2，…，X_n 服从 n 维正态分布，密度函数为：

$$f_{t_1,t_2,\cdots,t_n}(\widetilde{X}_n)=(2\pi)^{-\frac{n}{2}}\left|\Gamma_n\right|^{-\frac{1}{2}}\exp\left[-\frac{1}{2}(\widetilde{X}_n-\widetilde{\mu_n})'\Gamma_n^{-1}(\widetilde{X}_n-\widetilde{\mu_n})\right]\qquad(5\text{—}2\text{—}2)$$

式中，$\widetilde{X}_n=(X_1, X_2, \cdots, X_n)'$，$\widetilde{\mu_n}=(EX_1, EX_2, \cdots, EX_n)'$，$\Gamma_n$ 为协方差阵，有

$$\Gamma_n=\begin{pmatrix}\gamma(t_1,t_1) & \gamma(t_1,t_2) & \cdots & \gamma(t_1,t_n)\\ \gamma(t_2,t_1) & \gamma(t_2,t_2) & \cdots & \gamma(t_2,t_n)\\ \vdots & \vdots & & \vdots\\ \gamma(t_n,t_1) & \gamma(t_n,t_2) & \cdots & \gamma(t_n,t_n)\end{pmatrix}$$

从正态随机序列的密度函数可以看出，它的 n 维分布仅由均值向量和协方差阵决定。换言之，对正态随机序列而言，只要二阶矩平稳，就等于分布平稳了。所以宽平稳正态时间序列一定是严平稳时间序列。

在实际应用中，研究最多的是宽平稳随机序列，如果不加特殊说明，指的都是宽平稳随机序列。如果序列不满足平稳条件，就称为非平稳序列。

5.3　平稳时间序列的统计特性

根据平稳时间序列的定义，它具有如下两个重要的性质。

（1）常数均值，即

$$EX_t=\mu,\quad \forall t\in T$$

（2）自协方差函数和自相关函数只依赖于时间的平移长度，而与时间的起止点无关，即

$$\gamma(t,s)=\gamma(k,k+s-t),\quad \forall t,s,k\in T$$

根据这个性质，可以将自协方差函数 $\gamma(t, s)$ 由二维简化为一维 $\gamma(s-t)$：

$$\gamma(s-t)\triangleq\gamma(t,s),\quad \forall t,s\in T \tag{5—3—1}$$

由此引出延迟 k 自协方差函数的概念。

定义 5.4 对于平稳时间序列 $\{X_t, t\in T\}$，任取 t，$t+k\in T$，定义 $\gamma(k)$ 为时间序列 $\{X_t\}$ 的延迟 k 自协方差函数，有

$$\gamma(k)=\gamma(t,t+k)$$

根据平稳序列的这个性质，容易推断出平稳随机序列一定具有常数方差，即

$$DX_t=\gamma(t,t)=\gamma(0),\quad \forall t\in T \tag{5—3—2}$$

由延迟 k 自协方差函数的概念可以等价得到延迟 k 自相关系数的概念：

$$\rho_k=\frac{\gamma(t,t+k)}{\sqrt{DX_t\cdot DX_{t+k}}}=\frac{\gamma(k)}{\sigma_X^2}=\frac{\gamma(k)}{\gamma(0)} \tag{5—3—3}$$

和相关系数一样，容易验证自相关系数具有如下三个性质：

（1）规范性，即

$$\rho_0=1,\quad 且\ |\rho_k|\leqslant 1,\quad \forall k$$

（2）对称性，即

$$\rho_k=\rho_{-k}$$

（3）非负定性。对任意正整数 m，相关阵 Γ_m 为对称非负定阵，即

$$\Gamma_m=\begin{pmatrix}\rho_0 & \rho_1 & \cdots & \rho_{m-1}\\ \rho_1 & \rho_0 & \cdots & \rho_{m-2}\\ \vdots & \vdots & & \vdots\\ \rho_{m-1} & \rho_{m-2} & \cdots & \rho_0\end{pmatrix}$$

值得注意的是，ρ_k 除了具有这三个性质外，它还具有非唯一性。一个平稳时间序列一定唯一决定了它的自相关函数，但一个自相关函数未必唯一对应着一个平稳时间序列。

时间序列分析的数据结构有它的特殊性。对随机序列 $\{\cdots, X_1, X_2, \cdots, X_t, \cdots\}$ 而言，它在任意时刻 t 的序列值 X_t 都是一个随机变量，而且由于时间的不可重复性，该变量在任意一个时刻只能获得唯一的一个样本观察值。由于样本信息太少，如果没有其他的辅助信息，通常这种统计结构是没有办法进行分析的。而序列平稳性概念的提出可以有效地解决这个困难。

在平稳序列情形下，序列的均值等于常数意味着原本含有可列多个随机变量的均值序列 $\{\mu_t, t\in T\}$，变成了只含有一个变量的常数序列 $\{\mu, t\in T\}$，原本每个随机变量的均值 μ_t，$t\in T$ 只能依靠唯一的样本观察值 x_t 来估计：

$$\hat{\mu}_t = x_t$$

现在由于 $\mu_t=\mu$，$\forall t\in T$，于是每一个样本观察值 x_t，$\forall t\in T$ 都变成了常数均值 μ 的样本观察值：

$$\hat{\mu} = \bar{x} = \frac{\sum_{i=1}^{n} x_i}{n} \tag{5—3—4}$$

这极大地减少了随机变量的个数，并增加了待估变量的样本容量。换句话说，这极大地简化了时序分析的难度，同时也提高了对均值函数的估计精度。

同理，根据平稳序列二阶矩平稳的性质，我们可以得到基于全体观察样本计算出来的延迟 k 自协方差函数的估计值为：

$$\hat{\gamma}(k) = \frac{\sum_{t=1}^{n-k}(x_t-\bar{x})(x_{t+k}-\bar{x})}{n-k}, \quad \forall 0<k<n \tag{5—3—5}$$

进一步推导出总体方差的估计值为：

$$\hat{\gamma}(0) = \frac{\sum_{t=1}^{n}(x_t-\bar{x})^2}{n} \tag{5—3—6}$$

推导出延迟 k 自相关系数的估计值为：

$$\hat{\rho}_k=\frac{\hat{\gamma}(k)}{\hat{\gamma}(0)},\quad \forall\, 0<k<n \tag{5—3—7}$$

当延迟阶数 k 远远小于样本容量 n 时，有

$$\hat{\rho}_k\cong\frac{\sum_{t=1}^{n-k}(x_t-\bar{x})(x_{t+k}-\bar{x})}{\sum_{t=1}^{n}(x_t-\bar{x})^2},\quad \forall\, 0<k\ll n \tag{5—3—8}$$

5.4 白噪声序列

定义 5.5 如果时间序列 $\{X_t\}$ 满足：

（1）任取 $t\in T$，有 $EX_t=\mu$；

（2）任取 $t, s\in T$，有

$$\gamma(t,s)=\begin{cases}\sigma^2, & t=s\\ 0, & t\neq s\end{cases}$$

称序列 $\{X_t\}$ 为纯随机序列，也称为白噪声序列，记为 $X_t\sim WN(\mu,\sigma^2)$。

容易证明，白噪声序列一定是平稳序列，而且是最简单的平稳序列。

5.4.1 纯随机性

由于白噪声序列具有如下性质：

$$\gamma(k)=0,\quad \forall\, k\neq 0$$

所以白噪声序列的各项之间没有任何相关关系，序列在进行完全无序的随机波动。一旦某个随机事件呈现出纯随机运动的特征，我们就认为该随机事件没有包含任何值得提取的有用信息，以我们的现有知识来看就没有分析的价值和意义了。

如果序列值之间呈现出某种显著的相关关系，即

$$\gamma(k)\neq 0,\quad \exists\, k\neq 0$$

说明该序列不是纯随机序列，该序列间隔 k 期的序列值之间存在着一定程度的相互影响关系。我们分析的目的就是要想方设法把这种相关信息从观察值序列中提

取出来。一旦观察值序列中蕴含的相关信息被我们“充分提取”出来了，那么剩下的残差序列就应呈现出纯随机的性质。

5.4.2　方差齐性

方差齐性就是指序列中每个变量的方差都相等，即

$$DX_t=\gamma(0)=\sigma^2 \tag{5—4—1}$$

如果序列不满足方差齐性，就称该序列具有异方差性质。

在时间序列分析中，方差齐性是一个非常重要的限制条件。只有方差齐性假定成立时，我们用最小二乘法得到的未知参数估计值才是准确、有效的。如果假定不成立，那么最小二乘估计值就不是方差最小线性无偏估计，拟合模型的预测精度会受到很大影响。

所以我们在进行模型拟合时，要检验拟合模型的残差是否满足方差齐性假定。如果不满足，就说明残差序列还不是白噪声序列，即拟合模型没有充分提取随机序列中的相关信息，这时拟合模型的精度是值得怀疑的。这时我们通常考虑使用适当的条件异方差模型来拟合该序列。

5.5　白噪声检验

白噪声检验也称为纯随机性检验，是专门用来检验序列是否为纯随机序列的一种方法。我们知道如果一个序列是纯随机序列，那么它的序列值之间应该没有任何的相关关系，即满足

$$\gamma(k)=0,\quad \forall k\neq 0$$

实际上，由于观察值序列的随机性，导致纯随机序列的样本自相关系数不会绝对为零，而是在零值附近以一个很小的幅度作随机波动。这就提醒我们应该考虑从统计意义上判断序列的性质。

Barlett 证明，如果一个时间序列是纯随机的，得到一个观察期数为 n 的观察序列 $\{x_t,\ t=1,\ 2,\ \cdots,\ n\}$，那么该序列的延迟非零期的样本自相关系数将近似服从均值为零、方差为序列观察期数倒数的正态分布，即

$$\hat{\rho}_k \sim N\left(0,\frac{1}{n}\right),\quad \forall k\neq 0 \tag{5—5—1}$$

式中，n 为序列观察期数。

根据 Barlett 定理，我们可以构造检验统计量来检验序列的纯随机性。由于序列值之间的变异性是绝对的，而相关性是偶然的，所以假设条件确定如下：

原假设：延迟期数小于或等于 m 期的序列值之间相互独立

备择假设：延迟期数小于或等于 m 期的序列值之间有相关性

用数学语言描述该假设条件即为：

H_0：$\rho_1=\rho_2=\cdots=\rho_m=0$，$\forall m\geqslant 1$

H_1：至少存在某个 $\rho_k\neq 0$，$\forall m\geqslant 1$，$k\leqslant m$

为了检验这个联合假设，Box 和 Pierce 推导出了 Q 统计量：

$$Q=n\sum_{k=1}^{m}\hat{\rho}_k^2 \tag{5—5—2}$$

式中，n 为序列观测期数；m 为指定延迟期数。

根据正态分布和卡方分布之间的关系，我们很容易推导出 Q 统计量近似服从自由度为 m 的卡方分布：

$$Q=n\sum_{k=1}^{m}\hat{\rho}_k^2\sim\chi^2(m) \tag{5—5—3}$$

当 Q 统计量大于 $\chi^2_{1-\alpha}(m)$ 分位点，或该统计量的 p 值小于 α 时，则可以以 $1-\alpha$ 的置信水平拒绝原假设，认为该序列为非白噪声序列。否则，不能拒绝原假设，不能认为该序列为非白噪声序列。

在实际应用中人们发现，Q 统计量在大样本情形下（n 很大的情形）检验效果很好，但在小样本情形下就不太精确。为了弥补这一缺陷，Box 和 Ljung 又推导出 LB 统计量：

$$LB=n(n+2)\sum_{k=1}^{m}\left(\frac{\hat{\rho}_k^2}{n-k}\right) \tag{5—5—4}$$

式中，n 为序列观测期数；m 为指定延迟期数。Box 和 Ljung 证明，LB 统计量同样近似服从自由度为 m 的卡方分布。

实际上，LB 统计量就是 Box 和 Pierce 的 Q 统计量的修正，所以人们习惯把它们统称为 Q 统计量，分别记作 Q_{BP} 统计量和 Q_{LB} 统计量，在各种检验场合普遍采用的 Q 统计量通常指的都是 LB 统计量。由于 p 值显著大于显著性水平 α，所以该序列不能拒绝纯随机的原假设。

习　题

1. 什么是严平稳时间序列?
2. 什么是宽平稳时间序列?
3. 严平稳与宽平稳的关系是什么?

平稳时间序列

本章重点

1. 理解线性差分方程
2. 掌握 AR 模型、MA 模型、$ARMA$ 模型的平稳条件、可逆条件、统计性质

有了前面的铺垫，从这一章开始我们进入核心内容。首先需要讲述差分运算、延迟算子、线性差分方程，作为本章预备知识。接着介绍经典的 AR 模型、MA 模型和 $ARMA$ 模型。

6.1 预备知识

6.1.1 差分运算

1. p 阶差分

相距一期的两个序列值之间的减法运算称为一阶差分运算。记∇x_t 为 x_t 的一阶差分，有

$$\nabla x_t = x_t - x_{t-1}$$

对进行一阶差分后的序列再进行一次一阶差分运算称为二阶差分。记$\nabla^2 x_t$为x_t的二阶差分，有

$$\nabla^2 x_t=\nabla x_t-\nabla x_{t-1}$$

依此类推，对$p-1$阶差分后序列再进行一次一阶差分运算称为p阶差分。记$\nabla^p x_t$为x_t的p阶差分，有

$$\nabla^p x_t=\nabla^{p-1} x_t-\nabla^{p-1} x_{t-1}$$

2. k步差分

相距k期的两个序列值之间的减法运算称为k步差分运算。记$\nabla_k x_t$为x_t的k步差分，有

$$\nabla_k=x_t-x_{t-k}$$

6.1.2 延迟算子

1. 定义

延迟算子类似于一个时间指针，当前序列值乘以一个延迟算子，就相当于把当前序列值的时间向过去拨了一个时刻。记B为延迟算子，有

$$x_{t-1}=Bx_t$$

$$x_{t-2}=B^2 x_t$$

……

$$x_{t-p}=B^p x_t$$

延迟算子有如下性质：

(1) $B^0=1$

(2) 若c为任一常数，有$B(c\cdot x_t)=c\cdot B(x_t)=c\cdot x_{t-1}$

(3) 对任意两个序列$\{x_t\}$和$\{y_t\}$，有$B(x_t\pm y_t)=x_{t-1}\pm y_{t-1}$

(4) $B^n x_t=x_{t-n}$

(5) $(1-B)^n=\sum_{i=0}^{n}(-1)^n C_n^i B^i$，其中$C_n^i=\dfrac{n!}{i!(n-i)!}$

2. 用延迟算子表示差分运算

(1) p阶差分：

$$\nabla^p x_t=(1-B)^p x_t=\sum_{i=0}^{p}(-1)^p C_p^i x_{t-i}$$

(2) k 步差分：

$$\nabla_k = x_t - x_{t-k} = (1-B^k)x_t$$

6.1.3 线性差分方程

1. 线性差分方程的定义

定义 6.1 称如下形式的方程为序列 $\{z_t, t=0, \pm1, \pm2, \cdots\}$ 的线性差分方程：

$$z_t + a_1 z_{t-1} + a_2 z_{t-2} + \cdots + a_p z_{t-p} = h(t) \tag{6—1—1}$$

式中，$p \geqslant 1$；a_1，a_2，…，a_p 为实数；$h(t)$ 为 t 的已知函数。

特别地，若 $h(t)=0$，则差分方程为：

$$z_t + a_1 z_{t-1} + a_2 z_{t-2} + \cdots + a_p z_{t-p} = 0 \tag{6—1—2}$$

式（6—1—2）称为齐次线性差分方程。式（6—1—1）称为非齐次线性差分方程。

2. 齐次线性差分方程的解

齐次线性差分方程的求解要借助它的特征方程和特征根。齐次线性差分方程（6—1—2）的特征方程为：

$$\lambda^p + a_1\lambda^{p-1} + a_2\lambda^{p-2} + \cdots + a_p = 0 \tag{6—1—3}$$

这是一个一元 p 次线性方程，它应该至少有 p 个非零根，称这 p 个非零根为特征方程的特征根，不妨记作 λ_1，λ_2，…，λ_p。特征根的取值不同，齐次线性差分方程的解会有不同的表达式。下面分情况讨论。

(1) λ_1，λ_2，…，λ_p 为 p 个不同的实数。这时齐次线性差分方程（6—1—2）的解为：

$$z_t = c_1\lambda_1^t + c_2\lambda_2^t + \cdots + c_p\lambda_p^t$$

式中，c_1，c_2，…，c_p 为任意实数。

(2) λ_1，λ_2，…，λ_p 中有相同实根。不妨假定 $\lambda_1=\lambda_2=\cdots=\lambda_d$ 为 d 个相同实根，而 λ_{d+1}，λ_{d+2}，…，λ_p 为互不相同的实根。这时齐次线性差分方程（6—1—2）的解为：

$$z_t = (c_1 + c_2 t + \cdots + c_{\mathrm{d}} t^{d-1})\lambda_1^t + c_{d+1}\lambda_{d+1}^t + \cdots + c_p\lambda_p^t$$

式中，c_1，c_2，…，c_p 为任意实数。

(3) λ_1，λ_2，…，λ_p 中有复根。由于差分方程的系数 a_1，a_2，…，a_p 为实数，所以其复根必呈共轭出现。不妨假定

$$\lambda_1 = a + ib = re^{i\tilde{\omega}}$$
$$\lambda_2 = a - ib = re^{-i\tilde{\omega}}$$

为一对共轭复根，其中 $r=\sqrt{a^2+b^2}$，$\tilde{\omega}=\arccos\dfrac{a}{r}$，而 λ_3，λ_4，…，λ_p 为互不相同的实根。这时齐次线性差分方程（6—1—2）的解为：

$$\begin{aligned} z_t &= c_1\lambda_1^t + c_2\lambda_2^t + \cdots + c_p\lambda_p^t \\ &= r^t(c_1 e^{it\tilde{\omega}} + c_2 e^{-it\tilde{\omega}}) + c_3\lambda_3^t + \cdots + c_p\lambda_p^t \end{aligned}$$

式中，c_1，c_2，…，c_p 为任意实数。

3. 非齐次线性差分方程的解

求非齐次线性差分方程（6—1—1）的解通常需要进行两步运算。首先求出齐次线性差分方程（6—1—2）的通解 z'_t；然后求出该非齐次线性差分方程（6—1—1）的一个特解 z''_t。

所谓特解，就是任意一个值 z''_t，使得非齐次线性差分方程（6—1—1）成立，即

$$z''_t + a_1 z''_{t-1} + a_2 z''_{t-2} + \cdots + a_p z''_{t-p} = h(t)$$

而非齐次线性差分方程（6—1—1）的通解即为齐次线性差分方程（6—1—2）的通解 z'_t 和非齐次线性差分方程的特解 z''_t 之和，即

$$z_t = z'_t + z''_t$$

6.2 *AR* 模型

6.2.1 定义

定义 6.2 具有如下结构的模型称为 p 阶自回归模型，简记为 $AR(p)$：

$$\begin{cases} x_t = \varphi_0 + \varphi_1 x_{t-1} + \varphi_2 x_{t-2} + \cdots + \varphi_p x_{t-p} + \varepsilon_t \\ \varphi_p \neq 0 \\ E(\varepsilon_t) = 0, \quad \mathrm{Var}(\varepsilon_t) = \sigma_\varepsilon^2, \quad E(\varepsilon_t\varepsilon_s) = 0, \quad \forall\, s \neq t \\ Ex_s\varepsilon_t = 0, \quad \forall\, s < t \end{cases} \tag{6—2—1}$$

AR（p）模型有三个限制条件：

条件一：$\varphi_p \neq 0$，这个限制条件保证了模型的最高阶数为 p。

条件二：$E(\varepsilon_t)=0$，$\text{Var}(\varepsilon_t)=\sigma_\varepsilon^2$，$E(\varepsilon_t\varepsilon_s)=0$，$\forall s \neq t$，这个限制条件实际上是要求随机干扰序列｛$\varepsilon_t$｝为零均值白噪声序列。

条件三：$Ex_s\varepsilon_t=0$，$\forall s<t$，这个限制条件说明当期的随机干扰与过去的序列值无关。

通常会缺省默认式（6—2—1）的限制条件，把 $AR(p)$ 模型简记为：

$$x_t=\varphi_0+\varphi_1 x_{t-1}+\varphi_2 x_{t-2}+\cdots+\varphi_p x_{t-p}+\varepsilon_t \qquad (6—2—2)$$

当 $\varphi_0=0$ 时，自回归模型（6—2—1）又称为中心化 $AR(p)$ 模型。非中心化 $AR(p)$ 序列都可以通过下面的变换转化为中心化 $AR(p)$ 系列，令

$$\mu=\frac{\varphi_0}{1-\varphi_1-\cdots-\varphi_p}$$

$$y_t=x_t-\mu$$

则｛y_t｝为｛x_t｝的中心化序列。中心化变换实际上就是非中心化的序列整个平移了一个常数位。这种整体移动对序列值之间的相关关系没有任何影响，所以今后在分析 AR 模型的相关关系时，都简化为对它的中心化模型进行分析。

引进延迟算子，中心化 $AR(p)$ 模型又可以简记为：

$$\Phi(B)x_t=\varepsilon_t \qquad (6—2—3)$$

式中，$\Phi(B)=1-\varphi_1 B-\varphi_2 B^2-\cdots-\varphi_p B^p$，称为 p 阶自回归系数多项式。

6.2.2 *AR* 模型平稳性判别

要拟合一个平稳序列，用来拟合的模型显然也应该是平稳的。AR 模型是常用的平稳序列的拟合模型之一，但并非所有的 AR 模型都是平稳的。

一、特征根判别

任一个中心化 $AR(p)$ 模型 $\Phi(B)\ x_t=\varepsilon_t$ 都可以视为一个非齐次线性差分方程：

$$x_t-\varphi_1 x_{t-1}-\varphi_2 x_{t-2}-\cdots-\varphi_p x_{t-p}=\varepsilon_t \qquad (6—2—4)$$

式（6—2—4）的通解为：

$$x_t=x_t'+x_t''$$

式中，x'_t 为齐次线性差分方程 $\Phi(B)x_t=0$ 的通解，x''_t为式（6—2—4）的一个特解。

（1）求齐次线性差分方程 $\Phi(B)x_t=0$ 的一个通解 x'_t。假定 λ_1，λ_2，…，λ_p 是该特征方程的 p 个特征根。为了有代表性，不妨假设这 p 个特征根取值如下：

$\lambda_1=\lambda_2=\cdots=\lambda_d$ 为 d 个相等实根；

λ_{d+1}，λ_{d+2}，…，λ_{p-2m}为 $p-d-2m$ 个互不等实根；

$\lambda_{j1}=r_j e^{i\omega_j}$，$\lambda_{j2}=r_j e^{-i\omega_j}$，$j=1$，…，$m$，为 m 对共轭复根。

那么齐次线性差分方程 $\Phi(B)x_t=0$ 的通解为：

$$x'_t=\sum_{j=1}^{d}c_j t^{j-1}\lambda_1^t+\sum_{j=d+1}^{p-2m}c_j\lambda_j^t+\sum_{j=1}^{m}\gamma_j(c_{1j}e^{i\omega j}+c_{2j}e^{-i\omega j})$$

式中，c_1，…，c_p，c_{1j}，$c_{2j}(j=1$，…，$m)$ 为任意实数。

（2）求非齐次线性差分方程 $\Phi(B)x_t=\varepsilon_t$ 的一个特解x''_t。首先，可以证明 $AR(p)$模型的自回归系数多项式方程 $\Phi(u)=0$ 的根是齐次线性差分方程 $\Phi(B)x_t=0$ 的特征根的倒数。

证明　设 λ_1，λ_2，…，λ_p 为齐次线性差分方程 $\Phi(B)x_t=0$ 的 p 个特征根，任取 λ_i，$i\in(1,2,\cdots,p)$，代入特征方程，有

$$\lambda_i^p-\varphi_1\lambda_i^{p-1}-\varphi_2\lambda_i^{p-2}-\cdots-\varphi_p=0$$

把 $u_i=\dfrac{1}{\lambda_i}$带入 $AR(p)$ 模型的自回归系数多项式，有

$$\begin{aligned}\Phi(u_i)&=1-\varphi_1\frac{1}{\lambda_i}-\cdots-\varphi_p\frac{1}{\lambda_i^p}\\&=\frac{1}{\lambda_i^p}[\lambda_i^p-\varphi_1\lambda_i^{p-1}-\cdots-\varphi_p]\\&=0\end{aligned}$$

根据这个性质，$\Phi(B)$ 可以进行因子分解，成为：

$$\Phi(B)=\prod_{i=1}^{p}(1-\lambda_i B)$$

由此可以得到非齐次线性差分方程（6—2—4）的一个特解为：

$$x''_t=\frac{\varepsilon_t}{\Phi(B)}=\frac{\varepsilon_t}{\prod_{i=1}^{p}(1-\lambda_i B)}=\sum_{i=1}^{p}\frac{k_i}{1-\lambda_i B}\varepsilon_t$$

式中，k_i（$i=1$，2，…，p）为常数。

（3）求非齐次线性差分方程（6—2—4）的通解 x_t。

$$\begin{aligned}x_t&=x'_t+x''_t\\&=\sum_{j=1}^{d}c_j t^{j-1}\lambda_1^t+\sum_{j=d+1}^{p-2m}c_j\lambda^t+\sum_{j=1}^{m}\gamma_j(c_{1j}\cos t\omega_j+c_{2j}\sin t\tilde{\omega}_j)+\sum_{i=1}^{p}\frac{k_i}{1-\lambda_i B}\varepsilon_t\end{aligned}$$

要使得中心化 AR（p）模型平稳，即要求对任意实数 $c_1,\cdots$，c_{p-2m}，c_{1j}，$c_{2j}(j=1,\cdots,m)$ 都有

$$\lim_{t\to\infty}x_t=0 \tag{6—2—5}$$

式（6—2—5）成立的充要条件是：

$$\begin{aligned}&|\lambda_i|<1,\quad i=1,2,\cdots,p-2m\\&|\gamma_i|<1,\quad i=1,2,\cdots,m\end{aligned} \tag{6—2—6}$$

式（6—2—6）实际上就是要求 $AR(p)$ 模型的 p 个特征根都在单位圆内。所以 $AR(p)$ 模型平稳的充要条件是它的 p 个特征根都在单位圆内。

根据特征根和自回归系数多项式的根成倒数的性质，AR 模型平稳的等价判别条件是该 AR 模型的自回归系数多项式的根，即 $\Phi(u)=0$ 的根，都在单位圆外。

二、平稳域判别

对于一个 $AR(p)$ 模型而言，如果没有平稳性的要求，实际上也就意味着对参数向量（φ_1，φ_2，…，φ_p）$'$没有任何限制，它们可以取遍 p 维欧氏空间的任意一点，但是如果加上了平稳性限制，参数向量（φ_1，φ_2，…，φ_p）$'$就只能取 p 维欧氏空间的一个子集，使得特征根都在单位圆内的系数集合

$$\{\varphi_1,\varphi_2,\cdots,\varphi_p\,|\,\text{特征根都在单位圆内}\}$$

称为 $AR(p)$ 模型的平稳域。

对于低阶 AR 模型用平稳域的方法判别模型的平稳性通常更为简便。

1. $AR(1)$ 模型的平稳域

$AR(1)$ 模型为：

$$x_t=\varphi x_{t-1}+\varepsilon_t$$

其特征方程为：

$$\lambda-\varphi=0$$

特征根为：

$$\lambda=\varphi$$

根据 AR 模型平稳的充要条件，容易推出 $AR(1)$ 模型平稳的充要条件为：

$$|\varphi|<1 \tag{6—2—7}$$

所以，$AR(1)$ 模型的平稳域就是 $\{\varphi \mid -1<\varphi<1\}$。

2. $AR(2)$ 模型的平稳域

$AR(2)$ 模型为：

$$x_t=\varphi_1 x_{t-1}+\varphi_2 x_{t-2}+\varepsilon_t$$

其特征方程为：

$$\lambda^2-\varphi_1\lambda-\varphi_2=0$$

特征根为：

$$\lambda_1=\frac{\varphi_1+\sqrt{\varphi_1^2+4\varphi_2}}{2},\quad \lambda_2=\frac{\varphi_1-\sqrt{\varphi_1^2+4\varphi_2}}{2}$$

根据 AR 模型平稳的充要条件，$AR(2)$ 模型平稳的充要条件是 $|\lambda_1|<1$ 且 $|\lambda_2|<1$。

根据一元二次方程的性质和 $AR(2)$ 模型的平稳条件，有

$$\begin{cases}\lambda_1+\lambda_2=\varphi_1\\ \lambda_1\lambda_2=-\varphi_2\end{cases},\quad 且\ |\lambda_1|<1,\quad |\lambda_2|<1 \tag{6—2—8}$$

可以推导出：

(1) $|\varphi_2|=|\lambda_1\lambda_2|<1$

(2) $\varphi_2+\varphi_1=-\lambda_1\lambda_2+\lambda_1+\lambda_2=1-(1-\lambda_1)(1-\lambda_2)<1$

(3) $\varphi_2-\varphi_1=-\lambda_1\lambda_2-\lambda_1-\lambda_2=1-(1+\lambda_1)(1+\lambda_2)<1$

这三个限制条件意味着 $AR(2)$ 模型的平稳域是一个三角形区域：

$$\{\varphi_1,\varphi_2 \mid |\varphi_2|<1, 且\ \varphi_2\pm\varphi_1<1\}$$

6.2.3 平稳 *AR* 模型的统计性质

1. 均值

假如 $AR(p)$ 模型（6—2—2）满足了平稳性条件，在等式两边取期望，得

$$Ex_t = E(\varphi_0 + \varphi_1 x_{t-1} + \varphi_2 x_{t-2} + \cdots + \varphi_p x_{t-p} + \varepsilon_t) \tag{6—2—9}$$

根据平稳序列均值为常数的性质，有 $Ex_t = \mu$（$\forall t \in T$），且因为 $\{\varepsilon_t\}$ 为白噪声序列，有 $E\varepsilon_t = 0$，所以式（6—2—9）等价于

$$(1-\varphi_1-\cdots-\varphi_p)\mu = \varphi_0 \Rightarrow \mu = \frac{\varphi_0}{1-\varphi_1-\cdots-\varphi_p}$$

特别地，对于中心化 $AR(p)$ 模型，有 $Ex_t = 0$。

2. 方差

(1) 格林函数。要得到平稳 $AR(p)$ 模型的方差，需要借助格林函数的帮助，下面给出格林函数的定义。

设 λ_1，λ_2，…，λ_p 为平稳 $AR(p)$ 模型的特征根，则平稳 $AR(p)$ 模型可以写成如下形式：

$$\begin{aligned} x_t &= \frac{\varepsilon_t}{\Phi(B)} = \sum_{i=1}^{p} \frac{k_i}{1-\lambda_i B}\varepsilon_t \\ &= \sum_{i=1}^{p} \sum_{j=0}^{\infty} k_i\ (\lambda_i B)^j \varepsilon_t \\ &= \sum_{j=0}^{\infty} \sum_{i=1}^{p} k_i \lambda_i^j \varepsilon_{t-j} \\ &\triangleq \sum_{j=0}^{\infty} G_j \varepsilon_{t-j} \end{aligned} \tag{6—2—10}$$

其中 $\quad G_j = \sum_{i=1}^{p} k_i \lambda_i^j, \quad j = 1,2,\cdots$

式（6—2—10）称为 *AR* 模型的传递形式，系数 G_j（$j=1$，2，…）称为格林函数。因为 λ_1，λ_2，…，λ_p 都在单位圆内，所以格林函数应该呈负指数下降，且 $\lim\limits_{j\to\infty} |G_j| = 0$。通过待定系数法，可以确定格林函数的递推公式。

记 $G(B) = \sum_{j=0}^{\infty} G_j B^j$，$AR(p)$ 模型（6—2—10）可以简记为：

$$x_t = G(B)\varepsilon_t \tag{6—2—11}$$

把式（6—2—11）代入 AR（p）模型 Φ（B）$x_t=\varepsilon_t$，得到

$$\Phi(B)G(B)\varepsilon_t=\varepsilon_t$$

展开上式，得

$$\left(1-\sum_{k=1}^{p}\varphi_k B^k\right)\left(1+\sum_{j=1}^{\infty}G_j B^j\right)\varepsilon_t=\varepsilon_t$$

整理得

$$\left[1+\sum_{j=1}^{\infty}\left(G_j-\sum_{k=1}^{j}\varphi'_k G_{j-k}\right)B^j\right]\varepsilon_t=\varepsilon_t$$

根据待定系数法，有

$$G_j-\sum_{k=1}^{j}\varphi'_k G_{j-k}=0,\quad j=1,2,\cdots$$

由此可以得到格林函数递推公式：

$$\begin{cases}G_0=1\\ G_j=\sum_{k=1}^{j}\varphi'_k G_{j-k},\quad j=1,2,\cdots\end{cases}\qquad(6\text{—}2\text{—}12)$$

其中

$$\varphi'_k=\begin{cases}\varphi_k, & k\leqslant p\\ 0, & k\end{cases}$$

（2）平稳 AR 模型的方差。对平稳 AR 模型（6—2—11），在等式两边求方差，有

$$\mathrm{Var}(x_t)=\sum_{j=0}^{\infty}G_j^2\,\mathrm{Var}(\varepsilon_t)$$

由于$\{\varepsilon_t\}$为白噪声序列，$\mathrm{Var}(\varepsilon_t)=\sigma_\varepsilon^2$，所以

$$\mathrm{Var}(x_t)=\sum_{j=0}^{\infty}G_j^2\sigma_\varepsilon^2\qquad(6\text{—}2\text{—}13)$$

因为 G_l 呈负指数下降，所以 $\sum_{j=0}^{\infty}G_j^2<\infty$，这说明平稳序列｛$x_t$｝方差有界。

【例 6—1】　求平稳 $AR(1)$ 模型的方差。

解 把平稳 $AR(1)$ 模型转化为传递形式：

$$(1-\varphi_1 B)x_t=\varepsilon_t$$

$$\Rightarrow x_t=\frac{\varepsilon_t}{1-\varphi_1 B}=\sum_{i=0}^{\infty}(\varphi_1 B)^i\varepsilon_t=\sum_{i=0}^{\infty}\varphi_1^i\varepsilon_{t-i}$$

格林函数为：

$$G_j=\varphi_1^j,\quad j=0,1,\cdots$$

所以平稳 $AR(1)$ 模型的方差为：

$$\mathrm{Var}(x_t)=\sum_{j=0}^{\infty}G_j^2\mathrm{Var}(\varepsilon_t)=\sum_{j=0}^{\infty}\varphi_1^{2j}\sigma_\varepsilon^2=\frac{\sigma_\varepsilon^2}{1-\varphi_1^2}$$

3. 协方差函数

在平稳模型 $x_t=\varphi_1 x_{t-1}+\varphi_2 x_{t-2}+\cdots+\varphi_p x_{t-p}+\varepsilon_t$ 等号两边同乘 x_{t-k}（$\forall k\geqslant 1$），再求期望，得

$$E(x_t x_{t-k})=\varphi_1 E(x_{t-1}x_{t-k})+\cdots+\varphi_p E(x_{t-p}x_{t-k})+E(\varepsilon_t x_{t-k}),\forall k\geqslant 1$$

根据式（6—2—1）$AR(p)$ 模型的条件三，有

$$E(\varepsilon_t x_{t-k})=0,\quad \forall k\geqslant 1$$

于是可以得到如下自协方差函数的递推公式：

$$\gamma_k=\varphi_1\gamma_{k-1}+\varphi_2\gamma_{k-2}+\cdots+\varphi_p\gamma_{k-p} \tag{6—2—14}$$

【例 6—2】 求平稳 $AR(1)$ 模型的自协方差函数。

解 平稳 $AR(1)$ 模型的自协方差函数递推公式为：

$$\gamma_k=\varphi_1\gamma_{k-1}=\varphi_1^k\gamma_0$$

根据例 6—1，已知

$$\gamma_0=\frac{\sigma_\varepsilon^2}{1-\varphi_1^2}$$

所以平稳 $AR(1)$ 模型的自协方差函数递推公式如下：

$$\gamma_k=\varphi_1^k\frac{\sigma_\varepsilon^2}{1-\varphi_1^2},\quad \forall k\geqslant 1$$

【例 6—3】 求平稳 $AR(2)$ 模型的自协方差函数。

解 平稳 $AR(2)$ 模型的递推公式为：

$$\gamma_k = \varphi_1 \gamma_{k-1} + \varphi_2 \gamma_{k-2}, \quad \forall k \geqslant 1$$

特别地，当 $k=1$ 时，有

$$\gamma_1 = \varphi_1 \gamma_0 + \varphi_2 \gamma_1$$

即

$$\gamma_1 = \frac{\varphi_1 \gamma_0}{1-\varphi_2}$$

利用格林函数，可以推导出 $AR(2)$ 模型的方差为：

$$\gamma_0 = \frac{1-\varphi_2}{(1+\varphi_2)(1-\varphi_1-\varphi_2)(1+\varphi_1-\varphi_2)} \sigma_\varepsilon^2$$

所以平稳 $AR(2)$ 模型的自协方差函数的递推公式如下：

$$\begin{cases} \gamma_0 = \dfrac{1-\varphi_2}{(1+\varphi_2)(1-\varphi_1-\varphi_2)(1+\varphi_1-\varphi_2)} \sigma_\varepsilon^2 \\ \gamma_1 = \dfrac{\varphi_1 \gamma_0}{1-\varphi_2} \\ \gamma_k = \varphi_1 \gamma_{k-1} + \varphi_2 \gamma_{k-2}, \quad k \geqslant 2 \end{cases}$$

4. 自相关系数

(1) 平稳 AR 模型自相关系数递推公式。由于 $\rho_k = \dfrac{\gamma_k}{\gamma_0}$，在自协方差函数的递推公式（6—2—14）等号两边同除以方差函数 γ_0，得到自相关系数的递推公式为：

$$\rho_k = \varphi_1 \rho_{k-1} + \varphi_2 \rho_{k-2} + \cdots + \varphi_p \rho_{k-p} \tag{6—2—15}$$

容易验证，平稳 AR（1）模型的自相关系数递推公式为：

$$\rho_k = \varphi_1^k, \quad k \geqslant 0$$

平稳 $AR(2)$ 模型的自相关系数递推公式为：

$$\rho_k = \begin{cases} 1, & k=0 \\ \dfrac{\varphi_1}{1-\varphi_2}, & k=1 \\ \varphi_1 \rho_{k-1} + \varphi_2 \rho_{k-2}, & k \geqslant 2 \end{cases}$$

(2) 自相关系数的性质。平稳 $AR(p)$ 模型的自相关系数有两个显著的性质：一是拖尾性，二是呈负指数衰减。这两个性质都可以从自相关系数的通解推出。

根据式（6—2—15），容易看出 $AR(p)$ 模型的自相关系数的表达式实际上是一个 p 阶齐次差分方程。则滞后任意 k 阶的自相关系数的通解为：

$$\rho(k)=\sum_{i=1}^{p}c_i\lambda_i^k.$$

式中，$|\lambda_i|<1$（$i=1, \cdots p$）为该差分方程的特征根；c_1，…，c_p 为任意常数。如果已知任意 p 个自相关系数的值，就可以确定 c_1，…，c_p 的解，显然 c_1，…，c_p 不能全为零。

通过这个通解形式，容易推出 $\rho(k)$ 始终有非零取值，不会在 k 大于某个常数之后就恒等于零，这个性质就是拖尾性。

可以直观地解释 $AR(p)$ 模型自相关系数拖尾的原因。对于一个平稳 $AR(p)$ 模型：

$$x_t=\varphi_1x_{t-1}+\varphi_2x_{t-2}+\cdots+\varphi_px_{t-p}+\varepsilon_t$$

虽然它的表达式显示 x_t 只受当期随机误差 ε_t 和最近 p 期的序列值 x_{t-1}，…，x_{t-p}的影响，但是由于 x_{t-1}的值又依赖于 x_{t-1-p}，所以实际上 x_{t-1-p}对 x_t 也有影响。依此类推，x_t 之前的每一个序列值 x_{t-1}，…，x_1 都会对 x_t 构成影响。自回归模型的这种特性体现在自相关系数上就是自相关系数的拖尾性。

同时随着时间的推移，$\rho(k)$ 会迅速衰减，因为$|\lambda_i|<1$（$i=1, \cdots p$），所以 $k\to\infty$时，$\lambda_i^k\to0$（$i=1, \cdots, p$），继而导致 $\rho(k)=\sum_{i=1}^{p}c_i\lambda_i^k\to0$，而且这种影响是以负指数 λ^k 的速度在减小。

但由于特征根的不同，它们的自相关系数衰减的方式也不一样。有的自相关系数是按负指数单调收敛到零；有的是呈现正负相间地衰减；还有些自回归系数会呈现出类似于周期性的余弦衰减。这些都是平稳 AR 模型自相关系数常见的特征。

5. 偏自相关系数

（1）偏自相关系数的定义。对于一个平稳 $AR(p)$ 模型，求出滞后 k 自相关系数 $\rho(k)$ 时，实际上得到的并不是 x_t 与 x_{t-k}之间单纯的相关关系。因为 x_t 同时还会受到中间 $k-1$ 个随机变量 x_{t-1}，x_{t-1}，…，x_{t-k+1}的影响，而这 $k-1$ 个随机变量又都和 x_{t-k}具有相关关系，所以自相关系数 $\rho(k)$ 里实际上掺杂了其他变量对 x_t 与 x_{t-k}的相关影响。为了能单纯测度 x_{t-k}对 x_t 的影响，引进偏自相关系数的概念。

定义 6.3 对于平稳序列 $\{x_t\}$，所谓滞后 k 偏自相关系数，就是指在给定

中间 $k-1$ 个随机变量 x_{t-1}，x_{t-2}，…，x_{t-k+1}的条件下，或者说，在剔除了中间 $k-1$个随机变量 x_{t-1}，x_{t-2}，…，x_{t-k+1}的干扰之后，x_{t-k}对 x_t 影响的相关度量，用数学语言描述就是：

$$\rho_{x_t,x_{t-k}|x_{t-1},\cdots,x_{t-k+1}}=\frac{E[(x_t-\hat{E}x_t)(x_{t-k}-\hat{E}x_{t-k})]}{E[(x_{t-k}-\hat{E}x_{t-k})^2]} \tag{6—2—16}$$

这就是滞后 k 偏自相关系数的定义。

（2）偏自相关系数的计算。偏自相关系数的定义和回归分析中偏相关系数的定义非常相似。这可以启发我们从线性回归的角度，得到偏自相关系数的另一层含义。

假定 $\{x_t\}$ 为中心化平稳序列，用过去的 k 期序列值 x_{t-1}，x_{t-2}，…，x_{t-k} 对 x_t 作 k 阶自回归拟合，即

$$x_t=\varphi_{k1}x_{t-1}+\varphi_{k2}x_{t-2}+\cdots+\varphi_{kk}x_{t-k}+\varepsilon_t \tag{6—2—17}$$

其中　$E(\varepsilon_t)=0, E\varepsilon_t x_s=0, \forall s<t$

记

$$\hat{E}x_t=E[x_t\,|x_{t-1},\cdots,x_{t-k+1}]$$
$$\hat{E}x_{t-k}=E[x_{t-k}|x_{t-1},\cdots,x_{t-k+1}]$$

则

$$\begin{aligned}\hat{E}x_t=&\varphi_{k1}x_{t-1}+\varphi_{k2}x_{t-2}+\cdots+\varphi_{k(k-1)}x_{t-k+1}+\varphi_{kk}\hat{E}(x_{t-k})\\&+E(\varepsilon_t\,|x_{t-1},\cdots,x_{t-k+1})\end{aligned} \tag{6—2—18}$$

已知 $E(\varepsilon_t)=0$，$E\varepsilon_t x_s=0$，$\forall s<t$，所以

$$E(\varepsilon_t\,|x_{t-1},\cdots,x_{t-k+1})=E(\varepsilon_t)=0$$

式（6—2—18）等价于

$$\hat{E}x_t=\varphi_{k1}x_{t-1}+\varphi_{k2}x_{t-2}+\cdots+\varphi_{k(k-1)}x_{t-k+1}+\varphi_{kk}\hat{E}(x_{t-k})$$

则

$$x_t-\hat{E}x_t=\varphi_{kk}(x_{t-k}-\hat{E}x_{t-k})+\varepsilon_t \tag{6—2—19}$$

在式（6—2—19）等号两边同时乘以（$x_{t-k}-\hat{E}x_{t-k}$），并求期望得

$$\begin{aligned}&E[(x_t-\hat{E}x_t)(x_{t-k}-\hat{E}x_{t-k})]\\&=\varphi_{kk}E[(x_{t-k}-\hat{E}x_{t-k})^2]+E[\varepsilon_t(x_{t-k}-\hat{E}x_{t-k})]\end{aligned} \tag{6—2—20}$$

因为 $E\varepsilon_t x_s = 0, \forall s < t$

所以 $E[\varepsilon_t(x_{t-k} - \hat{E}x_{t-k})] = 0$

式（6—2—20）等价于

$$E[(x_t - \hat{E}x_t)(x_{t-k} - \hat{E}x_{t-k})] = \varphi_{kk} E[(x_{t-k} - \hat{E}x_{t-k})^2]$$

由此得出

$$\varphi_{kk} = \frac{E[(x_t - \hat{E}x_t)(x_{t-k} - \hat{E}x_{t-k})]}{E[(x_{t-k} - \hat{E}x_{t-k})^2]} \tag{6—2—21}$$

式（6—2—21）等号右边的结果正好等于式（6—2—16）所定义的滞后 k 偏自相关系数。这说明滞后 k 偏自相关系数实际上就等于 k 阶自回归模型第 k 个回归系数 φ_{kk} 的值。根据这个性质容易计算偏自相关系数的值。

在式（6—2—18）等号两边同乘 x_{t-k}，并求期望，得

$$\rho_l = \varphi_{k1}\rho_{l-1} + \varphi_{k2}\rho_{l-2} + \cdots + \varphi_{kk}\rho_{l-k}, \quad \forall l \geqslant 1$$

取前 k 个方程构成如下方程组：

$$\begin{cases} \rho_1 = \varphi_{k1}\rho_0 + \varphi_{k2}\rho_1 + \cdots + \varphi_{kk}\rho_{k-1} \\ \rho_2 = \varphi_{k1}\rho_1 + \varphi_{k2}\rho_0 + \cdots + \varphi_{kk}\rho_{k-2} \\ \cdots\cdots \\ \rho_k = \varphi_{k1}\rho_{k-1} + \varphi_{k2}\rho_{k-2} + \cdots + \varphi_{kk}\rho_0 \end{cases} \tag{6—2—22}$$

以上方程组称为 Yule-Walker 方程。通过解该方程组，可以得到参数（φ_{k1}，φ_{k2}，$\cdots$,φ_{kk}）′的解。参数向量中最后一个参数的解，即为滞后 k 偏自相关系数 φ_{kk} 的值。

用矩阵形式表示为：

$$\begin{pmatrix} 1 & \rho_1 & \cdots & \rho_{k-1} \\ \rho_1 & 1 & \cdots & \rho_{k-2} \\ \vdots & \vdots & & \vdots \\ \rho_{k-1} & \rho_{k-2} & \cdots & 1 \end{pmatrix} \begin{pmatrix} \varphi_{k1} \\ \varphi_{k2} \\ \vdots \\ \varphi_{kk} \end{pmatrix} = \begin{pmatrix} \rho_1 \\ \rho_2 \\ \vdots \\ \rho_k \end{pmatrix} \tag{6—2—23}$$

根据线性方程组求解的 Cramer 法则，有

$$\varphi_{kk} = \frac{D_k}{D} \tag{6—2—24}$$

其中

$$D=\begin{vmatrix}1 & \rho_1 & \cdots & \rho_{k-1}\\ \rho_1 & 1 & \cdots & \rho_{k-2}\\ \vdots & \vdots & & \vdots\\ \rho_{k-1} & \rho_{k-2} & \cdots & 1\end{vmatrix},\quad D_k=\begin{vmatrix}1 & \rho_1 & \cdots & \rho_1\\ \rho_1 & 1 & \cdots & \rho_2\\ \vdots & \vdots & & \vdots\\ \rho_{k-1} & \rho_{k-2} & \cdots & \rho_k\end{vmatrix}$$

D 为式（6—2—23）中系数矩阵的行列式，D_k 是把 D 中的第 k 个列向量换成式（6—2—23）等号右边的自相关系数向量后构成的行列式。

（3）偏自相关系数的截尾性。可以证明，平稳 $AR(p)$ 模型的偏自相关系数具有 p 步截尾性。所谓 p 步截尾，是指 $\varphi_{kk}=0$（$\forall k>p$）。要证明这一点，实际上只要能证明当 $k>p$ 时，$D_k=0$ 即可。

证明 对任一 $AR(p)$ 模型，有

$$x_t=\varphi_1 x_{t-1}+\varphi_2 x_{t-2}+\cdots+\varphi_p x_{t-p}+\varepsilon_t,\quad \forall k>p$$

有如下 Yule-Walker 方程成立：

$$\begin{pmatrix}1 & \rho_1 & \cdots & \rho_{p-1}\\ \rho_1 & 1 & \cdots & \rho_{p-2}\\ \vdots & \vdots & & \vdots\\ \rho_{k-1} & \rho_{k-2} & \cdots & \rho_{k-p}\end{pmatrix}\begin{pmatrix}\varphi_1\\ \varphi_2\\ \vdots\\ \varphi_p\end{pmatrix}=\begin{pmatrix}\rho_1\\ \rho_2\\ \vdots\\ \rho_k\end{pmatrix} \tag{6—2—25}$$

记 ξ_i（$i=1$，2，…，p）为式（6—2—25）系数矩阵中 p 个列向量，η 为式（6—2—25）中等号右边的自相关系数向量，即

$$\xi_i=\begin{pmatrix}\rho_i\\ \rho_{i-1}\\ \vdots\\ \rho_{i-k}\end{pmatrix},\quad i=1,2,\cdots,p,\quad \eta=\begin{pmatrix}\rho_1\\ \rho_2\\ \vdots\\ \rho_k\end{pmatrix}$$

则有

$$\eta=\varphi_1\xi_1+\varphi_2\xi_2+\cdots+\varphi_p\xi_p \tag{6—2—26}$$

因为 $AR(p)$ 模型限制条件之一是 $\varphi_p\neq 0$，所以向量 η 一定可以表示成向量 ξ_i（$i=1$，2，…，p）的非零线性组合。

当 $k>p$ 时，有

$$D_k=\begin{vmatrix}1 & \rho_1 & \cdots & \rho_{p-1} & \cdots & \rho_1\\ \rho_1 & 1 & \cdots & \rho_{p-2} & \cdots & \rho_2\\ \vdots & \vdots & & \vdots & & \vdots\\ \rho_{k-1} & \rho_{k-2} & \cdots & \rho_{p-k} & \cdots & \rho_k\end{vmatrix} \tag{6—2—27}$$

显然 D_k 的前 p 个列向量正好就是 ξ_i（$i=1, 2, \cdots, p$），而最后一个列向量正好就是向量 η。根据式（6—2—26），说明在行列式（6—2—27）中最后一个列向量可以用另外 p 个列向量的线形组合表示。根据行列式的性质，具有这种线性相关关系，则该行列式的值一定为零，即 $D_k=0$。由 $D_k=0$，等价推出 $\varphi_{kk}=0$。

由此证明了 $AR(p)$ 模型偏自相关系数的 p 步截尾性。这个性质连同前面的自相关系数拖尾性是 $AR(p)$ 模型重要的识别依据。

6.3 MA 模型

6.3.1 定义

定义 6.4 具有如下结构的模型称为 q 阶移动平均（moving average）模型，简记为 $MA(q)$：

$$\begin{cases}x_t=\mu+\varepsilon_t-\theta_1\varepsilon_{t-1}-\theta_2\varepsilon_{t-2}-\cdots-\theta_q\varepsilon_{t-q}\\ \theta_q\neq 0\\ E(\varepsilon_t)=0, \quad \mathrm{Var}(\varepsilon_t)=\sigma_\varepsilon^2, \quad E(\varepsilon_t\varepsilon_s)=0(s\neq t)\end{cases} \tag{6—3—1}$$

使用 $MA(q)$ 模型需要满足两个限制条件：

条件一：$\theta_q\neq 0$，这个限制条件保证了模型的最高阶数为 q。

条件二：$E(\varepsilon_t)=0$，$\mathrm{Var}(\varepsilon_t)=\sigma_\varepsilon^2$，$E(\varepsilon_t\varepsilon_s)=0$（$s\neq t$）。即随机干扰序列 $\{\varepsilon_t\}$ 为零均值白噪声序列：

$$\varepsilon_t\sim WN(0,\sigma_\varepsilon^2)$$

通常缺省默认式（6—3—1）的限制条件，把模型简记为：

$$x_t=\mu+\varepsilon_t-\theta_1\varepsilon_{t-1}-\theta_2\varepsilon_{t-2}-\cdots-\theta_q\varepsilon_{t-q} \tag{6—3—2}$$

当 $\mu=0$ 时，模型（6—3—1）称为中心化 $MA(q)$ 模型。对非中心化 $MA(q)$ 模型只要作一个简单的位移 $y_t=x_t-\mu$，就可以转化为中心化 $MA(q)$ 模型。这种中心化运算不会影响序列值之间的相关关系，所以今后常常简化为对它的中心

化模型进行分析。

使用延迟算子，中心化 $MA(q)$ 模型又可以简记为：

$$x_t = \Theta(B)\varepsilon_t$$

式中，$\Theta(B)=1-\theta_1 B-\theta_2 B^2-\cdots-\theta_q B^q$，称为 q 阶移动平均系数多项式。

6.3.2　MA 模型的统计性质

1. 常数均值

当 $q<\infty$ 时，$MA(q)$ 模型具有常数均值，即

$$\begin{aligned} Ex_t &= E(\mu+\varepsilon_t-\theta_1\varepsilon_{t-1}-\theta_2\varepsilon_{t-2}-\cdots-\theta_q\varepsilon_{t-q}) \\ &= \mu \end{aligned}$$

特别地，如果该模型为中心化 $MA(q)$ 模型，则该模型均值为零。

2. 常数方差

$$\begin{aligned} \mathrm{Var}(x_t) &= \mathrm{Var}(\mu+\varepsilon_t-\theta_1\varepsilon_{t-1}-\theta_2\varepsilon_{t-2}-\cdots-\theta_q\varepsilon_{t-q}) \\ &= (1+\theta_1^2+\cdots+\theta_q^2)\sigma_\varepsilon^2 \end{aligned}$$

3. 自协方差函数

只与滞后阶数相关，且 q 阶截尾，即

$$\begin{aligned} \gamma_k &= E(x_t x_{t-k}) \\ &= E[(\mu+\varepsilon_t-\theta_1\varepsilon_{t-1}-\cdots-\theta_q\varepsilon_{t-q})(\mu+\varepsilon_{t-k}-\theta_1\varepsilon_{t-k-1}-\cdots-\theta_q\varepsilon_{t-k-q})] \\ &= \begin{cases} (1+\theta_1^2+\cdots+\theta_q^2)\sigma_\varepsilon^2, & k=0 \\ (-\theta_k+\sum\limits_{i=1}^{q-k}\theta_i\theta_{k+i})\sigma_\varepsilon^2, & 1\leqslant k\leqslant q \\ 0, & k>q \end{cases} \end{aligned}$$

4. 自相关系数 q 阶截尾

$$\rho_k=\frac{\gamma_k}{\gamma_0}=\begin{cases} 1, & k=0 \\ \dfrac{-\theta_k+\sum\limits_{i=1}^{q-k}\theta_i\theta_{k+i}}{1+\theta_1^2+\cdots+\theta_q^2}, & 1\leqslant k\leqslant q \\ 0, & k>q \end{cases}$$

容易验证，$MA(1)$ 模型的自相关系数为：

$$\rho_k=\begin{cases}1, & k=0\\ \dfrac{-\theta_1}{1+\theta_1^2}, & k=1\\ 0, & k\geqslant 2\end{cases}$$

$MA(2)$ 模型的自相关系数为：

$$\rho_k=\begin{cases}1, & k=0\\ \dfrac{-\theta_1+\theta_1\theta_2}{1+\theta_1^2+\theta_2^2}, & k=1\\ \dfrac{-\theta_2}{1+\theta_1^2+\theta_2^2}, & k=2\\ 0, & k\geqslant 3\end{cases}$$

5. 偏自相关系数拖尾

仍然借用 AR 模型中滞后 k 偏自相关系数的记号 φ_{kk} 来表示 $MA(q)$ 模型的滞后 k 偏自相关系数。容易证明它是拖尾的。

证明 在中心化 $MA(q)$ 模型场合，有

$$\begin{aligned}\varphi_{kk}&=\frac{E(x_tx_{t-k}\,|\,x_{t-1},\cdots,x_{t-k+1})}{\mathrm{Var}(x_{t-k}\,|\,x_{t-1},\cdots,x_{t-k+1})}\\&=\frac{E[(\varepsilon_t-\theta_1\varepsilon_{t-1}-\cdots-\theta_q\varepsilon_{t-q})(\varepsilon_{t-k}-\theta_1\varepsilon_{t-k-1}-\cdots-\theta_q\varepsilon_{t-k-q})\,|\,\varepsilon_{t-1},\cdots,\varepsilon_{t-k-q+1}]}{\mathrm{Var}(\varepsilon_{t-k}-\theta_1\varepsilon_{t-k-1}-\cdots-\theta_q\varepsilon_{t-k-q}\,|\,\varepsilon_{t-1},\cdots,\varepsilon_{t-k-q+1})}\\&=(-\theta_1\varepsilon_{t-1}-\cdots-\theta_q\varepsilon_{t-q})(-\theta_1\varepsilon_{t-k-1}-\cdots-\theta_q\varepsilon_{t-k-q+1})\end{aligned}$$

在 $MA(q)$ 模型场合，x_{t-1}，…，x_{t-k+1} 给定，就等价于 ε_{t-1}，…，$\varepsilon_{t-k-q+1}$ 给定，该模型滞后 k 偏自相关系数 φ_{kk} 就是 ε_{t-1}，…，$\varepsilon_{t-k-q+1}$ 的函数，ε_{t-1}，…，$\varepsilon_{t-k-q+1}$ 不会恒等于零，θ_1，…，θ_q 又是任意给定的，所以 φ_{kk} 不可能在有限阶之后恒为零。所以 $MA(q)$ 模型的偏自相关系数拖尾。

从上面的分析中，可以得到如下两个重要结论：

(1) 当 $q<\infty$ 时，$MA(q)$ 模型一定为平稳模型。

(2) $MA(q)$ 模型的偏自相关系数拖尾。自相关系数 q 阶截尾。

$MA(q)$ 模型的这个性质和 $AR(p)$ 模型的自相关系数拖尾、偏自相关系数 p 阶截尾的性质正好呈对偶关系。

6.3.3 *MA* 模型的可逆性

自相关系数的不唯一性会给我们后面的工作增加麻烦。因为后面都是通过样

本自相关系数显示出来的特征选择合适的模型拟合序列的发展，如果自相关系数和模型之间不是一一对应关系，将导致拟合模型和随机序列之间不是一一对应关系。

为了保证一个给定的自相关函数能够对应唯一的 MA 模型，我们就要给模型增加约束条件。这个约束条件称为 MA 模型的可逆性条件。

1. 可逆的定义

容易验证，当两个 $MA(1)$ 模型具有如下结构时，它们的自相关系数正好相等：

$$\text{模型 1}: x_t=\varepsilon_t-\theta\varepsilon_{t-1} \qquad \text{模型 2}: x_t=\varepsilon_t-\frac{1}{\theta}\varepsilon_{t-1}$$

把这两个 $MA(1)$ 模型表示成两个自相关模型形式如下：

$$\text{模型 1}: \frac{x_t}{1-\theta B}=\varepsilon_t \qquad \text{模型 2}: \frac{x_t}{1-\frac{1}{\theta}B}=\varepsilon_t$$

如果 $|\theta|<1$，模型 1 收敛，模型 2 不收敛；如果 $|\theta|>1$，则模型 2 收敛，模型 1 不收敛。若一个 MA 模型能够表示成收敛的 AR 模型形式，那么该 MA 模型称为可逆模型。一个自相关系数列唯一对应一个可逆 MA 模型。

2. $MA(q)$ 模型的可逆性条件

$MA(q)$ 模型可以表示为：

$$\varepsilon_t=\frac{x_t}{\Theta(B)} \tag{6—3—3}$$

其中，$\Theta(B)=1-\theta_1 B-\cdots-\theta_q B^q$ 为移动平均系数多项式。假定 $\frac{1}{\lambda_1}$，…，$\frac{1}{\lambda_q}$ 是该系数多项式的 q 个根，则 $\Theta(B)$ 可以分解成：

$$\Theta(B)=\prod_{k=1}^{q}(1-\lambda_k B) \tag{6—3—4}$$

把式（6—3—4）代入式（6—3—3），得

$$\varepsilon_t=\frac{x_t}{(1-\lambda_1 B)\cdots(1-\lambda_q B)} \tag{6—3—5}$$

式（6—3—5）收敛的充要条件是：$|\lambda_i|<1$，$\left|\frac{1}{\lambda_i}\right|>1$，等价于 $MA(q)$ 模型的系数多项式的根都在单位圆外。这个条件也称为 $MA(q)$ 模型的可逆性条件。

$MA(q)$ 模型的可逆概念和 $AR(p)$ 模型的平稳概念是完全对偶的。

3. 逆函数的递推公式

如一个 $MA(q)$ 模型满足可逆性条件，它就可以写成如下两种等价形式：

$$\begin{cases} \Theta(B)\varepsilon_t = x_t & \text{(a)} \\ \varepsilon_t = I(B)x_t & \text{(b)} \end{cases}$$

把式（b）带入式（a），得

$$\Theta(B)I(B)x_t = x_t$$

这与格林函数的递推公式完全类似，由待定系数法得到逆函数的递推公式为：

$$\begin{cases} I_0 = 1 \\ I_l = \sum_{j=1}^{l} \theta'_j I_{l-j}, \quad l \geqslant 1 \end{cases} \tag{6—3—6}$$

其中

$$\theta'_i = \begin{cases} \theta_i, & i \leqslant q \\ 0, & i > q \end{cases}$$

6.4 *ARMA* 模型

6.4.1 定义

定义 6.5 具有如下结构的模型称为自回归移动平均模型，记为 $ARMA(p, q)$：

$$\begin{cases} x_t = \varphi_0 + \varphi_1 x_{t-1} + \cdots + \varphi_p x_{t-p} + \varepsilon_t - \theta_1 \varepsilon_{t-1} - \cdots - \theta_q \varepsilon_{t-q} \\ \varphi_p \neq 0, \quad \theta_q \neq 0 \\ E(\varepsilon_t) = 0, \quad \mathrm{Var}(\varepsilon_t) = \sigma_\varepsilon^2, \quad E(\varepsilon_t \varepsilon_s) = 0 (s \neq t) \\ E x_s \varepsilon_t = 0, \quad \forall s < t \end{cases} \tag{6—4—1}$$

若 $\varphi_0 = 0$，则该模型称为中心化 $ARMA(p, q)$ 模型。中心化 $ARMA(p, q)$ 模型可以简写为：

$$x_t = \varphi_1 x_{t-1} + \cdots + \varphi_p x_{t-p} + \varepsilon_t - \theta_1 \varepsilon_{t-1} - \cdots - \theta_q \varepsilon_{t-q} \tag{6—4—2}$$

该模型的条件与 AR 模型、MA 模型相同。

引进延迟算子，$ARMA(p, q)$ 模型可简记为：

$$\Phi(B)x_t=\Theta(B)\varepsilon_t$$

其中

$\Phi(B)=1-\varphi_1B-\cdots-\varphi_pB^p$，为 p 阶自回归系数多项式。

$\Theta(B)=1-\theta_1B-\cdots-\theta_qB^q$，为 q 阶移动平均系数多项式。

显然：

(1) 当 $q=0$ 时，$ARMA(p, q)$ 模型就退化成了 $AR(p)$ 模型。

(2) 当 $p=0$ 时，$ARMA(p, q)$ 模型就退化成了 $MA(q)$ 模型。

所以，$AR(p)$ 模型和 $MA(q)$ 模型实际上是 $ARMA(p, q)$ 模型的特例，它们统称为 $ARMA$ 模型。

6.4.2 平稳条件与可逆条件

对于一个 $ARMA(p, q)$ 模型，令 $z_t=\Theta(B)\varepsilon_t$，显然 $\{z_t\}$ 是一个零均值、方差为 $(1+\theta_1^2+\cdots+\theta_q^2)\sigma_\varepsilon^2$ 的平稳序列。于是 $ARMA(p, q)$ 模型可以改写为如下形式：

$$\Phi(B)x_t=z_t$$

这类似于 $AR(p)$ 模型平稳性的分析，容易推导出 $ARMA(p, q)$ 模型的平稳条件是：$\Phi(B)=0$ 的根都在单位圆外。也就是说，$ARMA(p, q)$ 模型的平稳性完全由其自回归部分的平稳性所决定。同理，可以推导出 $ARMA(p, q)$ 模型的可逆条件和 $MA(q)$ 模型的可逆条件完全相同：当 $\Theta(B)=0$ 的根都在单位圆外时，$ARMA(p, q)$ 模型可逆。当 $\Phi(B)=0$，$\Theta(B)=0$ 的根都在单位圆外时，$ARMA(p, q)$ 模型称为平稳可逆模型。

6.4.3 传递形式与逆转形式

对于一个平稳可逆 $ARMA(p, q)$ 模型，它的传递形式为：

$$x_t=\Phi^{-1}(B)\Theta(B)\varepsilon_t=\varepsilon_t+\sum_{j=1}^{\infty}G_j\varepsilon_{t-j}$$

其中，$\{G_1, G_2, \cdots\}$ 为格林函数。

通过待定系数法，容易得到 $ARMA(p, q)$ 模型场合下格林函数的递推公式为：

$$\begin{cases} G_0 = 1 \\ G_k = \sum_{j=1}^{k} \varphi'_j G_{k-j} - \theta'_j, \quad k \geqslant 1 \end{cases} \tag{6—4—3}$$

其中

$$\varphi'_j = \begin{cases} \varphi_j, & 1 \leqslant j \leqslant p \\ 0, & j > p \end{cases}, \quad \theta'_j = \begin{cases} \theta_j, & 1 \leqslant j \leqslant q \\ 0, & j > q \end{cases}$$

同理，可以得到 $ARMA(p, q)$ 模型的逆转形式为：

$$\varepsilon_t = \Theta^{-1}(B)\Phi(B)x_t = x_t + \sum_{j=1}^{\infty} I_j x_{t-j}$$

式中，$\{I_1, I_2, \cdots\}$ 为逆函数。

通过待定系数法容易得到逆函数的递推公式为：

$$\begin{cases} I_0 = 1 \\ I_k = \sum_{j=1}^{k} \theta'_j I_{k-j} - \varphi'_j, \quad k \geqslant 1 \end{cases} \tag{6—4—4}$$

式中，θ'_j 和 φ' 的定义同上。

6.4.4 *ARMA*(*p*, *q*) 模型的统计性质

1. 均值

对于一个非中心化平稳可逆的 $ARMA(p, q)$ 模型，有

$$x_t = \varphi_0 + \varphi_1 x_{t-1} + \varphi_2 x_{t-2} + \cdots + \varphi_p x_{t-p} + \varepsilon_t - \theta_1 \varepsilon_{t-1} - \theta_2 \varepsilon_{t-2} - \cdots - \theta_q \varepsilon_{t-q}$$

两边同求均值，有

$$Ex_t = \frac{\varphi_0}{1 - \varphi_1 - \cdots - \varphi_p}$$

2. 自协方差函数

自协方差函数为：

$$\begin{aligned} \gamma(k) &= E(x_t x_{t+k}) \\ &= E\left[\left(\sum_{i=0}^{\infty} G_i \varepsilon_{t-i}\right)\left(\sum_{j=0}^{\infty} G_j \varepsilon_{t+k-j}\right)\right] \\ &= E\left[\sum_{i=0}^{\infty} G_i \sum_{j=0}^{\infty} G_j \varepsilon_{t-i} \varepsilon_{t+k-j}\right] \end{aligned}$$

$$=\sigma_\varepsilon^2\sum_{i=0}^{\infty}G_iG_{i+k}$$

3．自相关系数

自相关系数为：

$$\rho(k)=\frac{\gamma(k)}{\gamma(0)}=\frac{\sum_{j=0}^{\infty}G_jG_{j+k}}{\sum_{j=0}^{\infty}G_j^2}$$

根据自相关系数的表达式很容易判断 $ARMA(p，q)$ 模型的自相关系数不截尾。这和 $ARMA(p，q)$ 模型可以转化为无穷阶移动平均模型的性质是一致的。同理，根据 $ARMA(p，q)$ 模型可以转化为无穷阶自回归模型，可以判断它的偏相关系数也不截尾。

综合考察 $AR(p)$ 模型、$MA(q)$ 模型和 $ARMA(p，q)$ 模型自相关系数和偏自相关系数的性质，我们可以总结出如表 6—1 所示的规律。

表 6—1

模型	自相关系数	偏自相关系数
$AR(p)$	拖尾	p 阶截尾
$MA(q)$	q 阶截尾	拖尾
$ARMA(p，q)$	拖尾	拖尾

习　题

1．如何判别 AR 模型的平稳性?

2．给出平稳可逆 $ARMA$（$p，q$）模型传递形式与逆转形式。

3．给出 AR（p）模型、MA（q）模型和 $ARMA$（$p，q$）模型自相关系数和偏自相关系数的性质。

平稳序列建模

本章重点

1. 了解建模的基本步骤
2. 掌握模型识别、参数估计（矩估计、最小二乘估计、极大似然估计）
3. 掌握模型检验（模型的显著性检验、参数的显著性检验）
4. 掌握模型优化方法（AIC 准则、SBC 准则）

本章介绍在得到时间序列的数据后，具体如何进行建模。模型识别：考虑用什么类型的模型。参数估计：模型类型确定后对模型里面的参数进行估计。矩估计、最小二乘估计、极大似然估计是常用的估计方法。到这一步，模型基本确定，接下来的模型检验是指检验确定的模型是否效果理想，是否符合我们的要求。最后的模型优化是对于有几个模型都符合我们要求的情况，如何从中挑选出较好的模型。

7.1 建模基本步骤

如果某个序列可以初步判定为平稳非白噪声序列，就可以利用 *ARMA* 模型对该序列建模。建模的基本步骤如下：

(1) 求出该观察值序列的样本自相关系数（*ACF*）和样本偏自相关系数

（$PACF$）的值。

（2）根据样本自相关系数和偏自相关系数的性质，选择阶数适当的$ARMA(p, q)$模型进行拟合。

（3）估计模型中未知参数的值。

（4）检验模型的有效性。如果拟合模型通不过检验，转向步骤 2，重新选择模型再拟合。

（5）模型优化。如果拟合模型通过检验，仍然转向步骤 2，充分考虑各种可能，建立多个拟合模型，从所有通过检验的拟合模型中选择最优模型。

（6）利用拟合模型，对序列进预报。

7.2　模型识别

我们是通过考察序列样本自相关系数和偏自相关系数的性质是否与前面所述模型的理论上的性质相匹配，来选择适合的模型拟合观察序列。所以模型拟合的第一步是要根据观察序列的取值求出该序列的样本自相关系数 $\{\hat{\rho}_k\}$ 和样本偏自相关系数 $\{\hat{\varphi}_{kk}\}$ 的值。

样本自相关系数可以根据如下公式求得：

$$\hat{\rho}_k = \frac{\sum_{t=1}^{n-k}(x_t - \bar{x})(x_{t+k} - \bar{x})}{\sum_{t=1}^{n}(x_t - \bar{x})^2}, \quad \forall\, 0 < k < n \qquad (7\text{—}2\text{—}1)$$

样本偏自相关系数可以利用样本自相关系数的值，根据如下公式求得：

$$\hat{\varphi}_{kk} = \frac{\hat{D}_k}{\hat{D}}, \quad \forall\, 0 < k < n \qquad (7\text{—}2\text{—}2)$$

其中

$$\hat{D} = \begin{pmatrix} 1 & \hat{\rho}_1 & \cdots & \hat{\rho}_{k-1} \\ \hat{\rho}_1 & 1 & \cdots & \hat{\rho}_{k-2} \\ \vdots & \vdots & & \vdots \\ \hat{\rho}_{k-1} & \hat{\rho}_{k-2} & \cdots & 1 \end{pmatrix}, \hat{D}_k = \begin{pmatrix} 1 & \hat{\rho}_1 & \cdots & \hat{\rho}_1 \\ \hat{\rho}_1 & 1 & \cdots & \hat{\rho}_2 \\ \vdots & \vdots & & \vdots \\ \hat{\rho}_{k-1} & \hat{\rho}_{k-2} & \cdots & \rho_k \end{pmatrix}$$

在样本自相关系数和偏自相关系数的值获得之后，就要根据它们表现出来的性质，选择适当的 $ARMA$ 模型拟合观察值序列。这个过程实际上就是要根据样本自相关系数和偏自相关系数的性质估计自相关阶数 $\hat{p}$ 和移动平均阶数 $\hat{q}$。

ARMA 模型定阶的基本原则如表 7—1 所示。

表 7—1 **ARMA 模型定阶的基本原则**

$\hat{\rho}_k$	$\hat{\varphi}_{kk}$	模型
拖尾	p 阶截尾	$AR(p)$
q 阶截尾	拖尾	$MA(q)$
拖尾	拖尾	$ARMA$（?,?）

在实践中，由于样本的随机性，样本的相关系数不会呈现出理论上完全截尾的情况，即使是理论上截尾的样本自相关系数或偏自相关系数，仍会呈现出小幅振荡的情况。同时，由于平稳时间序列通常都具有短期相关性，随着延迟阶数 $k\to\infty$，$\hat{\rho}_k$ 与 $\hat{\varphi}_{kk}$ 都会衰减至零值附近作小幅振荡。自然会有如下的问题：当样本自相关系数或偏自相关系数在延迟若干阶之后衰减为小幅振荡时，什么情况下该看做相关系数截尾，什么情况下该看做相关系数在延迟若干阶之后正常衰减到零值附近作拖尾振荡呢?

根据概率统计的常识我们知道，这时需利用样本自相关系数、样本偏自相关系数的分布来帮助我们作判断。Jenkins 和 Watts（1968）证明：

$$E(\hat{\rho}_k)=\left(1-\frac{k}{n}\right)\rho_k$$

也就是说，该样本自相关系数是总体自相关系数的有偏估计值。当 k 足够大时，根据平稳序列自相关系数呈负指数衰减，有 $\rho_k\to 0$。

根据 Barlett 公式计算样本自相关系数的方差近似等于：

$$\begin{aligned}\operatorname{Var}(\hat{\rho}_k)&\cong\frac{1}{n}\sum_{m=-j}^{j}\hat{\rho}_m^2\\&=\frac{1}{n}(1+2\sum_{m=1}^{j}\hat{\rho}_m^2),\quad k>j\end{aligned}$$

当样本容量 n 充分大时，样本自相关系数近似服从正态分布：

$$\hat{\rho}_k\sim N(0,\frac{1}{n})$$

Quenouille 证明，样本偏自相关系数也同样近似服从这个正态分布：

$$\hat{\varphi}_{kk}\sim N(0,\frac{1}{n})$$

根据正态分布的性质，有

$$\Pr\left(-\frac{2}{\sqrt{n}}\leqslant\hat{\rho}_k\leqslant\frac{2}{\sqrt{n}}\right)\geqslant 0.95$$

$$\Pr\left(-\frac{2}{\sqrt{n}}\leqslant\hat{\varphi}_{kk}\leqslant\frac{2}{\sqrt{n}}\right)\geqslant 0.95$$

判断准则如下：(1) 如果样本自相关系数或偏自相关系数在最初的 d 阶明显大于 2 倍标准差范围，而且几乎 95%的自相关系数都落在 2 倍标准差的范围以内，并且由非零自相关系数衰减为小值波动的过程非常突然，这时，通常视为自相关系数截尾，截尾阶数为 d。(2) 如果有超过 5%的样本相关系数落入 2 倍标准差范围之外，或者是由显著非零的相关系数衰减为小值波动的过程比较缓慢，这时，通常视为相关系数不截尾。

7.3　参数估计

在模型定阶后，即已经初步确定了 $ARMA(p, q)$ 模型中的 p 和 q。下一步我们要进行模型的参数估计，即估计 $ARMA(p, q)$ 模型中具体未知参数的值。

对于一个非中心化 $ARMA(p, q)$ 模型，有

$$x_t=\mu+\frac{\Theta_q(B)}{\Phi_p(B)}\varepsilon_t$$

其中

$$\Theta_q(B)=1-\theta_1 B-\cdots-\theta_q B^q$$

$$\Phi_p(B)=1-\varphi_1 B-\cdots-\varphi_p B^p$$

$$\varepsilon_t\sim WN(0, \sigma_\varepsilon^2)$$

该模型共含有 $p+q+2$ 个未知参数：φ_1，…，φ_p，θ_1，…，θ_q，μ，σ_ε^2。

参数 μ 是序列均值，通常采用矩估计方法，用样本均值估计总体均值即可得到它的估计值：

$$\hat{\mu}=\bar{x}=\frac{\sum_{i=1}^{n}x_i}{n}$$

对原序列中心化，有

$$y_t=x_t-\bar{x}$$

原 $p+q+2$ 个待估参数减少为 $p+q+1$ 个：φ_1，…，φ_p，θ_1，…，θ_q，σ_ε^2。对这 $p+q+1$ 个未知参数的估计方法有三种：矩估计、最小二乘估计和极大似然估计。

7.3.1 矩估计

运用 $p+q$ 个样本自相关系数估计总体自相关系数，有

$$\begin{cases}\rho_1(\varphi_1,\cdots,\varphi_p,\theta_1,\cdots,\theta_q)=\hat{\rho}_1\\ \cdots\cdots\\ \rho_{p+q}(\varphi_1,\cdots,\varphi_p,\theta_1,\cdots,\theta_q)=\hat{\rho}_{p+q}\end{cases}$$

从中解出的参数值 $\hat{\varphi}_1$，…，$\hat{\varphi}_p$，$\hat{\theta}_1$，…，$\hat{\theta}_q$ 就是 φ_1，…，φ_p，θ_1，…，θ_q 的矩估计。

用序列样本方差估计序列总体方差，得

$$\hat{\sigma}_x^2=\frac{\sum_{i=1}^{n}(x_i-\overline{x})^2}{n}$$

在 $ARMA(p,q)$ 模型两边同时求方差，整理得到 σ_ε^2 关于 σ_x^2 的函数形式如下：

$$\sigma_\varepsilon^2=\frac{1+\varphi_1^2+\cdots+\varphi_p^2}{1+\theta_1^2+\cdots+\theta_q^2}\sigma_x^2 \tag{7—3—1}$$

把 $\hat{\varphi}_1$,…，$\hat{\varphi}_p$，$\hat{\theta}_1$,…，$\hat{\theta}_q$ 及 $\hat{\sigma}_x^2$ 代入式（7—3—1)，即得到白噪声序列方差的矩估计：

$$\hat{\sigma}_\varepsilon^2=\frac{1+\hat{\varphi}_1^2+\cdots+\hat{\varphi}_p^2}{1+\hat{\theta}_1^2+\cdots+\hat{\theta}_q^2}\hat{\sigma}_x^2$$

【例 7—1】 求 $AR(2)$ 模型 $x_t=\varphi_1x_{t-1}+\varphi_2x_{t-2}+\varepsilon_t$ 中未知参数 φ_1，φ_2 的矩估计。

解 根据 Yule-Walker 方程，有

$$\begin{cases}\rho_1=\varphi_1+\varphi_2\rho_1\\ \rho_2=\varphi_1\rho_1+\varphi_2\end{cases}$$

则

$$\hat{\varphi}_1=\frac{1-\hat{\rho}_2}{1-\hat{\rho}_1}\hat{\rho}_1,\quad \hat{\varphi}_2=\frac{\hat{\rho}_2-\hat{\rho}_1}{1-\hat{\rho}}$$

【例 7—2】　求 $MA(1)$ 模型 $x_t=\varepsilon_t-\theta_1\varepsilon_{t-1}$ 中未知参数 θ_1 的矩估计。

解　根据 $MA(1)$ 模型自协方差函数的性质，有

$$\begin{cases}\gamma_0=(1+\theta_1^2)\sigma_\varepsilon^2\\ \gamma_1=-\theta_1\sigma_\varepsilon^2\end{cases}\Rightarrow\rho_1=\frac{\gamma_1}{\gamma_0}=\frac{-\theta_1}{1+\theta_1^2}$$

解一元二次方程

$$\theta_1^2\rho_1+\theta_1+\rho_1=0$$

得

$$\hat{\theta}_1=\frac{-1\pm\sqrt{1-4\hat{\rho}_1^2}}{2\hat{\rho}_1}$$

考虑 $MA(1)$ 模型的可逆性条件：$|\theta_1|<1$，可得到未知参数的唯一解：

$$\hat{\theta}_1=\frac{-1+\sqrt{1-4\hat{\rho}_1^2}}{2\hat{\rho}_1}$$

【例 7—3】 求 $ARMA(1,1)$ 模型 $x_t=\varphi_1x_{t-1}+\varepsilon_t-\theta_1\varepsilon_{t-1}$ 中未知参数 φ_1，θ_1 的矩估计。

解　根据 $ARMA$ 模型格林函数的递推公式，可以确定该 $ARMA(1,1)$ 模型的格林函数为：

$$G_0=1$$
$$G_k=(\varphi_1-\theta_1)\varphi_1^{k-1},\quad k=1,2,\cdots$$

推导出

$$\begin{cases}\gamma_0=\sum\limits_{k=0}^{\infty}G_k^2\sigma_\varepsilon^2=\dfrac{1+\theta_1^2-2\theta_1\varphi_1}{1-\varphi_1^2}\sigma_\varepsilon^2\\ \gamma_1=\sum\limits_{k=0}^{\infty}G_kG_{k+1}\sigma_\varepsilon^2=\dfrac{(\varphi_1-\theta_1)(1-\theta_1\varphi_1)}{1-\varphi_1^2}\sigma_\varepsilon^2\\ \gamma_2=\sum\limits_{k=0}^{\infty}G_kG_{k+2}\sigma_\varepsilon^2=\varphi_1\gamma_1\end{cases}$$

则

$$\begin{cases}\rho_1=\dfrac{\gamma_1}{\gamma_0}=\dfrac{(\varphi_1-\theta_1)(1-\theta_1\varphi_1)}{1+\theta_1^2-2\theta_1\varphi_1}\\ \rho_2=\varphi_1\rho_1\end{cases}\qquad(7—3—2)$$

整理方程组（7—3—2），得

$$\begin{cases}\theta_1^2-\dfrac{1+\varphi_1^2-2\rho_2}{\varphi_1-\rho_1}\theta_1+1=0\\ \varphi_1=\dfrac{\rho_2}{\rho_1}\end{cases}$$

考虑可逆条件：$|\theta_1|<1$，得到未知参数矩估计的唯一解：

$$\begin{cases}\hat{\varphi}_1=\dfrac{\hat{\rho}_2}{\hat{\rho}_1}\\ \hat{\theta}_1=\begin{cases}\dfrac{c+\sqrt{c^2-4}}{2}, & c\leqslant-2\\ \dfrac{c-\sqrt{c^2-4}}{2}, & c\geqslant 2\end{cases}, \quad c=\dfrac{1+\varphi_1^2-2\hat{\rho}_2}{\varphi_1-\hat{\rho}_1}\end{cases}$$

矩估计方法，尤其是低阶 *ARMA* 模型场合下的矩估计方法的计算量小，不需要假设总体分布。但是在这种估计方法中只用到了 $p+q$ 个样本自相关系数，即样本二阶矩的信息，观察值序列中的其他信息都被忽略了。这导致矩估计方法是一种比较粗糙的估计方法，估计精度一般较差，因此它常被用作极大似然估计和最小二乘估计迭代计算的初始值。

7.3.2 最小二乘估计

在 $ARMA(p, q)$ 模型场合，记

$$\tilde{\beta}=(\varphi_1,\cdots,\varphi_p,\theta_1,\cdots,\theta_q)'$$
$$F_t(\tilde{\beta})=\varphi_1x_{t-1}+\cdots+\varphi_px_{t-p}-\theta_1\varepsilon_{t-1}-\cdots-\theta_q\varepsilon_{t-q}$$

残差项为：

$$\varepsilon_t=x_t-F_t(\tilde{\beta})$$

残差平方和为：

$$\begin{aligned}Q(\tilde{\beta})&=\sum_{t=1}^{n}\varepsilon_t^2\\ &=\sum_{t=1}^{n}(x_t-\varphi_1x_{t-1}-\cdots-\varphi_px_{t-p}+\theta_1\varepsilon_{t-1}+\cdots+\theta_q\varepsilon_{t-q})^2\end{aligned}$$

使残差平方和达到最小的那组参数值即为 $\tilde{\beta}$ 的最小二乘估计值。

同极大似然估计一样，由于 $Q(\tilde{\beta})$ 不是 $\tilde{\beta}$ 的显性函数，未知参数的最小二乘

估计值通常也得借助迭代法求出。由于充分利用了序列观察值的信息，因而最小二乘估计的精度很高。

在实际运用中，最常用的是条件最小二乘估计方法。它假定过去未观测到的序列值等于零，即

$$x_t=0,\quad t\leqslant 0$$

根据这个假定，可以得到残差序列的有限项表达式：

$$\varepsilon_t=\frac{\Phi(B)}{\Theta(B)}x_t=x_t-\sum_{i=1}^{t}\pi_i x_{t-i}$$

于是残差平方和为：

$$\begin{aligned}Q(\tilde{\beta})&=\sum_{i=1}^{n}\varepsilon_t^2\\&=\sum_{i=1}^{n}\left[x_t-\sum_{i=1}^{t}\pi_i x_{t-i}\right]^2\end{aligned}\qquad(7\text{—}3\text{—}3)$$

通过迭代法，使式（7—3—3）达到最小值的估计值即为参数 β 的条件最小二乘估计。

7.3.3　极大似然估计

未知参数的极大似然估计就是使得似然函数即联合密度函数达到最大的参数值。

$$\begin{aligned}&L(\hat{\beta}_1,\hat{\beta}_2,\cdots,\hat{\beta}_k;x_1,x_2,\cdots,x_n)\\&=\max\{p(x_1,x_2,\cdots,x_n);\beta_1,\beta_2,\cdots,\beta_k\}\end{aligned}\qquad(7\text{—}3\text{—}4)$$

使用极大似然估计必须已知总体的分布函数，序列总体的分布通常是未知的。为了便于分析和计算，通常假设序列服从多元正态分布。

$$x_t=\varphi_1 x_{t-1}+\cdots+\varphi_p x_{t-p}+\varepsilon_t-\theta_1\varepsilon_{t-1}-\cdots-\theta_q\varepsilon_{t-q}$$

记

$$\tilde{x}=(x_1,\cdots,x_n)'$$
$$\tilde{\beta}=(\varphi_1,\cdots,\varphi_p,\theta_1,\cdots,\theta_q)'$$

其中

$$\Omega=\begin{pmatrix}\sum_{i=0}^{\infty}G_i^2 & \cdots & \sum_{i=0}^{\infty}G_iG_{i+n-1}\\ \vdots & & \vdots\\ \sum_{i=0}^{\infty}G_iG_{i+n-1} & \cdots & \sum_{i=0}^{\infty}G_i^2\end{pmatrix}$$

$\tilde{x}$ 的似然函数为：

$$\begin{aligned}L(\tilde{\beta};\tilde{x}) &= p(x_1,x_2,\cdots,x_n;\tilde{\beta})\\ &= (2\pi)^{-\frac{n}{2}}\ |\Sigma_n|^{-\frac{1}{2}}\exp\left\{-\frac{\tilde{x}'\Sigma_n^{-1}\tilde{x}}{2}\right\}\\ &= (2\pi)^{-\frac{n}{2}}\ (\sigma_\varepsilon^2)^{-\frac{n}{2}}\ |\Omega|^{-\frac{1}{2}}\exp\left\{-\frac{\tilde{x}'\Omega^{-1}\tilde{x}}{2\sigma_\varepsilon^2}\right\}\end{aligned}$$

对数似然函数为：

$$l(\tilde{\beta};\tilde{x})=-\frac{n}{2}\ln(2\pi)-\frac{n}{2}\ln(\sigma_\varepsilon^2)-\frac{1}{2}\ln|\Omega|-\frac{1}{2\sigma_\varepsilon^2}(\tilde{x}'\Omega^{-1}\tilde{x})$$

对对数似然函数中的未知参数求偏导数，得到似然方程组：

$$\begin{cases}\dfrac{\partial}{\partial\sigma_\varepsilon^2}l(\tilde{\beta};\tilde{x})=\dfrac{n}{2\sigma_\varepsilon^2}-\dfrac{S(\tilde{\beta})}{2\sigma_\varepsilon^4}=0\\ \dfrac{\partial}{\partial\tilde{\beta}}l(\tilde{\beta};\tilde{x})=\dfrac{1}{2}\dfrac{\partial\ln|\Omega|}{\partial\tilde{\beta}}+\dfrac{1}{2\sigma_\varepsilon^2}\dfrac{\partial S(\tilde{\beta})}{\partial\tilde{\beta}}=0\end{cases}\tag{7—3—5}$$

式中，$S(\tilde{\beta})=\tilde{x}'\Omega^{-1}\tilde{x}$。求解方程组（7—3—5）即得到未知参数的极大似然估计值。但是，由于 $S(\tilde{\beta})$ 和 $\ln|\Omega|$ 都不是 $\tilde{\beta}$ 的显式表达式，因而似然方程组（7—3—5）实际上是由 $p+q+1$ 个超越方程构成的，通常需要经过复杂的迭代算法才能求出未知参数的极大似然估计值。目前计算机技术比较发达，使得求 *ARMA* 模型的极大似然估计值成为很容易实现的事情。

极大似然估计充分应用了每一个观察值所提供的信息，因而它的估计精度高，同时还具有估计的一致性、渐近正态性和渐近有效性等许多优良的统计性质，是一种非常优良的参数估计方法。

7.4 模型检验

经过模型定阶、模型参数估计之后，模型的具体形式就已确立。下一步要对该拟合模型进行必要的检验，以判断确立的模型是否合适。

7.4.1　模型的显著性检验

一个模型是否显著有效主要看它提取的信息是否充分。一个好的拟合模型应该能够提取观察值序列中几乎所有的样本相关信息。换言之，拟合残差项中将不再蕴含任何相关信息，即残差序列应该为白噪声序列。这样的模型被称为显著有效模型。反之，如果残差序列为非白噪声序列，那就意味着残差序列中还残留着相关信息未被提取，这就说明拟合模型不够有效，通常需要选择其他模型，重新拟合。所以模型的显著性检验即为残差序列的白噪声检验。

原假设和备择假设分别为：

$$H_0: \rho_1=\rho_2=\cdots=\rho_m=0, \quad \forall m\geqslant 1$$
$$H_1: \text{至少存在某个 } \rho_k\neq 0, \ \forall m\geqslant 1, \quad k\leqslant m$$

检验统计量为 LB（Ljung-Box）检验统计量：

$$LB = n(n+2)\sum_{k=1}^{m}\left(\frac{\hat{\rho}_k^2}{n-k}\right) \sim \chi^2(m), \quad \forall m>0$$

如果拒绝原假设，就说明残差序列中还残留着相关信息，拟合模型不显著。如果不能拒绝原假设，就认为拟合模型显著有效。

7.4.2　参数的显著性检验

参数的显著性检验就是要检验每一个未知参数是否显著非零。检验的目的是看能否使模型更精简。如果某个参数不显著，即表示该参数所对应的那个自变量对因变量的影响不明显，该自变量就可以从拟合模型中删除。最终模型将由一系列参数显著非零的自变量表示。

检验假设如下：

$$H_0: \beta_j=0 \longleftrightarrow H_1: \beta_j\neq 0, \forall 1\leqslant j\leqslant m$$

对于线性拟合模型，记 $\hat{\tilde{\beta}}$ 为 $\tilde{\beta}$ 的最小二乘估计，有

$$E(\hat{\tilde{\beta}})=E[(X'X)^{-1}X'\tilde{y}]=(X'X)^{-1}X'X\tilde{\beta}=\tilde{\beta}$$
$$\mathrm{Var}(\hat{\tilde{\beta}})=\mathrm{Var}[(X'X)^{-1}X'\tilde{y}]=(X'X)^{-1}X'X(X'X)^{-1}\sigma_\varepsilon^2=(X'X)^{-1}\sigma_\varepsilon^2$$

记

$$\Omega=(X'X)^{-1}=\begin{pmatrix} a_{11} & \cdots & a_{1m} \\ \vdots & & \vdots \\ a_{m1} & \cdots & a_{mm} \end{pmatrix}$$

在正态分布假定下，第 j 个未知参数的最小二乘估计值 $\hat{\beta}_j$ 服从正态分布：

$$\hat{\beta}_j \sim N(\beta_j, a_{jj}\sigma_\varepsilon^2), \qquad 1\leqslant j\leqslant m \tag{7—4—1}$$

由于 σ_ε^2 不可观测，用最小残差平方和估计 σ_ε^2，有

$$\hat{\sigma}_\varepsilon^2=\frac{Q(\tilde{\beta})}{n-m}$$

根据正态分布的性质，有

$$\frac{Q(\tilde{\beta})}{\sigma_\varepsilon^2}\sim\chi^2(n-m) \tag{7—4—2}$$

由式（7—4—1）和式（7—4—2）可以构造出用于检验未知参数显著性的 t 检验统计量：

$$T=\sqrt{n-m}\frac{\hat{\beta}_j-\beta_j}{\sqrt{a_{jj}Q(\tilde{\beta})}}\sim t(n-m)$$

当该检验统计量的绝对值大于自由度为 $n-m$ 的 t 分布的$\frac{\alpha}{2}$分位点时：

$$|T|\geqslant t_{\frac{\alpha}{2}}(n-m)$$

或者该检验统计量的 P 值小于$\frac{\alpha}{2}$或大于 $1-\frac{\alpha}{2}$时，拒绝原假设，认为该参数显著。否则，认为该参数不显著。这时，应该剔除不显著参数所对应的自变量重新拟合模型，构造出新的拟合模型。

7.5 模型优化

在实际建模的过程中，会有这样的情况发生：一个序列满足不止一个拟合模型，几个模型都显著有效。此时该如何选择模型？为了解决这个问题，引入 AIC 和 SBC 信息准则的概念。

7.5.1　AIC 准则

著名的 AIC 准则是由日本统计学家 Akaike 于 1973 年提出的，它的全称是最小信息量准则。

该准则的指导思想是认为一个拟合模型的好坏可以从两方面考察：一方面是常用来衡量拟合程度的似然函数值，另一方面是模型中未知参数的个数。

通常似然函数值越大，说明模型拟合的效果越好。模型中未知参数个数越多，说明模型中包含的自变量越多，而自变量越多，模型变化越灵活，模型拟合的准确度就会越高。模型拟合程度高是我们所希望的，但是又不能单纯地以拟合精度来衡量模型的好坏，因为这样势必导致未知参数的个数越多越好。

未知参数越多，说明模型中自变量越多，未知的风险也越多。而且参数越多，参数估计的难度就越大，估计的精度也越差。所以一个好的拟合模型应该是一个拟合精度和未知参数个数的综合权衡。

AIC 准则就是在这种考虑下提出的，它是拟合精度和参数个数的加权函数：

$$AIC=-2\ln(\text{模型的极大似然函数值})+2(\text{模型中未知参数个数})$$

使 AIC 函数达到最小的模型被认为是最优模型。

在 $ARMA(p,\ q)$ 模型场合，对数似然函数为：

$$l(\tilde{\beta};x_1,\cdots,x_n)=-\left[\frac{n}{2}\ln(\sigma_\varepsilon^2)+\frac{1}{2}\ln|\Omega|+\frac{1}{2\sigma_\varepsilon^2}S(\tilde{\beta})\right]$$

因为$\frac{1}{2}\ln|\Omega|$有界，$\frac{1}{2\sigma_\varepsilon^2}S(\tilde{\beta})\rightarrow\frac{n}{2}$，所以

$$l(\tilde{\beta};x_1,\cdots,x_n)\propto-\frac{n}{2}\ln(\sigma_\varepsilon^2)$$

中心化 $ARMA(p,\ q)$ 模型的未知参数个数为 $p+q+1$，非中心化 $ARMA(p,\ q)$ 模型的未知参数个数为 $p+q+2$。所以，中心化 $ARMA(p,\ q)$ 模型的 AIC 函数为：

$$AIC=n\ln(\hat{\sigma}_\varepsilon^2)+2(p+q+1)$$

非中心化 $ARMA(p,\ q)$ 模型的 AIC 函数为：

$$AIC=n\ln(\hat{\sigma}_\varepsilon^2)+2(p+q+2)$$

7.5.2　SBC 准则

AIC 准则也有不足之处。对于一个观察值序列而言，序列越长，相关信息

就越分散，要很充分地提取其中的有用信息，或者说要使拟合精度比较高，通常需要多自变量复杂模型。在 AIC 准则中拟合误差提供的信息要受到样本容量的放大，它等于 $n\ln(\hat{\sigma}_{\varepsilon}^{2})$，但参数个数的惩罚因子却和样本容量没关系，它的权重始终是常数 2。因此在样本容量趋于无穷大时，由 AIC 准则选择的模型不收敛于真实模型，它通常要比真实模型所含的未知参数个数多。

为了弥补 AIC 准则的不足，Akaike 于 1976 年提出 BIC 准则。而 Schwartz 在 1978 年根据 Bayes 理论也得出同样的判别准则，称为 SBC 准则。SBC 准则被定义为：

$$SBC=-2\ln(\text{模型的极大似然函数值})+\ln(n)(\text{模型中未知参数个数})$$

它对 AIC 的改进就是将未知参数个数的惩罚权重由常数 2 变成了样本容量的对数函数 $\ln(n)$。理论上已证明，SBC 准则是最优模型的真实阶数的相合估计。

容易得到，中心化 $ARMA(p,q)$ 模型的 SBC 函数为：

$$SBC=n\ln(\hat{\sigma}_{\varepsilon}^{2})+\ln(n)(p+q+1)$$

非中心化 $ARMA(p,q)$ 模型的 SBC 函数为：

$$SBC=n\ln(\hat{\sigma}_{\varepsilon}^{2})+\ln(n)(p+q+2)$$

在所有通过检验的模型中使得 AIC 或 SBC 函数达到最小的模型为相对最优模型。之所以称为相对最优模型而不是绝对最优模型，是因为我们不可能比较所有模型的 AIC 和 SBC 函数值，我们总是在尽可能全面的范围内考察有限多个模型的 AIC 和 SBC 函数值，再选择其中使 AIC 和 SBC 函数值达到最小的那个模型作为最终的拟合模型，因而这样得到的最优模型就是一个相对最优模型。AIC 准则和 SBC 准则的提出，可以有效地弥补根据自相关图和偏自相关图定阶的主观性，在有限的阶数范围内，帮助我们寻找相对最优拟合模型。

习　题

1. 平稳序列建模的基本步骤是什么？
2. 模型参数估计大体有几种方法？
3. 如何进行模型的显著性检验？

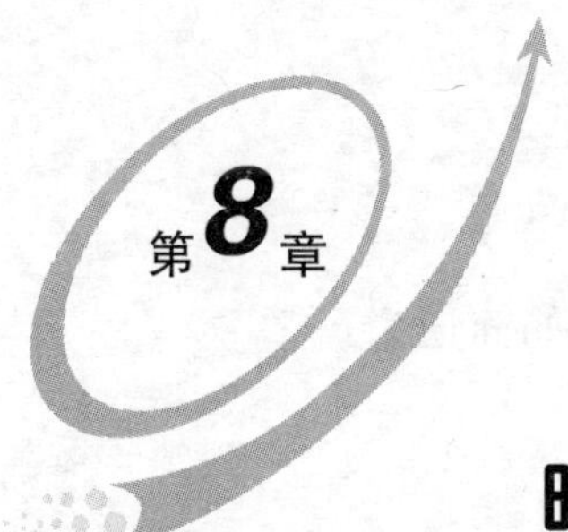

时间序列的预报

本章重点

1. 理解线性预报、条件无偏最小方差估计
2. 掌握 $AR(p)$ 序列预报、$MA(q)$ 序列预报、$ARMA(p, q)$ 序列预报
3. 理解修正预报

在上一章，我们主要解决了数据如何建立模型的问题。这一章要通过模型来预报未来值。先从简单的线性预报着手，进一步到线性最小方差预报，最后考虑修正预报。

8.1 线性预报

根据 $ARMA(p, q)$ 模型的平稳性和可逆性，可以用传递形式和逆转形式等价描述该序列：

$$x_t = \sum_{i=0}^{\infty} G_i \varepsilon_{t-i} \tag{8—1—1}$$

$$\varepsilon_t = \sum_{j=0}^{\infty} I_j x_{t-j} \tag{8—1—2}$$

式中，$\{G_i\}$ 为格林函数值；$\{I_j\}$ 为逆转函数值。

把式（8—1—2）代入式（8—2—1），有

$$x_t = \sum_{i=0}^{\infty} G_i\left(\sum_{j=0}^{\infty} I_j x_{t-i-j}\right) = \sum_{i=0}^{\infty}\sum_{j=0}^{\infty} G_i I_j x_{t-i-j}$$

显然，x_t是历史数据 x_{t-1}，x_{t-2}，… 的线性函数。不妨简记为：

$$x_t = \sum_{i=0}^{\infty} C_i x_{t-1-i}$$

对任意一个未来时刻 $t+l$（$\forall l \geqslant 1$）而言，该时刻的序列值 x_{t+l}也可以表示成它的历史数据 x_{t+l-1}，…，x_{t+1}，x_t，x_{t-1}，… 的线性函数：

$$x_{t+l} = \sum_{i=0}^{\infty} C_i x_{t+l-1-i}$$

问题是，其中只有部分历史信息 x_t，x_{t-1}，… 是已知的，还有部分历史信息 x_{t+l-1}，…，x_{t+1}是未知的 。

根据线性函数的可加性，所有的未知历史信息 x_{t+l-1}，…，x_{t+1}都可以用已知历史信息 x_t，x_{t-1}，…的线性函数表示出来。以 x_{t+2}为例，已知

$$x_{t+2} = \sum_{i=0}^{\infty} C_i x_{t+1-i} = C_0 x_{t+1} + \sum_{i=0}^{\infty} C_{i+1} x_{t-i} \tag{8—1—3}$$

式中，x_{t+1}是未知信息。

把 $x_{t+1} = \sum_{i=0}^{\infty} C_i x_{t-i}$ 代入式(8—1—3)，得

$$x_{t+2} = C_0 \sum_{i=0}^{\infty} C_i x_{t-i} + \sum_{i=0}^{\infty} C_{i+1} x_{t-i} = \sum_{i=0}^{\infty}(C_0 C_i + C_{i+1}) x_{t-i}$$

由此，x_{t+2}最终表示成已知历史信息 x_t，x_{t-1}，…的线性函数。

同理，对于未来任意 l 时刻的序列值 x_{t+l}（$\forall l \geqslant 1$），最终都可以表示成已知历史信息 x_t，x_{t-1}，…的线性函数，并用该函数形式估计 x_{t+l}的值：

$$\hat{x}_t(l) = \sum_{i=0}^{\infty} \hat{D}_i x_{t-i} \tag{8—1—4}$$

式中，$\hat{x}_t(l)$ 也称为序列 $\{x_t\}$ 的第 l 步预测值。

用 $e_t(l)$ 衡量预测误差，有

$$e_t(l) = x_{t+l} - \hat{x}_t(l)$$

显然，预测误差越小，预测精度越高。因而，目前最常用的预测原则是预测方差最小原则，即

$$\mathrm{Var}_{\hat{x}_t(l)}[e_t(l)]=\min\{\mathrm{Var}[e_t(l)]\}$$

因为 $\hat{x}_t(l)$ 为 x_t，x_{t-1}，…的线性函数，所以该原则也称为线性预测方差最小原则。

为了便于分析，使用传递形式来描述序列值，根据平稳 $ARMA(p, q)$ 模型的性质和线性函数的可加性，显然有

$$\begin{cases} x_{t+l}=\sum_{i=0}^{\infty}G_i\varepsilon_{t+l-i} \\ \hat{x}_t(l)=\sum_{i=0}^{\infty}D_ix_{t-i}=\sum_{i=0}^{\infty}D_i\left(\sum_{j=0}^{\infty}G_j\varepsilon_{t-i-j}\right)=\sum_{i=0}^{\infty}W_i\varepsilon_{t-i} \end{cases}$$

则

$$\begin{aligned} e_t(l)&=x_{t+l}-\hat{x}_t(l) \\ &=\sum_{i=0}^{\infty}G_i\varepsilon_{t+l-i}-\sum_{i=0}^{\infty}W_i\varepsilon_{t-i} \\ &=\sum_{i=0}^{l-1}G_i\varepsilon_{t+l-i}-\sum_{i=0}^{\infty}(G_{l+i}-W_i)\varepsilon_{t-i} \end{aligned}$$

预测方差为：

$$\mathrm{Var}[e_t(l)]=\left[\sum_{i=0}^{l-1}G_i^2+\sum_{i=0}^{\infty}(G_{l+i}-W_i)^2\right]\sigma_\varepsilon^2\geqslant\sum_{i=0}^{l-1}G_i^2\sigma_\varepsilon^2$$

显然，要使得预测方差达到最小，必须使

$$W_i=G_{l+i},\quad i=0,1,2,\cdots$$

这时，x_{t+l}的预测值为：

$$\hat{x}_t(l)=\sum_{i=0}^{\infty}G_{l+i}\varepsilon_{t-i}\ ,\forall\, l\geqslant 1$$

预测误差为：

$$e_t(l)=\sum_{i=0}^{l-1}G_i\varepsilon_{t+l-i}$$

由于 $\{\varepsilon_t\}$ 为白噪声序列，所以

$$E[e_t(l)]=0$$

$$\mathrm{Var}[e_t(l)] = \sum_{i=0}^{l-1} G_i^2 \cdot \sigma_\varepsilon^2, \forall\, l \geqslant 1$$

8.2 线性最小方差预报

8.2.1 条件无偏最小方差估计

序列值 x_{t+l} 可以分解如下：

$$\begin{aligned} x_{t+l} &= (\varepsilon_{t+l} + G_1\varepsilon_{t+l-1} + \cdots + G_{l-1}\varepsilon_{t+1}) + (G_l\varepsilon_t + G_{l+1}\varepsilon_{t-1} + \cdots) \\ &= e_t(l) + \hat{x}_t(l) \end{aligned}$$

由式（8—1—4），$\hat{x}_t(l)$ 等价于：

$$\hat{x}_t(l) = \sum_{i=0}^{\infty} \hat{D}_i x_{t-i}$$

即在 x_t，x_{t-1}，…已知的条件下，$\hat{x}_t(l)$ 为常数，有

$$E(\hat{x}(l) \mid x_t, x_{t-1}, \cdots) = \hat{x}(l),\ \mathrm{Var}(\hat{x}(l) \mid x_t, x_{t-1}, \cdots) = 0$$

可推导出

$$\begin{aligned} E(x_{t+l} \mid x_t, x_{t-1}, \cdots) &= E[e_t(l) \mid x_t, x_{t-1}, \cdots] + E[\hat{x}(l) \mid x_t, x_{t-1}, \cdots] = \hat{x}(l) \\ \mathrm{Var}(x_{t+l} \mid x_t, x_{t-1}, \cdots) &= \mathrm{Var}[e_t(l) \mid x_t, x_{t-1}, \cdots] + \mathrm{Var}[\hat{x}(l) \mid x_t, x_{t-1}, \cdots] \\ &= \mathrm{Var}[e_t(l)] \end{aligned}$$

这说明，在预测方差最小原则下得到的估计值 $\hat{x}_t(l)$ 是序列值 x_{t+l} 在 x_t，x_{t-1}，…已知的情况下得到的条件无偏最小方差估计值。且预测方差只与预测步长 l 有关，而与预测起始点 t 无关。但预测步长 l 越大，预测值的方差也越大，因而为了保证预测的精度，时间序列数据通常只适合做短期预测。

在正态假定下，有

$$x_{t+l} \mid x_t, x_{t-1}, \cdots \sim N(\hat{x}_t(l), \mathrm{Var}[e_t(l)])$$

$x_{t+l} \mid x_t$，x_{t-1}，… 的置信水平为 $1-\alpha$ 的置信区间为：

$$(\hat{x}_t(l) \pm z_{1-\frac{\alpha}{2}} \cdot (1 + G_1^2 + \cdots + G_{l-1}^2)^{\frac{1}{2}} \cdot \sigma_\varepsilon)$$

8.2.2　AR(p) 序列预报

在 $AR(p)$ 序列场合：

$$\begin{aligned}\hat{x}_t(l)&=E(x_{t+l}\mid x_t,x_{t-1},\cdots)\\&=E(\varphi_1 x_{t+l-1}+\cdots+\varphi_p x_{t+l-p}+\varepsilon_{t+l}\mid x_t,x_{t-1},\cdots)\\&=\varphi_1\hat{x}_t(l-1)+\cdots+\varphi_p\hat{x}_t(l-p)\end{aligned}$$

其中

$$\hat{x}_t(k)=\begin{cases}\hat{x}_t(k), & k\geqslant 1\\ x_{t+k}, & k\leqslant 0\end{cases}$$

预测方差为：

$$\mathrm{Var}[e_t(l)]=(1+G_1^2+\cdots+G_{l-1}^2)\sigma_\varepsilon^2$$

8.2.3　MA(q) 序列预报

对一个 $MA(q)$ 序列 $x_t=\mu+\varepsilon_t-\theta_1\varepsilon_{t-1}-\cdots-\theta_q\varepsilon_{t-q}$，有

$$x_{t+l}=\mu+\varepsilon_{t+l}-\theta_1\varepsilon_{t+l-1}-\cdots-\theta_q\varepsilon_{t+l-q}$$

在 x_t，x_{t-1}，… 已知的条件下，求 x_{t+l}的估计值，就等价于在 ε_t，ε_{t-1}，… 已知的条件下，求 x_{t+l}的估计值，而未来时刻的随机扰动 ε_{t+1}，ε_{t+2}，… 是不可观测的，属于预测误差。所以，当预测步长小于等于 MA 模型的阶数（ $l\leqslant q$ ）时，x_{t+l}可以分解为：

$$\begin{aligned}x_{t+l}&=\mu+\varepsilon_{t+l}-\theta_1\varepsilon_{t+l-1}-\cdots-\theta_q\varepsilon_{t+l-q}\\&=(\varepsilon_{t+l}-\theta_1\varepsilon_{t+l-1}\cdots-\theta_{l-1}\varepsilon_{t+1})+(\mu-\theta_l\varepsilon_t-\cdots-\theta_q\varepsilon_{t+l-q})\\&=e_t(l)+\hat{x}_t(l)\end{aligned}$$

当预测步长大于 MA 模型的阶数（ $l>q$ ）时，x_{t+l}可以分解为：

$$\begin{aligned}x_{t+l}&=\mu+\varepsilon_{t+l}-\theta_1\varepsilon_{t+l-1}-\cdots-\theta_q\varepsilon_{t+l-q}\\&=(\varepsilon_{t+l}-\theta_1\varepsilon_{t+l-1}-\cdots-\theta_q\varepsilon_{t+l-q})+\mu\\&=e_t(l)+\hat{x}_t(l)\end{aligned}$$

即 $MA(q)$ 序列 l 步的预测值为：

$$\hat{x}_t(l)=\begin{cases}\mu-\sum_{i=l}^{q}\theta_i\varepsilon_{t+l-i}, & l\leqslant q\\ \mu, & l>q\end{cases}$$

这说明 $MA(q)$ 序列理论上只能预测 q 步之内的序列走势，超过 q 步预报值恒等于序列均值。这是由 $MA(q)$ 序列自相关 q 阶截尾的性质决定的。

$MA(q)$ 序列预测方差为：

$$\text{Var}[e_t(l)]=\begin{cases}(1+\theta_1^2+\cdots+\theta_{l-1}^2)\sigma_\varepsilon^2, & l\leqslant q\\ (1+\theta_1^2+\cdots+\theta_q^2)\sigma_\varepsilon^2, & l>q\end{cases}$$

8.2.4 *ARMA*(*p*, *q*) 序列预报

在 $ARMA(p, q)$ 模型场合：

$$\begin{aligned}x_t(l)&=E(\varphi_1x_{t+l-1}+\cdots+\varphi_px_{t+l-p}+\varepsilon_{t+l}-\theta_1\varepsilon_{t+l-1}-\cdots-\theta_q\varepsilon_{t+l-q}\mid x_t,x_{t-1},\cdots)\\&=\begin{cases}\varphi_1\hat{x}_t(l-1)+\cdots+\varphi_p\hat{x}_t(l-p)-\sum_{i=l}^{q}\theta_i\varepsilon_{t+l-i}, & l\leqslant q\\ \varphi_1\hat{x}_t(l-1)+\cdots+\varphi_p\hat{x}_t(l-p), & l>q\end{cases}\end{aligned}$$

其中

$$\hat{x}_t(k)=\begin{cases}\hat{x}_t(k), & k\geqslant1\\ x_{t+k}, & k\leqslant0\end{cases}$$

预测方差为：

$$\text{Var}[e_t(l)]=(G_0^1+G_1^2+\cdots+G_{l-1}^2)\sigma_\varepsilon^2$$

8.3 修正预报

在原有观察值 x_t，x_{t-1}，… 的基础上，当不断获得新的观察值 x_{t+1}，x_{t+2}，… 时，每获得一个新的观察值就意味着减少了一个未知信息，显然，如果能把新的信息加进来，就能够提高对 x_{t+l}的估计精度。所谓修正预测，就是研究如何利用新的信息获得精度更高的预测值。一个最简单的想法就是把新信息加入旧的信息中，重新拟合模型，再利用拟合后的模型预测 x_{t+l}的序列值。在新的

信息量比较大且使用统计软件很便利的时候，这不失为一种可行的修正办法。但是在新的数据量不大或使用统计软件不很方便的时候，这种重新拟合将是非常麻烦的一种修正方法。我们可以根据平稳时序预测的性质，寻找更为简便的修正预测方法。

已知在历史信息（原有观察值）x_t，x_{t-1}，…的基础上，x_{t+l}的预测值为：

$$\hat{x}_t(l)=G_l\varepsilon_t+G_{l+1}\varepsilon_{t-1}+\cdots$$

假如获得了新的信息 x_{t+1}，则在 x_{t+1}，x_t，x_{t-1}，… 的基础上，重新预测 x_{t+l}为：

$$\begin{aligned}\hat{x}_{t+1}(l-1)&=G_{l-1}\varepsilon_{t+1}+G_l\varepsilon_t+G_{l+1}\varepsilon_{t-1}+\cdots\\&=G_{l-1}\varepsilon_{t+1}+\hat{x}_t(l)\end{aligned}$$

式中，$\varepsilon_{t+1}=x_{t+1}-\hat{x}_t(1)$，是 x_{t+1}的一步预测误差。它的可测来源于 x_{t+1}提供的新信息。

此时，修正预测误差为：

$$e_{t+1}(l-1)=G_0\varepsilon_{t+l}+\cdots+G_{l-2}\varepsilon_{t+2}$$

因而，预测方差为：

$$\begin{aligned}\mathrm{Var}[e_{t+1}(l-1)]&=(G_0^2+\cdots+G_{l-2}^2)\sigma_\varepsilon^2\\&=\mathrm{Var}[e_t(l-1)]\end{aligned}$$

一期修正后第 l 步预测方差就等于修正前第 $l-1$ 步预测方差。它比修正前的同期预测方差减少了 $G_{l-1}^2\sigma_\varepsilon^2$，提高了预测精度。

上面的分析说明，当我们获得新的观察值时，要获得对 x_{t+l}更精确的预测值并不需要重新对所有的历史观测值进行计算。只需要利用新的观察值所带来的新的信息对旧的预测值进行修正即可。

更一般地，假如重新获得 p 个新观察值 x_{t+1}，…，x_{t+p}（$1\leqslant p<l$），则 x_{t+l}的修正预测值为：

$$\begin{aligned}\hat{x}_{t+p}(l-p)&=G_{l-p}\varepsilon_{t+p}+\cdots+G_{l-1}\varepsilon_{t+1}+G_l\varepsilon_t+G_{l+1}\varepsilon_{t-1}+\cdots\\&=G_{l-p}\varepsilon_{t+p}+\cdots+G_{l-1}\varepsilon_{t+1}+\hat{x}_t(l)\end{aligned}$$

式中，$\varepsilon_{t+i}=x_{t+i}-\hat{x}_{t+i-1}(1)$，是 x_{t+i}（$i=1, 2, \cdots, p$）的一步预测误差。

此时，修正预测误差为：

$$e_{t+p}(l-p)=G_0\varepsilon_{t+l}+\cdots+G_{l-p-1}\varepsilon_{t+p+1}$$

预测方差为：

$$\operatorname{Var}[e_{t+p}(l-p)]=(G_0^2+\cdots+G_{l-p-1}^2)\sigma_\tau^2=\operatorname{Var}[e_t(l-p)]$$

习　题

1. 如何对 *ARMA*（p，q）序列进行预报？
2. 如何对预报进行修正？

非平稳时间序列

本章重点

1. 了解差分的原理
2. 掌握 *ARIMA* 模型的定义、性质、建模、预报
3. 了解疏系数模型

我们在前面介绍了平稳序列如何建模、预报。对于非平稳序列应如何处理？这一章回答了这一问题。简言之，我们需要对非平稳序列进行前期的差分处理，剩下的处理方法与前面类似。综合起来，就是我们下面要介绍的 *ARIMA* 模型。最后考虑一类特殊的 *ARIMA* 模型——疏系数模型。

9.1 差　分

9.1.1 差分的原理

大量的案例分析证明，差分方法是一种非常简便、有效的确定性信息提取方法。Cramer 分解定理则在理论上保证了适当阶数的差分一定可以充分提取确定性信息。

根据 Cramer 分解定理，方差齐性非平稳序列都可以分解为如下形式：

$$x_t = \sum_{j=1}^{d} \beta_j \cdot t^j + \Psi(B) a_t$$

式中，$\{a_t\}$ 为零均值白噪声序列。

离散序列的 d 阶差分相当于连续变量的 d 阶求导。显然，在 Cramer 分解定理的保证下，d 阶差分就可以将 $\{x_t\}$ 中蕴含的确定性信息充分提取：

$$\nabla^d \sum_{j=1}^{d} \beta_j t^j = c$$

式中，c 为某一常数。

展开一阶差分，有

$$\nabla x_t = x_t - x_{t-1}$$

等价于

$$x_t = x_{t-1} + \nabla x_t$$

这意味着一阶差分实质上就是一个自回归过程，它是用延迟一期的历史数据 $\{x_{t-1}\}$ 作为自变量来解释当期序列值 $\{x_t\}$ 的变动状况，差分序列 $\{\nabla x_t\}$ 度量的是 $\{x_t\}$ 一阶自回归过程中产生的随机误差的大小。

展开任意一个 d 阶差分，有

$$\nabla^d x_t = (1-B)^d x_t = \sum_{i=0}^{d} (-1)^i C_d^i x_{t-i}$$

它的实质就是一个 d 阶自回归过程：

$$x_t = \sum_{i=1}^{d} (-1)^{i+1} C_d^i x_{t-i} + \nabla^d x_t$$

这意味着差分运算的实质是使用自回归的方式提取确定性信息。

在实践中，我们会根据序列的不同特点选择合适的差分方式，常见情况有以下三种：

（1）序列蕴含着显著的线性趋势，一阶差分就可以实现趋势平稳。

（2）序列蕴含着曲线趋势，通常二阶或三阶差分就可以提取出曲线趋势的影响。

（3）蕴含固定周期的序列。

对于蕴含着固定周期的序列进行步长为周期长度的差分运算，通常可以较好地提取周期信息。

9.1.2 过差分

理论上讲，足够多次的差分运算可以充分地提取原序列中的非平稳确定性信

息。但应当注意的是，差分运算的阶数并不是越多越好。因为差分运算是一种对信息的提取、加工过程，每次差分都会有信息的损失，所以在实际应用中差分运算的阶数要适当，应当避免过度差分（简称过差分）的现象。

【例 9—1】　假定线性非平稳序列 $\{x_t\}$ 形如

$$x_t=\beta_0+\beta_1 t+a_t$$

其中　$E(a_t)=0$，$\mathrm{Var}(a_t)=\sigma^2$，$\mathrm{Cov}(a_t, a_{t-i})=0$ ，$\forall i\geqslant 1$

对 x_t 作一阶差分，有

$$\nabla x_t=x_t-x_{t-1}=\beta_0+\beta_1 t+a_t-[\beta_0+\beta_1(t-1)+a_{t-1}]=\beta_1+a_t-a_{t-1}$$

显然，差分后序列 $\{\nabla x_t\}$ 为平稳序列。这说明一阶差分运算有效地提取了 $\{x_t\}$ 中的非平稳确定性信息。

对一阶差分后序列 $\{\nabla x_t\}$ 再作一次差分，有

$$\begin{aligned}\nabla^2 x_t&=\nabla x_t-\nabla x_{t-1}\\&=\beta_1+a_t-a_{t-1}-[\beta_1+a_{t-1}-a_{t-2}]\\&=a_t-2a_{t-1}+a_{t-2}\end{aligned}$$

显然，二阶差分后序列 $\{\nabla^2 x_t\}$ 也是平稳序列，它同样将原序列中的非平稳趋势提取充分了。

考察它们的方差状况，有

$$\mathrm{Var}(\nabla x_t)=\mathrm{Var}(a_t-a_{t-1})=2\sigma^2$$
$$\mathrm{Var}(\nabla^2 x_t)=\mathrm{Var}(a_t-2a_{t-1}+a_{t-2})=6\sigma^2$$

显然，二阶差分后序列 $\{\nabla^2 x_t\}$ 的方差大于一阶差分后序列 $\{\nabla x_t\}$ 的方差，在这种场合下二阶差分就属于过差分。过差分实质上是因为过多次数的差分导致有效信息的无谓浪费而降低了估计的精度。

9.2　*ARIMA* 模型

许多非平稳序列差分后会显示出平稳序列的性质，这时我们称这个非平稳序列为差分平稳序列。对差分平稳序列可以使用 *ARIMA* 模型进行拟合。

9.2.1　*ARIMA* 模型的定义

具有如下结构的模型称为求和自回归移动平均（autoregressive integrated

moving average）模型，简记为 $ARIMA(p, d, q)$ 模型：

$$\begin{cases}\Phi(B)\nabla^d x_t=\Theta(B)\varepsilon_t \\ E(\varepsilon_t)=0,\mathrm{Var}(\varepsilon_t)=\sigma_\varepsilon^2,E(\varepsilon_t\varepsilon_s)=0,s\neq t \\ Ex_s\varepsilon_t=0,\forall s<t\end{cases} \qquad (9—2—1)$$

其中

$$\nabla^d=(1-B)^d$$

$\Phi(B)=1-\varphi_1 B-\cdots-\varphi_p B^p$ 为平稳可逆 $ARMA(p, q)$ 模型的自回归系数多项式。

$\Theta(B)=1-\theta_1 B-\cdots-\theta_q B^q$ 为平稳可逆 $ARMA(p, q)$ 模型的移动平滑系数多项式。

式（9—2—1）可以简记为：

$$\nabla^d x_t=\frac{\Theta(B)}{\Phi(B)}\varepsilon_t \qquad (9—2—2)$$

式中，$\{\varepsilon_t\}$ 为零均值白噪声序列。

由式（9—2—2）显而易见，$ARIMA$ 模型的实质就是差分运算与 $ARMA$ 模型的组合。这一关系意义重大。这说明对任何非平稳序列，只要通过适当阶数的差分实现差分后平稳，就可以对差分后序列进行 $ARMA$ 模型拟合。而 $ARMA$ 模型的分析方法非常成熟，这意味着对差分平稳序列的分析也将是非常简单、可靠的。

求和自回归移动平均模型这个名称的由来是因为 d 阶差分后序列可以表示为：

$$\nabla^d x_t=\sum_{i=1}^{d}(-1)^d C_d^i x_{t-i}$$

式中，$C_d^i=\dfrac{d!}{i!\ (d-i)!}$，即差分后序列等于原序列的若干序列值的加权和，对它又可以拟合自回归移动平均（ $ARMA$ ）模型，所以称它为求和自回归移动平均模型。

特别地：

当 $d=0$ 时，$ARIMA(p, 0, q)$ 模型实际上就是 $ARMA(p, q)$ 模型。

当 $p=0$ 时，$ARIMA(0, d, q)$ 模型可以简记为 $IMA(d, q)$ 模型。

当 $q=0$ 时，$ARIMA(p, d, 0)$ 模型可以简记为 $ARI(p, d)$ 模型。

当 $d=1$，$p=q=0$ 时，$ARIMA(0,1,0)$ 模型为：

$$\begin{cases} x_t = x_{t-1} + \varepsilon_t \\ E(\varepsilon_t)=0, \mathrm{Var}(\varepsilon_t)=\sigma_\varepsilon^2, E(\varepsilon_t\varepsilon_s)=0, s\neq t, \\ Ex_s\varepsilon_t = 0, \forall s<t \end{cases} \tag{9—2—3}$$

该模型被称为随机游走（random walk）模型。

9.2.2　*ARIMA* 模型的性质

1. 平稳性

假如 $\{x_t\}$ 服从 $ARIMA(p,d,q)$ 模型：

$$\Phi(B)\nabla^d x_t = \Theta(B)\varepsilon_t$$

其中

$$\nabla^d = (1-B)^d$$
$$\Phi(B) = 1-\varphi_1 B - \cdots - \varphi_p B^p$$
$$\Theta(B) = 1-\theta_1 B - \cdots - \theta_q B^q$$

记 $\varphi(B)=\Phi(B)\nabla^d$，$\varphi(B)$ 被称为广义自回归系数多项式。显然，*ARIMA* 模型的平稳性完全由 $\varphi(B)=0$ 的根的性质决定。

因为 $\{x_t\}$ d 阶差分后平稳，服从 $ARMA(p,q)$ 模型，所以不妨设

$$\Phi(B) = \prod_{i=1}^{p}(1-\lambda_i B)$$

其中　$|\lambda_i|<1$，$i=1,2,\cdots,p$

则

$$\varphi(B) = \Phi(B)\nabla^d = \left[\prod_{i=1}^{p}(1-\lambda_i B)\right](1-B)^d \tag{9—2—4}$$

由式（9—2—4）容易判断，$ARIMA(p,d,q)$ 模型的广义自回归系数多项式共有 $p+d$ 个根，其中 p 个根 $\frac{1}{\lambda_1}$，…，$\frac{1}{\lambda_p}$ 在单位圆外，d 个根在单位圆上。

自回归系数多项式的根即为特征根的倒数，所以 $ARIMA(p,d,q)$ 模型共有 $p+d$ 个特征根，其中 p 个在单位圆内，d 个在单位圆上。

因为有 d 个特征根在单位圆上而非单位圆内，所以当 $d\neq 0$ 时，$ARIMA(p,$

d，q）模型不平稳。

2. 方差齐性

对于 $ARIMA(p, d, q)$ 模型，当 $d\neq 0$ 时，不仅均值非平稳，序列方差也非平稳。以最简单的随机游走模型 $ARIMA(0, 1, 0)$ 为例：

$$\begin{aligned} x_t &= x_{t-1}+\varepsilon_t \\ &= x_{t-2}+\varepsilon_t+\varepsilon_{t-1} \\ &\cdots\cdots \\ &= x_0+\varepsilon_t+\varepsilon_{t-1}+\cdots+\varepsilon_1 \end{aligned}$$

则

$$\mathrm{Var}(x_t)=\mathrm{Var}(x_0+\varepsilon_t+\varepsilon_{t-1}+\cdots+\varepsilon_1)=t\sigma_\varepsilon^2$$

这是一个时间 t 的递增函数，随着时间趋向无穷，序列 $\{x_t\}$ 的方差也趋向无穷。但一阶差分之后，有

$$\nabla x_t=\varepsilon_t$$

差分后序列方差齐性，即

$$\mathrm{Var}(\nabla x_t)=\sigma_\varepsilon^2$$

9.2.3 *ARIMA* 模型的建模

如图 9—1 所示。

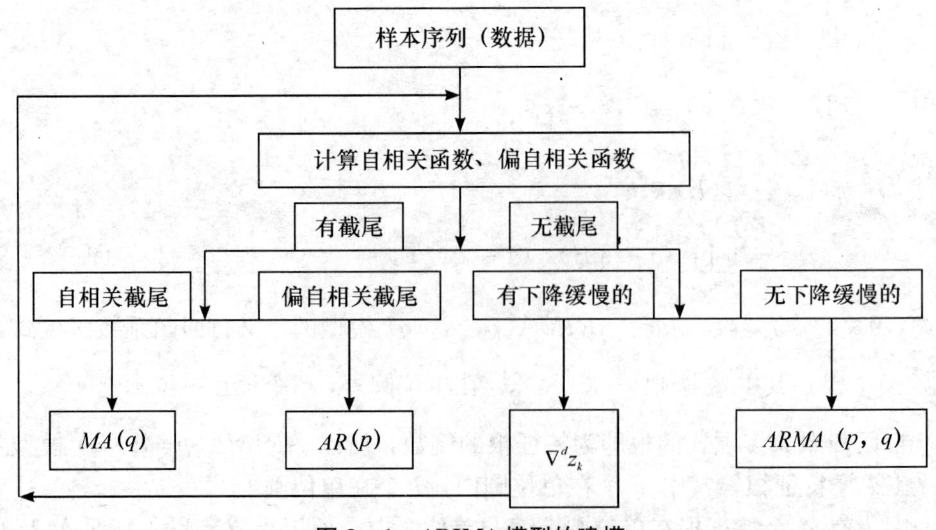

图 9—1 *ARIMA* 模型的建模

9.2.4　*ARIMA* 模型的预报

$ARIMA(p, d, q)$ 模型的一般表达式为：

$$\Phi(B)(1-B)^d x_t = \Theta(B)\varepsilon_t$$

与 $ARMA$ 模型一样，也可以用历史观察值的线性函数表示它：

$$\begin{aligned} x_t &= \varepsilon_t + \psi_1\varepsilon_{t-1} + \psi_2\varepsilon_{t-2} + \cdots \\ &= \psi(B)\varepsilon_t \end{aligned}$$

式中，ψ_1，ψ_2，… 的值由如下等式确定：

$$\Phi(B)(1-B)^d\psi(B) = \Theta(B)$$

如果把 $\Phi^*(B)$ 记为广义自相关函数，有

$$\Phi^*(B) = \Phi(B)(1-B)^d = 1 - \varphi_1 B - \varphi_2 B^2 - \cdots$$

容易验证，ψ_1，ψ_2，… 的值满足如下递推公式：

$$\begin{cases} \psi_1 = \varphi_1 - \theta_1 \\ \psi_2 = \varphi_1\psi_1 + \varphi_2 - \theta_2 \\ \cdots\cdots \\ \psi_j = \varphi_1\psi_{j-1} + \cdots + \varphi_{p+d}\psi_{j-p-d} - \theta_j \end{cases}$$

其中　$\psi_j = \begin{cases} 0, & j<0 \\ 1, & j=0 \end{cases}$，$\theta_j = 0$，$j>q$

则 x_{t+l}的真实值为：

$$x_{t+l} = (\varepsilon_{t+l} + \psi_1\varepsilon_{t+l-1} + \cdots + \psi_{l-1}\varepsilon_{t+1}) + (\psi_l\varepsilon_t + \psi_{l+1}\varepsilon_{t-1} + \cdots)$$

由于 ε_{t+l}，ε_{t+l-1}，…，ε_{t+1}的不可获得性，所以 x_{t+l}的估计值只能为：

$$\hat{x}_t(l) = \psi_0^*\varepsilon_t + \psi_1^*\varepsilon_{t-1} + \psi_2^*\varepsilon_{t-2} + \cdots$$

真实值与预报值之间的均方误差为：

$$E[x_{t+l} - \hat{x}_t(l)]^2 = (1 + \psi_1^2 + \cdots + \psi_{l-1}^2)\sigma_\varepsilon^2 + \sum_{j=0}^{\infty}(\psi_{l+j} - \psi_j^*)^2\sigma_\varepsilon^2$$

要使均方误差最小，当且仅当

$$\psi_j^* = \psi_{l+j}$$

所以在均方误差最小原则下，l 期预报值为：

$$\hat{x}_t(l) = \psi_l \varepsilon_t + \psi_{l+1} \varepsilon_{t-1} + \psi_{l+2} \varepsilon_{t-2} + \cdots$$

l 期预报误差为：

$$e_t(l) = \varepsilon_{t+l} + \psi_1 \varepsilon_{t+l-1} + \cdots + \psi_{l-1} \varepsilon_{t+1}$$

真实值等于预报值加上预报误差：

$$\begin{aligned} x_{t+l} &= (\varepsilon_{t+l} + \psi_1 \varepsilon_{t+l-1} + \cdots + \psi_{l-1} \varepsilon_{t+1}) + (\psi_l \varepsilon_t + \psi_{l+1} \varepsilon_{t-1} + \cdots) \\ &= e_t(l) + \hat{x}_t(l) \end{aligned}$$

l 期预报误差的方差为：

$$\mathrm{Var}[e_t(l)] = (1 + \psi_1^2 + \cdots + \psi_{l-1}^2) \sigma_\varepsilon^2$$

9.3 疏系数模型

$ARIMA(p, d, q)$ 模型是指 d 阶差分后自相关最高阶数为 p，移动平均最高阶数为 q 的模型，通常它包含 $p+q$ 个独立的未知系数：φ_1，…，φ_p，θ_1，…，θ_q。

如果该模型中有部分自相关系数 φ_j $(1 \leqslant j < p)$ 或部分移动平滑系数 θ_k $(1 \leqslant k < q)$ 为零，即原 $ARIMA(p, d, q)$ 模型中有部分系数缺省了，那么该模型称为疏系数模型。

如果只是自相关部分有缺省系数，则该疏系数模型可简记为：

$$ARIMA((p_1, \cdots, p_m), d, q)$$

式中，p_1，…，p_m 为非零自相关系数。

如果只是移动平滑部分有缺省系数，则该疏系数模型可简记为：

$$ARIMA(p, d, (q_1, \cdots, q_n))$$

式中，q_1，…，q_n 为非零移动平滑系数。

如果自相关和移动平滑部分都有缺省，可简记为：

$$ARIMA((p_1, \cdots, p_m), d, (q_1, \cdots, q_n))$$

习　题

1. 说明 $ARIMA$ 模型的建模过程。
2. 一阶差分为什么可以去除线性趋势？

残差自回归模型

本章重点

1. 了解模型结构
2. 掌握残差自相关检验
3. 掌握模型的拟合

ARIMA 模型和传统的确定性因素分解方法相比，它的缺点是很难对模型进行直观解释。所以当序列具有非常显著的确定性趋势或季节效应时，我们又想用确定性因素分解方法对各种确定性效应进行解释，但又因为它对残差信息的刻画不够细致而不能使用。这些因素综合起来，出现了残差自回归模型。

10.1 模型结构

模型的构造思想是首先通过确定性因素分解方法提取序列中主要的确定性信息：

$$x_t = T_t + S_t + \varepsilon_t \tag{10—1—1}$$

式中，T_t为趋势效应拟合；S_t为季节效应拟合。

考虑到因素分解方法对确定性信息的提取可能不够充分，因而需要进一步检验残差序列 $\{\varepsilon_t\}$ 的自相关性。

如果检验结果显示残差序列自相关性不显著，说明确定性回归模型（10—

1—1）对信息的提取比较充分，可以停止分析。

如果检验结果显示残差序列自相关性显著，说明确定性回归模型（10—1—1）对信息的提取不充分，这时可以考虑对残差序列拟合自回归模型，进一步提取相关信息：

$$\varepsilon_t=\varphi_1\varepsilon_{t-1}+\cdots+\varphi_p\varepsilon_{t-p}+a_t$$

这样构造的模型

$$\begin{cases}x_t=T_t+S_t+\varepsilon_t\\ \varepsilon_t=\varphi_1\varepsilon_{t-1}+\cdots+\varphi_p\varepsilon_{t-p}+a_t\\ E(a_t)=0,\mathrm{Var}(a_t)=\sigma^2,\mathrm{Cov}(a_t,a_{t-i})=0,\forall\, i\geqslant 1\end{cases}$$

称为残差自回归模型。

实践中，对趋势效应的拟合常用如下两种方式。

（1）自变量为时间 t 的幂函数：

$$T_t=\beta_0+\beta_1\cdot t+\cdots+\beta_k\cdot t^k+\varepsilon_t$$

（2）自变量为历史观察值 $\{x_{t-1},\ x_{t-2},\ \cdots,\ x_{t-k}\}$：

$$T_t=\beta_0+\beta_1\cdot x_{t-1}+\cdots+\beta_k\cdot x_{t-k}+\varepsilon_t$$

第二种方式和差分方式的原理相同。

对季节效应的拟合也有两种常用的方式。

（1）给定季节指数：

$$S_t=S'_t$$

式中，S'_t 是某个已知的季节指数。

（2）建立季节自回归模型：

$$T_t=\alpha_0+\alpha_1\cdot x_{t-m}+\cdots+\alpha_l\cdot x_{t-lm}$$

式中，假定固定周期为 m 。

10.2 残差自相关检验

确定性模型拟合好之后，我们要对该模型的拟合效果进行检验。

如果残差序列显示出纯随机的性质：

$$E(\varepsilon_t,\varepsilon_{t-j})=0, \quad \forall j\geqslant 1$$

就说明确定性模型拟合得非常好，已经能够充分提取序列中的相关信息了，不需要再对残差序列进行二次信息提取，分析结束。

反之，如果残差序列显示出显著的自相关性：

$$E(\varepsilon_t,\varepsilon_{t-j})\neq 0, \quad \exists j\geqslant 1$$

就说明确定性模型拟合得不够精确，序列中的相关信息没有得到充分提取，应该对残差序列再次拟合，提取其中残存的相关信息，以提高模型拟合的精度。

10.2.1 Durbin-Waston 检验

Durbin-Waston 检验（简称 DW 检验）是由 J. Durbin 和 G. S. Watson 于 1950 年在考虑多元回归模型的残差独立性时提出的一个自相关检验统计量。我们把它借鉴过来进行时间序列残差自相关性检验。下面以残差一阶自相关性检验为例介绍 DW 检验的原理。

原假设：残差序列不存在一阶自相关性，即

$$H_0: E(\varepsilon_t,\varepsilon_{t-1})=0 \Leftrightarrow H_0: \rho=0$$

备择假设：残差序列存在一阶自相关性，即

$$H_1: E(\varepsilon_t,\varepsilon_{t-1})\neq 0 \Leftrightarrow H_1: \rho\neq 0$$

构造 DW 检验统计量：

$$DW=\frac{\sum_{t=2}^{n}(\varepsilon_t-\varepsilon_{t-1})^2}{\sum_{t=1}^{n}\varepsilon_t^2}=\frac{\left(\sum_{t=2}^{n}\varepsilon_t^2+\sum_{t=2}^{n}\varepsilon_{t-1}^2\right)-2\sum_{t=2}^{n}\varepsilon_t\cdot\varepsilon_{t-1}}{\sum_{t=1}^{n}\varepsilon_t^2}$$

在大多数场合，有

$$\sum_{t=2}^{n}\varepsilon_t^2\approx\sum_{t=2}^{n}\varepsilon_{t-1}^2\approx\sum_{t=1}^{n}\varepsilon_t^2$$

所以 DW 检验统计量近似等于：

$$DW\cong 2\left(1-\frac{\sum_{t=2}^{n}\varepsilon_t\cdot\varepsilon_{t-1}}{\sum_{t=1}^{n}\varepsilon_t^2}\right)$$

根据自相关系数的定义，有

$$\rho=\frac{\sum_{t=2}^{n}\varepsilon_t\cdot\varepsilon_{t-1}}{\sum_{t=1}^{n}\varepsilon_t^2}$$

即

$$DW\cong 2\,(1-\rho)$$

因为 $-1\leqslant\rho\leqslant 1$，所以 $0\leqslant DW\leqslant 4$。

当 $0<\rho\leqslant 1$ 时，序列正相关，且 $\rho\to 1$ 时，$DW\to 0$；$\rho\to 0$ 时，$DW\to 2$。根据这个性质，可以确定两个临界值 d_L，d_U（$0\leqslant d_L$，$d_U\leqslant 2$），当 $DW\leqslant d_L$ 时，序列显著正相关；当 $DW\geqslant d_U$ 时，序列显著不相关。当 $d_L<DW<d_U$ 时，根据现有数据还无法作出肯定判断，需要更多的信息支持。

当 $-1<\rho\leqslant 0$ 时，序列负相关，且 $\rho\to -1$ 时，$DW\to 4$；$\rho\to 0$ 时，$DW\to 2$。同理可以确定两个临界值 d'_L，d'_U（$2\leqslant d'_L$，$d'_U\leqslant 4$），当 $DW\geqslant d'_U$ 时，序列显著负相关；当 $DW\leqslant d'_L$ 时，序列显著不相关。当 $d'_L<DW<d'_U$ 时，根据现有数据还无法作出肯定判断，需要更多的信息支持。

根据 ρ 的对称性，有

$$\begin{cases}2-d_U=d'_L-2\\2-d_L=d'_U-2\end{cases}\Rightarrow\begin{cases}d'_L=4-d_U\\d'_U=4-d_L\end{cases}$$

综上所述，可得如表 10—1 所示结论。

表 10—1

$0\leqslant DW\leqslant d_L$	$d_L<DW<d_U$	$d_U\leqslant DW\leqslant 4-d_U$	$4-d_U<DW<4-d_L$	$4-d_L\leqslant DW\leqslant 4$
正相关	待定	不相关	待定	负相关

10.2.2　Durbin 检验

值得注意的是，DW 统计量原本适用于回归模型残差自相关性的检验，它要求自变量“独立”。Nerlove 和 Wallis 于 1966 年指出，在自回归场合，即当回归因子包含延迟因变量（计量经济学称之为内生变量）时，有

$$x_t=\beta_0+\beta_1\cdot x_{t-1}+\cdots+\beta_k\cdot x_{t-k}+\varepsilon_t$$

残差序列 $\{\varepsilon_t\}$ 的 DW 统计量是一个有偏统计量，当 ρ 趋向于零时，$d\neq 2$。在这种场合下使用 DW 统计量容易产生残差序列正自相关性不显著的误判。

出于这个原因，在 $ARIMA$ 模型场合，我们都是使用 Q 统计量和 LB 统计量检验残差序列的自相关性。

为了克服 DW 检验的有偏性，Durbin 在 1970 年提出了 DW 统计量的两个修正统计量：Durbin t 和 Durbin h 统计量，这两个统计量渐近等价。Durbin h 统计量为：

$$Dh=DW\frac{n}{1-n\sigma_{\beta}^{2}}$$

式中，n 为观察值序列长度；σ_{β}^{2} 为延迟因变量系数的最小二乘估计的方差。

通过对 DW 统计量的修正，Durbin t 和 Durbin h 统计量有效地提高了检验的精度，代替 DW 检验统计量，成为延迟因变量场合常用的自相关检验统计量。

10.3 模型拟合

首先确定自回归模型的阶数。尽管前面已经确定了原序列回归模型的参数，相应地，可以确定残差序列的值。单纯根据残差序列的值可以非常容易地确定残差自回归模型的参数：

$$\varepsilon_t=\hat{\varphi}_1\varepsilon_{t-1}+\cdots+\hat{\varphi}_p\varepsilon_{t-p}$$

但是，由于残差序列 $\{\varepsilon_t\}$ 与序列回归值 $\{\hat{x}_t\}$ 之间具有相关性，所以按照上述方法将它们分开求解实际上忽略了相关性的影响，这将会降低模型拟合的精度。所以，参数最优估计应该是在前面分析的基础上，确定回归模型的结构和残差自回归模型的阶数，将所有参数联合求解。

习　题

1. 残差自回归模型是如何产生的？
2. 简述 DW 检验的原理。

第11章

条件异方差模型

本章重点

1. 了解异方差的定义和对异方差的初步识别
2. 理解方差齐性变换
3. 掌握 *ARCH* 模型、*GARCH* 模型、变体 *GARCH* 模型、*AR-GARCH* 模型
4. 掌握 *GARCH* 模型的拟合

Engle（2003 年诺贝尔经济学奖获得者之一）1982 年在分析英国通货膨胀率时，发现经典的 *ARIMA* 模型始终无法取得理想的拟合效果。经过研究，他发现问题出在残差序列具有异方差性上，于是提出了 *ARCH* 模型。本章主要介绍这类条件异方差模型：*ARCH* 模型、*GARCH* 模型、变体 *GARCH* 模型以及 *AR-GARCH* 模型。

11.1 异方差的定义

使用 *ARIMA* 模型拟合非平稳序列时，对残差序列有一个重要假定——残差序列 $\{\varepsilon_t\}$ 为零均值白噪声序列。换言之，残差序列要满足如下三个假定条件：

（1）零均值：

$$E(\varepsilon_t)=0$$

（2）纯随机：

$$\mathrm{Cov}(\varepsilon_t,\varepsilon_{t-i})=0\ ,\ \forall\, i\geqslant 1$$

（3）方差齐性（homoscedasticity）：

$$\mathrm{Var}(\varepsilon_t)=\sigma_\varepsilon^2$$

如果方差齐性假定不成立，即随机误差序列的方差不再是常数，它会随着时间的变化而变化，可以表示为时间的某个函数：

$$\mathrm{Var}(\varepsilon_t)=h(t)$$

这种情况被称作异方差性（heteroscedasticity）。

在这三个假定中，零均值假定最容易实现，只要对序列进行中心化处理即可，所以这个假定通常无须检验。纯随机假定一直是我们重点监控的对象。如果这个假定不满足，就说明残差序列中还蕴含着值得提取的自相关信息。为了有效检验这个假定条件是否成立，统计学家构造了许多适用于不同场合的自相关检验统计量，比如前面介绍过的 Q 统计量、LB 统计量、DW 统计量等。只有对方差齐性假定，在此之前我们没有进行任何检验。在缺省检验的情况下，就默认残差序列一定满足这个条件。但实际上，这个假定条件并不总是满足。忽视异方差的存在会导致残差的方差被严重低估，继而参数显著性检验容易犯纳伪错误，这使得参数的显著性检验失去意义，最终导致模型的拟合精度受影响。所以为了提高模型拟合的精度，我们需要对残差序列进行方差齐性检验，并对异方差序列进行深入分析。

11.2　异方差的初步识别

1. 残差图

当残差序列 $\{\varepsilon_t\}$ 方差齐性时，它应该在零值附近随机波动，不带任何趋势。

2. 残差平方图

由于残差序列的方差实际上就是它的平方的期望：

$$\mathrm{Var}(\varepsilon_t)=E(\varepsilon_t^2)$$

所以残差序列是否方差齐性，主要考察 ε_t^2 的性质。我们可以借助残差平方图（ε_t^2 关于 t 变化的二维坐标图），对残差序列的方差齐性进行直观判断。

与残差图的判断原则一样，假设满足方差齐性，有

$$E(\varepsilon_t^2)=\sigma_\varepsilon^2$$

这意味着 ε_t^2 应该在某个常数值 σ_ε^2 附近随机波动，它不应该具有任何明显的趋势，否则就呈现出异方差性。

当残差序列异方差时，我们需要对它进行进一步的处理，处理思路有两种：

（1）假如已知异方差函数的具体形式，进行方差齐性变化。

（2）假如不知异方差函数的具体形式，拟合条件异方差模型。

11.3　方差齐性变换

假设序列显示出显著的异方差性，且方差 σ_t^2 与均值 μ_t 之间具有某种函数关系：

$$\sigma_t^2=h(\mu_t)$$

式中，h 是某个已知函数。

在这种场合下，我们的处理思路是尝试寻找一个转换函数 $g(\cdot)$，使得经转换后的变量 $g(x_t)$ 满足方差齐性：

$$\mathrm{Var}[g(x_t)]=\sigma^2$$

将 $g(x_t)$ 在 μ_t 附近作一阶泰勒展开：

$$g(x_t)\cong g(\mu_t)+(x_t-\mu_t)g'(\mu_t)$$

式中，$g'(\mu_t)$ 为 $g(\mu_t)$ 的一阶导数。则 $g(x_t)$ 的方差近似等于：

$$\begin{aligned}\mathrm{Var}[g(x_t)]&\cong\mathrm{Var}[g(\mu_t)+(x_t-\mu_t)g'(\mu_t)]\\&=[g'(\mu_t)]^2\cdot\mathrm{Var}(x_t)\\&=[g'(\mu_t)]^2h(\mu_t)\end{aligned}$$

显然，要使得 $\mathrm{Var}[g(x_t)]$ 等于常数，转换函数 g 必须与函数 $\sqrt{h}$ 具有倒函数关系：

$$g'(\mu_t)=\frac{1}{\sqrt{h(\mu_t)}}$$

在实践中，许多金融时间序列都呈现出异方差的性质，而且通常序列的标准差与其水平之间具有某种正比关系，即序列的水平低时，序列的波动范围小；序列的水平高时，序列的波动范围大。对于这种异方差的性质，最简单的假定为：

$$\sigma_t=\mu_t$$

即等价于

$$h(\mu_t)=\mu_t^2$$

要使得原序列经过适当转换后方差齐性，就必须满足

$$g'(\mu_t)=\frac{1}{\sqrt{h(\mu_t)}}=\frac{1}{\mu_t}$$

等价推导出

$$g(\mu_t)=\log(\mu_t)$$

这意味着对于标准差与水平成正比关系的异方差序列，对数变换可以有效地实现方差齐性。

11.4 条件异方差模型

11.4.1 *ARCH* 模型

ARCH 模型的全称是自回归条件异方差模型（autoregressive conditional heteroscedastic），它的构造原理如下：

假设在历史数据已知的情况下，零均值、纯随机残差序列具有异方差性：

$$\mathrm{Var}(\varepsilon_t)=h_t$$

在正态分布的假定下，有

$$\varepsilon_t/\sqrt{h_t}\sim N(0,1)$$

异方差等价于残差平方的均值

$$E(\varepsilon_t^2)=h_t$$

使用残差平方序列的自相关系数，可以考察异方差函数的自相关性：

$$\rho_k=\sqrt{\frac{\mathrm{Cov}(\varepsilon_t^2,\varepsilon_{t-k}^2)}{\mathrm{Var}(\varepsilon_t^2)}}$$

考察的结果有如下两种：

1. 自相关系数恒为零

$$\rho_k=0,\quad k=1,2,\cdots$$

这说明异方差函数纯随机。此时，历史数据对未来异方差的估计一点作用都

没有。这是最难分析的一种情况，至今没有有效的方法提取其中的异方差信息。

2. 存在某个自相关系数不为零

$$\rho_k \neq 0, k \geqslant 1$$

这是我们主要分析的情况。

误差平方序列的自相关系数不恒为零，说明异方差函数存在自相关性，这使得我们有可能通过构造残差平方序列的自回归模型来拟合异方差函数：

$$h_t = E(\varepsilon_t^2) = \omega + \sum_{j=1}^{q} \lambda_j \varepsilon_{t-j}^2$$

这样构造的模型称为 q 阶自回归条件异方差模型，简记为 $ARCH(q)$，它的完整结构为：

$$\begin{cases} x_t = f(t, x_{t-1}, x_{t-2}, \cdots) + \varepsilon_t \\ \varepsilon_t = \sqrt{h_t} e_t \\ h_t = \omega + \sum_{j=1}^{q} \lambda_j \varepsilon_{t-j}^2 \end{cases}$$

式中，$f(t, x_{t-1}, x_{t-2}, \cdots)$ 为 $\{x_t\}$ 的自回归模型，$e_t \overset{i.i.d}{\sim} N(0, 1)$。

11.4.2 *GARCH* 模型

$ARCH$ 模型的实质是使用误差平方序列的 q 阶移动平均拟合当期异方差函数值。由于移动平均模型具有自相关系数 q 阶截尾性，所以 $ARCH$ 模型实际上只适用于异方差函数短期自相关过程。

但是在实践中，有些残差序列的异方差函数是具有长期自相关性的，这时如果使用 $ARCH$ 模型拟合异方差函数，将会产生很高的移动平均阶数，增加参数估计的难度并最终影响 $ARCH$ 模型的拟合精度。

为了修正这个问题，Bollerslov在 1985 年提出了广义自回归条件异方差（generalized autoregressive conditional heteroscedastic，GARCH）模型，它的结构如下：

$$\begin{cases} x_t = f(t, x_{t-1}, x_{t-2}, \cdots) + \varepsilon_t \\ \varepsilon_t = \sqrt{h_t} e_t \\ h_t = \omega + \sum_{i=1}^{p} \eta_i h_{t-i} + \sum_{j=1}^{q} \lambda_j \varepsilon_{t-j}^2 \end{cases}$$

式中，$f(t, x_{t-1}, x_{t-2}, \cdots)$ 为 $\{x_t\}$ 的回归函数，$e_t \overset{i.i.d}{\sim} N(0, 1)$。这个模型简记

为 $GARCH(p, q)$ 。

$GARCH$ 模型实际上就是在 $ARCH$ 模型的基础上，增加考虑了异方差函数的 p 阶自相关性。它可以有效地拟合具有长期记忆性的异方差函数。

显然，$ARCH$ 模型是 $GARCH$ 模型的一种特例，$ARCH(q)$ 模型实际上就是 $p=0$ 的 $GARCH(p, q)$ 模型。

11.4.3 变体 GARCH 模型

$GARCH$ 模型是至今为止最常用、最可行的异方差序列拟合模型。它的有效使用必须满足如下两个约束条件：

条件 1：参数非负

$$\omega>0, \quad \eta_i\geqslant 0, \quad \lambda_j\geqslant 0$$

条件 2：参数有界

$$\sum_{i=1}^{p}\eta_i+\sum_{j=1}^{q}\lambda_j<1$$

这两个约束条件限制了 $GARCH$ 模型的使用面。为了拓宽对 $GARCH$ 模型的使用，许多统计学家从不同的角度出发，构造了多个 $GARCH$ 模型的变体。

1. 指数 $GARCH$ 模型（$EGARCH$）

为了放宽 $GARCH$ 模型中参数非负的约束，Nelson 于 1991 年提出了 $EGARCH$ 模型，该模型结构如下：

$$\begin{cases} x_t=f(t,x_{t-1},x_{t-2},\cdots)+\varepsilon_t \\ \varepsilon_t=\sqrt{h_t}e_t \\ \ln(h_t)=\omega+\sum\limits_{i=1}^{p}\eta_i\ln(h_{t-i})+\sum\limits_{j=1}^{q}\lambda_j g(e_t) \\ g(e_t)=\theta e_t+\gamma[|e_t|-E|e_t|] \end{cases}$$

式中，$f(t, x_{t-1}, x_{t-2}, \cdots)$ 为 $\{x_t\}$ 的回归函数，$e_t\overset{i.i.d}{\sim}N(0, 1)$。

这样构造的 $EGARCH$ 模型不再需要参数非负约束。

2. 方差无穷 $GARCH$ 模型（$IGARCH$）

当 $GARCH$ 模型平稳时，ε_t 的无条件方差为：

$$\mathrm{Var}(\varepsilon_t)=\frac{\omega}{1-\left(\sum\limits_{i=1}^{p}\eta_i+\sum\limits_{j=1}^{q}\lambda_j\right)}$$

因而 $GARCH$ 模型参数有界约束的目的是为了保证 ε_t 的无条件方差有界，$GARCH$ 模型能实现宽平稳。

如果把这个约束条件改写为：

$$\sum_{i=1}^{p}\eta_i+\sum_{j=1}^{q}\lambda_j=1$$

就构成 $IGARCH$ 模型。

对 $IGARCH$ 模型而言，ε_t 的无条件方差无界，所以它不是宽平稳的，但它却是严平稳的。

3. 依均值 $GARCH$ 模型（$GARCH$-M）

有时序列均值与条件方差之间具有某种相关关系，这时可以把条件标准差作为附加回归因子建模，模型结构如下：

$$\begin{cases}x_t=f(t,x_{t-1},x_{t-2},\cdots)+\delta\sqrt{h_t}+\varepsilon_t\\ \varepsilon_t=\sqrt{h_t}e_t\\ h_t=\omega+\sum\limits_{i=1}^{p}\eta_i h_{t-i}+\sum\limits_{j=1}^{q}\lambda_j\varepsilon_{t-j}^2\end{cases}$$

式中，$f(t,x_{t-1},x_{t-2},\cdots)$ 为 $\{x_t\}$ 的回归函数，$e_t\overset{i.i.d}{\sim}N(0,1)$。

11.5　AR-GARCH 模型

对残差序列 $\{\varepsilon_t\}$ 拟合 $GARCH$ 模型有一个基本要求：$\{\varepsilon_t\}$ 为零均值，纯随机、异方差序列。有时回归函数 $f(t,x_{t-1},x_{t-2},\cdots)$ 不能充分提取原序列中的相关信息，残差序列 $\{\varepsilon_t\}$ 可能具有自相关性，而不是纯随机的。这时需要对 $\{\varepsilon_t\}$ 先拟合自回归模型，再考察自回归残差序列 $\{\upsilon_t\}$ 的方差齐性，如果 $\{\upsilon_t\}$ 异方差，对它拟合 $GARCH$ 模型。这样构造的模型称为 $AR(m)$-$GARCH(p,q)$ 模型。有

$$\begin{cases}x_t=f(t,x_{t-1},x_{t-2},\cdots)+\varepsilon_t\\ \varepsilon_t=\sum\limits_{k=1}^{m}\beta_k\varepsilon_{t-k}+\upsilon_t\\ \upsilon_t=\sqrt{h_t}e_t\\ h_t=\omega+\sum\limits_{i=1}^{p}\eta_i h_{t-i}+\sum\limits_{j=1}^{q}\lambda_j\upsilon_{t-j}^2\end{cases}$$

式中，$f(t, x_{t-1}, x_{t-2}, \cdots)$ 为 $\{x_t\}$ 的回归函数，$e_t \overset{i.i.d}{\sim} N(0, 1)$。

11.6 GARCH 模型拟合

1. 回归拟合

GARCH 模型拟合的第一步是根据观察值序列的性质，拟合回归模型 $f(t, x_{t-1}, x_{t-2}, \cdots)$。

2. 残差自相关性检验

观察值减去回归拟合值即为残差：

$$\varepsilon_t = x_t - \hat{\beta}_1 x_{t-1}$$

通过 DW 统计量检验残差序列的自相关性。

3. 异方差自相关性检验

经过前面两个步骤的处理，残差序列 $\{\upsilon_t\}$ 基本实现了零均值、纯随机的性质，现在需要考察它的异方差性，而异方差检验的实质是进行异方差相关性检验。最常用的两个异方差检验是：Portmantea *Q* 检验和 *LM* 检验。

（1）Portmantea *Q* 检验。1983 年，Mcleod 和 Li 在 *LB* 统计量的基础上提出了 Portmanteau *Q* 统计量，用于检验残差平方序列的自相关性。

1）假设条件。

$$H_0\text{：残差平方序列纯随机} \longleftrightarrow H_1\text{：残差平方序列具有自相关性}$$

用自相关系数表示，该假设条件等价于

$$H_0: \rho_1 = \rho_2 = \cdots = \rho_q = 0 \longleftrightarrow H_1: \rho_1, \rho_2, \cdots \rho_q \text{不全为零}$$

2）检验统计量。

$$Q(q) = n(n+2)\sum_{i=1}^{q} \frac{\rho_i^2}{n-i}$$

式中，n 为观察序列长度；ρ_i 为残差序列延迟 i 自相关系数。记

$$\hat{\sigma}^2 = \frac{\sum_{t=1}^{n} \varepsilon_t^2}{n}$$

$$\rho_i = \sqrt{\frac{\sum_{t=i+1}^{n}(\varepsilon_t^2 - \hat{\sigma}^2)(\varepsilon_{t-i}^2 - \hat{\sigma}^2)}{\sum_{t=1}^{n}(\varepsilon_t^2 - \hat{\sigma}^2)^2}}$$

Portmanteau Q 统计量近似服从自由度为 $q-1$ 的 χ^2分布：

$$Q(q) \dot{\sim} \chi^2(q-1)$$

3）检验结果（见表 11—1）。

表 11—1　　检验结果表

显著性水平	临界值	Portmanteau Q 统计量	P 值	检验结果
α	$\chi^2_{1-\alpha}(q-1)$	$Q(q) \dot{\geqslant} \chi^2_{1-\alpha}(q-1)$	$\leqslant\alpha$	拒绝 H_0
		$Q(q) \dot{<} \chi^2_{1-\alpha}(q-1)$	$>\alpha$	接受 H_0

（2）拉格朗日乘子检验。1982 年，Engle 为了确定 $ARCH(q)$ 模型的阶，提出了拉格朗日乘子检验（Lagrange multiplier test），简记为 LM 检验。

1）假设条件。

$$H_0\text{：残差平方序列纯随机} \longleftrightarrow H_1\text{：残差平方序列具有自相关性}$$

等价于

$$H_0: \rho_1 = \rho_2 = \cdots = \rho_q = 0 \longleftrightarrow H_1: \rho_1, \rho_2, \cdots \rho_q \text{不全为零}$$

2）检验统计量。

$$LM(q) = W'W$$

其中

$$W = \left(\frac{\rho_1^2}{\hat{\sigma}^2}, \frac{\rho_2^2}{\hat{\sigma}^2}, \cdots, \frac{\rho_q^2}{\hat{\sigma}^2}\right)'$$

$$\rho_i = \sqrt{\frac{\sum_{t=i+1}^{n}(\varepsilon_t^2 - \hat{\sigma}^2)(\varepsilon_{t-i}^2 - \hat{\sigma}^2)}{\sum_{t=1}^{n}(\varepsilon_t^2 - \hat{\sigma}^2)^2}}$$

$$\hat{\sigma}^2 = \frac{\sum_{t=1}^{n}\varepsilon_t^2}{n}$$

$LM(q)$ 统计量近似服从自由度为 $q-1$ 的 χ^2 分布：

$$LM(q)\dot{\sim}\chi^2(q-1)$$

3）检验结果（见表 11—2）。

表 11—2 **检验结果表**

显著性水平	临界值	LM（q）统计量	P 值	检验结果
α	$\chi^2_{1-\alpha}$（$q-1$）	$LM(q)\geqslant\chi^2_{1-\alpha}(q-1)$	$\leqslant\alpha$	拒绝 H_0
		$LM(q)\dot{<}\chi^2_{1-\alpha}(q-1)$	$>\alpha$	接受 H_0

4. *ARCH* 模型阶数的估计

由于 Portmantea *Q* 统计量和 *LM* 统计量都显示出残差序列 $\{\upsilon_t\}$ 具有异方差长期自相关性，所以不妨尝试拟合 *GARCH*（1，1）模型：

$$h_t=\omega+\eta_1 h_{t-1}+\lambda_1\upsilon_{t-1}^2$$

5. 参数估计

即使用极大似然估计方法，采用迭代技术，计算所有未知参数的估计值。

6. 正态性检验

模型拟合好之后，我们要对模型的有效性进行检验。我们采用的检验工具是正态性检验。正态性检验的原理基于 *GARCH* 模型的基本假定之一：当异方差模型拟合好之后，如果拟合准确，函数 $\varepsilon_t/\sqrt{h_t}$（如果是 *AR-GARCH* 模型则为函数 $\upsilon_t/\sqrt{h_t}$ ）会呈现出显著的标准正态分布特征，即

$$u_t\sim N(0,1)$$

其中 $$u_t=\begin{cases}\varepsilon_t/\sqrt{h_t}, & GARCH\\ \upsilon_t/\sqrt{h_t}, & AR\text{-}GARCH\end{cases}$$

（1）假设条件。

$$H_0：u_t\text{服从标准正态分布}\longleftrightarrow H_1：u_t\text{不服从标准正态分布}$$

（2）检验统计量。1982 年，Bera 和 Jarque 基于偏度和峰度，给出了正态检验统计量：

$$T_n=\frac{n}{6}b_1^2+\frac{n}{24}(b_2-3)^2$$

式中，b_1 为偏度函数；b_2 为峰度函数。有

$$b_1=\frac{\sqrt{n}\sum_{t=1}^{n}\hat{\mu}_t^3}{\left(\sum_{t=1}^{n}\hat{\mu}_t^2\right)^{\frac{3}{2}}},\ b_2=\frac{\sqrt{n}\sum_{t=1}^{n}\hat{\mu}_t^4}{\left(\sum_{t=1}^{n}\hat{\mu}_t^2\right)^{2}}$$

在原假设成立的条件下，$T_n\sim\chi^2(2)$。

（3）检验结果（见表 11—3）。

表 11—3　　检验结果表

显著性水平	临界值	T_n统计量	P 值	检验结果
α	$\chi^2_{1-\alpha}(2)$	$T_n\geqslant\chi^2_{1-\alpha}(2)$	$\leqslant\alpha$	拒绝 H_0
		$T_n<\chi^2_{1-\alpha}(2)$	$>\alpha$	接受 H_0

习　题

1. 如何实现方差齐性变换？
2. *GARCH* 模型拟合的大体过程是怎样的？

第12章 多元时间序列

本章重点

1. 了解多元序列建模
2. 理解单位根检验（*DF* 检验、*ADF* 检验、*PP* 检验）
3. 掌握协整的定义、协整检验

实际上，序列的变化往往会受到其他序列的影响，这就涉及了多元时间序列分析。1987 年，Engle 和 Granger 提出了协整，极大地促进了多元时间序列分析的发展。本章从早期的平稳多元序列建模入手，简要介绍单位根检验和协整。

12.1 多元序列建模

早在 1976 年，Cox 和 Jenkins 采用带输入变量的 *ARIMA* 模型，为平稳多元序列建模。该模型的构造思想是：假设响应序列 $\{y_t\}$ 和输入变量序列（即自变量序列）$\{x_{1t}\}$，$\{x_{2t}\}$，…，$\{x_{kt}\}$ 均平稳，首先构建响应序列和输入变量序列的回归模型：

$$y_t = \mu + \sum_{i=1}^{k} \frac{\Theta_i(B)}{\Phi_i(B)} B^{l_i} x_{it} + \varepsilon_t$$

式中，$\Phi_i(B)$ 为第 i 个输入变量的自回归系数多项式；$\Theta_i(B)$ 为第 i 个输入变量的移动平均系数多项式；l_i为第 i 个输入变量的延迟阶数；$\{\varepsilon_t\}$ 为回归残差序列。

因为 $\{y_t\}$ 和 $\{x_{1t}\}$，$\{x_{2t}\}$，…，$\{x_{kt}\}$ 均平稳，平稳序列的线性组合仍然是平稳的，所以残差序列 $\{\varepsilon_t\}$ 为平稳序列：

$$\varepsilon_t = y_t - \left(\mu + \sum_{i=1}^{k} \frac{\Theta_i(B)}{\Phi_i(B)} B^{l_i} x_{it}\right)$$

使用 $ARMA$ 模型继续提取残差序列 $\{\varepsilon_t\}$ 中的相关信息。最终得到如下模型：

$$\begin{cases} y_t = \mu + \sum_{i=1}^{k} \frac{\Theta_i(B)}{\Phi_i(B)} B^{l_i} x_{it} + \varepsilon_t \\ \varepsilon_t = \frac{\Theta(B)}{\Phi(B)} a_t \end{cases} \tag{12—1—1}$$

模型（12—1—1）被称为动态回归模型，简记为 $ARIMAX$。式中，$\Phi(B)$ 为残差序列自回归系数多项式；$\Theta(B)$ 为残差序列移动平均系数多项式；a_t 为零均值白噪声序列。

12.2　单位根检验

当响应序列 $\{y_t\}$ 和输入变量序列 $\{x_{1t}\}$，$\{x_{2t}\}$，…，$\{x_{kt}\}$ 都平稳时，可以构建带输入变量回归的 $ARIMAX$ 模型来拟合响应序列的变化：

$$y_t = \mu + \sum_{i=1}^{k} \frac{\Theta_i(B)}{\Phi_i(B)} B^{l_i} x_{it} + \frac{\Theta(B)}{\Phi(B)} a_t$$

如果平稳性条件不满足的话，我们就不能大胆地构造 $ARIMAX$ 模型，因为这时容易产生虚假回归的问题。

为了正确理解虚假回归的意义，我们考虑最简单的一元线性动态回归模型：

$$y_t = \beta_0 + \beta_1 x_t + \upsilon_t \tag{12—2—1}$$

为了检验模型的显著性，我们要对拟合模型进行检验：

$$H_0: \beta_1 = 0 \longleftrightarrow H_1: \beta_1 \neq 0$$

假定响应序列 $\{y_t\}$ 和输入序列 $\{x_t\}$ 相互独立，就说明响应序列和输入序列之间没有显著的线性相关关系，理论上，检验结果应该接受 $\beta_1 = 0$ 的原假设。

假如检验结果恰好和理论结果相反，支持 β_1 显著非零的备择假设，那么我们就会得出响应序列和输入序列之间具有显著线性相关性的错误结论，并接受一个本不应该成立的回归模型（12—2—1），这就犯了第一类错误（纳伪错误）。

由于样本的随机性，纳伪错误始终都会存在，我们使用显著性水平 α 控制犯纳伪错误的概率：

$$\Pr(H_1 \mid H_0)=\alpha$$

通常采用 t 统计量进行参数显著性检验：

$$t=\frac{\beta_1}{\sigma_\beta}$$

当响应序列和输入序列都平稳时，该统计量服从自由度为样本容量的 t 分布。当 $|t|\leqslant t_{\alpha/2}(n)$ 时，可以将纳伪错误发生的概率准确地控制在显著性水平 α 以内：

$$\Pr\{|t|\leqslant t_{\alpha/2}(n)\,|\,\text{平稳序列}\}\leqslant\alpha$$

当响应序列和输入序列不平稳时，随机模拟的结果显示，检验统计量 $t=\frac{\beta_1}{\sigma_\beta}$ 将不再服从 t 分布，这时 t 统计量样本分布的方差远远大于 t 分布的方差，如果仍然采用 t 分布的临界值进行检验，拒绝原假设的概率就会大大增加：

$$\Pr\{|t|\leqslant t_{\alpha/2}(n)\,|\,\text{非平稳序列}\}\geqslant\alpha$$

这将导致我们无法控制纳伪错误，非常容易接受回归模型显著成立的错误结论，这种现象就称为虚假回归。

由于虚假回归问题的存在，在进行动态回归模型拟合时，必须先检验各序列的平稳性。只有当各序列都平稳时，才可以大胆地使用 *ARIMAX* 模型拟合多元序列之间的动态回归关系。序列平稳性的统计检验方法应用最广的是单位根检验。

12.2.1 *DF* 检验

1. *DF* 统计量

以一阶自回归序列为例，有

$$x_t=\varphi_1 x_{t-1}+\varepsilon_t,\ \varepsilon_t\overset{i.i.d}{\sim}N(0,\sigma_\varepsilon^2) \qquad (12\text{—}2\text{—}2)$$

该序列的特征方程为：

$$\lambda-\varphi_1=0$$

特征根为：

$$\lambda=\varphi_1$$

当特征根在单位圆内时，有

$$|\varphi_1|<1$$

该序列平稳。当特征根在单位圆上或单位圆外时，有

$$|\varphi_1|\geqslant 1$$

该序列非平稳。所以可以通过检验特征根是在单位圆内还是单位圆上（外），来检验序列的平稳性，这种检验就称为单位根检验。

由于现实生活中绝大多数序列都是非平稳序列，所以将单位根检验的原假设定为：

$$H_0: \text{序列 } x_t \text{ 非平稳} \Leftrightarrow H_0: |\varphi_1|\geqslant 1$$

相应的备择假设定为：

$$H_1: \text{序列 } x_t \text{ 平稳} \Leftrightarrow H_1: |\varphi_1|<1$$

检验统计量为 t 统计量：

$$t(\varphi_1)=\frac{\hat{\varphi}_1-\varphi_1}{S(\hat{\varphi}_1)} \qquad (12\text{—}2\text{—}3)$$

式中，$\hat{\varphi}_1$为参数 φ_1的最小二乘估计值，$S(\hat{\varphi}_1)=\sqrt{\dfrac{S_T^2}{\sum\limits_{t=1}^{T} x_{t-1}^2}}$，$S_T^2=\dfrac{\sum\limits_{t=1}^{T}(x_t-\hat{\varphi}_1 x_{t-1})^2}{T-1}$。

当 $\varphi_1=0$ 时，$t(\varphi_1)$ 的极限分布为标准正态分布：

$$t(\varphi_1)=\frac{\hat{\varphi}_1}{S(\hat{\varphi}_1)}\xrightarrow{\text{极限}}N(0,1)$$

当 $|\varphi_1|<1$ 时，t（φ_1）的渐近分布为标准正态分布：

$$t(\varphi_1)=\frac{\hat{\varphi}_1-\varphi_1}{S(\hat{\varphi}_1)}\xrightarrow{\text{渐近}}N(0,1)$$

但当 $|\varphi_1|=1$ 时，$t(\varphi_1)$ 的渐近分布将不再为正态分布。Dickey 和 Fuller 对该检验统计量的样本分布进行了研究。为了区分传统的 t 分布检验统计量，记

$$\tau=\frac{|\hat{\varphi}_1|-1}{S(\hat{\varphi}_1)}$$

该统计量称为 DF(Dickey-Fuller) 检验统计量，它的极限分布为：

$$\frac{\int_0^1 W(r)\mathrm{d}W(r)}{\sqrt{\int_0^1 [W(r)]^2 \mathrm{d}r}}$$

式中，$W(r)$ 是自由度为 r 的维纳过程（Weiner process）。所谓维纳过程，是具有如下性质的过程：

(1) $W(1)\sim N(0,\ 1)$

(2) $\sigma W(r)\sim N(0,\ \sigma^2 r)$

(3) $[W(r)]^2/r\sim\chi^2(1)$

随机模拟的结果显示，τ 检验统计量的极限分布为对称钟形分布，和正态分布的形状非常相似，但均值略有偏移。

DF 检验为单边检验，当显著性水平取为 α 时，记 τ_α 为 DF 检验的 α 分位点，则：

(1) 当 $\tau\leqslant\tau_\alpha$ 时，拒绝原假设，认为序列 x_t 显著平稳。

(2) 当 $\tau>\tau_\alpha$ 时，接受原假设，认为序列 x_t 非平稳。

1979 年，Dickey 和 Fuller 使用蒙特卡罗模拟方法算出了 DF 统计量的百分位表，为 DF 检验扫清了最后的技术难题，使 DF 检验成为最常用的单位根检验。

2. DF 检验的等价表达

在式（12—2—2）等号两边同时减去 x_{t-1}，得到如下等式：

$$x_t-x_{t-1}=(\varphi_1-1)x_{t-1}+\varepsilon_t \tag{12—2—4}$$

记

$$\rho=|\varphi_1|-1$$

式（12—2—4）等价于

$$\nabla x_t=\rho x_{t-1}+\varepsilon_t$$

DF 检验可以通过对参数 ρ 的检验等价进行：

$$H_0:\rho=0\longleftrightarrow H_1:\rho<0$$

相应的 DF 检验统计量为：

$$\tau=\frac{\hat{\rho}}{S(\hat{\rho})}$$

式中，$S(\hat{\rho})$ 为参数 ρ 的样本标准差。

3. DF 检验的三种类型

在前面的分析中，我们始终以最简单的中心化一阶自回归序列为分析重点，实际上，DF 检验还有更为广泛的使用，它可以用于如下三种序列的单位根检验。

第一种类型：无常数均值，无趋势的一阶自回归过程。

$$x_t=\varphi_1 x_{t-1}+\varepsilon_t,\varepsilon_t\overset{i.i.d}{\sim}N(0,\sigma_\varepsilon^2)$$

这就是我们之前一直分析的类型。

第二种类型：有常数均值，无趋势的一阶自回归过程。

$$x_t=\mu+\varphi_1 x_{t-1}+\varepsilon_t,\varepsilon_t\overset{i.i.d}{\sim}N(0,\sigma_\varepsilon^2)$$

在这种场合下，通过最小二乘估计方法，可以得到未知参数 μ 和 φ_1 的估计值。通过检验特征根 φ_1 的性质，可以考察消除常数位移之后的中心化序列 $\{x_t-\mu\}$ 的平稳性：

$$x_t-\mu=\varphi_1 x_{t-1}+\varepsilon_t$$

假设条件确定如下：

$$H_0:|\varphi_1|\geqslant 1\text{（序列 }\{x_t-\mu\}\text{ 非平稳）}$$
$$H_1:|\varphi_1|<1\text{（序列 }\{x_t-\mu\}\text{ 平稳）}$$

第三种类型：既有常数均值，又有线性趋势的一阶自回归过程。

$$x_t=\mu+\beta t+\varphi_1 x_{t-1}+\varepsilon_t,\varepsilon_t\overset{i.i.d}{\sim}N(0,\sigma_\varepsilon^2)$$

在这种场合下，通过最小二乘估计方法，可以得到未知参数 μ，β 和 φ_1 的估计值。通过检验特征根 φ_1 的性质，可以考察消除了常数位移和线性趋势之后的中心化一阶自回归序列 $\{x_t-\mu-\beta t\}$ 的平稳性：

$$x_t-\mu-\beta t=\varphi_1 x_{t-1}+\varepsilon_t$$

假设条件确定如下：

$H_0: |\varphi_1| \geqslant 1$ (序列 $\{x_t - \mu - \beta t\}$ 非平稳)

$H_1: |\varphi_1| < 1$ (序列 $\{x_t - \mu - \beta t\}$ 平稳)

12.2.2 *ADF* 检验

DF 检验只适用于一阶自回归过程的平稳性检验，但实际上绝大多数时间序列不会是一个简单的 $AR(1)$ 过程。为了使 *DF* 检验能适用于 $AR(p)$ 过程的平稳性检验，人们对 *DF* 检验进行了一定的修正，得到增广 *DF* 检验（augmented Dickey-Fuller），简记为 *ADF* 检验。

1. *ADF* 检验的原理

对任一 $AR(p)$ 过程，有

$$x_t = \varphi_1 x_{t-1} + \cdots + \varphi_p x_{t-p} + \varepsilon_t \tag{12—2—5}$$

它的特征方程为：

$$\lambda^p - \varphi_1 \lambda^{p-1} - \cdots - \varphi_p = 0$$

如果该方程所有的特征根都在单位圆内，即

$$|\lambda_i| < 1, \quad i = 1, 2, \cdots, p$$

则序列 $\{x_t\}$ 平稳。如果有一个特征根存在，不妨设

$$\lambda_1 = 1$$

则序列 $\{x_t\}$ 非平稳。且自回归系数之和恰好等于 1，有

$$\begin{aligned}
&\lambda^p - \varphi_1 \lambda^{p-1} - \cdots - \varphi_p = 0 \\
&\overset{\lambda=1}{\Rightarrow} 1 - \varphi_1 - \cdots - \varphi_p = 0 \\
&\Rightarrow \varphi_1 + \varphi_2 + \cdots + \varphi_p = 1
\end{aligned}$$

因而，对于 $AR(p)$ 过程，我们可以通过检验自回归系数之和是否等于 1 来考察该序列的平稳性。

为了便于检验，我们对式（12—2—5）进行等价变换：

$$\begin{aligned}
x_t - x_{t-1} &= \varphi_1 x_{t-1} + \cdots + \varphi_p x_{t-p} - x_{t-1} + \varepsilon_t \\
&= (\varphi_2 + \cdots + \varphi_p) x_{t-1} + \varphi_1 x_{t-1} - x_{t-1} \\
&\quad - (\varphi_2 + \cdots + \varphi_p) x_{t-1} + \varphi_2 x_{t-2} + (\varphi_3 + \cdots + \varphi_p) x_{t-2} \\
&\quad - (\varphi_3 + \cdots + \varphi_p) x_{t-2} + \varphi_3 x_{t-3} + (\varphi_4 + \cdots + \varphi_p) x_{t-3}
\end{aligned}$$

$$+\cdots-\varphi_p x_{t-p+1}+\varphi_p x_{t-p}+\varepsilon_t$$

整理上式，得

$$\nabla x_t=(\varphi_1+\cdots+\varphi_p-1)x_{t-1}-(\varphi_2+\cdots+\varphi_p)\nabla x_{t-1}-\cdots-\varphi_p\nabla x_{t-p+1}$$

简记为：

$$\nabla x_t=\rho x_{t-1}+\beta_1\nabla x_{t-1}+\cdots+\beta_p\nabla x_{t-p}+\varepsilon_t \qquad (12—2—6)$$

其中

$$\rho=\varphi_1+\varphi_2+\cdots+\varphi_p-1$$
$$\beta_j=-\varphi_{j+1}-\varphi_{j+2}-\cdots-\varphi_p,\ j=1,2,\cdots,p-1$$

若序列 $\{x_t\}$ 平稳，则

$$\varphi_1+\varphi_2+\cdots+\varphi_p<1$$

等价于

$$\rho<0$$

若序列 $\{x_t\}$ 非平稳，则至少存在一个单位根，有

$$\varphi_1+\varphi_2+\cdots+\varphi_p=1$$

等价于

$$\rho=0$$

则 $AR(p)$ 过程单位根检验的假设条件可以确定如下：

$$H_0:\rho=0\ (\text{序列 } x_t \text{非平稳}) \longleftrightarrow H_1:\rho<0\ (\text{序列 } x_t \text{平稳})$$

构造 ADF 检验统计量：

$$\tau=\frac{\hat{\rho}}{S(\hat{\rho})}$$

式中，$S(\hat{\rho})$ 为参数 ρ 的样本标准差。

通过蒙特卡罗方法，可以得到 τ 检验统计量的临界值表。显然 DF 检验是 ADF 检验在自相关阶数为1时的一个特例，所以它们统称为 ADF 检验。

2. ADF 检验的三种类型

和 DF 检验一样，ADF 检验也可以用于如下三种类型的单位根检验。

第一种类型：无常数均值，无趋势的 p 阶自回归过程。

$$x_t = \varphi_1 x_{t-1} + \cdots + \varphi_p x_{t-p} + \varepsilon_t$$

第二种类型：有常数均值，无趋势的 p 阶自回归过程。

$$x_t = \mu + \varphi_1 x_{t-1} + \cdots + \varphi_p x_{t-p} + \varepsilon_t$$

第三种类型：既有常数均值，又有线性趋势的 p 阶自回归过程。

$$x_t = \mu + \beta t + \varphi_1 x_{t-1} + \cdots + \varphi_p x_{t-p} + \varepsilon_t$$

12.2.3 *PP* 检验

使用 *ADF* 检验有一个基本假定：

$$\mathrm{Var}(\varepsilon_t) = \sigma_\varepsilon^2$$

这导致 *ADF* 检验主要适用于方差齐性场合，它对于异方差序列的平稳性检验效果不佳。

Phillips 和 Perron 于 1988 年对 *ADF* 检验进行了非参数修正，提出了 Phillips-Perron 检验统计量。该检验统计量既可适用于异方差场合的平稳性检验，又服从相应的 *ADF* 检验统计量的极限分布。

使用 Phillips-Perron 检验（简记为 PP 检验），残差序列 $\{\varepsilon_t\}$ 需要满足如下三个条件。

1. 均值恒为零

$$E(\varepsilon_t) = 0$$

2. 方差及至少一个高阶矩存在

$$\sup_t E(|\varepsilon_t|^2) < \infty$$

且对于某个 $\beta > 2$，有

$$\sup_t E(|\varepsilon_t|^\beta) < \infty$$

由于没有假定 $E(|\varepsilon_t|^2) =$ 常数，所以这个条件实际上意味着允许异方差性存在。

3. 非退化极限分布存在

$$\sigma_S^2 = \lim_{T \to \infty} E(T^{-1} S_T^2)$$

存在且为正。式中，T 为序列长度，$S_T = \sum_{t=1}^{T} \varepsilon_t$。

以一阶自回归模型为例介绍 *PP* 检验的构造原理。有

$$x_t = \varphi_1 x_{t-1} + \varepsilon_t$$

假设 $\hat{\varphi}_1$是 φ_1的最小二乘估计值（ OLS ），则 $\hat{\varphi}_1$的方差通常可以定义为：

$$\sigma^2 = \lim_{T\to\infty} T^{-1} \sum_{t=1}^{T} E(\varepsilon_t^2)$$

当 $\{\varepsilon_t\}$ 为白噪声序列时，有

$$\sigma^2 = \sigma_S^2 \tag{12—2—7}$$

式中 $\sigma_S^2 = \lim_{T\to\infty} E(T^{-1} S_T^2)$

$$S_T = \sum_{t=1}^{T} \varepsilon_t$$

如果 $\{\varepsilon_t\}$ 不满足白噪声条件，则式（12—2—7）不再成立。

为了直观地说明式（12—2—7）不成立，不妨假设 $\{\varepsilon_t\}$ 服从 $MA(1)$ 过程：

$$\varepsilon_t = \upsilon_t - \theta_1 \upsilon_{t-1}, \quad \upsilon_t \overset{i.i.d}{\sim} N(0, \sigma_\upsilon^2)$$

则

$$\sigma^2 = E(\varepsilon_t^2) = (1+\theta_1^2)\sigma_\upsilon^2$$

而

$$\begin{aligned} \sigma_S^2 &= E(\varepsilon_1^2) + 2\sum_{j=2}^{\infty} E(\varepsilon_1 \varepsilon_j) \\ &= (1+\theta_1^2 - 2\theta_1)\sigma_\upsilon^2 \\ &= (1-\theta)^2 \sigma_\upsilon^2 \end{aligned}$$

显然

$$\sigma^2 \neq \sigma_S^2$$

Phillips 和 Perron 正是利用这种不等性，利用 σ^2 和 σ_S^2的估计值对 ADF 检验的 τ 统计量进行了非参数修正，修正后的统计量如下：

$$Z(\tau) = \tau(\hat{\sigma}^2 / \hat{\sigma}_{Sl}^2) - (1/2)(\hat{\sigma}_{Sl}^2 - \hat{\sigma}^2) T \sqrt{\hat{\sigma}_{Sl}^2 \sum_{t=2}^{T} (x_{t-1} - \bar{x}_{T-1})^2}$$

其中：

（1）$\hat{\sigma}^2$是 σ^2的样本估计值，有

$$\hat{\sigma}^2 = T^{-1}\sum_{t=1}^{T} \hat{\varepsilon}_t^2$$

(2) 假设可以估计 $\{\varepsilon_t\}$ 显著自相关的延迟阶数为 l，σ_{Sl}^2 是 σ_S^2 的样本估计值，有

$$\hat{\sigma}_{Sl}^2 = T^{-1}\sum_{t=1}^{T} \hat{\varepsilon}_t^2 + 2T^{-1}\sum_{j=1}^{l} w_j(l)\sum_{t=j+1}^{T} \hat{\varepsilon}_t \hat{\varepsilon}_{t-j}$$

式中，$w_j(l) = 1-\dfrac{1}{l+1}$，这个权重确保了 σ_{Sl}^2 为正值。

(3) $\bar{x}_{T-1} = \dfrac{1}{T-1}\sum_{t=1}^{T-1} x_t$，在单位根检验原假设成立的条件下，有

$H_0:\varphi_1=1$（序列 $\{x_t\}$ 非平稳）

修正后的 $Z(\tau)$ 统计量和 τ 统计量具有相同的极限分布。这就意味着对于异方差序列，只需要在原来 τ 统计量的基础上进行一定的修正，构造出 $Z(\tau)$ 统计量。$Z(\tau)$ 统计量不仅考虑到自相关误差所产生的影响，还可以继续使用 τ 统计量的临界值表进行检验，而不需要拟合新的临界值表。

12.3 协　整

12.3.1 协整的定义

1. 单整

在单位根检验的过程中，如果检验结果显著拒绝原假设，即说明序列 $\{x_t\}$ 显著平稳，不存在单位根，这时称序列 $\{x_t\}$ 为零阶单整序列，简记为 $x_t \sim I(0)$。

假如原假设不能被显著拒绝，说明序列 $\{x_t\}$ 为非平稳序列，存在单位根。这时可以考虑对该序列进行适当阶数的差分，以消除单位根，实现平稳。

假如原序列一阶差分后平稳，说明原序列存在一个单位根，这时称原序列为一阶单整序列，简记为 $x_t \sim I(1)$。

假如原序列至少需要进行 d 阶差分才能实现平稳，说明原序列存在 d 个单位根，这时称原序列为 d 阶单整序列，简记为 $x_t \sim I(d)$。

2. 单整序列的性质

单整衡量的是单个序列的平稳性，它具有如下重要性质：

（1）若 $x_t \sim I(0)$，对于任意非零实数 a，b，有

$$a+bx_t \sim I(0)$$

（2）若 $x_t \sim I(d)$，对于任意非零实数 a，b，有

$$a+bx_t \sim I(d)$$

（3）若 $x_t \sim I(0)$，$y_t \sim I(0)$，对于任意非零实数 a，b，有

$$z_t = ax_t + by_t \sim I(0)$$

（4）若 $x_t \sim I(d)$，$y_t \sim I(c)$，对于任意非零实数 a，b，有

$$z_t = ax_t + by_t \sim I(k)$$

其中　　$k \leqslant \max[d, c]$

3. 协整

在实际应用中，有些序列自身的变化虽然是非平稳的，但是序列与序列之间却具有非常密切的长期均衡关系。

为了有效地衡量序列之间是否具有长期均衡关系，Engle 和 Granger 于 1987 年提出了协整（cointegration）的概念。

假定自变量序列为 $\{x_1\}$，…，$\{x_k\}$，响应变量序列为 $\{y_t\}$，构造如下回归模型：

$$y_t = \beta_0 + \sum_{i=1}^{k} \beta_i x_{it} + \varepsilon_t$$

假定回归残差序列 $\{\varepsilon_t\}$ 平稳，我们称响应序列 $\{y_t\}$ 与自变量序列 $\{x_1\}$，…，$\{x_k\}$ 之间具有协整关系。

以前我们一直不敢对非平稳序列构建动态回归模型，是担心非平稳序列容易产生虚假回归的问题。而虚假回归之所以会产生，是因为残差序列不平稳。如果非平稳序列之间具有协整关系，就说明残差序列平稳，不会产生虚假回归问题。这说明要将输入变量引入响应序列建模，不一定要所有的序列都平稳，而只需要它们之间具有协整关系。

12.3.2　协整检验

多元非平稳序列之间能否建立动态回归模型，关键在于它们之间是否具有协整关系。因此要对多元非平稳序列建模，必须先进行协整检验，又称Engle-Granger

检验（简记为EG检验）。

1. 假设条件

由于自然界中绝大多数序列之间不具有协整关系，所以EG检验的假设条件确定如下：

H_0：多元非平稳序列之间不存在协整关系

H_1：多元非平稳序列之间存在协整关系

由于协整关系主要是通过考察回归残差的平稳性确定，所以上述假设条件等价于：

H_0：回归残差序列 $\{\varepsilon_t\}$ 非平稳

H_1：回归残差序列 $\{\varepsilon_t\}$ 平稳

2. 检验步骤

EG检验也称为EG两步法，它遵循如下两个步骤。

步骤一：建立响应序列与输入序列之间的回归模型。

$$y_t=\hat{\beta}_0+\hat{\beta}_1x_{1t}+\cdots+\hat{\beta}_kx_{kt}+\varepsilon_t$$

式中，$\hat{\beta}_0$，$\hat{\beta}_1$，…，$\hat{\beta}_k$是最小二乘（OLS）估计值。

步骤二：对回归残差序列 $\{\varepsilon_t\}$ 进行平稳性检验。

我们主要是采用单位根检验的方法来考察回归残差序列的平稳性，所以，假设条件等价于：

$$H_0:\varepsilon_t\sim I(k),\quad k\geqslant 1\longleftrightarrow H_1:\varepsilon_t\sim I(0)$$

EG检验的原理与计算公式和DF检验的原理与公式相同，但是蒙特卡罗模拟的结果显示它们的临界值略有不同。EG检验的临界值不仅与位移项、趋势项等因素有关，而且还与回归模型中非平稳变量的个数相关。Mackinnon提供了EG检验的临界值表，并将EG检验的临界值表与ADF检验的临界值表结合在一起。当非平稳序列的个数为1时（$N=1$），对应的就是ADF检验；当非平稳序列的个数大于等于2时（$N\geqslant 2$），对应的就是EG检验。

习　题

1. 如何进行 PP 检验？
2. 什么是协整关系？

第三部分

随机模拟

随机模拟

本章重点

1. 掌握用反变换法生成各种分布的随机数
2. 了解随机模拟在精算模型和统计检验中的应用
3. 掌握用自助法计算估计量的均方误差
4. 了解随机模拟在期权定价、风险度量中的应用

随机模拟在现代精算和风险分析中起着非常重要的作用。本章以 SOA (2007)考试内容为主，讨论了常见的随机数的生成方法，以及其在精算模型和统计检验中的一些应用，详细解释了统计计算中的自助法，同时讲解了 SOA (2007)考试大纲中的新增内容，包括随机模拟在期权定价、风险度量中的应用。

13.1 均匀分布随机数与伪随机

服从均匀分布 $U(0, 1)$ 的随机数是一切随机模拟的基础，但由于计算机所能表示的数的个数始终是有限的，不能生成连续分布的随机数，所以将机器产生的随机数称为伪随机数。应用中，只要满足一定的精度要求，伪随机数就被视为连续分布的随机数。下面介绍两种产生伪随机数的方法。

13.1.1 乘同余法

给定初始值 x_0(x_0为自然数)，取正整数 a 和 m，按下面的公式递推求出 x_{n+1}：

$$x_{n+1}=ax_n(\mathrm{mod}\ m),\quad n\geqslant 0 \tag{13—1—1}$$

这个方程的含义是 x_{n+1}的值等于 ax_n除以 m 的余数，所以 x_{n+1}的取值空间为 $\{0, 1, \cdots, m-1\}$。这样的 $\{x_n;\ n\geqslant 0\}$ 称为 $(0, m)$ 上均匀分布的伪随机数，$\{\frac{x_n}{m};\ n\geqslant 0\}$ 则称为 $(0, 1)$ 上均匀分布的伪随机数。由于 x_{n+1}的取值范围是有限的，所以当运算量很大时，数列 x_{n+1}必然发生循环。通常选择适当的 a 和 m 可以使伪随机数满足应用精度要求。

13.1.2 混合同余法

给定初始值 x_0（x_0为自然数)，取正整数 a，c 和 m，按下面的公式递推求出 x_{n+1}：

$$x_{n+1}=(ax_n+c)(\mathrm{mod}\ m),\quad n\geqslant 0 \tag{13—1—2}$$

这个方程的含义是 x_{n+1}的值等于 (ax_n+c) 除以 m 的余数，所以 x_{n+1}的取值空间还是 $\{0, 1, \cdots, m-1\}$。在实际应用中，常见的统计软件都可以产生很好的均匀分布的伪随机数，它们能很好地近似真实的均匀分布随机数，所以可以认为有一个“黑箱”能产生任意所需的均匀分布随机数。此后，本书的随机模拟都以此为基础。

13.2 用反变换法产生一般分布的随机数

基于 $U(0, 1)$ 随机数产生某个特定分布的随机数的基本方法有很多，本书仅讨论反变换法。尽管反变换法可能有时运算时间长，但是理论上对于任意随机变量都可以由它产生相应的随机数。

设随机变量 X 的分布函数为 $F(x)$，定义

$$F^{-1}(u)=\inf\{x: F(x)\geqslant u\},\quad 0<u<1 \tag{13—2—1}$$

假设随机变量 U 服从 $(0, 1)$ 上的均匀分布，则随机变量 $F^{-1}(U)$ 的分布

函数是 $F(x)$，即在分布相等的意义上有 $X=F^{-1}(U)$，这个结果的证明很常见，也可见 Ross(2006，pp. 63-64)，其具体步骤为：

(1) 由 $U(0, 1)$ 抽取 u。

(2) 计算 $x=F^{-1}(u)$，其中 F^{-1} 如式（13—2—1）中的定义。

以上步骤的含义是，若已知分布函数 $F(x)$，只要产生一个均匀分布随机数 u，对应地取分布 $F(x)$ 的 u 分位点即可。形象地说就是，由均匀分布随机数 u 确定了纵坐标，然后根据分布 F，找对应的原象（横坐标）。如果纵坐标 u 有多个原象（多个横坐标的函数值相等），由式（13—2—1），则取数值最小的原象 x_0（横坐标），见图 13—1。如果纵坐标 u 没有对应的原象（u 不在分布函数的值域中），则取值域中大于 u 且最接近 u 的纵坐标 v 的原象 x_1，即跳跃发生时的横坐标，见图 13—2。

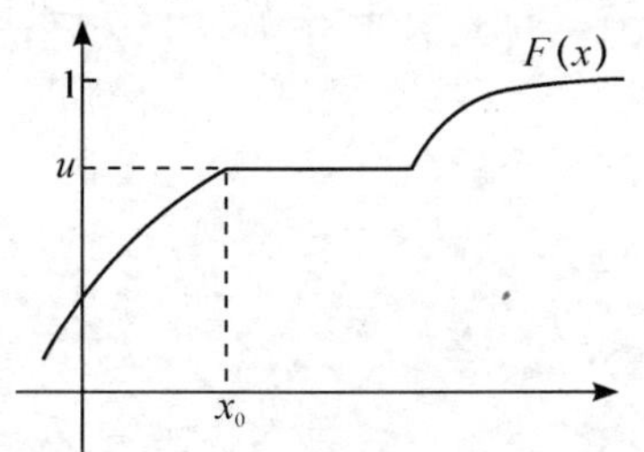

图 13—1 一个特殊情况时分位点的取法

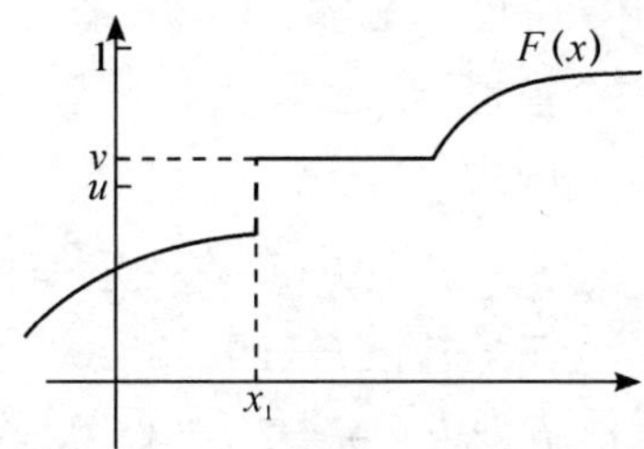

图 13—2 有跳跃时分位点的取法

如果 $F(x)$ 是连续且严格单调的，则 $F^{-1}(u)$ 为 F 的反函数。当分布形式简单时，可以直接计算反函数，如指数分布。但有些分布的反函数没有显式，如正态分布，这时只能数值计算或采用其他方法。

下面三种情况都是以反变换为原则的。

13.2.1 离散随机变量

离散随机变量可用反变换法生成。因为离散型随机变量的分布函数是阶梯函数，针对这种特殊情形，把反变换法具体改述如下：

设随机变量 X 有如下概率分布：

$$P(X=x_j)=p_j, \quad j=0,1,2,\cdots$$

其中 $$p_0+p_1+p_2+\cdots=1$$

对均匀分布随机数 u，只需找整数 j，满足 $\sum_{i=0}^{j-1} p_i \leqslant u < \sum_{i=0}^{j} p_i$，则 X 的模拟值取 x_j。

【例 13—1】 对上面的离散分布，如果 $u<p_0$，则 X 的模拟值取 x_0；如果 $p_0\leqslant u<p_0+p_1$，则 X 的模拟值取 x_1。

【例 13—2】 假设一个医疗保险合约由三个独立的被保险人组成，他们一年中的总看病次数服从二项式分布 $n=3$，$p=0.9$。设每次看病的医疗费用为 X，X 服从以下分布：

x	100	10 000
$P(X=x)$	0.9	0.1

每年三人的总医疗费用超过 5 000 元的部分由保险公司支付。

假设 0.01，0.20 为（0，1）均匀分布的随机数，用这两个数分别产生第一年和第二年的总看病次数。利用下列（0，1）均匀分布的随机数来产生每次看病的费用：0.80，0.95，0.70，0.96，0.54，0.01。计算这两年内保险公司给付总数的一个模拟结果。

解 因为

$$p_0=P[N=0]=0.1^3=0.001$$
$$p_1=P[N=1]=3\times0.9\times0.1^2=0.027$$
$$p_2=P[N=2]=3\times0.9^2\times0.1=0.243$$
$$p_3=P[N=3]=0.9^3=0.729$$
$$p_0+p_1=0.028$$
$$p_0+p_1+p_2=0.271$$

由于 0.01 满足 $p_0=0.001\leqslant0.01<0.028=p_0+p_1$，所以，第一年总看病次数的模拟数是 1；而 0.2 满足 $p_0+p_1=0.028\leqslant0.2<0.271=p_0+p_1+p_2$，所以，第二年总看病次数的模拟数是 2。

又因为每次看病的医疗费用的分布函数为 $F_X(100)=0.9$，$F_X(10\,000)=1$，根据离散随机变量的反变换法，由 $0.8<F_X(100)$，知（0，1）均匀分布的随机数 0.8 对应的医疗费用的模拟数是 100。如果用 0.95 来生成费用的随机数，则由 $F_X(100)=0.9\leqslant0.95<1=F_X(10\,000)$知模拟数取10 000。同理 $0.7\leqslant0.9=F_X(100)$，所以 0.7 对应的模拟费用为 100。

由于每年总看病次数的模拟要求，第一年只需要一个费用模拟数，第二年只需要两个费用模拟数，所以可以认为在第一年，总看病次数为 1，费用为 100；在第二年，总看病次数为 2，费用为 10 100。

所以，保险公司第一年给付为 0，第二年给付为 10 100－5 000＝5 100。

13.2.2　几个常用连续型随机变量的模拟

常用的几个连续型随机变量的分布函数的反函数存在且计算简单，即等价于已知 u，求解方程 $u=F(x)$，所以可以通过推导反函数来计算随机数，如指数分布、威布尔分布等。而正态分布函数没有显式，它的反函数也没有显式，所以它的分位点需要查表得到，或者由密度函数数值积分后确定。

【例 13—3】　假设随机变量 X 的密度函数为：

$$f(x)=\begin{cases}24x^2, & 0\leqslant x\leqslant 0.5\\ 0, & \text{其他}\end{cases}$$

定义 v 是 (0，1) 均匀分布的随机数，已知 $v=0.125$。请使用反变换法确定 X 的随机观测值。

解　当 $0\leqslant x\leqslant 0.5$ 时

$$F(x)=\int_{-\infty}^{x} f(t)\mathrm{d}t=\int_{0}^{x} 24t^2\mathrm{d}t=8x^3$$

当 $x\geqslant 0.5$ 时，$F(x)=1$。所以，由反变换法知，X 的模拟数为方程 $v=F(x)$的解，即 $0.125=8x^3$，$x=0.25$。

【例 13—4】　已知分布函数为 $F(0)=0$，$F(1)=0.4$，$F(2)=1.0$，$F(x)$在 [0，1] 和 [1，2] 上是线性函数，使用下列来自 (0，1) 均匀分布的随机数：0.2，0.4，0.7，用反变换法生成上面分布的三个模拟数，并计算三个模拟值的均值。

解　由题意知，分布函数为：

$$F(x)=\begin{cases}0, & x<0\\ 0.4x, & 0\leqslant x\leqslant 1\\ 0.6x-0.2, & 1<x\leqslant 2\\ 1, & x>2\end{cases}$$

当 $0<u\leqslant 0.4$ 时，$F(x)=0.4x$；当 $0.4<u\leqslant 1$ 时，$F(x)=0.6x-0.2$。因为模拟数为方程 $u=F(x)$ 的解，所以：

$$0.2=u_1=F(x_1)=0.4x_1\text{，得 } x_1=0.5$$

$$0.4=u_2=F(x_2)=0.4x_2\text{，得 } x_2=1$$

$$0.7=u_3=F(x_3)=0.6x_3-0.2\text{，得 } x_3=1.5$$

因此，模拟值的样本均值为：$\dfrac{0.5+1+1.5}{3}=1$。

【例 13—5】 进行指数分布的模拟。

解 假设指数分布的分布函数为：

$$F(x)=1-\exp(-\lambda x), \quad x>0, \quad \lambda>0$$

则其反函数为：

$$F^{-1}(y)=-\frac{1}{\lambda}\ln(1-y)$$

所以，只要将（0，1）均匀分布的随机数 u 代入 $F^{-1}(y)$，即可得到指数分布的随机数 $x=-\frac{1}{\lambda}\ln(1-u)$。

若 U 服从（0，1）均匀分布，则 $1-U$ 仍然服从（0，1）均匀分布，所以 $1-u$ 仍然是（0，1）均匀分布的随机数。又由于分布函数是单调递增的，小的数值对应的分位点也要小，所以对于较小的均匀分布的随机数 u，如果取 u 对应的分位点，则意味着小的随机数产生小的模拟数。如果取 $1-u$ 对应的分位点，则意味着小的随机数产生大的模拟数，例如在例 13—5 中，可得到另一个指数分布的随机数 $x'=-\frac{1}{\lambda}\ln(1-(1-u))=-\frac{1}{\lambda}\ln(u)$。

13.2.3 混合型随机变量的模拟

如果一个分布函数 $F_X(x)$ 由连续部分和“跳跃”部分组成，如图 13—2 所示，则其对应的随机变量为混合型随机变量。它的随机数 x 的生成方法为：如果（0，1）均匀分布的随机数 u 落在值域的严格连续递增部分，则解方程 $F_X(x)=u$；如果 u 落在分布函数“跳跃”的区域，则随机数 x 取跳跃发生的点。

【例 13—6】 假设随机变量 X 的分布函数为：

(1) 当 $x<0$ 时，$F(x)=0$。

(2) $F(0)=1/2$。

(3) 当 $0<x<1$ 时，$F'(x)=x$。

有（0，1）均匀分布的三个观测值：0.25，0.625 和 0.52。请按上述 X 的分布模拟三个样本 X_1，X_2，X_3，并确定 X 的样本均值。

解 因为

$$P[X=0]=0.5$$

$$F(x)=\frac{1}{2}x^2+c$$

$$F(0)=\frac{1}{2}$$

所以　$c=\frac{1}{2}$

由反变换法知：

当 $0<u\leqslant\frac{1}{2}$ 时，X 的模拟数为 0，所以当 $u_1=0.25$ 时，$x_1=0$。

当 $\frac{1}{2}<u<1$ 时，$u=F(x)=\frac{1}{2}x^2+\frac{1}{2}$，模拟数 x_1，x_2 分别满足

$$u_2=0.625=\frac{1}{2}x_2^2+\frac{1}{2}$$

$$u_3=0.52=\frac{1}{2}x_3^2+\frac{1}{2}$$

即　$x_2=0.5$，$x_3=0.2$

X 的样本均值 $=0.233$

13.3　Cholesky 分解和多元正态分布的模拟

多元正态分布常用来描述多个风险资产的收益率的分布，这些资产之间可能存在相关关系，所以应用中常需要模拟任意的 n 元正态分布。现在假设已经模拟得到标准 n 元正态随机数，则通过这些数的线性组合可以得到任意的 n 元正态随机数。本节给出这个线性组合的代数表达。

设 $X=(X_1, \cdots, X_n)^T$ 是 n 元正态随机向量，即 $X\sim N(\mu,\Sigma)$,其中 μ 为均值向量,Σ 为协方差矩阵。设 $Z=(Z_1, \cdots, Z_n)^T$ 是 n 元标准正态随机向量，$Z\sim N(0, I)$，其中 I 为单位矩阵，即 Z 的 n 个分量都独立同分布于 $N(0, 1)$。

由于任意随机向量的协方差矩阵都是非负定矩阵，如果假设 Σ 为满秩矩阵，则 Σ 为正定矩阵，根据线性代数中的 Cholesky 分解可知，存在下三角矩阵 L，使得 $\Sigma=LL^T$。

因为正态随机变量的线性组合仍是正态随机变量，且根据

$$E(LZ+\mu)=LE(Z)+\mu=\mu$$

$$\mathrm{Var}(LZ+\mu)=L\ \mathrm{Var}(Z)L^T=LL^T$$

可知 $W=LZ+\mu$ 服从分布 $N(\mu,\Sigma)$。

所以，产生 $N(\mu,\Sigma)$ 随机向量的算法如下：

(1) 产生 n 个独立同分布的标准正态随机变量。

(2) 方差矩阵 Σ 的 Cholesky 分解，得下三角矩阵 L，满足 $\Sigma=LL^T$。

(3) 令 $X=LZ+\mu$，则 $X\sim N(\mu,\Sigma)$。

Cholesky 分解有固定的公式，但在二元情况下可以用构造法得到。

【例 13—7】 二元正态分布的模拟。

设 $X=(X_1,\ X_2)^T$ 服从二元正态分布 $N(\mu,\Sigma)$，其中 $\mu=(\mu_1,\mu_2)^T$，$\Sigma=\begin{bmatrix}\sigma_{11} & \sigma_{12}\\ \sigma_{21} & \sigma_{22}\end{bmatrix}$，$\sigma_{12}=\sigma_{21}$，$Z=(Z_1,\ Z_2)^T$ 是二元标准正态随机向量，试将 X 表示为 Z_1，Z_2 的线性函数。

解 假设 $X_1=\sqrt{\sigma_{11}}Z_1+\mu_1$

则

$$EX_1=\mu_1$$

$$\mathrm{Var}(X_1)=\sigma_{11}$$

令 $X_2=aZ_1+bZ_2$

则

$$\mathrm{Cov}(X_1,X_2)=a\ \sqrt{\sigma_{11}}\sigma_{11}=\sigma_{12}$$

$$E(X_2)=a\mu_1+b\mu_2=\mu_2$$

所以

$$a=\sigma_{12}\sigma_{11}^{-\frac{1}{2}}$$

$$b=1-\sigma_{12}\sigma_{11}^{-\frac{1}{2}}\mu_1/\mu_2$$

Cholesky 分解在常用的软件中都可以自动完成，但二元情况的构造法实际上是在考察多元正态分布的一阶和二阶矩的性质。

13.4 模拟样本的容量问题

模拟的次数取决于问题的精度要求，一般而言，精确度要求越高，模拟次数就越多。如抛硬币的古典试验，试验次数越多，频率越接近于真实的概率分布。

通常的基本要求是模拟得到的样本均值至少能在精度要求内接近总体均值，这时就需要知道样本均值的分布或近似分布，而样本均值的分布即使知道也并不好计算，因此这样的问题就只能利用它的渐近分布。如果总体的均值或方差存在且样本是独立同分布的，则由中心极限定理可知，样本均值的分布函数是收敛到正态分布的，即当样本数 n 很大时，有$\sqrt{n}\left(\frac{\overline{X}-\mu}{\sigma}\right)$ 的分布近似于 $N(0, 1)$，其中 $\overline{X}=\sum_{i=1}^{n} X_i/n$，$\mu$ 为总体均值，σ^2 为总体方差。

【例 13—8】 假设随机变量 X 的均值为 μ，方差为 σ^2。如果想通过模拟来估计 μ，要求估计与真值的相对误差小于 5%的概率为 0.9。求所需的模拟次数。

解 根据题意知，模拟次数应当满足

$$P(|\overline{X}-\mu|\leqslant 0.05\mu)=0.9$$

因为

$$P(|\overline{X}-\mu|\leqslant 0.05\mu)=P\left(\left|\sqrt{n}\left(\frac{\overline{X}-\mu}{\sigma}\right)\right|\leqslant 0.05\,\frac{\mu}{\sigma}\sqrt{n}\right)$$

所以

$$0.05\,\frac{\mu}{\sigma}\sqrt{n}=\Phi^{-1}(0.95)=1.645$$

其中，$\Phi^{-1}(0.95)$ 为 $N(0, 1)$ 的 0.95 分位点。可得

$$n=\left(\frac{1.645}{0.05}\right)^2\left(\frac{\sigma}{\mu}\right)^2$$

例 13—8 的条件可以改为：估计与真值的绝对误差小于 5%的概率为 0.9，即 $P(|\overline{X}-\mu|\leqslant 0.05)=0.9$；或者相对误差小于 1%的概率为 0.9，即 $P(|\overline{X}-\mu|\leqslant 0.01\mu)=0.9$，则 $n=\left(\frac{1.645}{0.01}\right)^2\left(\frac{\sigma}{\mu}\right)^2$；或者相对误差小于 5%的概率为 0.95，即 $P(|\overline{X}-\mu|\leqslant 0.05\mu)=0.95$，则 $n=\left(\frac{1.96}{0.05}\right)^2\left(\frac{\sigma}{\mu}\right)^2$，1.96 是标准正态分布的 0.975 分位点。

【例 3—9】 一所学校有 100 名住校生，每人都以 80%的概率去图书馆自习，如果要保证去上自习的同学能以 99%的概率得到座位，求图书馆至少应设

的座位个数是多少。

解 令 $X_i=\begin{cases}1, & 第\,i\,名同学去图书馆\\ 0, & 第\,i\,名同学没有去图书馆\end{cases}$

则

$$EX_i=0.8$$
$$\mathrm{Var}(X_i)=0.2\times 0.8=0.16$$

令 $\overline{X}=\sum_{i=1}^{100} X_i/100$，则 $10\left(\frac{\overline{X}-0.8}{0.16}\right)$的分布近似于$N(0, 1)$。若要满足 $P(\sum_{i=1}^{100} X_i\leqslant n)\geqslant 0.99$，则有

$$P(\sum_{i=1}^{100} X_i\leqslant n)=P\left(\frac{\sum_{i=1}^{100} X_i-100\times 0.8}{\sqrt{100\times 0.8\times 0.2}}\leqslant\frac{n-100\times 0.8}{\sqrt{100\times 0.8\times 0.2}}\right)$$
$$\approx\Phi\left(\frac{n-100\times 0.8}{\sqrt{100\times 0.8\times 0.2}}\right)\geqslant 0.99$$

查表得$\frac{n-80}{4}\geqslant 2.33$，$n\geqslant 89.32$，所以图书馆至少应设 90 个座位。

13.5 模拟在精算模型中的应用举例

本节以例题的方式给出一些模拟在精算模型中的应用，这些内容只是在前面模拟的基本方法中加入保险的背景。

【例 13—10】 保险公司对于一个剧院的供电故障造成的损失提供四个月的保险赔偿。具体如下：

（1）每月有 1 000 元的绝对免赔额。

（2）保险公司假设这个剧院每月的损失相互独立地服从均值为 1 500，标准差为 200 的正态分布。

（3）为了模拟这四个月的保险赔偿费用，保险公司运用反变换方法（小的随机数对应低的赔偿费用）。

（4）从（0，1）中随机抽取的 4 个数分别为：0.543 8，0.113 1，0.001 3，0.791 0。

计算保险公司模拟得到的保险费用。

解　根据反变换方法，由（0，1）均匀分布的随机数 u，通过查表可以得到模拟的标准正态分布 Z 的值 z，这里 $P(Z<z)=u$。所以从已知的 4 个随机数可以得到 4 个标准正态分布的模拟随机数，即

U	0.543 8	0.113 1	0.001 3	0.791 0
Z	0.11	−1.21	−3.01	0.81

损失 X 服从均值为 1 500，标准差为 200 的正态分布，所以若令 $X=200Z+1\,500$，可得模拟的损失随机数如下：

1 522　1 258　898　1 662

扣除绝对免赔额，保险公司的最终赔付为：

522　258　0　662

于是，这四个月的总赔付为 1 442 元。

【例 13—11】　对复合总索赔额的分布 S 进行模拟。首先进行索赔次数的模拟，然后进行索赔额的模拟。反变换法被用于索赔次数和索赔额的模拟（小的模拟值对应少的索赔次数和少的索赔额）。索赔次数服从 $m=5$，$p=0.5$ 的二项分布。索赔额服从均值为 2 000，方差为 20 000 000 的帕累托分布。均匀随机数 0.3 被用于索赔次数的模拟，使用 0.1，0.7，0.5，0.3 中尽可能多的数进行索赔额的模拟。求 S 的模拟值。

解　由于索赔次数服从 $n=5$，$p=0.5$ 的二项分布，即

K	0	1	2	3	4	5
$f(k)$	0.031 25	0.156 25	0.312 50	0.312 50	0.156 25	0.031 25
$F(k)$	0.031 25	0.187 50	0.500 00	0.812 50	0.968 75	1.000 00

若用随机数 0.3 进行模拟，因为 $F(1)=0.187\,5\leqslant 0.3<F(2)=0.500$，根据离散分布的模拟数产生原理可得索赔次数的模拟值是 2，所以要模拟两个索赔额。

参数为 α 和 θ 的帕累托分布的均值为：

$$E(X)=\frac{\theta}{\alpha-1}$$

二阶矩为：

$$E(X^2)=\frac{2\theta^2}{(\alpha-1)(\alpha-2)}$$

所以方差为：

$$\mathrm{Var}(X)=E(X^2)-(E(X))^2$$
$$=\frac{2\theta^2}{(\alpha-1)(\alpha-2)}-\left(\frac{\theta}{\alpha-1}\right)^2=\frac{\alpha\theta^2}{(\alpha-1)^2(\alpha-2)}$$

根据题意，有

$$E\ (X)=\frac{\theta}{\alpha-1}=2\ 000$$
$$\mathrm{Var}\ (X)=\frac{\alpha\theta^2}{(\alpha-1)^2(\alpha-2)}=20\ 000\ 000$$

解得 $\alpha=2.5$，$\theta=3\ 000$。因此，帕累托分布的分布函数为：

$$F\ (x)=1-\left(\frac{\theta}{x+\theta}\right)^x=1-\left(\frac{3\ 000}{x+3\ 000}\right)^{2.5}$$

对于给定的均匀随机数 u，索赔额的模拟值为 x，并且有 $u=F(x)$。

对于 $u=0.1$，有 $0.1=1-\left(\frac{3\ 000}{x_1+3\ 000}\right)^{2.5}$，得 $x_1=129$。

对于 $u=0.7$，有 $0.7=1-\left(\frac{3\ 000}{x_2+3\ 000}\right)^{2.5}$，得 $x_2=1\ 856$。

所以，总索赔额 S 的模拟值为：

$$129+1\ 856=1\ 985$$

【例 13—12】 一个连续盈余过程的模拟。假设保险事故依照频率为 2 的泊松分布发生，理赔额服从帕累托分布，帕累托分布的参数 $\alpha=2$，$\theta=1\ 000$。初始盈余为 1 000，安全附加为 0.2。保费的收取是连续的，当盈余为负则过程终止。

(1) 假设有（0，1）均匀分布的随机数：0.83，0.54，0.48，0.14，请用反变换方法模拟理赔的时间间隔（小数字对应较短的时间间隔）。

(2) 假设另有（0，1）均匀分布的随机数：0.89，0.36，0.70，0.61，请用反变换方法模拟理赔强度（小数字对应较少的理赔额），根据模拟结果计算在 1 时刻的盈余。

解 由泊松分布的性质，保险事故发生的时间间隔服从均值为 1/2 的指数分布。设模拟得到的时间间隔为 t_i，则有

$$u_i=F(t_i)=1-\mathrm{e}^{-2t_i}$$
$$t_i=-\frac{1}{2}\ln\ (1-u_i)$$

因此得到

$$t_1=-\frac{1}{2}\ln(1-u_1)=0.89$$

$$t_2=-\frac{1}{2}\ln(1-u_2)=0.36$$

这样，第二次理赔发生在 1 时刻之后，所以只需考虑第一次理赔即可。设模拟得到的理赔强度为 x，则

$$u=F(x)=1-\left(\frac{\theta}{\theta+x}\right)^{\alpha}=1-\left(\frac{1\,000}{1\,000+x}\right)^{2}$$

即　　$$x=1\,000\sqrt{\frac{1}{1-u}}-1\,000$$

计算得　$$x=1\,000\sqrt{\frac{1}{1-0.89}}-1\,000=2\,015$$

又因为期望保费为 $EN_tEY/t=\lambda EY$，其中 N_t 为 t 时刻的理赔次数，Y 为理赔额，则期望保费为 (2)(1 000)＝2 000。由安全附加为 0.2，可得费率为：

$$(1.2)(2\,000)=2\,400$$

又因为初始盈余为 1 000，所以时刻 1 的盈余为：

$$1\,000+2\,400-2\,015=1\,385$$

【例 13—13】　模拟一个复合分布的赔付。其中：

(1) 索赔次数 N 服从二项分布 $P[N=k]=\binom{3}{k}(1-p)^{k}(p)^{3-k}$，均值为 1.8。

(2) 赔付额均匀分布于{1，2，3，4，5，6，7，8}。

(3) 赔付额相互独立，且与索赔次数相互独立。

(4) 模拟索赔次数 N，以及各次赔付的赔付额 X_1，X_2，…，X_N，然后再重复另一个 N 以及赔付额，直至得到满意的模拟数量。

(5) 当模拟的索赔次数达到 9，则不模拟赔付额。

(6) 所有模拟运用反变换法，小的随机数对应相应的小值。

(7) 得到的 (0，1) 均匀分布随机数为：0.5，0.1，0.7，0.3，0.4，0.7，0.5，0.9，0.3，0.1。

计算第三次模拟 N 得到的总的赔付额。

解　根据题意，因为 $1.8=3(1-p)$，所以

$$P[N=k]=\binom{3}{k}(0.6)^k(0.4)^{3-k}$$

由此可知，N 的分布可表示为：

N	0	1	2	3
P	0.064	0.288	0.432	0.216
F	0.064	0.352	0.784	1.0

第一个 N 对应的随机数为 0.5，$0.352<0.5<0.784$，所以对应着 2 次理赔，得到 0.1 和 0.7 模拟赔付额。

第二个 N 对应的随机数为 0.3，$0.064<0.3<0.352$，所以对应着 1 次理赔，得到 0.4 模拟赔付额。

第三个 N 对应的随机数为 0.7，$0.352<0.7<0.784$，所以对应着 2 次理赔，得到 0.5 和 0.9 模拟赔付额。

又因为理赔额的分布为：$p(x)=\frac{1}{8}$，$F(x)=\frac{x}{8}$，所以有 $0.5=\frac{4}{8}$，即第一次理赔额为 4。同理，有$\frac{7}{8}<0.9<1$，即第二次理赔额为 8，于是，第三次模拟的 N 对应的总理赔额为 12。

13.6 模拟在统计检验中的应用

一般来说，对于一个假设检验问题，首先根据实际问题的要求提出统计假设 H_0，然后推断所提出的统计假设 H_0是否正确。为了判断接受还是拒绝假设 H_0，需要构造一个适用于检验假设 H_0的统计量，记为 W。这个统计量是随机变量，如果有一个样本数据，则可以得到统计量 W 的一个观测值 w。

另一方面，由于只能在“接受”和“拒绝”中选择一个较为合理的判断，所以要给定一个检验临界值 c，根据问题，需要由 $w>c$，$w<-c$，$c>w>-c$ 三种不同情况来决定接受或拒绝假设 H_0。等价于检验临界值的方式，还可以通过一个概率值 p 来判别接受还是拒绝假设 H_0。如果给定检验显著水平 α，当$p<\alpha$ 时就拒绝假设 H_0。

为了叙述简洁，用一个常见情况来说明这两种方式之间的关系。如果给定一个检验临界值 c，当 $w>c$ 时就拒绝假设 H_0，这时概率值 p 与检验临界值 c 的关系是：如果假设 H_0 为真时，检验统计量 W 有一个分布，则 $p=P_{H_0}(W\geqslant w)$，$\alpha=P_{H_0}(W\geqslant c)$。

假设 H_0 为真时，在计算概率值 p 时需要知道检验统计量 W 的分布，但是在很多情况下，W 的分布是无法从理论上推导的。所以可以用两种方式来近似计算概率值 p，一种是求 W 分布的一个近似分布 F，如果这个近似分布有显式，则可以用 $F(w)$ 代替概率值 p；另一种则是用模拟的方法，通过直接产生与 W 同分布的随机数，计算 p 值。显然如果得到近似分布，则剩余工作易于操作，但是推导合适的近似分布是很困难的，而且近似的精度也不好控制。模拟的方法能弥补近似分布法的缺点，但算法可移植性差，假设 H_0 稍有变化，就要重新计算。本节主要讨论检验统计量 W 的精确分布难以推导的情况，即统计检验中常用的两个检验：χ^2 拟合优度检验和 Kolmogorov-Smirnov 检验。

13.6.1　χ^2 拟合优度检验

根据实际经验或某种认识，有时可以认为总体的分布函数是一个已知的函数 $F_0(x)$，为检验这种认识是否正确，考虑以下假设检验问题：

$$H_0: F(x)=F_0(x),\quad H_1: F(x)\neq F_0(x)$$

通常把上述假设检验问题称为分布拟合优度检验。

χ^2 拟合优度检验常用于离散分布的情况，如果是连续分布，就需要把数据分成多个区间来考虑。不妨设总体是仅取 k 个可能值的离散型随机变量，这 k 个可能取值是 1，2，…，k，且有 $P(X=i)=p_i$（$i=1$，2，…，k）。假设有 n 个观测值，每个观测值是 1，2，…，k 中的一个数，记 N_i 表示观测值中取值为 i 的个数。如果要检验这 n 个观测值是否来自于 X 的分布，标准的检验就是 χ^2 拟合优度检验，检验统计量为：

$$W=\sum_{i=1}^{k}\frac{(N_i-np_i)^2}{np_i}$$

当观测值 n 的数量充分大时，统计量 W 的分布会收敛于自由度为 $k-1$ 的 χ^2 分布，所以可以将这个 χ^2 分布作为 W 的分布的近似。①

当检验显著水平 α 取 0.05 时，通过查表可以知道自由度为 $k-1$ 的 χ^2 分布的 0.95 分位点的精确取值，这个值就是检验临界值 c 的近似。对于给定的 n 个数据，每个 N_i 对应的都有一个观测值，最后可以得到统计量 W 的一个观测值 w，理论上

① 复旦大学编：《概率论》（第二册），北京，人民教育出版社，1979。

当 $w>c$ 时就拒绝假设 H_0，所以近似地可取 $w>\chi^2_{0.05}(k-1)$ 时就拒绝假设 H_0。这个方法就是近似分布法，对于不同的 k 和 α，可以很快地查表得到近似检验临界值 $\chi^2_\alpha(k-1)$。由于本节的重点是模拟方法，所以不再讲述如何构造检验统计量。

但是当观测值 w 很接近临界值 c 时，近似误差可能造成误判，所以有时需要精度更高的近似。模拟方法可以给出概率值 $p=P_{H_0}(W\geqslant w)$ 更好的近似，具体步骤如下：

(1) 生成 n 个独立同分布的 X 的随机数，令 $N_i^{(1)}$ 表示这 n 个随机数中取值为 i 的个数，其中上标 (1) 表示第 1 次模拟。

(2) 计算 $W^{(1)}=\sum_{i=1}^{k}\frac{(N_i^{(1)}-np_i)^2}{np_i}$。

(3) 重复 (1) 和 (2) r 次，可得 $W^{(1)}$，$W^{(2)}$，…，$W^{(r)}$。

所以

$$p=P_{H_0}(W\geqslant w)\approx\frac{\#\{j:W^{(j)}>w,j=1,2,\cdots,r\}}{r}$$

式中，“#”表示集合的元素个数。

本质上，若来自原分布的随机数充分多，则可以反映分布的任何信息，所以 r 越大，近似精度也就越高。步骤 (1) 相当于离散分布的随机数的生成，参见第 2 节。由模拟步骤可知，若检验假设 H_0 已知，即待检验的总体的分布已知时，在构造好合理的检验统计量的情况下，随机模拟方法与 χ^2 分布无关。

原则上，给定检验显著水平 α，模拟产生与 X 同分布的随机数来确定检验临界值 c，或者确定概率值 $p=P_{H_0}(W\geqslant w)$，二者没有太大区别。

13.6.2 Kolmogorov-Smirnov 拟合优度检验

这个检验常用于总体连续分布的情况。假设 X 的分布是一个已知的连续分布函数 F_0，Y_1，…，Y_n 是独立同分布 F 的随机变量，但分布 F 未知，如果有 Y_1，…，Y_n 的一个样本观测值 y_1，…，y_n，考虑 Y_1，…，Y_n 是否与 X 同分布。所以假设检验问题还是：

$$H_0:F(x)=F_0(x)\longleftrightarrow H_1:F(x)\neq F_0(x)$$

这个检验的思想是：虽然 Y_1，…，Y_n 的分布未知，但根据大样本理论，Y_1，…,Y_n 的经验分布函数 F_e 在某种意义下收敛于其真实的分布（这个理论在自助法中起关键作用，见第 13.7 节），所以可以把 F_e 与所假设的分布函数 F_0 作比较，看它们是否吻合。如果它们不能很好地吻合，就拒绝 H_0，即认为未知的真实分布函数 F 不是由 F_0 给定的。由于经验分布 $F_e(x)$ 和分布 $F_0(x)$ 都是 x 的函数，所以要比较两者的差异需要一个合适的度量。Kolmogorov-Smirnov 提出一个最简单的度量，就是用 $F_e(x)$ 和 $F_0(x)$ 在垂直方向上的最大距离作为统计量。如果已知一个样本观测值 y_1，…，y_n，则 Kolmogorov-Smirnov 检验统计量为：

$$D=\max_{i=1,\cdots,n}\{|F_e(y_{i-1})-F(y_i)|,|F_e(y_i)-F(y_i)|\}$$

如果将 y_1，…，y_n 排序得 $y_{(1)}\leqslant\cdots\leqslant y_{(n)}$，则

$$F_e(x)=\begin{cases}0, & x<y_{(1)}\\ \dfrac{1}{n}, & y_{(1)}\leqslant x<y_{(2)}\\ \cdots\cdots & \\ \dfrac{j}{n}, & y_{(j)}\leqslant x<y_{(j+1)}\\ \cdots\cdots & \\ 1, & y_{(n)}\leqslant x\end{cases}$$

$F_e(x)$ 是一个阶梯函数。所以有

$$D=\max_{i=1,\cdots,n}\left\{\frac{i}{n}-F(y_{(i)}),F(y_{(i)})-\frac{i-1}{n}\right\} \tag{13—6—1}$$

当已知一个样本观测值排序后为 $y_{(1)}\leqslant\cdots\leqslant y_{(5)}$ 时，$F_e(x)$ 和 $F_0(x)$ 此时都是确定的函数，这两者之间的最大垂直距离为图 13—3 中的 D。

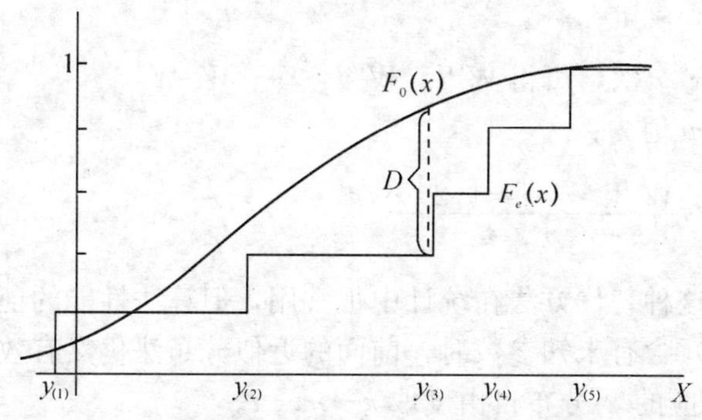

图 13—3　给定样本时 Kolmogorov-Smirnov 检验统计量

基于前面的讨论，在假设检验时，如果采用随机模拟的方法可以不用知道统计量 D 在 n 充分大时的极限分布，只需要能计算出当假设 H_0 为真时的概率值 $p=P_{F_0}(D\geqslant d)$，其中 d 是原始样本观测值 y_1，…，y_n 代入式（13—6—1）得到的统计量 D 的样本观测值。

具体来说，也就是当 H_0 为真时，Y_1，…，Y_n 是独立同分布于 $F_0(x)$，尽管统计量 D 的分布无法显式表达，但由于连续分布 $F_0(x)$ 已知，从 $F_0(x)$ 中产生模拟随机数是可以的，将这些模拟观测值 $y_1^{(i)}$，$y_2^{(i)}$，…，$y_n^{(i)}$（其中，i 表示第 i 组模拟）代入式(13—6—1)，可以得到统计量 D 的模拟观测值 $D^{(i)}$，最后可得

$$p=P_{F_0}(D\geqslant d)\approx\frac{\#\{j:D^{(j)}>d,j=1,2,\cdots,r\}}{r}$$

式中，r 表示共模拟 r 组。

13.6.3 假设的分布中含有未知参数时的拟合优度检验

在前面两种情况中，假设的分布函数 F_0 都是完全已知的。如果 F_0 中含有未知参数，则模拟步骤中无法产生与 F_0 同分布的随机数。常用的方法是：

（1）根据原始的样本观测值估计未知参数，得到一个已知的分布 F_1。

（2）将原始的样本观测值和已知的分布 F_1 代入检验统计量中计算出一个样本观测值 w。

（3）生成 n 个独立同分布 F_1 的随机数，用它们重新估计未知参数，得到一个已知的分布 F_2，将模拟观测值和分布 F_2 代入检验统计量中计算出一个模拟观测值 $W^{(1)}$。例如生成的 n 个独立同分布 F_1 的随机数为 $y_1^{(1)}$，$y_2^{(1)}$，…，$y_n^{(1)}$，估计的分布为 F_2，Kolmogorov-Smirnov 检验统计量的值则为：

$$D=\max_{i=1,\cdots,n}\left\{\frac{i}{n}-F_2(y_{(i)}^{(1)}),F_2(y_{(i)}^{(1)})-\frac{i-1}{n}\right\}$$

（4）重复（3）r 次，可得 $W^{(1)}$，$W^{(2)}$，…，$W^{(r)}$。

最后，近似 p 值为：

$$p\approx\frac{\#\{j:W^{(j)}>w,j=1,2,\cdots,r\}}{r}$$

说明：（1）这种替代方法在统计中很常用，但算法性能的证明很困难，主要看应用效果。（2）含有未知参数时，前面的近似分布法仍然有效，即当未知参数个数为 m 时，相应的 χ^2 分布自由度取 $k-m-1$。

本节看似复杂，但如果去除假设检验的背景知识，仅从模拟的角度来看，只相当于这样一个问题：假设已知随机变量 X_1，X_2，…，X_n 是独立同分布于 $F(x)$，$F(x)$ 已知且已知函数 $g(x_1, x_2, \cdots, x_n)$。但随机变量 $Y=g(X_1, X_2, \cdots, X_n)$ 的分布未知（无显式或难以计算），若给定一个常数 w，求 $P(Y>w)$。

解法为通过模拟得到服从 $F(x)$ 的随机数，代入函数 g 中，可得与 Y 同分

布的随机数，再计算频率可以近似得到概率值 $P(Y>w)$。

13.7　用自助法计算估计量的均方误差

很多时候，分布中未知参数估计量的分布是很难计算的，它们相应的均值或方差理论上也难以推导。例如假设 X_1，X_2，…，X_n 是来自正态分布$N(0, \sigma^2)$的随机样本，则随机变量 $s^2=\dfrac{1}{n-1}\sum\limits_{i=1}^{n}(X_i-\overline{X})^2$ 是 σ^2 的一个无偏估计，其中 $\overline{X}=\dfrac{1}{n}\sum\limits_{i=1}^{n}X_i$。又因为 s^2 服从 χ^2 分布，所以要计算 $\mathrm{Var}(s^2)$ 等价于计算 χ^2 分布的方差，这里的 $\mathrm{Var}(s^2)$ 是原分布参数 σ^2 的估计统计量 s^2 的方差。进一步，如果 X_1，X_2，…，X_n 不服从正态分布，则 s^2 的分布和这个分布的方差将难以确定。

在应用中，常常需要比较同一参数的不同估计量的优劣，如在均值无偏的条件下，需要估计量的方差越小越好，例如 $\tilde{s}^2=X_1^2$ 是 σ^2 的另一个无偏估计，如果想知道 s^2 和 $\tilde{s}^2$ 谁的方差最小，就会遇到上述困难。假设有一个样本观测值 x_1，x_2，…，x_n，可以得到 s^2 和 $\tilde{s}^2$ 对应的一个观测值，但是由于没有理论上的方差比较，也就无法判别哪一个更适合作为 σ^2 的估计。如果理论上的方差比较无法进行，则至少需要数值上的方差比较。如果我们有的仅仅是一个样本观测值，若直接使用，只能得到 s^2 和 $\tilde{s}^2$的一个观测值，无法给出它们理论方差的合理估计。

在已知一个样本观测值时，自助法（bootstrap）能给出各种统计量的均值和方差的一个较好的估计。自助法是一种非参数方法，它不需要知道总体的任何信息，就能很快地计算统计量的各阶矩，而且有较好的精度，在现代精算和统计中应用广泛。

13.7.1　自助法的思想

我们先来看如下的两个问题：

（1）假设随机变量 X_1，X_2，…，X_n 独立同分布于$F(x)$，且已知函数$g(x_1, x_2, \cdots, x_n)$ 和函数 $F(x)$ 的具体形式。但随机变量 $Y=g(X_1, X_2, \cdots, X_n)$ 的分布未知，计算 $\mathrm{Var}(g(X_1, X_2, \cdots, X_n))$。

（2）假设随机变量 X_1，X_2，…，X_n 独立同分布于$F(x)$，且已知一个样本观测值 x_1，x_2，…，x_n 和函数 $g(x_1, x_2, \cdots, x_n)$。但是函数 $F(x)$ 的具体形式未知，$Y=g(X_1, X_2, \cdots, X_n)$ 的分布未知，计算 $\mathrm{Var}(g(X_1, X_2, \cdots, X_n))$。

对于问题（1），只要能产生服从分布 $F(x)$ 的充分多的随机数，再将这些模拟数代入函数 g 中，即可得与 Y 同分布的充分多的随机数，则理论上就能得到有关 Y 的分布 $F_Y(y)$ 的任何信息。

但是对于问题（2），由于分布 $F(x)$ 未知，以上方法不能用，所以需要找一个 $F(x)$ 的替代品。而大样本理论告诉我们，依赖于样本观测值 x_1，x_2，…，x_n 的经验分布可以作为 $F(x)$ 的替代品。所以只要从经验分布中充分多地模拟随机数，就可以得到 $\mathrm{Var}[g(X_1, X_2, \cdots, X_n)]$的近似估计值。这是自助法的主要思想。

【例 13—14】 如果要计算 $s^2=\frac{1}{n-1}\sum_{i=1}^{n}(X_i-\overline{X})^2$ 的方差 $\mathrm{Var}(s^2)$，其中 $\{X_i\}$ 的是独立同分布于 $F(x)$ 的随机变量，则可作 k 组模拟，每组模拟产生 m 个 $F(x)$ 的随机数，每组模拟数可以计算得到一个 s^2 的观测值，记为 $s^2(i)$（$i=1, \cdots, k$），可得这 k 个 s^2 的观测值的方差为：

$$\widehat{\mathrm{Var}}(s^2)=\frac{1}{k}\sum_{j=1}^{k}\left[s^2(i)-\frac{1}{k}\sum_{j=1}^{k}s^2(i)\right]^2$$

当 k 和 n 充分大时，$\widehat{\mathrm{Var}}(s^2)$ 可以非常接近统计量 s^2 的理论方差 $\mathrm{Var}(s^2)$。

如果有来自原总体的一个样本观测值 x_1，x_2，…，x_n，用原总体的 n 个观测值作为新的有限总体，相当于有了一个 n 面的骰子，根据需要给这个离散总体一个概率分布，如假设为等概率分布（骰子均匀），记为 $F_n(x)$，这时就很容易对已知分布 $F_n(x)$ 的新总体进行任意次的随机模拟。假设 $\widetilde{X}$ 服从这个有限离散分布$F_n(x)$，令 $\tilde{s}^2=\frac{1}{n-1}\sum_{i=1}^{n}(\widetilde{X}_i-\overline{\widetilde{X}})^2$，用新总体的模拟数按上例中的方法，可计算得到一个$\widehat{\mathrm{Var}}(\tilde{s}^2)$，当模拟足够多时，$\widehat{\mathrm{Var}}(\tilde{s}^2)$ 可以作为 $\mathrm{Var}(\tilde{s}^2)$ 的估计 。

根据经验分布的大样本理论（Glivenko-Cantelli 定理），当观测值数量 n 充分大时，新总体的分布 $F_n(x)$ 在某种意义下收敛于原总体的分布 $F(x)$，所以与新总体有关的统计量的理论方差可以近似于原总体有关的统计量的理论方差，即可用 $\mathrm{Var}(\tilde{s}^2)$ 近似 $\mathrm{Var}(s^2)$。所以，最终可用$\widehat{\mathrm{Var}}(\tilde{s}^2)$ 近似 $\mathrm{Var}(s^2)$。

自助法的基本思想包括：（1）经验分布渐近原分布，所以来自经验分布的统计量可以近似来自原分布的统计量；（2）只要能从分布中生成足够多的模拟数，随机模拟就可以充分描述分布的任何信息；（3）经验分布是有限总体的离散分布，易于进行随机模拟。所以自助法是原始观测值做有放回的随机试验，用试验出的多组数据估计想要的方差或其他的量。其中包含了两步近似，一是随机模拟近似经验分布的概率性质，二是经验分布渐近原分布，所以自助法的精度既和模拟次数有关，也和原始观测值个数有关。

13.7.2　自助法估计均方误差

自助法是对原始观测值做有放回的随机试验，每次试验的结果称为一个自助样本，根据要求做多次试验，可以得到多个自助样本。如将 n 面的骰子投掷 n 次称为一次试验，k 个自助样本相当于投掷 kn 次，所以同一个观测值可以多次出现。每次试验的投掷次数总是和原始观测值个数相等。自助法依赖于原始观测值，原始观测值不同，相当于骰子不同。

下面举例说明自助样本的直观使用方法。

【例 13—15】　假设随机变量 X_1，X_2，X_3 独立同分布于 $F(x)$，$F(x)$ 的 0.5 分位数为 $\theta=\inf\{x: F(x)\geqslant 0.5\}$，如果用样本中位数作为 θ 的估计，即 $\hat{\theta}=\text{median}(X_1, X_2, X_3)$。假设有一个样本原始观测值为 1.3，2.5，3.1，则样本中位数的观测值为 2.5。

如果需要评价统计量 $\hat{\theta}$ 的估计好坏，在没有其他信息时，这是无法进行的。但自助法可以给出一个数值估计。

如果对 3 面的骰子做 4 组试验，每组投掷 3 次，假设结果为：{3.1，2.5，3.1}，{3.1，1.3，2.5}，{1.3，1.3，1.3}，{2.5，3.1，3.1}，其对应的中位数为：3.1，2.5，1.3，3.1，对这 4 个数可以得到一个均值为：(3.1＋2.5＋1.3＋3.1)/4＝2.5，相应的波动为：

$$[(3.1-2.5)^2+(2.5-2.5)^2+(1.3-2.5)^2+(3.1-2.5)^2]/4=0.54$$

这个结果可以作为 θ 的估计量 $\hat{\theta}$ 的波动性能指标值，这就是所谓的均方误差（mean square error，MSE）的自助法近似值。

自助法估计均方误差是自助法的一个主要应用，其思想和 13.7.1 节是一样的。

假设随机变量 X_1，X_2，…，X_n 独立同分布于 $F(x)$，$\theta(F)$ 是分布 $F(x)$ 的参数。假设 $\theta(F)$ 的一个估计量为 $g(X_1, X_2, \cdots, X_n)$，为了判别估计量的好坏，采用均方误差作为判别标准，即

$$\begin{aligned}MSE(F)&=E_F[g(X_1,X_2,\cdots,X_n)-\theta(F)^2]\\&=\text{Var}_F(g(X_1,X_2,\cdots,X_n))+(\text{Bias}(g(X_1,X_2,\cdots,X_n)))^2\end{aligned}$$

式中，$\text{Bias}(g(X_1, X_2, \cdots, X_n))=\theta(F)-E_F(g(X_1, X_2, \cdots, X_n))$，$E_F$ 表示期望依赖于分布 $F(x)$。

如果 $g(X_1, X_2, \cdots, X_n)$ 是 $\theta(F)$ 的无偏估计，则

$$MSE(F)=\mathrm{Var}_F(g(X_1,X_2,\cdots,X_n))$$

当 $F(x)$ 未知或很复杂时，理论上 $MSE(F)$ 无法得到。如果有一个样本观测值 $x_1, x_2, \cdots, x_n$，则可以得到一个经验分布函数，定义为：

$$F_e(x)=\frac{\#\{i:X_i\leqslant x\}}{n}$$

式中，# 表示集合所有元素的个数。如果 $n=3$，$x_1=x_2=1$，$x_3=2$，则 F_e 对应一个随机变量，记为 X_e，有 $P(X_e=1)=2/3$，$P(X_e=2)=1/3$。由 Glivenko-Cantelli 定理，当观测值数量 n 充分大时，经验分布函数 F_e 在某种意义下收敛于 $F(x)$。所以在一定意义下，有

$$MSE(F_e)=E_{F_e}[(g(X_1,X_2,\cdots,X_n)-\theta(F_e))^2]$$

上式可以作为 $MSE(F)$ 的近似，这个式子中的 X_i 应当理解为独立同分布于 F_e。$MSE(F_e)$ 称为均方误差 $MSE(F)$ 的自助法近似值。

【例 13—16】 假设原总体的分布为 $F(x)$，$F(x)$ 的形式未知，参数 $\theta(F)=E(X)$，用 $\hat{\theta}_1=\overline{X}$ 作为 $\theta(F)$ 的估计。如果现有原总体的 n 个观测值 $(x_1, x_2, \cdots, x_n)$，请计算均方误差 $MSE(F)$ 和 $MSE(F_e)$。

解 根据题意知

$$MSE(F)=E_F[(\overline{X}-\theta)^2]=\sigma^2/n$$

由于经验分布函数 F_e 对应一个等概率 n 点离散分布，即

$$P(X=x_i)=1/n,\quad i=1,2,\cdots,n$$

所以

$$\theta(F_e)=E_e(X)=\sum_{i=1}^{n}x_i/n$$

记为 $\overline{x}$。所以

$$MSE(F_e)=E_{F_e}\left[\left(\sum_{i=1}^{n}\frac{X_i}{n}-\overline{x}\right)^2\right]$$

式中，$X_1, X_2, \cdots, X_n$ 独立同分布于 F_e。又因为

$$E_{F_e}\left(\sum_{i=1}^{n}\frac{X_i}{n}\right)=E_{F_e}(X)=\overline{x}$$

所以

$$MSE(F_e)=\mathrm{Var}_{F_e}\left(\sum_{i=1}^{n}\frac{X_i}{n}\right)=\frac{\mathrm{Var}_{F_e}(X)}{n}$$

因为

$$\begin{aligned}\mathrm{Var}_{F_e}(X)&=E_{F_e}(X-E_{F_e}(X))^2=E_{F_e}(X-\bar{x})^2\\&=\sum_{i=1}^{n}(x_i-\bar{x})^2P(X=x_i)=\frac{1}{n}\sum_{i=1}^{n}(x_i-\bar{x})^2\end{aligned}$$

所以

$$MSE(F_e)=\frac{1}{n}\sum_{i=1}^{n}(x_i-\bar{x})^2$$

作为一个比较，如果原总体的分布 $F(x)$的方差未知，通常用方差的无偏估计 $S^2=\frac{1}{n-1}\sum_{i=1}^{n}(X_i-\bar{X})^2$ 来替换 σ^2，则根据观测值（x_1，x_2，…，x_n）可得

$$MSE(F)\approx\frac{1}{n(n-1)}\sum_{i=1}^{n}(x_i-\bar{x})^2$$

由此可见，用经验分布得到的近似值精度是很高的。

对于一个等概率 n 点离散分布，即 $P(X=x_i)=1/n$（$i=1$，2，…，n），$MSE(F_e)$ 常常是可以得到精确解的。因为若 X_1，X_2，…，X_n 是独立同分布于等概率n 点离散分布的，则类似于将一个 n 面的骰子投掷n 次，所有可能的组合有 n^n 种，事实上它们的联合分布是一个多项分布，所以

$$\begin{aligned}MSE(F_e)&=E_{F_e}[(g(X_1,X_2,\cdots,X_n)-\theta(F_e))^2]\\&=\sum_{i_n=1}^{n}\cdots\sum_{i_1=1}^{n}(g(x_{i_1},x_{i_2},\cdots,x_{i_n})-\theta(F_e))^2\\&\quad P(X_1=x_{i_1},\cdots,X_n=x_{i_n})\\&=\sum_{i_n=1}^{n}\cdots\sum_{i_1=1}^{n}\frac{(g(x_{i_1},x_{i_2},\cdots,x_{i_n})-\theta(F_e))^2}{n^n}\end{aligned}$$

但是当n很大时，n^n 项求和是不方便的。根据大数定理，对任意随机变量 X，只要能生成独立且与 X 同分布的随机变量序列 $\{\xi_i\}$，则当 m 很大时，$Ef(X)\approx\frac{1}{m}\sum_{i=1}^{m}f(\xi_i)$，这就是所谓的蒙特卡罗方法。因为产生一个服从经验分布函数 F_e 的随机数相当于将 n 面的均匀骰子投掷一次，这是很容易进行的，所

以可以做 m 次试验，每次试验将 n 面的均匀骰子投掷 n 次，假设第 i 次试验的结果为 x_1^i，x_2^i，…，x_n^i，则

$$MSE(F_e) \approx \frac{1}{m}\sum_{i=1}^{m}[g(x_1^i, x_2^i, \cdots, x_n^i) - \theta(F_e)]^2 \tag{13—7—1}$$

【例 13—17】 假设有来自未知分布 F 的两个随机抽样 3 和 5，如果用 $\frac{1}{2}\sum_{i=1}^{2}(X_i - \overline{X})^2$ 估计 $\mathrm{Var}(X)$，其中 $\overline{X} = \frac{X_1 + X_2}{2}$，运用自助方法，计算均方误差的自助法近似值。

解 由于只有两个观测值，经验分布 F_e 为一个参数为 2 的二项分布，相当于两次抛硬币试验，即等概率得到四种可能：{(3，5)，(5，3)，(3，3)，(5，5)}。因此

$$E_{F_e}(X) = x_1 P(X_1 = x_1) + x_2 P(X_2 = x_2) = \frac{3+5}{2} = 4$$

$$\theta(F_e) = \mathrm{Var}_{F_e}(X) = \frac{1}{2}[(3-4)^2 + (5-4)^2] = 1$$

所以

$$\begin{aligned}
MSE(F_e) &= E_{F_e}[(g(X_1, X_2, \cdots, X_n) - \theta(F_e))^2] \\
&= E_{F_e}\left[\left(\frac{1}{2}\sum_{i=1}^{2}(X_i - \overline{X})^2 - 1\right)^2\right] \\
&= \left[\frac{1}{2}\left(\left(x_1 - \frac{x_1 + x_1}{2}\right)^2 + \left(x_1 - \frac{x_1 + x_1}{2}\right)^2\right) - 1\right]^2 \\
&\quad P(X_1 = x_1, X_2 = x_1) \\
&\quad + \left[\frac{1}{2}\left(\left(x_2 - \frac{x_2 + x_1}{2}\right)^2 + \left(x_1 - \frac{x_2 + x_1}{2}\right)^2\right) - 1\right]^2 \\
&\quad P(X_1 = x_2, X_2 = x_1) \\
&\quad + \left[\frac{1}{2}\left(\left(x_1 - \frac{x_1 + x_2}{2}\right)^2 + \left(x_2 - \frac{x_1 + x_2}{2}\right)^2\right) - 1\right]^2 \\
&\quad P(X_1 = x_1, X_2 = x_2) \\
&\quad + \left[\frac{1}{2}\left(\left(x_2 - \frac{x_2 + x_2}{2}\right)^2 + \left(x_2 - \frac{x_2 + x_2}{2}\right)^2\right) - 1\right]^2 \\
&\quad P(X_1 = x_2, X_2 = x_2) \\
&= \frac{1}{4}[(0-1)^2 + (1-1)^2 + (1-1)^2 + (0-1)^2] = \frac{1}{2}
\end{aligned}$$

在这个例子中，$MSE(F_e)$ 可以被精确计算。

【例 13—18】　假设随机变量 X_1，X_2，…，X_{15} 独立同分布于 $F(x)$，现有它们的一组观测值：

8.0，5.1，2.2，8.6，4.5，5.6，8.1，6.4，3.3，7.3，8.0，4.0，6.5，6.3，9.1

下面是被模拟的经验分布的自助样本，每个样本有 15 个数据。

样本 1：3.3，3.3，3.3，4.0，4.0，4.0，6.5，7.3，8.1，8.6，8.8，9.1，9.1，9.1，9.1

样本 2：3.3，3.3，5.1，5.1，5.1，5.6，6.4，6.5，6.5，7.3，7.3，8.0，8.0，8.0，8.1

样本 3：2.2，3.3，3.3，4.0，4.5，4.5，5.1，6.5，7.3，8.0，8.1，8.1，8.1，8.1，9.1，9.1

(1) 假设用样本均值 $\overline{X}$ 估计分布的均值 θ，使用这三个自助样本估计估计值的 MSE。

(2) 当 a 是无偏的样本方差，b 是经验分布的方差时，求 $a-b$。

(3) 假设 $\theta=F(5)$，如果 $\hat{\theta}=\dfrac{\#\{i:\ X_i\leqslant 5\}}{15}$，使用这三个自助样本估计估计值的 MSE。

解　(1) 因为

$$\begin{aligned}\theta(F_e)&=E_{F_e}(X)\\&=(8.0+5.1+2.2+8.6+4.5+5.6+8.1+6.4+3.3+7.3\\&\quad+8.0+4.0+6.5+6.3+9.1)/15=6.20\end{aligned}$$

三个自助样本的样本均值分别是：6.51，6.23，6.08，所以 $MSE(F)$ 的自助法近似值为：

$$\frac{1}{3}[(6.51-6.20)^2+(6.23-6.20)^2+(6.08-6.20)^2]=0.037$$

(2) 根据例 13—16 知，无偏的样本方差为：

$$\begin{aligned}S_{15}^2&=\frac{1}{14}\sum_{i=1}^{15}(x_i-\overline{x})^2=\frac{1}{14}\left[\sum_{i=1}^{15}x_i^2-15\,(\overline{x})^2\right]\\&=\frac{1}{14}\times[635.92-15\times(6.2)^2]=4.237\end{aligned}$$

经验分布的方差为：

$$\mathrm{Var}F_e(X)=\frac{1}{15}\sum_{i=1}^{15}(x_i-\bar{x})^2=\frac{1}{15}\left[\sum_{i=1}^{15}x_i^2-15(\bar{x})^2\right]$$
$$=\frac{14}{15}S_{15}^2=3.955$$

所以 $a-b=S_{15}^2-\frac{14}{15}S_{15}^2=\frac{1}{15}S_{15}^2=0.28$

(3) 因为 $\theta(F)=F(5)$，用经验分布替换 $F(x)$，得

$$\theta(F_e)=F_e(5)=\frac{\#\{i:x_i\leqslant 5\}}{15}$$
$$=\frac{\#\{(8.0,5.1,2.2,8.6,4.5,5.6,8.1,6.4,3.3,7.3,8.0,4.0,6.5,6.3,9.1)\leqslant 5\}}{15}$$
$$=0.267$$

又因为对于自助样本，有

$$\hat{\theta}(x_1^1,x_2^1,\cdots,x_n^1)=\#\{(3.3,3.3,3.3,4.0,4.0,4.0,6.5,7.3,8.1,8.6,8.8,9.1,9.1,9.1,9.1)<5\}/15$$
$$=\frac{6}{15}=0.4$$
$$\hat{\theta}(x_1^2,x_2^2,\cdots,x_n^2)=\frac{2}{15}=0.133$$
$$\hat{\theta}(x_1^3,x_2^3,\cdots,x_n^3)=\frac{6}{15}=0.4$$

根据式（13—7—1）得

$$MSE(F_e)\approx\frac{1}{3}\sum_{i=1}^{3}(g(x_1^i,x_2^i,\cdots,x_n^i)-\theta(F_e))^2$$
$$=\frac{1}{3}\times[(0.4-0.267)^2+(0.133-0.267)^2+(0.4-0.267)^2]$$
$$=0.0178$$

自助法的本质是经验分布近似理论分布，在实际使用中，又加入蒙特卡罗方法，用经验分布的样本均值近似经验分布的理论均值。由于给定一组观测值之后，经验分布表现为离散的概率分布，所以从经验分布中模拟随机数又表现为对原始观测值的重复抽样。

13.8 股票价格的对数正态模型和模拟

这一部分主要和衍生产品市场有关,[①] 主要包括：股票价格的对数正态模型、基于对数正态的常用计算、股票价格过程和相关期权模拟定价、两种风险度量的模拟。

13.8.1 对数正态分布

假设 Y 是一个非负随机变量，若 $\ln(Y)$ 服从正态分布，则称 Y 是对数正态随机变量。或者等价地，若随机变量 X 服从正态分布 $N(\mu, \sigma^2)$，则 $Y=\mathrm{e}^X$ 是对数正态随机变量。

相应的常用性质有：

(1) $EY=E\mathrm{e}^X=\mathrm{e}^{\mu+\frac{1}{2}\sigma^2}$

$$EY^k=\mathrm{e}^{k\mu+\frac{1}{2}k^2\sigma^2}$$

$$\mathrm{Var}(Y)=\mathrm{e}^{2\mu+2\sigma^2}-(\mathrm{e}^{\mu+\frac{1}{2}\sigma^2})^2=\mathrm{e}^{2\mu+\sigma^2}(\mathrm{e}^{\sigma^2}-1)$$

另有 $$EY=E\mathrm{e}^X>\mathrm{e}^{EX}$$

(2) Y_1，…，Y_n 是对数正态随机变量，则 $\prod\limits_{i=1}^{n}Y_i$ 也是对数正态随机变量。事实上，Y_1，…，Y_n 是对数正态随机变量，则存在 X_1，…，X_n 服从正态分布，且 $Y_1=\mathrm{e}^{X_1}$，…，$Y_n=\mathrm{e}^{X_n}$，所以 $\prod\limits_{i=1}^{n}Y_i=\mathrm{e}^{\sum X_i}$。又因为正态分布随机变量和 $\sum X_i$ 仍为正态分布，所以 $\prod\limits_{i=1}^{n}Y_i$ 是对数正态随机变量。

13.8.2 股票价格的对数正态模型

在数理金融学中，常用对数正态模型来刻画股票价格的变化。其假设的现实合理性是每天股票价格的变化不一定是独立的，但股票每天的收益率却表现出独立性。

假设有一只股票在时刻 t 的价值为 S_t，其中 $0\leqslant t\leqslant t_0$。如果将时间区间 $[0, t_0]$分割为 k 个长度为 h 的子区间，即 $0<h<2h<\cdots<kh=t_0$，若在每期期

---

① McDonald，R. L.，Derivatives Markets (Second Edition)，Addison Wesley，2006.

初投资、期末回收，则每期单位股票的投资增长比例分别为$\frac{S_h}{S_0}$，$\frac{S_{2h}}{S_h}$，…，$\frac{S_{kh}}{S_{(k-1)h}}$。假设在0时刻看价格的变化过程，则$S_0$是已知的，而这$k$个增长比例是随机变量，若假设它们相互独立且有相同的期望和方差，则根据中心极限定理，$\sum_{i=1}^{k}\ln\left(\frac{S_{ih}}{S_{(i-1)h}}\right)$收敛于一个正态分布。又因为

$$\sum_{i=1}^{k}\ln\left(\frac{S_{ih}}{S_{(i-1)h}}\right)=\ln(S_h)-\ln(S_0)+\ln(S_{2h})-\ln(S_h)$$

$$+\cdots+\ln(S_{kh})-\ln(S_{(k-1)h})=\ln(\frac{S_{t_0}}{S_0})$$

所以$\ln\left(\frac{S_{t_0}}{S_0}\right)$的分布为正态分布，即$\frac{S_{t_0}}{S_0}$是对数正态随机变量。在利息理论中，$\frac{S_{t_0}}{S_0}$为简单毛收益率，$\frac{S_{t_0}}{S_0}-1$为简单收益率，$\ln\left(\frac{S_{t_0}}{S_0}\right)$为连续复合收益率。

假设$\ln\left(\frac{S_{t_0}}{S_0}\right)$的期望为$\alpha t$，方差为$\sigma^2 t$，$t$以年为单位，则$\ln\left(\frac{S_{t_0}}{S_0}\right)$可表示为$\alpha t+\sigma\sqrt{t}\cdot Z$，其中随机变量$Z$服从标准正态分布$N(0,1)$，可等价地写为$S_t=S_0\mathrm{e}^{\alpha t+\sigma\sqrt{t}\cdot Z}$。根据性质（1），得

$$ES_t=ES_0\mathrm{e}^{\alpha t+\sigma\sqrt{t}\cdot Z}=S_0\mathrm{e}^{\alpha t+\frac{1}{2}\sigma^2 t}$$

【例13—19】 假设股票的现值为100元，一年后的期望价格是110元，每年收益率的波动率为20%。计算一年内股票价格的中位数和两年后的期望价格。

解 根据题意知，如果用对数正态随机变量$S_t=S_0\mathrm{e}^{\alpha t+\sigma\sqrt{t}\cdot Z}$描绘$t$时刻的股票价格，则收益率的波动率$\sigma=0.2$，且$ES_1=100\mathrm{e}^{\alpha+\frac{1}{2}\sigma^2}=110$，所以$\mathrm{e}^{\alpha+0.02}=1.1$。

由于一年内股票价格的中位数c满足$P(S_1\leqslant c)=0.5$，即

$$P(100\mathrm{e}^{\alpha+\sigma\cdot Z}\leqslant c)=P(\ln 100+\alpha+\sigma\cdot Z\leqslant\ln c)$$

$$=P(Z\leqslant\frac{1}{\sigma}(\ln c-\ln 100-\alpha))=0.5$$

因为Z为标准正态随机变量，所以当$\frac{1}{\sigma}(\ln c-\ln 100-\alpha)=0$时，上式成立。所以

$$c=100\mathrm{e}^{\alpha}=100\times1.1\times\mathrm{e}^{-0.02}=107.82$$

下面给出几个基于对数正态模型的股票价格概率分布的常用计算。

(1) 分布函数 $P(S_t \leqslant K)$ 和$\frac{d}{dt}P(S_t \leqslant K)$。

$$P(S_t \leqslant K) = P(S_0 e^{\alpha t + \sigma\sqrt{t}\cdot Z} \leqslant K)$$
$$= P\left(Z \leqslant \frac{1}{\sigma\sqrt{t}}(\ln K - \ln S_0 - \alpha t)\right)$$
$$= \Phi\left[\frac{1}{\sigma\sqrt{t}}(\ln K - \ln S_0 - \alpha t)\right]$$

式中，Φ 是标准正态的分布函数。所以

$$\frac{d}{dt}P(S_t \leqslant K) = \Phi'\left(\frac{\ln K - \ln S_0 - \alpha t}{\sigma\sqrt{t}}\right)\cdot\frac{d}{dt}\left(\frac{\ln K - \ln S_0 - \alpha t}{\sigma\sqrt{t}}\right)$$
$$= \varphi\left(\frac{\ln K - \ln S_0 - \alpha t}{\sigma\sqrt{t}}\right)\cdot\left(-\frac{\alpha}{2\sigma\sqrt{t}} - \frac{\ln K - \ln S_0}{2\sigma t\sqrt{t}}\right)$$

式中，φ 是标准正态分布的密度函数。

【例 13—20】 假设股票的现值为 100 元，一年后的期望价格是 110 元，每年收益率的波动率为 20%。请计算：

(a) 三年后的股票价格低于 80 元的概率。

(b) 当时间 t 和收益率的波动率 σ 增加时，股票价格低于 80 元的概率是否也增加。

(c) 三年后的股票价格的 5%和 95%分位点。

解

(a) 由例 13—19 知，如果用对数正态随机变量 $S_t = S_0 e^{\alpha t + \sigma\sqrt{t}\cdot Z}$ 描绘 t 时刻的股票价格，则收益率的波动率 $\sigma = 0.2$，$e^{\alpha + 0.02} = 1.1$，即 $\alpha = 0.0753$。所以

$$P(S_3 \leqslant 80) = \Phi\left[\frac{1}{\sigma\sqrt{t}}(\ln K - \ln S_0 - \alpha t)\right]$$
$$= \Phi\left[\frac{1}{0.2\sqrt{3}}(\ln 80 - \ln 100 - 3\times 0.0753)\right]$$
$$= \Phi(-1.3) = 0.097$$

(b) 因为

$$\frac{d}{dt}P(S_t \leqslant 80) = \varphi\left(\frac{\ln 0.8 - 0.0753t}{0.2\sqrt{t}}\right)\cdot\left(-\frac{0.0753}{2\times 0.2\sqrt{t}} - \frac{\ln 0.8}{2\times 0.2t\sqrt{t}}\right)$$

$$=\varphi\left(\frac{\ln 0.8-0.0753t}{0.2\sqrt{t}}\right)\cdot\left(-\frac{0.0753t+\ln 0.8}{2\times 0.2t\sqrt{t}}\right)$$

由于密度函数非负，所以当 $0.0753\,t+\ln 0.8<0$ 时，即 $t<2.963$ 时，$P(S_t\leqslant 80)$ 关于 t 单调递增。当 $t>2.963$ 时，$P(S_t\leqslant 80)$ 关于 t 单调递减。

对于波动率 σ 可计算得

$$\frac{d}{\mathrm{d}\sigma}P(S_t\leqslant 80)=\varphi\left(\frac{\ln 0.8-0.0753t}{\sigma\sqrt{t}}\right)\cdot\left(-\frac{\ln 0.8-t\ln 1.1}{\sigma^2\sqrt{t}}+\frac{\sqrt{t}}{2}\right)$$

因为对任意的 σ 和 $t>0$，都有 $-\dfrac{\ln 0.8-t\ln 1.1}{\sigma^2\sqrt{t}}+\dfrac{\sqrt{t}}{2}>0$，所以给定时刻 t，$P(S_t\leqslant 80)$ 关于 σ 单调递增。即股票收益率的波动率越高，股票价格低于 80 元的概率也会越高。

(c) 令三年后的股票价格的 5%和 95%分位点分别为 a，b，即

$$P(S_3\leqslant a)=0.05,\quad P(S_3\leqslant b)=0.95$$

由 $$\Phi\left[\frac{1}{\sigma\sqrt{t}}(\ln K-\ln S_0-\alpha t)\right]=\Phi\left[\frac{1}{0.2\sqrt{3}}(\ln a-\ln 100-0.0753\times 3)\right]=0.05$$

知 $$\frac{1}{0.2\sqrt{3}}(\ln a-\ln 100-0.0753\times 3)=-1.645$$

即 $$a=70.90$$

同理

$$\frac{1}{0.2\sqrt{3}}(\ln b-\ln 100-0.0753\times 3)=1.645$$

即 $$b=227.90$$

由此可知，三年后股票价格落在（70.90，227.90）区间的概率为 90%。

(2) 条件期望 $E(S_t\,|\,S_t<K)$ 和 $E(S_t\,|\,S_t>K)$。根据条件期望的常用公式

$$E(X\mid B)=\frac{1}{P(B)}\int_B x\mathrm{d}F(x)$$

得

$$E(S_t\mid S_t<K)=S_0\mathrm{e}^{\alpha t}\frac{\Phi\left[\dfrac{\ln K-\ln S_0+(\alpha+\sigma^2)t}{\sigma\sqrt{t}}\right]}{P(S_t<K)}$$

$$= S_0 e^{\alpha t} \frac{\Phi\left[\dfrac{\ln K - \ln S_0 + (\alpha+\sigma^2)t}{\sigma\sqrt{t}}\right]}{\Phi\left[\dfrac{\ln K - \ln S_0 - \left(\alpha - \dfrac{1}{2}\sigma^2\right)t}{\sigma\sqrt{t}}\right]}$$

且 $$E(S_t \mid S_t > K) = S_0 e^{\alpha t + \frac{1}{2}\sigma^2 t} \frac{\Phi\left[\dfrac{\ln S_0 - \ln K + (\alpha+\sigma^2)t}{\sigma\sqrt{t}}\right]}{\Phi\left[\dfrac{\ln S_0 - \ln K - (\alpha - \dfrac{1}{2}\sigma^2)t}{\sigma\sqrt{t}}\right]}$$

(3) Black-Scholes 期权定价公式。期权实际上是一种买入资产或卖出资产的合约。在这个合约中，合约的一方授予另一方在某个确定的日期内以某一确定的价格购买（或出售）某种资产的权利，欧式期权仅在到期日执行。

假设有一只股票价格为 $S_t = S_0 e^{\alpha t + \sigma\sqrt{t}\cdot Z}$，其中 $0 \leqslant t \leqslant T$，欧式看涨期权的到期收益是：在 T 时刻收益为 $\max(S_T - K, 0)$（其中 $K>0$，为一个常数，称为执行价格）。假设市场无风险利率为 r，Black-Scholes 期权定价公式可以表达为某个对数正态随机变量 $\widetilde{S}_t = S_0 e^{(r-\frac{1}{2}\sigma^2)t + \sigma\sqrt{t}\cdot Z}$的条件期望，但这个对数正态随机变量的分布由无风险利率 r 和股票的波动率 σ 决定，与原始股票价格 S_t 的参数 α 无关。

到期收益为 $\max(S_T - K, 0)$ 的欧式看涨期权的价格为：

$$e^{-rT}E(\widetilde{S}_T - K \mid \widetilde{S}_T > K)P(\widetilde{S}_T > K) = S_0\Phi(d_1) - Ke^{-rT}\Phi(d_2)$$

其中

$$d_1 = \frac{\ln\left(\dfrac{S_0}{K}\right) + \left(r + \dfrac{1}{2}\sigma^2\right)(T-t)}{\sigma\sqrt{T-t}}$$

$$d_2 = \frac{\ln\left(\dfrac{S_0}{K}\right) + \left(r - \dfrac{1}{2}\sigma^2\right)(T-t)}{\sigma\sqrt{T-t}} = d_1 - \sigma\sqrt{T-t}$$

相应地，到期收益为 $\max(K - S_T, 0)$ 的欧式看跌期权的价格为：

$$e^{-rT}E(K - \widetilde{S}_T \mid \widetilde{S}_T < K)P(\widetilde{S}_T < K) = Ke^{-rT}\Phi(-d_2) - S_0\Phi(-d_1)$$

【例 13—21】 假设股票的现值为 100 元，一年后的期望价格是 110 元，每年收益率的波动率为 20%，市场无风险连续复合利率为 5%。请计算三年期执行价格为 120 元的欧式看涨期权和欧式看跌期权的价格。

解 已知 $\sigma=0.2$，$S_0=100$，$r=0.05$，$K=120$，$T=3$，所以

$$d_1=\frac{\ln\left(\frac{100}{120}\right)+\left(0.05+\frac{1}{2}\times 0.2^2\right)\times 3}{0.2\sqrt{3}}=0.0277$$

$$d_2=\frac{\ln\left(\frac{100}{120}\right)+\left(0.05-\frac{1}{2}\times 0.2^2\right)\times 3}{0.2\sqrt{3}}=-0.0923$$

相应欧式看涨期权的价格$=100\Phi(0.0277)-120\mathrm{e}^{-0.05\times 3}\Phi(0.0923)=49.5$

相应欧式看跌期权的价格$=120\mathrm{e}^{-0.05\times 3}\Phi(-0.0923)-100\Phi(0.0277)=50$

13.8.3 期权风险中性定价法的离散模型——二叉树方法

期权定价问题在其他课程中已有详细介绍，所以本节只简单地给出单时段二叉树模型的风险中性定价方法。

假设市场为理想市场，可以任意借贷，无卖空限制，无交易费等。同时假设市场由两个资产组成：股票 S 和无风险资产 B。单时段是指交易只在时段 [0, 1] 的初始时间 $t=0$ 以及中止时间 $t=1$ 进行。假设当前时刻为 0，这时股票价格已知为 S_0。假设股票价格在时刻 1 时为一个服从两点分布的随机变量，即

$$P(S_1=S_0u)=p$$
$$P(S_1=S_0d)=1-p\,(d<u)$$

这个概率分布可以理解为根据历史价格信息确定的。

如果无风险资产 B 的收益率为无风险利率 r，即 $B_1=\rho B_0$，$\rho=1+r$，其中 B_0，B_1 表示资产 B 在 $t=0$，1 时刻的值。由于市场可以以无风险利率 r 任意借贷，所以如果这个市场是理性的，必须满足这样一个条件：$d\leqslant\rho\leqslant u$。否则，在这个市场中可以获得无风险收益，例如若 $\rho<d$，由于股票收益恒大于无风险资产 B 的收益，如果大量借款购买股票，就可获得大于 0 的无风险净收益，结果是所有人都会选择去借款，这样的市场是非理性的，不会是一个常态，它会自然消失或调整到新的理性状态。这个条件保证了市场是无套利的。所谓市场无套利，是指不存在这样的策略，这个策略产生的损失概率为 0，但以正概率获得正收益。

定义 13.1 设 S 是风险资产、B 是无风险资产，$\frac{S_t}{B_t}$称为在 t 时刻风险资产 S 的贴现价格（discounted price）或相对价格（related price）。如果有一个概率测度 Q 使得风险资产 S 在中止时刻 T 的期望回报与无风险证券的回报相同，即满足

$$E^{Q}\left(\frac{S_T}{B_T}\right)=\frac{S_0}{B_0} \quad 或 \quad \frac{E^{Q}(S_T)-S_0}{S_0}=\frac{B_T-B_0}{B_0}$$

则概率测度 Q 称为风险中性测度。

对于上面的简单市场，定义概率测度 Q 为：

$$0<P_Q(S_1=S_0u)=\frac{\rho-d}{u-d},\quad P_Q(S_1=S_0d)=\frac{u-\rho}{u-d}<1 \tag{13—8—1}$$

则

$$\begin{aligned}E^{Q}\left(\frac{S_T}{B_T}\right)&=\frac{1}{\rho B_0}[S_0u\times P_Q(S_1=S_0u)+S_0d\times P_Q(S_1=S_0d)]\\&=\frac{1}{\rho B_0}\left(S_0u\frac{\rho-d}{u-d}+S_0d\frac{u-\rho}{u-d}\right)\\&=\frac{S_0}{B_0}\end{aligned}$$

所以，式（13—8—1）中定义的概率测度 Q 为风险中性测度。

可以证明，对于这个简单市场：（1）风险中性测度是唯一的；（2）在风险中性测度下，价格为 V 的期权的贴现价格满足 $E^{Q}\left(\frac{V_T}{B_T}\right)=\frac{V_0}{B_0}$，其中 V_0，V_T 表示期权在 0，T 时刻的价格。由于在 T 时刻期权的价格等于 T 时刻实际收益，所以 0 时刻的欧式看涨期权 $\max(S_T-K，0)$ 的价格，满足 $\frac{V_0}{B_0}=E^{Q}\left(\frac{\max(S_T-K，0)}{B_T}\right)$。

【例 13—22】　假设 0 时刻股票价格为 $S_0=100$，1 时刻预期上涨幅度为 $u=1.25$，预期下跌幅度为 $d=0.8$，无风险资产毛收益率为 $\rho=1.07$，欧式看跌期权为 $\max(110-S_1，0)$，计算这个期权的价格。

解　由式（13—8—1）知，股票价格上涨的风险中性概率 q 满足

$$E^{Q}(S_T)=\frac{1}{1.07}[125q+80(1-q)]=100$$

即

$$q=0.6$$

所以

$$V_0=\frac{1}{1.07}E^{Q}[\max(110-S_{1,0})]=\frac{1}{1.07}\times(0\times0.6+30\times0.4)=11.21$$

这个模型可以扩展到多时段的情况，下面以两时段为例说明。假设每时段股票价格或者上涨 25%或者下跌 20%，每时段的无风险收益率为 7%，则对 $t=0$ 时刻，股票价格在时刻 2 时有三种可能状态，见图 13—4。

如果以时刻 1 为起始时间，则时刻 1 的股票价格 S_1 是已知的：

$$\frac{B_1}{B_2}E^Q(S_2)=\frac{1}{1.07}(156.25\times 0.6+100\times 0.4)=125=S_1$$

如果以时刻 0 为起始时间，则由条件期望的性质知

$$\frac{B_0}{B_2}E^Q(S_2)=\frac{B_0}{B_1}E^Q\left[\frac{B_1}{B_2}E^Q(S_2\,|\,S_1)\right]=\frac{B_0}{B_1}E^Q(S_1)=S_0$$

即风险中性测度下，任意阶段的期望回报与无风险证券的回报始终相同。这个结论对期权价格也成立。

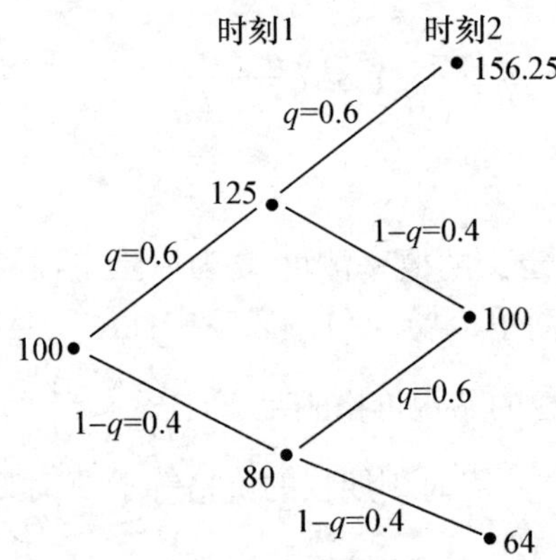

图 13—4　两时段股票价格二叉树模型

【例 13—23】　条件同例 13—22，计算时刻 $t=2$ 时这个欧式看跌期权在 $t=0$ 时刻的价格。

解　根据题意，时刻 2 时的欧式看跌期权在 0 时刻的价格为：

$$\begin{aligned}V_0&=\frac{B_0}{B_2}E^Q[\max(K-S_2)]=\frac{1}{1.07^2}E^Q[E^Q(\max(110-S_{2,0})\,|\,S_1)]\\&=\frac{1}{1.07^2}[E^Q(\max(110-S_{2,0})\,|\,S_1=125)P(S_1=125\,|\,S_0=100)\\&\quad+E^Q(\max(110-S_{2,0})\,|\,S_1=80)P(S_1=80\,|\,S_0=100)]\\&=\frac{1}{1.07^2}[E^Q(\max(110-S_{2,0})\,|\,S_1=125)(0.6)\\&\quad+E^Q(\max(110-S_{2,0})\,|\,S_1=80)(0.4)]\\&=\frac{1}{1.07^2}\times[0\times 0.6+(110-100)\times 0.4\times 0.6+(110-64)\times 0.4\times 0.4]\\&=8.525\end{aligned}$$

13.8.4　模拟对数正态的股票价格

因为股票价格可以表示为标准正态随机变量 Z 的函数，即 $S_t = S_0 e^{\alpha t + \sigma\sqrt{t}\cdot Z}$，所以只要得到一个正态随机数，代入前式就可以得到一个对数正态随机数。如果要模拟一条股票价格路径，可以把时间区间［0，T］分割为长度为 h 的小区间，根据 13.8.2 中的解释，对数正态股票模型的实质假设是股票的连续复合收益率 $\ln\left(\frac{S_{kh}}{S_{(k-1)h}}\right)$ 独立同正态分布，即 $\frac{S_h}{S_0}$ 与 $\frac{S_{2h}}{S_h}$ 独立同分布，所以 $S_{2h} = S_h e^{\alpha h + \sigma\sqrt{h}\cdot Z}$。同理可得，$S_{nh} = S_{(n-1)h} e^{\alpha h + \sigma\sqrt{h}\cdot Z}$。也就是，如果 Z_i（$i=1$，…，n）为独立同分布的标准正态随机变量，则一条股票价格路径为：

$$
\begin{aligned}
S_h &= S_0 e^{\alpha h + \sigma\sqrt{h}\cdot Z_1} \\
S_{2h} &= S_h e^{\alpha h + \sigma\sqrt{h}\cdot Z_2} = S_0 e^{\alpha(2h) + \sigma\sqrt{h}\cdot(Z_1+Z_2)} \\
&\cdots\cdots \\
S_{nh} &= S_0 \exp\left\{\alpha nh + \sigma\sqrt{h}\cdot\sum_{i=1}^{n} Z_i\right\}
\end{aligned}
$$

如果直接使用定义 $S_t = S_0 e^{\alpha t + \sigma\sqrt{t}\cdot Z}$，则

$$
\begin{aligned}
&\tilde{S}_h = S_0 e^{\alpha h + \sigma\sqrt{h}\cdot Z_1} \\
&\tilde{S}_{2h} = S_0 \exp\{\alpha(2h) + \sigma\sqrt{2h}\cdot Z_2\} \\
&\cdots\cdots \\
&\tilde{S}_{nh} = S_0 \exp\{\alpha nh + \sigma\sqrt{nh}\cdot Z_n\}
\end{aligned}
$$

也可以得到一条不同的股票价格路径，但是这样做的效果并不好，在同样精度要求下做模拟定价，$\tilde{S}$ 的模拟路径数量要远远高于前者，这是属于方差减少的问题。

13.8.5　模拟计算期权价格和方差减少技术

假设有一只股票价格为 $S_t = S_0 e^{\alpha t + \sigma\sqrt{t}\cdot Z}$，市场无风险利率为 r，到期收益为 max（$S_T - K$，0）的欧式看涨期权的价格可以表达为对数正态随机变量 $\tilde{S}_t = S_0 e^{\left(r - \frac{1}{2}\sigma^2\right)t + \sigma\sqrt{t}\cdot Z}$ 的条件期望，即 $V_0 = E(e^{-rT}\max(\tilde{S}_T - K, 0))$。根据大数定理，如果有 k 个与 $\tilde{S}_T$ 同分布的随机数 $\tilde{S}_T^j$（$j=1$，…，k），则

$$
\begin{aligned}
V_0 &= E(e^{-rT}\max(\tilde{S}_T - K, 0)) \\
&\approx \frac{1}{k}\sum_{j=1}^{k} e^{-rT}\max(\tilde{S}_T^j - K, 0)
\end{aligned}
\tag{13—8—2}
$$

亚式期权的收益依赖于期权有效期内的所有价格的平均值，例如 n 天的股票价格为 $S_i(i=1, \cdots, n)$，则到期收益为 $\max\left(\frac{1}{n}\sum_{i=1}^{n} S_i - K, 0\right)$。类似欧式看涨期权的价格，这个亚式期权的价格可以表示为 $V_1 = E\left(\mathrm{e}^{-rT}\max\left(\frac{1}{n}\sum_{i=1}^{n}\tilde{S}_i - K, 0\right)\right)$。由于这个期权与整个股票价格过程有关，所以模拟估价时，需要产生 k 条股票价格路径，记为 $\tilde{S}^{(j)}(j=1, \cdots, k)$，每条模拟股票价格路径 $\tilde{S}^{(j)}$ 由 n 个标准正态随机数按式（13—8—2）中的方式生成，设股票价格路径 $\tilde{S}^{(j)}$ 第 i 天的价格为 $\tilde{S}_i^{(j)}$（$i=1, \cdots, n$），则

$$V_1 \approx \frac{1}{k}\sum_{j=1}^{k}\mathrm{e}^{-rT}\max\left(\frac{1}{n}\sum_{i=1}^{n}\tilde{S}_i^{(j)} - K, 0\right)$$

理论上只要模拟次数充分大，大数定理保证估计可以得到任意精度，即模拟次数越大，估计值的方差越小，可认为精度就越高，但应用中有时效和计算费用的要求，一个关键的问题是如何才能在尽量少的模拟次数下达到满足给定的精度要求。基于大数定理的平均算法简单但相对效率较低，因为事实上，平均算法的方差为 $\mathrm{Var}(\overline{X}) = \frac{\mathrm{Var}(X)}{n}$，即方差的收敛速度为 $1/n$。在很多情况下，直接取平均不是所有无偏估计中方差最小的估计。所以有很多在计算中减少方差的技巧，以下是三种常见方法。

（1）控制变量法（control variates）。控制变量法的一个简单应用是：如果有两个相关期权，假设真实价格分别记为 A 和 G，其中 G 已知，如果用模拟可得到它们的估计价格 $\overline{A}$，$\overline{G}$，则可以用 $A^* = \overline{A} + (G - \overline{G})$ 作为 A 的另一个估计。在应用中，这个校正常能得到较好的效果。或者取 $A^* = \overline{A} + \beta(G - \overline{G})$，其中 $\beta = \frac{\mathrm{Cov}(\overline{A}, \overline{G})}{\mathrm{Var}(\overline{G})}$，容易证明：

$$\mathrm{Var}(A^*) = \min_{c\in R}\{\mathrm{Var}(\overline{A} + c(G - \overline{G}))\} = \mathrm{Var}(\overline{A}) - \frac{[\mathrm{Cov}(\overline{A}, \overline{G})]^2}{\mathrm{Var}(\overline{G})} \leqslant \mathrm{Var}(\overline{A})$$

（2）分层抽样（stratified sampling）。分层抽样的一个简单应用是均匀分层抽样法，下面以式（13—8—2）为例说明基本用法。

由第 2 节知，任何分布 F 的随机数均可由［0，1］的均匀分布随机数变换产生，所以 k 个［0，1］均匀分布随机数可得 k 个对数正态随机数。进一步，若将［0，1］区间分成 M 个相等的子区间，并希望在各子区间内抽取相同数量的随机点数 N_i，其中 $MN_i = k$（$i=1, \cdots, M$）。这一步是容易做到的，例如要在

第 i 个区间$\left(\frac{i-1}{M}, \frac{i}{M}\right]$中产生服从$\left(\frac{i-1}{M}, \frac{i}{M}\right]$均匀分布随机数，只需有一个［0，1］均匀分布随机数 U，则$\frac{i-1}{M}+\frac{1}{M}U$ 服从$\left(\frac{i-1}{M}, \frac{i}{M}\right]$均匀分布。用这 N_i 个随机数分别生成对数正态随机数 $\widetilde{S}_T^i$（j）（$j=1$，…，N_i），最后估计价格为：

$$V_0^1 \approx \frac{1}{M}\sum_{i=1}^{M}\left[\frac{1}{N_i}\sum_{j=1}^{N_m}\mathrm{e}^{-rT}\max(\widetilde{S}_T^i(j)-K,0)\right]$$

这种模拟与随意抽取的不同之处在于，简单的随机抽取可能在有的区间出现很多的点，出现不必要的冗余信息，而有的区间可能信息很少，使得估计不稳定。分层抽样让每个区间内都能有一定的点出现，可以证明即使最简单的均匀分层抽样法方差也是很有效的。①

（3）对偶变量法（antithetic variates）。对偶变量法的一个简单应用是：如果同时使用均匀分布随机数 u 和 $1-u$，可得到两个不同的服从分布 F 的随机数，若同时使用这两个随机数可得一个替代估计。例如用均匀分布随机数列 u 生成式（13—8—2）中的 k 个对数正态随机数 $\widetilde{S}_T^j$（$j=1$，…，k），同时用 $1-u$ 也可生成 k 个对数正态随机数 $\hat{S}_T^j$（$j=1$，…，k），则

$$V_0^2 \approx \frac{1}{2}\left[\frac{1}{k}\sum_{j=1}^{k}\mathrm{e}^{-rT}\max(\widetilde{S}_T^j-K,0)+\frac{1}{k}\sum_{j=1}^{k}\mathrm{e}^{-rT}\max(\hat{S}_T^j-K,0)\right]$$

其理论依据是：假设 U 为［0，1］均匀分布随机变量，则 $1-U$ 也是［0，1］均匀分布随机变量，U 与 $1-U$ 是负相关的，可证明，如果函数 h 是单调函数②，则 $\mathrm{Cov}(h(U), h(1-U))\leqslant 0$，所以

$$\begin{aligned}\mathrm{Var}\left(\frac{h(U)+h(1-U)}{2}\right)=\frac{1}{4}[&\mathrm{Var}(h(U))+\mathrm{Var}(h(1-U))\\&+2\mathrm{Cov}(h(U),h(1-U))]\leqslant \mathrm{Var}(h(U))\end{aligned}$$

即当 h 为单调函数时，模拟估值的方差可以减少。这个方法的另一个优点是，无论 h 是否为单调函数，即方差不一定能减少，但至少可以减少一半均匀分布随机数的产生。

13.8.6　用泊松分布模拟带跳跃的股票价格

通常各种突发事件如公司违约、政府政策或与市场有关的各种利好、利空消

① 茆诗松等：《统计手册》，北京，科学出版社，2003。

② Ross，S. M：《统计模拟》，北京，人民邮电出版社，2006。

息都会对股票价格产生影响，这种影响表现为日收益率变化图上有一个跳跃。这些跳跃一般具有如下特点：

（1）在大多数情况下，各种政策和突发事件的发生时间是前后没有关系的，所以可以认为在不同时段之内发生的事件次数是独立的。

（2）直观上，在同一小时内发生两次或两次以上的具有影响的事件的概率是很小的，甚至是可以忽略不计的。

（3）可以认为某段时间内事件发生的次数与这段时间什么时候开始没有关系，如每月发布政策的数量与具体月份无关。

类似保险公司的索赔事件的发生，可以用泊松过程来描绘事件发生的次数。

用 $N(t)$ 表示从 0 到 t 时刻某一特定事件 A 发生的次数，如果 $N(t)$ 满足：

（1）$N(0)=0$。

（2）过程有独立增量，即不同时段之内发生的事件次数是独立的。

（3）在任一长度为 t 的区间中事件的个数服从均值为 λt 的泊松分布，即对一切 s，$t\geqslant 0$，此时有

$$P\{N(t+s)-N(s)=n\}=\mathrm{e}^{-\lambda t}\frac{(\lambda t)^n}{n!},\quad n=0,1,\cdots$$

则 $\{N(t),\ t\geqslant 0\}$ 称为泊松过程。

由（3）可知，当时间间隔 h 很小时，有

$$P\{N(h)=1\}\approx\lambda h$$
$$P\{N(h)>1\}\approx 0$$
$$E(N(t))=\lambda t$$

另外，N_t-N_{t-h} 与起始时间 t 无关，令 $\Delta N_h=N_t-N_{t-h}$，则 ΔN_h 服从参数为 λh 的泊松分布。

假设每次事件发生对连续复合收益率 $\ln\left(\frac{S_t}{S_{t-h}}\right)$ 的影响用一个随机变量 Y 来描述，即认为每次跳跃的大小为 Y，则时间区间 $[0,\ t]$ 的连续复合收益率可以表示为：

$$\ln\left(\frac{S_t}{S_0}\right)=\alpha t+\sigma\sqrt{t}\cdot Z+\sum_{i=1}^{N_t}Y_i$$

式中，$\{Y_i\}$ 是独立同分布的随机变量且与标准正态随机变量 Z 独立。也就是说，如果没有跳跃发生，则收益率可以用对数正态模型；如果有跳跃发生，则收益率的增量为 Y。所以股票价格可以表示为：

$$S_t = S_0 \mathrm{e}^{\alpha t+\sigma\sqrt{t}\cdot Z+\sum_{i=1}^{N_t} Y_i} \quad 或 \quad S_t = S_{t-h} \mathrm{e}^{\alpha h+\sigma\sqrt{h}\cdot Z+\sum_{i=1}^{\Delta N_h} Y_i}$$

进一步假设 Y 服从 $N(\mu_J, \sigma_J^2)$，如果跳跃之前的价格为 S，跳跃后的期望价格则是 $E(S\mathrm{e}^Y) = S\mathrm{e}^{\mu_J+\frac{1}{2}\sigma_J^2}$。如果用标准正态随机变量 W 表示 Y，则 $Y=\mu_J+\sigma_J W$，所以

$$S_t = S_{t-h} \mathrm{e}^{\alpha h+\sigma\sqrt{h}\cdot Z+\mu_J\cdot\Delta N_h+\Delta N_h\cdot\sigma_J\cdot\sum_{i=1}^{\Delta N_h} W_i}$$

类似对数正态股票模型的模拟：把时间区间 $[0, T]$ 分割为长度为 h 的小区间，假设 Z_i（$i=1, \cdots, n$）为独立同分布的标准正态随机变量，对任意的整数 j，$W_i(j)$（$i=1, \cdots, n$）也是独立同分布的标准正态随机变量，$\Delta N_h(j)$ 为独立同参数为 λh 的泊松分布，则一条带跳跃的股票价格路径为：

$$S_h = S_0 \mathrm{e}^{\alpha h+\sigma\sqrt{h}\cdot Z_1+\mu_J\cdot\Delta N_h(1)+\Delta N_h(1)\cdot\sigma_J\cdot\sum_{i=1}^{\Delta N_h(1)} W_i(1)}$$

$$S_{2h} = S_h \mathrm{e}^{\alpha h+\sigma\sqrt{h}\cdot Z_2+\mu_J\cdot\Delta N_h(2)+\Delta N_h(2)\cdot\sigma_J\cdot\sum_{i=1}^{\Delta N_h(2)} W_i(2)}$$

$$= S_0 \mathrm{e}^{\alpha(2h)+\sigma\sqrt{h}\cdot(Z_1+Z_2)+\mu_J\cdot(\Delta N_h(1)+\Delta N_h(2))+\sigma_J[\Delta N_h(1)\cdot\sum_{i=1}^{\Delta N_h(1)} W_i(1)+\Delta N_h(2)\cdot\sum_{i=1}^{\Delta N_h(2)} W_i(2)]}$$

……

$$S_{nh} = S_0 \mathrm{e}^{\alpha(nh)+\sigma\sqrt{h}\cdot(\sum_{j=1}^{n} Z_j)+\mu_J\cdot(\sum_{i=1}^{n}\Delta N_h(j))+\sigma_J\sum_{j=1}^{n}[\Delta N_h(j)\cdot\sum_{i=1}^{\Delta N_h(j)} W_i(j)]}$$

即模拟一条带跳跃的股票价格路径需要产生 n 个独立的参数为 λh 的泊松分布随机数，假设为 n_i（$i=1, \cdots, n$）；还需要产生 $n+\sum_{i=1}^{n} n_i$ 个独立的标准正态随机数。不过如果 h 很小，n_i 的取值为 0 或 1，$\sum_{i=1}^{n} n_i$ 的平均个数为 $EN(t)=\lambda t$。例如从历史数据来看，每月的政策利空或利好消息平均有 1 次，若以每月 25 个交易日计算，则每天发生一次跳跃的概率为 1/25，即以天为单位时参数 $\lambda=0.04$；若每年有 10 个月可进行交易，则以年为单位时参数 $\lambda=10$，每年发生一次跳跃的概率为 $P\{N(1)=1\}=\lambda \mathrm{e}^{-\lambda}=10\mathrm{e}^{-10}$。若要模拟一条以天为单位的 5 年时间带跳跃的股票价格路径，平均来看共需要 5×250 个参数为 0.04 的泊松分布随机数，还需要 $5\times250+0.04\times5\times250=1\,300$ 个标准正态随机数。

注意在期权定价时，考虑到风险中性测度的问题，不是直接使用真实的股票价格过程

$$S_t = S_{t-h} \mathrm{e}^{\alpha h+\sigma\sqrt{h}\cdot Z+\mu_J\cdot\Delta N_h+\Delta N_h\cdot\sigma_J\cdot\sum_{i=1}^{\Delta N_h} W_i}$$

而是使用

$$\widetilde{S}_t = S_{t-h} \mathrm{e}^{\left(r-\frac{1}{2}\sigma^2-\lambda k\right)h+\sigma\sqrt{h}\cdot Z} \mathrm{e}^{\Delta N_h\left(\mu_J-\frac{1}{2}\sigma_J^2\right)+\sigma_J\cdot\sum_{i=1}^{\Delta N_h} W_i}$$

式中，r 是市场无风险利率，$k=\mathrm{e}^{\mu_J}-1$。但这一变化不会改变上面模拟的基本步骤。

13.8.7 模拟相关的股票价格

假设有两只股票，价格分别为 $S_t=S_0\mathrm{e}^{\alpha_1 t+\sigma_1\sqrt{t}\cdot W}$，$Q_t=Q_0\mathrm{e}^{\alpha_2 t+\sigma_2\sqrt{t}\cdot Z}$，其中 W 和 Z 是标准正态随机变量，若它们的复合收益率是相关的，相关系数为 ρ。在多资产的期权定价中，需要同时模拟这两种资产。根据第 3 节中的多元正态分布的模拟可知，由两个标准正态随机数可以生成相关的二维正态随机数，再分别代入股票价格表达式中，即可得到一对模拟的价格。例如假设有标准正态随机数 ε_1，ε_2，令 $W=\varepsilon_1$，$Z=\rho\varepsilon_1+\varepsilon_2\sqrt{1-\rho^2}$ 即可。

【例 13—24】 假设有三只股票，价格分别为 $S_t^{(1)}=S_0^{(1)}\mathrm{e}^{\alpha_1 t+\sigma_1\sqrt{t}\cdot Z_1}$，$S_t^{(2)}=S_0^{(3)}\mathrm{e}^{\alpha_2 t+\sigma_2\sqrt{t}\cdot Z_2}$，$S_0^{(3)}=S_0^{(3)}\mathrm{e}^{\alpha_3 t+\sigma_3\sqrt{t}\cdot Z_3}$，其中 Z_1，Z_2，Z_3 是标准正态随机变量。股票复合收益率的相关系数矩阵为：

$$\rho=\begin{pmatrix}1 & \rho_{21} & \rho_{31}\\ \rho_{21} & 1 & \rho_{22}\\ \rho_{31} & \rho_{22} & 1\end{pmatrix}$$

假设有标准正态随机数 ε_1，ε_2，ε_3，请计算一对股票价格随机数。

解 根据第 13.3.3 节知，以上模拟实际上是要计算方差矩阵 Σ 的 Cholesky 分解，即计算下三角矩阵 L，满足 $\Sigma=LL^T$。根据题意知，对标准正态随机变量 Z_1，Z_2，Z_3，方差矩阵 $\Sigma=\rho$。假设 $L=\begin{pmatrix}a_{11} & 0 & 0\\ a_{21} & a_{22} & 0\\ a_{31} & a_{32} & a_{33}\end{pmatrix}$，可得方程

$$\begin{pmatrix}a_{11} & 0 & 0\\ a_{21} & a_{22} & 0\\ a_{31} & a_{32} & a_{33}\end{pmatrix}\times\begin{pmatrix}a_{11} & a_{21} & a_{31}\\ 0 & a_{22} & a_{32}\\ 0 & 0 & a_{33}\end{pmatrix}$$

$$=\begin{pmatrix} a_{11}^2 & a_{11}a_{21} & a_{11}a_{31} \\ a_{21}a_{11} & a_{21}^2+a_{22}^2 & a_{21}a_{31}+a_{22}a_{32} \\ a_{31}a_{11} & a_{31}a_{11}+a_{22}a_{32} & a_{31}^2+a_{32}^2+a_{33}^2 \end{pmatrix}=\begin{pmatrix} 1 & \rho_{21} & \rho_{31} \\ \rho_{21} & 1 & \rho_{22} \\ \rho_{31} & \rho_{22} & 1 \end{pmatrix}$$

逐一求解即可。

13.9 风险度量 VaR 和 CTE 的模拟

风险的度量有很多种，各有各的优缺点，如方差、半方差、VaR 和 CTE 等，其中 VaR 和 CTE 是考虑最坏情况下的损失，在金融风险管理中很常用。但保险产品和金融衍生产品混合后，结构会很复杂，如各种指数连接的寿险合约或利率保证的合约。特别地，当这些产品与投资策略有关时，其随机性质很难有精确的显式刻画，所以常用模拟的方法得到近似计算。①

13.9.1 VaR

假设损失为一个随机变量 L，$L\geqslant 0$，则 L 的概率分布的 α 分位点称为 α-VaR (Value at Risk)，记为 Q_α，即有 $Q_\alpha=\min\{Q: P(L\leqslant Q)\geqslant\alpha\}$。特别地，当损失是连续随机变量时，VaR 可以解释为：损失超过 α-VaR 的概率等于 $1-\alpha$。

【例 13—25】 有两个投资项目，一个以概率 p 收益 1 000 万元，以概率 $1-p$ 损失 100 万元；另一个以概率 p 收益 5 万元，以概率 $1-p$ 损失 0.5 万元。若 $p=0.1$，请根据风险度量 0.95-VaR。

解 根据题意，假设项目 1 的损失变量为 L_1，项目 2 的损失变量为 L_2，则

$$P(L_1=0)=p$$
$$P(L_1=100)=1-p$$
$$P(L_2=0)=p$$
$$P(L_2=0.5)=1-p$$

所以若 $p=0.1$，有 $0.95\text{-VaR}_1=100$，$0.95\text{-VaR}_2=0.5$。

【例 13—26】 有两个投资项目，项目 1 的收益服从 $N(0.1, 0.2)$，项目 2 的收益服从 $N(1, 2)$，请根据风险度量 0.95-VaR，并确定投资选择。

---

① Hardy, M. Investment Guarantees: Modeling and Risk Management for Equity-Linked Life Insurance, Wiley, 2003.

解 根据题意，有

$$\Phi\left(\frac{\mathrm{VaR}_1-0.1}{\sqrt{0.2}}\right)=0.95$$

$$\Phi\left(\frac{\mathrm{VaR}_2-1}{\sqrt{2}}\right)=0.95$$

所以

$$\frac{\mathrm{VaR}_1-0.1}{\sqrt{0.2}}=1.645$$

$$\frac{\mathrm{VaR}_2-1}{\sqrt{2}}=1.645$$

由此可知

$$0.95\text{-}\mathrm{VaR}_1=0.8356$$

$$0.95\text{-}\mathrm{VaR}_2=3.3262$$

即项目 1 损失超过 0.835 6 的概率等于 0.05，项目 2 损失超过 3.326 2 的概率等于 0.05。在给定 α 时，VaR 越小，可认为风险越小，所以应当选择项目 1。

13.9.2 CTE

VaR 给出损失分布的分位点，但没有显示高过这个分位点的平均损失到底有多大。条件尾部期望值（conditional tail expectation，CTE）度量了当损失超过 VaR 时，损失的期望值，在文献中也称为 Expected Shortfall（ES）或条件风险值（CVaR）

CTE_α 定义为：$CTE_\alpha=E(L\mid L>Q_\alpha)$，其中 Q_α 为损失随机变量 L 的概率分布的 α 分位点。

假设被保险人的损失为一个连续随机变量 L，若绝对免赔额为 d，则保费为：

$$\begin{aligned}E((L-d)_+)&=\int_d^\infty(t-d)f_L(t)\mathrm{d}t\\&=\int_d^\infty(1-F_L(t))\mathrm{d}t=E(L)-E(L\wedge d)\end{aligned}$$

其中 $(L-d)_+=\max(L-d,0)$， $L\wedge d=\max(L,d)$

保险人对每次索赔的实际支付的期望为：

$$E((L-d)_+\mid L>d)=\frac{E((L-d)_+)}{1-F_L(d)}=\frac{E(L)-E(L\wedge d)}{1-F_L(d)}$$

如果 d 是相对免赔额，则保费为：

$$\begin{aligned}E(LI_{(L>d)}) &= \int_d^{\infty}(t-d)f_L(t)\mathrm{d}t + d(1-F_L(t))\\ &= \int_d^{\infty}(1-F_L(t))\mathrm{d}t = E(L) - E(L\wedge d)\end{aligned}$$

式中，$I_{(L>d)}$ 为示性函数，即若 $L>d$，则 $I_{(L>d)}=1$；否则 $I_{(L>d)}=0$。相应的保险人对每次索赔的实际支付的期望为：

$$E(L|L>d)=E(L-d|L>d)+d=\frac{E(L)-E(L\wedge d)}{1-F_L(d)}+d$$

又因为 $F_L(Q_\alpha)=\alpha$，所以

$$CTE_\alpha=E(L|L>Q_\alpha)=\frac{E(L)-E(L\wedge Q_\alpha)}{1-\alpha}+Q_\alpha$$

一些特殊分布的 CTE：考虑绝对免赔额为 d 的情况，则保险人对每次索赔的实际支付的期望对应的有：

（1）若损失分布为（0，θ）均匀分布，则 $E(L\mid L>d)=\frac{\theta-d}{2}$。另有$Q_\alpha=\alpha\theta$，所以

$$CTE_\alpha=E(L|L>Q_\alpha)=\frac{\theta-Q_\alpha}{2}+Q_\alpha=\frac{(1+\alpha)\theta}{2}$$

（2）若损失分布是参数为 γ，θ 的帕累托分布，则 $E(L\mid L>d)=\frac{\theta+d}{\gamma-1}$。另有 $\alpha=1-\left(\frac{\theta}{Q_\alpha+\theta}\right)^{\gamma}$，即 $1-\alpha=\left(\frac{\theta}{Q_\alpha+\theta}\right)^{\gamma}$，所以

$$CTE_\alpha=\frac{\theta+Q_\alpha}{\gamma-1}+Q_\alpha=\frac{\theta+\gamma Q_\alpha}{\gamma-1}$$

（3）若损失分布是均值为 θ 的指数分布，则 $E(L\mid L>d)=\theta$。$\alpha=1-\mathrm{e}^{-Q_\alpha/\theta}$，所以

$$CTE_\alpha=\theta+Q_\alpha=\theta(1-\ln(1-\alpha))$$

（4）若损失分布为参数为 μ，σ 的对数正态分布，可以计算得到

$$E(L\wedge d)=\mathrm{e}^{\mu+\frac{1}{2}\sigma^2}\Phi\left(\frac{\ln d-\mu-\sigma^2}{\sigma}\right)+d\left(1-\Phi\left(\frac{\ln d-\mu}{\sigma}\right)\right)$$

另有 Q_α 满足方程 $\alpha=\Phi\left(\frac{\ln Q_\alpha-\mu}{\sigma}\right)$，所以

$$E(L\wedge d)=\mathrm{e}^{\mu+\frac{1}{2}\sigma^2}\Phi\left(\frac{\ln Q_\alpha-\mu-\sigma^2}{\sigma}\right)+Q_\alpha(1-\alpha)$$

进一步可得

$$\begin{aligned}E((L-Q_\alpha)_+)&=EL-E(L\wedge Q_\alpha)\\&=\mathrm{e}^{\mu+\frac{1}{2}\sigma^2}\left[1-\Phi\left(\frac{\ln Q_\alpha-\mu-\sigma^2}{\sigma}\right)-Q_\alpha(1-\alpha)\right]\end{aligned}$$

所以

$$\begin{aligned}CTE_\alpha&=\frac{E(L)-E(L\wedge Q_\alpha)}{1-\alpha}+Q_\alpha\\&=E((L-Q_\alpha)_+)=\frac{\mathrm{e}^{\mu+\frac{1}{2}\sigma^2}}{1-\alpha}\left[1-\Phi\left(\frac{\ln Q_\alpha-\mu-\sigma^2}{\sigma}\right)\right]\end{aligned}$$

（5）若损失分布为参数为 μ，σ^2 的正态分布，有 Q_α 满足方程 $\alpha=\Phi\left(\frac{Q_\alpha-\mu}{\sigma}\right)$，可以计算得到

$$CTE_\alpha=\mu+\frac{\sigma}{1-\alpha}\varphi\left(\frac{Q_\alpha-\mu}{\sigma}\right)$$

式中，φ 为标准正态密度函数。

【例 13—27】 给出损失分布为参数为 $\mu=5$，$\sigma=2$ 的对数正态分布和正态分布的 $CTE_{0.9}$。

解 根据题意，对数正态分布的 Q_α 满足

$$0.9=\Phi\left(\frac{\ln Q_\alpha-\mu}{\sigma}\right)$$

即 $$\frac{\ln Q_\alpha-\mu}{\sigma}=1.282$$

有 $$\ln Q_\alpha=7.564$$

所以

$$CTE_{0.9}=\frac{\mathrm{e}^{\mu+\frac{1}{2}\sigma^2}}{1-\alpha}\left[1-\Phi\left(\frac{\ln Q_\alpha-\mu-\sigma^2}{\sigma}\right)\right]=4\,639$$

正态分布的 Q_α 满足 $0.9=\Phi\left(\frac{Q_\alpha-\mu}{\sigma}\right)$，即$\frac{Q_\alpha-\mu}{\sigma}=1.282$，所以

$$CTE_{0.9}=\mu+\frac{\sigma}{1-\alpha}\varphi\left(\frac{Q_\alpha-\mu}{\sigma}\right)=5+\frac{2}{0.1}0.1754=8.5079$$

【例 13—28】　给出例 13—26 中正态分布的 $CTE_{0.95}$。

解　根据题意知，正态分布的 Q_α 满足

$$0.95=\Phi\left(\frac{Q_\alpha-\mu}{\sigma}\right)$$

即

$$\frac{Q_\alpha-\mu}{\sigma}=1.645$$

所以

$$CTE_{0.95}^{1}=\mu+\frac{\sigma}{1-\alpha}\varphi\left(\frac{Q_\alpha-\mu}{\sigma}\right)=0.1+\frac{\sqrt{0.2}}{0.05}\times 0.1031=1.0225$$

$$CTE_{0.95}^{2}=\mu+\frac{\sigma}{1-\alpha}\varphi\left(\frac{Q_\alpha-\mu}{\sigma}\right)=1+\frac{\sqrt{2}}{0.05}\times 0.1031=3.9171$$

13.9.3　风险度量 VaR 和 CTE 的模拟估计

1. 风险度量 VaR 模拟估计

由于风险度量 VaR 本质上是某个概率分布的 α 分位点，所以如果分布已知，则可以直接计算 Q_α。应用中常见的情况是，有一组数据观测值排序后为 $L_{(1)}$，…，$L_{(n)}$，无论分布是否已知，都可以用以下方法给出 Q_α 的一个估计：

(1) 当观测值数量相对较大时，$\hat{Q}_\alpha=L_{(n\alpha)}$，其中对 $n\alpha$ 取整。

(2) 或 $\hat{Q}_\alpha=L_{(n\alpha+1)}$。

(3) 或采用适当的平滑，如 $\hat{Q}_\alpha=(L_{(n\alpha+1)}+L_{(n\alpha)})/2$。

特别地，可以用自助法估计，见 13.7 节。

(1)～(3) 实际上是用样本分位数估计 Q_α，所以这些估计的近似置信区间可以由样本分位数的渐近分布来确定①，可知 Q_α 的 90% 置信区间近似等于 $(L_{(n\alpha-a)}, L_{(n\alpha+a)})$（必要时取整），其中 $a=1.645\sqrt{n\alpha(1-\alpha)}$。

【例 13—29】　假设有 5 000 个索赔额数据，请给出 0.95-VaR 的 0.9 置信区间。

解　根据题意，将这 5 000 个数据从小到大排序后为：$L_{(1)}$，…，$L_{(5000)}$。则

$$a=1.645\times\sqrt{5000\times 0.95\times(1-0.95)}=25.35$$

① 康诺华著，崔恒建译：《实用非参数统计》（第 3 版），北京，人民邮电出版社，2006。

采用向上取整，即$a=26$，所以0.95-VaR的90%的置信区间近似等于$(L_{(4\,724)}, L_{(4\,776)})$。

2. 风险度量CTE的模拟估计

可以直观地用条件样本均值来估计CTE_α，即对所有大于等于$\hat{Q}_\alpha$的观测值取平均，如$\hat{Q}_\alpha=L_{(n\alpha+1)}$，则

$$\hat{CTE}_\alpha=\frac{1}{n(1-\alpha)}\sum_{j=n\alpha+1}^{n}L_{(j)}$$

注：本节与模拟有关的内容实际上很少，而主要目的是要照顾到SOA(2007)的考试范围，但在SOA(2007)5月份试题中还没有出现有关内容。可以认为，由于数理金融和精算理论的交叉混合，在精算教材中适当地强调这种趋势也是有意义的。

习　题

1. $U_1, U_2, \cdots, U_n$是服从(0, 1)的均匀分布的随机数，令$x_i=-\log U_i$，$y_i=-\log(1-U_i)$，$z=\sum_{i=1}^{n}x_i, (i=1,2,\cdots,n)$，判断下例说法是否正确：

(1) $x_1, x_2, \cdots, x_n$和$y_1, y_2, \cdots, y_n$是来自同一指数分布的。

(2) $x_1, x_2, \cdots, x_n$与$y_1, y_2, \cdots, y_n$的均值相同。

(3) z是Gamma分布的随机数。

2. 从(0, 1)均匀分布中产生一个随机数$u_0=0.87$，使用正态分布表，对于不在表中的数据应用区间线性估计。应用反变换法，确定对应于u_0的随机观测值$x_0(\mu=1, \sigma^2=4)$。

3. $F(x)=\begin{cases}1, & 0\leqslant x\leqslant\frac{1}{2}\\ 2, & \frac{1}{2}\leqslant x\leqslant\frac{3}{4}\\ 0, & \text{其他}\end{cases}$，使用反变换法，求随机数$r=0.716$产生的观测值。

4. 用均匀分布的随机数0.31，0.71，0.66，0.48，0.19模拟二项式分布$n=3$，$p=0.4$，可以产生多少个等于2的随机变量？

5. 从一个分布中抽取随机样本，随着样本点的增加重新计算样本均值和样

本标准差。样本标准差稳定在区间[0.10，0.20]内，求使得样本均值的 95%的置信区间的长度小于 0.2 的最小的样本量。

6. 每年的牙科理赔被模拟成复合泊松分布，其中理赔次数均值为 2 并且理赔金额服从参数 $\theta=500$，$\alpha=2$ 的帕累托分布。保险公司将赔付前 750 的 80%，超过 750 的部分的 100%。现在用反变换模拟理赔次数和理赔金额，其中小的随机数对应小的赔付次数和少的理赔金额。模拟理赔次数的随机数是 0.8。模拟理赔金额的随机数是 0.60，0.25，0.70，0.10 和 0.8。计算一年的总模拟理赔。

7. 一个取自 X 分布的样本包含两个值：$x_1=3$，$x_2=7$，应用自助方法估计样本的均值平方误差作为分布均值的估计。

8. 抽取样本量为 5 的样本：1，3，4，7，8。用样本中位数估计分布的中位数。下面是 5 个自助样本，它们都是从原始样本的经验分布中抽取出来的。

样本 1：1，1，1，3，7

样本 2：1，3，3，4，8

样本 3：3，4，4，7，8

样本 4：3，3，4，7，7

样本 5：3，4，7，7，8

使用自助方法计算中位数估计的均方误差。

21世纪保险精算系列教材

第四部分

生存模型及其应用

第14章 生存模型相关性质和生命表

本章重点

1. 掌握生存模型的性质、特征
2. 掌握由样本数据估计生存模型的各种统计方法
3. 掌握大样本条件概率的数字特征和截尾分布
4. 理解生命表的构造基本原理
5. 理解随机变量的变换

生存模型是统计在寿险精算中最初始的运用，解决了寿险从数据积累上升到数据运用时遇到的第一个问题，有开创性的意义。从某种意义上说，它代表着寿险精算的诞生。因此，掌握生存时间的分布和数字特征至关重要。本章从生存模型的基本概念出发，主要介绍了生存时间的分布、经典模型和处理技巧，以及生命表的基本构造原理等。

14.1 生存模型

14.1.1 生存模型的基本概念

考察一个固定人群，假设从时刻 $t=0$ 开始观察，直至全部死亡，用 T 表示

该人群从 $t=0$ 开始至全部死亡的时间（或失效的时间）。显然，T 是一个随机变量，我们所关心的是某个人在任何时刻 $t(t\geqslant 0)$ 仍然生存的概率，它是 t 的函数，记为

$$S(t)=P(T\geqslant t) \tag{14—1—1}$$

显然有：

(1) $T\geqslant 0$。

(2) $S(0)=1$。

(3) $S(t)$ 是 t 的非增函数，且 $\lim\limits_{t\to+\infty}S(t)=0$。

若将随机变量 T 称为死亡时间，或称失效时间，即人群从 $t=0$ 开始的“未来寿命”。通常，我们总是从一起始时刻（$t=0$）开始记录某种设备、某类动物、某类人群的“未来寿命”，并不考虑人群、设备在 $t=0$ 之前已生存、使用的时间。

例如，考虑一群注射了致癌物质的小白鼠的生存状态。注射发生在 $t=0$，小白鼠的生存时间为随机变量 T。在给定条件下，这一概率仅与时间 t 有关，如果不考虑小白鼠在 $t=0$ 之前已存活的时间和其他因素对概率的影响，同样可得到式（14—1—1）。

上述实例是在给定条件下，不考虑初始时刻 $t=0$ 之前已有年限（或年龄）等因素对生存概率的影响，即非条件概率 $S(t)$。

14.1.2 精算生存模型

上面小白鼠的例子中，现存状态对后果影响不大，所以仅用非条件概率就可以代替。然而用于人寿保险和养老金计划的精算生存模型必须考虑研究对象的精确年龄（自然年龄），这是因为精算师需要研究不同年龄群体的生存概率 $P(T\geqslant t)$。

首先，考虑一个关于 x 岁（通常 x 取整数）的投保群体的生存模型，保单签发于时刻 $t=0$，我们要讨论的仍然是生存概率$S(t)=P(T\geqslant t)$ 。

显然，不同的 x 所对应的函数 $S(t)$ 是不一样的。为了描述 $P(T\geqslant t)$ 对 x 的依赖关系，精算师通常将其记为：

$$S(t,x)=P(T\geqslant t) \tag{14—1—2}$$

式中的年龄 x 称为伴随变量，从选择年龄 x 开始，未来的寿命 t 称为主要变量。

年龄不是唯一对生存函数 $S(t)$ 有影响的伴随变量，性别、吸烟与否等因素对未来寿命都有影响，如果考虑这些因素，年龄为 x 岁的男性（m）吸烟者（s）的生存模型则为 $S(t, x, m, s)$，其中 x，m，s 均为伴随变量。更一般的生存模型为 $S(t, x_1, x_2, \cdots, x_m)$。其中，$x_1$，$x_2$，…，$x_m$是对生存有影响的 m 个因素的伴随变量。称这样的模型为选择模型。

还有一个特殊情况，即在初始时间发生的时刻 $t=0$ 时，$x=0$，根据式(14—1—2)，生存模型为 $S(t, 0)$，也可简写为 $S(t)$。在时刻 t，被观察者的自然年龄也刚好是 t 岁，我们可用 x 代替 t，此时的生存模型就为 $S(x)$，对应的随机变量用 X 表示，它表示新生婴儿的死亡年龄（或称为未来生命随机变量），且 $S(x)=P(X\geqslant x)$。在这里，$S(x)$ 是新生婴儿的生存模型。

14.1.3　生存模型的其他形式

在实际应用中，生存模型由表格体现，称为表格生存模型。但是表格只给出了年龄 x 及其对应的 $S(x)$ 的值，而当 x 不是整数时，就无法得知$S(x)$对应的值。只能利用给出相邻整数间 $S(x)$ 结合诸如常值死力，Balducci，Gompertz，Weibull，Makeham 等假设得出。这样，对所有的 $X\geqslant 0$ 的情况均可求出对应的 $S(x)$值。精算表格生存模型已有 100 多年的历史，它就是我们熟知的生命表（或死亡表）。

生存模型的另一种形式是含有伴随变量的生存模型 $S(t, x_1, x_2, \cdots, x_m)$。在以后的讨论中，我们经常把某种假设附加于含伴随变量的生存模型，由于这些假设中通常含有待估参数，因此，这样的生存模型又称为含伴随变量的参数模型。

如前所述，我们把生存模型定义为 $S(t)$，它是随机变量 T 的概率分布。而通常 $S(t)$ 是需要精算师确定的，那么就需要建立一个估计或接近于可供运作的特殊模型，这一过程称为对 $S(t)$ 的估计，通常用 $\hat{S}(x)$ 表示。我们依样本数据的性质，选择各种分布假设等不同情况估计$S(t)$。

14.2　T 的分布函数

上节中已经定义了生存模型 $S(t)=P(T\geqslant t)$，式中的随机变量 T 表示死亡时间（或退出时间），由随机变量 T 确定的函数 $S(t)$ 也称为生存分布函数，它是概率分布的一种特殊形式，且有 $S(0)=1$，$S(+\infty)=0$。在这一节，我们将接触生存模型理论的其他形式。

在概率论中定义的分布函数：

$$F(t)=P(T\leqslant t) \tag{14—2—1}$$

显然有

$$F(t)=1-S(t) \tag{14—2—2}$$

并且 $F(0)=0$，$F(+\infty)=1$。

由于寿险精算对生存时间的研究有特殊需要，所以，我们着重讨论 $S(t)$。对于连续型的随机变量 T，概率密度为：

$$f(t)=\frac{\mathrm{d}}{\mathrm{d}t}F(t) \tag{14—2—3}$$

函数 $f(t)$ 表示开始时刻 $t=0$ 的人在时间 t 死亡（或退出）的概率密度，又称 $f(t)$是在时间 t 的非条件死亡密度。从而有

$$F(t)=\int_0^t f(y)\mathrm{d}y \tag{14—2—4}$$

$$S(t)=\int_0^{+\infty} f(y)\mathrm{d}y \tag{14—2—5}$$

$$\int_0^{+\infty} f(y)\mathrm{d}y=1 \tag{14—2—6}$$

在生存时间 t 的条件下，在时间 t 处的瞬间死亡密度称为时间 t 处的危险率或危险函数，也称死力或死亡率。“危险率”通常用于生存模型中，记为$\lambda(t)$，“死力”的说法通常用于寿险精算中，记为 μ_{x+t}。它们只是表示方法不同，其内涵是一样的。

$\lambda(t)$ 是以生存到时间 t 为条件的，所以

$$\lambda(t)=\frac{f(t)}{S(t)} \tag{14—2—7}$$

式（14—2—7）和式（14—2—3）分别为随机变量 T 的危险率函数和概率密度函数，它们都是在时间 t 失效密度的瞬间度量。它们的区别是，$\lambda(t)$ 是以生存到时间 t 为条件的，而 $f(t)$ 是非条件的。

由于 $f(t)=\frac{\mathrm{d}}{\mathrm{d}t}F(t)=-\frac{\mathrm{d}}{\mathrm{d}t}S(t)$，则

$$\lambda(t)=-\frac{\frac{\mathrm{d}}{\mathrm{d}t}S(t)}{S(t)} \tag{14—2—8}$$

等式两边积分得

$$\int_0^t \lambda(y)\mathrm{d}y=-\ln S(t) \tag{14—2—9}$$

或

$$S(t)=\exp[-\int_0^t \lambda(y)\mathrm{d}y] \tag{14—2—10}$$

累积危险函数定义为：

$$\Lambda(t)=\int_0^t \lambda(y)\mathrm{d}y=-\ln S(t) \tag{14—2—11}$$

则有　$$S(t)=\mathrm{e}^{-\Lambda(t)} \tag{14—2—12}$$

在（0，$+\infty$）上 $f(t)$ 可积的条件下，连续随机变量 T 的一阶矩为：

$$E(T)=\int_0^{+\infty} tf(t)\mathrm{d}t \tag{14—2—13}$$

分部积分可得

$$E(T)=\int_0^{+\infty} S(t)\mathrm{d}y \tag{14—2—14}$$

同理，T 的二阶矩为：

$$E(T^2)=\int_0^{+\infty} t^2 f(t)\mathrm{d}t \tag{14—2—15}$$

因此，T 的方差为：

$$\mathrm{Var}(T)=E(T^2)-E(T)^2 \tag{14—2—16}$$

若恰好 $P(T>y)=P(T\leqslant y)=1/2$，则称 y 为随机变量 T 的期中值（简称未来寿命随机变量 T 的中值）。此时，$S(y)=F(y)=1/2$。

同理，死力 μ_x 可表示为：

$$\mu_x=-\frac{\frac{\mathrm{d}}{\mathrm{d}x}S(x)}{S(x)}=-\frac{\mathrm{d}}{\mathrm{d}x}\ln S(x) \tag{14—2—17}$$

习惯上用 $\mathring{e}_0$ 表示随机变量 X 的一阶矩，即

$$\mathring{e}_0 = E(X) = \int_0^{+\infty} xf(x)\mathrm{d}x \tag{14—2—18}$$

因为 $\mathring{e}_0$ 是 X 的非条件期望，此时 $t=x=0$，所以也叫出生婴儿未来寿命的完全期望。

对于选择生存模型 $S(t, x)$，t 为随机变量的值，x 为选择年龄，则 T 的期望值 $E(T, x)$ 给出了 x 岁的人群的未来预计寿命，用 $\mathring{e}_{[x]}$ 表示，它的危险率函数用 $\mu_{[x]+t}$ 表示，并且

$$\mu_{[x]+t} = -\frac{\frac{\mathrm{d}}{\mathrm{d}x}S(x)}{S(x)} = -\frac{\mathrm{d}}{\mathrm{d}x}\ln S(x) \tag{14—2—19}$$

14.3 参数生存模型举例

本节研究一些生存模型的非负连续型概率分布，在实际应用中，需要分析哪些分布更为适用，因此，对于每一类分布，要讨论其作为生存模型的适宜性。

14.3.1 均匀分布

均匀分布是仅有两个参数的分布，其概率密度函数为：

$$f(t) = \frac{1}{b-a}, \quad t \in [a, b]$$

如果 $a=0$，b 就是区间长度，同时也是当 $f(t)>0$ 时 t 的最大值。如果将均匀分布视为生存模型，用极限年龄 ω 表示 b，则其概率密度函数为：

$$f(t) = \frac{1}{\omega}, \quad t \in [0, \omega] \tag{14—3—1}$$

显然，这时均匀分布有以下性质：

$$F(t) = \int_0^t f(y)\mathrm{d}y = \frac{t}{\omega} \tag{14—3—2}$$

$$S(t) = 1 - F(t) = \int_t^{\omega} f(y)\mathrm{d}y = \frac{\omega - t}{\omega} \tag{14—3—3}$$

$$\lambda(t)=\frac{f(t)}{S(t)}=\frac{\omega-t}{\omega} \tag{14—3—4}$$

$$E(T)=\int_0^\omega t\cdot f(t)\mathrm{d}t=\frac{\omega}{2} \tag{14—3—5}$$

$$\mathrm{Var}(T)=E(T^2)-[E(T)]^2=\frac{\omega^2}{12} \tag{14—3—6}$$

需要注意的是，均匀分布难以拟合较长时间区间的生存状态，所以，将生存模型视为均匀分布是不合适的。

14.3.2　指数分布

这是一个普遍运用的参数分布，其生存分布函数为：

$$S(t)=\mathrm{e}^{-\lambda t},\quad t\geqslant 0,\lambda>0 \tag{14—3—7}$$

其概率密度函数为：

$$f(t)=-\frac{\mathrm{d}}{\mathrm{d}t}S(t)=\lambda\cdot\mathrm{e}^{-\lambda t} \tag{14—3—8}$$

危险率函数为：

$$\lambda(t)=\frac{f(t)}{S(t)}=\lambda \tag{14—3—9}$$

式中，λ 为常数，在精算教材中称为“常值死力”。

【例 14—1】　对于指数分布，证明

$$E(T)=\frac{1}{\lambda} \tag{14—3—10}$$

及

$$\mathrm{Var}(T)=\frac{1}{\lambda^2} \tag{14—3—11}$$

证明

$$E(T)=\int_0^{+\infty} t\cdot f(t)\mathrm{d}t=\int_t^{+\infty}\lambda\mathrm{e}^{-\lambda t}\mathrm{d}t$$

积分得

$$E(T)=\int_0^{+\infty}\mathrm{e}^{-\lambda t}\mathrm{d}t=\frac{1}{\lambda}$$

$$E(T^2) = \int_{+\infty 0} t^2 \lambda e^{-\lambda t} dt = \frac{2}{\lambda^2}$$

所以

$$\mathrm{Var}(T) = \frac{2}{\lambda^2} - \frac{1}{\lambda^2} = \frac{1}{\lambda^2}$$

由于指数分布的危险率为常数，所以不适合用于长时间段的人类生存模型。与均匀分布类似，它常用于非生命物体（如机械）或一年以内的人类的生存模型。

14.3.3 Gompertz 分布

Gompertz 于 1825 年提出将该分布视为人类生存模型，其危险率定义为：

$$\lambda(x) = Bc^x, \quad x \geqslant 0, \quad B > 0, \quad c > 1 \tag{14—3—12}$$

则生存分布函数为：

$$S(x) = \exp[-\int_0^x \lambda(y) dy] = \exp[\frac{B}{\ln c}(1 - c^x)] \tag{14—3—13}$$

显然，其概率密度函数 $\lambda(x) \cdot S(x)$ 的表达式不简洁，且分布的期望 $E(T)$ 也不易求得。

14.3.4 Makeham 分布

Makeham 于 1860 年对 Gompertz 分布进行了修正，其危险率函数为：

$$\lambda(x) = A + Bc^x, \quad x \geqslant 0, \quad B > 0, \quad c > 1, \quad A > -B \tag{14—3—14}$$

Makeham 分布假设在任意年龄的部分危险和年龄是相互独立的，这就在 Gompertz 分布危险率的基础上加了一个常数 A。

Makeham 分布的生存分布函数为：

$$S(x) = \exp[\frac{B}{\ln c}(1 - c^x) - Ax] \tag{14—3—15}$$

显然，这个分布的数学处理比较困难。在实际运用中，没有哪个分布可以准确涵盖人的整个生命周期，但是可以在某个年龄段给出适当的拟合。

14.4　条件概率的数字特征和截尾分布

14.4.1　条件概率和密度

到目前为止，我们仅仅考察了从年龄 $x=0$ 开始的群体的生存概率，但构造生存模型并不是只对 0 岁的人，我们必须考虑各个年龄的群体，甚至样本可以在任何时候进入该群体。因此我们还要考虑，在已知 $x(x>0)$ 岁被研究的对象还活着时，求从年龄 $x(x>0)$ 岁开始仍然生存的概率。

如果某人活到了 x 岁，他在 n 年后仍生存的概率用${}_np_x$ 表示，则

$$ {}_np_x=\frac{S(x+n)}{S(x)} \tag{14—4—1}$$

相应的死亡概率为：

$$ {}_nq_x=1-{}_np_x=\frac{S(x)-S(x+n)}{S(x)} \tag{14—4—2}$$

【例 14—2】　根据 $S(t,x)$ 求出所选取的 x 岁的人活到$(x+5)$岁,并在$(x+8)$岁前死亡的概率。

解　先求活到$(x+5)$岁的人在$(x+8)$岁前死亡的概率,用${}_3q_{[x+5]}$表示,于是

$$\begin{aligned}{}_3q_{[x+5]}&=1-P[\text{在}(x+8)\text{岁后仍生存}\,|\,\text{活到}(x+5)\text{岁后}]1-{}_3p_{[x]+5}\\&=1-\frac{S(8,x)}{S(5,x)}\end{aligned}$$

从上例可以得出概率函数，则密度函数只需在概率函数的基础上求导便可得出，因此 x 岁的人在 $y(y>x)$ 岁死亡的概率密度函数的条件密度为：

$$f(y|X>x)=\frac{f(y)}{S(x)} \tag{14—4—3}$$

同理可得条件危险率函数（即死力）x 岁的人在 $y(y>x)$ 岁死亡的条件死亡率。由于 $y>x$，且 μ_y本身就是以生存到 y 为条件的，于是，我们所指的条件危险率函数显然就是 μ_y。

14.4.2　*X* 的下截尾分布

当谈到以生存到 x 岁为条件的生存概率时，着重处理 $X>x$ 的值，而 $X<x$

的值被 $S(x)$ 忽略了，这样的分布称为在 x 处的下截尾的 X 的分布。有

$$ {}_np_x=\Pr[X>x+n|X>x]=S(x+n|X>x) \tag{14—4—4}$$

即 x 岁生存的人在（$x+n$）岁后死亡的概率。由式（14—4—1）和式（14—4—4）可得

$$S(x+n|X>x)=\frac{S(x+n)}{S(x)} \tag{14—4—5}$$

同理 $${}_nq_x=\Pr[X\leqslant x+n \mid X>x]=F(x+n \mid X>x) \tag{14—4—6}$$

由式（14—4—2）和式（14—4—6）可得

$$F(x+n|X>x)=\frac{S(x)-S(x+n)}{S(x)}=\frac{F(x+n)-F(x)}{1-F(x)} \tag{14—4—7}$$

如何用 $f(y \mid X>x)$ 来表示 x 岁的人在 $y(y>x)$ 岁死亡的条件死亡密度函数呢？由于

$$f(y|X>x)=\frac{\mathrm{d}}{\mathrm{d}y}F(y|X>x)=\frac{f(y)}{1-F(x)}$$

从而有

$$f(y|X>x)=\frac{f(y)}{S(x)} \tag{14—4—8}$$

$\lambda(y \mid X>x)$ 表示条件死亡危险率函数，即对于活到 x 岁的人，$y(y>x)$ 岁的条件死亡危险率函数也可以求出：

$$\lambda(y|X>x)=\frac{f(y|X>x)}{S(y|X>x)}=\frac{f(y)}{S(x)}=\lambda(y) \tag{14—4—9}$$

简单来说，$f(y \mid X>x)$，$S(y \mid X>x)$，$F(y \mid X>x)$ 都是 X 的截尾分布，它截取了 $X>x$ 的部分。

14.4.3 截上尾和截下尾

我们再来考察一个更为普遍的 X 的子集的分布情况。仍用 X 代表死亡年龄的随机变量，某人的死亡年龄介于 y 岁与 z 岁之间的概率，则双截尾的生存分布函数为：

$$\begin{aligned}S(x|z\geqslant X>y)&=\Pr[X>x|z\geqslant X>y]\\&=\Pr[z\geqslant X>x|z\geqslant X>y]\end{aligned} \tag{14—4—10}$$

即在死亡年龄 X 在 y 和 z 之间的条件下，求死亡在 x 以后的概率。如果将 $S(y)-S(z)$ 与这一条件相乘，就可得到在 x 和 z 之间的非条件死亡概率 $S(x)-S(z)$，这样有

$$S(x|z\geqslant X>y)=\frac{S(x)-S(z)}{S(y)-S(z)} \qquad (14—4—11)$$

相应的累积分布函数为：

$$F(x|z\geqslant X>y)=\Pr[x\geqslant X>y|z\geqslant X>y] \qquad (14—4—12)$$

因为有 $F(x\mid z\geqslant X>y)=1-S(x\mid z\geqslant X>y)$，所以

$$F(x|z\geqslant X>y)=\frac{S(y)-S(x)}{S(y)-S(z)}=\frac{F(x)-F(y)}{F(z)-F(y)} \qquad (14—4—13)$$

双截尾分布的概率密度函数为：

$$f(x|z\geqslant X>y)=-\frac{\mathrm{d}}{\mathrm{d}x}S(x|z\geqslant X>y)=\frac{f(x)}{S(y)-S(z)} \qquad (14—4—14)$$

同样有双截尾分布的危险率函数为：

$$\lambda(x|z\geqslant X>y)=\frac{f(x)}{S(y)-S(z)}$$

因为在非截尾分布中，有

$$f(x)=\lambda(x)\cdot S(x)$$

从而有

$$\lambda(x|z\geqslant X>y)=\frac{\lambda(x)\cdot S(x)}{S(y)-S(z)} \qquad (14—4—15)$$

式（14—4—15）说明下界不影响危险率函数，而上界对之有影响。这一结果是非常直观的。由式（14—4—15）可知，当 $z\rightarrow x$ 时，$\lambda(x\mid z\geqslant X>y)\rightarrow+\infty$。

14.4.4 截尾分布的矩

X 的双截尾分布的一阶矩为：

$$E(X\mid z\geqslant X>y)=\int_y^z x\,f(x\mid z\geqslant X>y)\,\mathrm{d}x \qquad (14—4—16)$$

特别地，有

$$E(X \mid X > y) = \int_{y}^{+\infty} x\, f(x \mid X > y) \mathrm{d}x \tag{14—4—17}$$

因为 X 是 y 岁的人的死亡年龄，式（14—4—17）就给出了这个人死亡的期望年龄。如果将期望年龄减去已活的 y 年，就可以得到该人的未来寿命，即 y 岁的人的预期寿命，有

$$\overset{0}{\mathrm{e}}_y = E(X|X>y) - y \tag{14—4—18}$$

因为 $\int_{y}^{+\infty} x\, f(x \mid X > y) \mathrm{d}x = 1$，则

$$\overset{0}{\mathrm{e}}_y = \int_{y}^{+\infty} (x-y) f(x \mid X > y) \mathrm{d}x \tag{14—4—19}$$

$$\overset{0}{\mathrm{e}}_y = \int_{0}^{+\infty} t f(t+y \mid X > y) \mathrm{d}t \tag{14—4—20}$$

因为 $f(t+y \mid X>y)$ 是随机变量（$X-y \mid X>y$）的概率密度函数，则称 $\overset{0}{\mathrm{e}}_y$ 为"未来预期寿命"。进一步而言，如果 e_y^0 二阶矩存在，有

$$E(X^2 \mid X > y) = \int_{y}^{+\infty} x^2 f(x \mid X > y) \mathrm{d}x \tag{14—4—21}$$

那么未来寿命的方差为：

$$\begin{aligned}\mathrm{Var}(X-y|X>y) &= \mathrm{Var}(X|X>y)\\ &= E(X^2|X>y) - E[X|X>y]^2\end{aligned} \tag{14—4—22}$$

14.4.5 中心死亡率

中心死亡率用 m_x 表示，用来度量 x 岁的人在年龄区间［x，$x+1$］的死亡率，即在此区间上的危险率的加权平均值。有

$$m_x = \frac{\int_{x}^{x+1} S(y)\lambda(y)\mathrm{d}y}{\int_{x}^{x+1} S(y)\mathrm{d}y} \tag{14—4—23}$$

由此可见，m_x 是生存分布为连续型情况下的权数之和。

更一般地，${}_n m_x$ 在区间［x，$x+n$］的中心死亡率为：

$$ {}_nm_x=\frac{\int_x^{x+n}S(y)\lambda(y)\mathrm{d}y}{\int_x^{x+n}S(y)\mathrm{d}y}=\frac{\int_0^n S(x+s)\lambda(x+s)\mathrm{d}s}{\int_0^n S(x+n)\mathrm{d}s} \tag{14—4—24}$$

在上式中，令 $y=x+s$，并将分子和分母同除以$S(x)$，得

$$ {}_nm_x=\frac{\int_0^n \frac{1}{S(x)}S(x+s)\lambda(x+s)\mathrm{d}s}{\int_0^n \frac{1}{S(x)}S(x+s)\mathrm{d}s}=\frac{\int_0^n {}_sp_x\cdot u_{x+s}\mathrm{d}s}{\int_0^n {}_sp_x\mathrm{d}s} \tag{14—4—25}$$

式中，${}_sp_x$代表条件概率 $\frac{S(x+s)}{S(x)}$。

推论： 若 X 服从指数分布，则 $m_x=-\ln p_x$。

证明　因为 X 服从指数分布，则危险率为常数，对所有 y 的值，令 $\lambda(y)=\lambda$。

由式（14—4—23）得 $m_x=\frac{\lambda\int_x^{x+1}S(y)\mathrm{d}y}{\int_x^{x+1}S(y)\mathrm{d}y}=\lambda$，因为 $p_x=\frac{S(x+1)}{S(x)}=\mathrm{e}^{-\lambda}$，$\lambda=-\ln p_x$ 得证。

14.4.6　危险概率在估计中的运用

若要估计从 $t=0$ 到 $t=x$ 的生存概率 $S(x)$，可以通过从 $t=i$ 到 $t=i+1$ 的条件生存概率来求。在时间 i 生存的条件下，生存概率为 $\frac{S(1+i)}{S(i)}$，这一条件概率称为 $p_i(i=0,1,2,3,\cdots,x-1)$。在这些样本数据的基础上，我们就可以得到 p_i的估计量 $\hat{p}_i$，即有

$$\hat{S}(x)=\hat{p}_0\hat{p}_2\cdots\hat{p}_{x-1} \tag{14—4—26}$$

14.5　随机变量的变换

设已知随机变量 X 的分布，考虑一个新的随机变量 Y，Y 是由 X 变换而得的随机变量，令

$$y=g(x) \tag{14—5—1}$$

如果其反函数存在，设其反函数为 $x=g^{-1}(y)=h(y)$，以下对随机变量 Y

的概率分布进行说明。

14.5.1 严格单调递增情况

如果 $y=g(x)$ 为严格单调递增函数，若 $X\leqslant x$，则 $Y\leqslant g(x)$，反之亦然。即

$$\Pr(Y\leqslant y)=\Pr[X\leqslant h(y)] \tag{14—5—2}$$

或

$$F(y)=F(h(y)) \tag{14—5—3}$$

或更严格地写为：

$$F_Y(y)=F_X(h(y)) \tag{14—5—4}$$

从式（14—5—4）以及生存分布函数、概率密度函数和危险率的关系，有

$$S_Y(y)=S_X(h(y)) \tag{14—5—5}$$

由于概率密度函数是累积函数的导数，有

$$\begin{aligned} f_Y(y)&=\frac{\mathrm{d}}{\mathrm{d}y}F_Y(y)=\frac{\mathrm{d}}{\mathrm{d}y}F_X(h(y))=f_X(h(y))\frac{\mathrm{d}}{\mathrm{d}y}h(y)\\ &=f_X(h(y))\frac{\mathrm{d}x}{\mathrm{d}y} \end{aligned} \tag{14—5—6}$$

又因危险率函数是概率密度函数与生存分布函数的比，有

$$\lambda_Y(y)=\frac{f_Y(y)}{S_Y(y)}=\lambda_X(h(y))\frac{\mathrm{d}x}{\mathrm{d}y} \tag{14—5—7}$$

【例 14—3】 设 X 服从 $\lambda=1$ 的指数分布，令 $y=g(x)=\sqrt{x}$，求 y 的生存分布函数、概率密度函数、危险率函数。

解 因为 $y=g(x)$ 为严格单调递增函数，则

$$F_Y(y)=F_X(y^2)$$

由于服从指数分布，有

$$F_X(x)=1-\mathrm{e}^{-x}$$

所以有

$$F_Y(y)=1-\mathrm{e}^{-y^2}$$

$$S_Y(y)=\mathrm{e}^{-y^2}$$

于是

$$f_Y(y)=2y\mathrm{e}^{-y^2}$$

故 $\lambda_Y(y)=2y$。显然，Y 服从参数 $k=2$，$n=1$ 的威布尔分布。

14.5.2　严格单调递减情况

如果 $y=g(x)$ 为严格单调递减函数，则公式推导和结果只需作一些调整即可。

若 $X<x$，则 $Y>g(x)$，反之亦然。即

$$\Pr(Y>y)=\Pr[X<h(y)]=\Pr[X\leqslant h(y)] \tag{14—5—8}$$

或

$$S_Y(y)=F_X(h(y))=1-S_X(h(y)) \tag{14—5—9}$$

那么

$$F_Y(y)=1-S_Y(y)=1-F_X(h(y))=S_X(h(y)) \tag{14—5—10}$$

并且

$$\begin{aligned} f_Y(y)&=\frac{\mathrm{d}}{\mathrm{d}y}F_Y(y)=-\frac{\mathrm{d}}{\mathrm{d}y}F_X(h(y))=-f_X(h(y))\frac{\mathrm{d}}{\mathrm{d}y}h(y)\\ &=-f_X(h(y))\frac{\mathrm{d}x}{\mathrm{d}y} \end{aligned} \tag{14—5—11}$$

由于 $x=h(y)$ 为严格单调递减函数，则 $\frac{\mathrm{d}x}{\mathrm{d}y}<0$，又因为 $f_Y(y)>0$，所以

$$\lambda_Y(y)=\frac{f_Y(y)}{S_Y(y)}=-\lambda_X(h(y))\cdot\frac{S_{x(h(x))}}{1-S_{x(h(x))}}\frac{\mathrm{d}x}{\mathrm{d}y} \tag{14—5—12}$$

【例 14—4】　设 X 服从标准指数分布，$F_X(x)=1-\mathrm{e}^{-x}$，令 $y=g(x)=\frac{1}{x}$，求 Y 的生存分布、概率密度函数和危险率函数。

解　$x=h(y)=\frac{1}{y}$，所以

$$S_Y(y)=F_X(h(y))=1-\mathrm{e}^{-\frac{1}{y}}$$

$$f_Y(y)=\frac{\mathrm{d}}{\mathrm{d}y}F_Y(y)=y^{-2}\mathrm{e}^{-\frac{1}{y}}$$

$$\lambda_Y(y)=\frac{f_Y(y)}{S_Y(y)}=\frac{y^{-2}\mathrm{e}^{-\frac{1}{y}}}{1-\mathrm{e}^{-\frac{1}{y}}}$$

【例 14—5】 证明：如果 X 服从 Makeham 分布，则当 $a=0$ 时，$y=\frac{x-a}{\beta}$ 也服从 Makeham 分布。

证明 因为如果 X 服从 Makeham 分布，有

$$\lambda_X(x)=A+Bc^x$$

可知

$$\lambda_Y(y)=A+\beta Bc^{a+\beta y}=A+\beta Bc^{\alpha}c^{\beta Y}$$

令 $B'=\beta Bc^{\alpha}$，$c'=c^{\beta}$，得证。

14.6 生命表

本章前 5 节主要介绍了生存模型中所要用到的概念，都是连续型的理论数学模型，而实际工作中面临的却大多都是离散型数据。从这一节开始，我们将把实际情况和理论结合起来，运用这些理论处理实际的生存模型。

最初的生命表只统计了某一特定群体的年龄以及相应的生存人数，如表 14—1 所示。

表 14—1 **生命表**

年龄	生存人数
0	1 000 000
1	997 235
2	995 381
⋮	⋮
104	1 585
105	877

完整的生命表为了便于计算，会将最初收集到的数据进行完善，列明常用的死亡人数、生存概率和死亡概率，以及平均余命等信息。由于理论上人死亡发生的随机性带来了统计的难度，所以从本章开始，我们将深入生命表构造内部，探索人们长期以来利用统计方法估测的数据，从而为保险费率厘定提供最基础的数

据支持。

人的寿命不可能是无限的，纵然有人活到了 150 岁以上，但这毕竟是极少数的现象，对估测人生命的统计意义不大，大部分的人都会在某一年龄前死亡，我们称这一年龄为极限年龄，记为 ω。在生命表中，通常 $\omega=105$，即 $S(\omega)=0$。$S(\omega)$ 指的是 0 岁的人活过 ω 岁的概率，由于理论上人不可能活过极限年龄，所以概率必然为零。通过对表 14—1 的完善，我们得到表 14—2。

表 14—2　　**生命表**

年龄 x	生存人数 l_x	生存概率 $S(x)$
0	1 000 000	1
1	997 235	0.997 235
2	995 381	0.995 381
⋮	⋮	⋮
104	1 585	0.001 585
105	877	0.000 877

从不同年龄下生存人数数据还可以直观得出每个年龄段的死亡人数，如 ${}_nd_x$ 表示 x 岁的该固定群体中在 n 年内死亡的人数，则 d_x 为 x 岁的该固定群体中在 1 年内死亡的人数。显然，${}_nd_x=l_x-l_{x+n}$。

既然从 0 岁活到 x 岁的概率可以得出，那么对于研究者来说，某一特定年龄 x 岁的人在该年的生存与死亡概率就显得更为重要了。因此，完善的下一步是将 x 岁的人在该年的生存概率与死亡概率充实到生命表中。我们令 ${}_np_x$ 为 x 岁的人活过 n 年的概率，则 p_x 便为 x 岁的人活过 1 年，即活到 $x+1$ 岁的概率；相应地，${}_nq_x$ 为 x 岁的人在 n 年内死亡的概率，则 q_x 便为 x 岁的人在 1 年内死亡的概率，即活不到 $x+1$ 岁的概率。有

$$ {}_nq_x=\frac{{}_nd_x}{l_x}=\frac{l_x-l_{x+n}}{l_x},\quad {}_np_x=1-{}_nq_x=\frac{l_x-{}_nd_x}{l_x}=\frac{l_{x+n}}{l_x} $$

生存分析的其他重要元素 $f(x)$，$\lambda(x)$，m_x 和 e_x 等，虽不能由生存概率和死亡概率直接得出，但 p_x 与 q_x 为在不同的假设条件下对其求解奠定了基础，这些问题将在本章和以后章节中多次讨论。

如以表 14—2 为例，有

$$ p_0=\frac{S(1)}{S(0)}=\frac{0.997\,235}{1}=0.997\,235 $$

$$p_1=\frac{S(2)}{S(1)}=\frac{0.995\,381}{0.997\,235}=0.998\,141$$

……

相应地，有

$$q_0=1-0.997\,235=0.002\,765$$
$$q_1=1-0.998\,141=0.001\,859$$

14.6.1 死力

生命表只对整数年龄 x 下的生存人数 l_x 列出了相应数值，但并未就整数年龄间的生存人数进行表述。可在实际情况中，被保险人很少恰恰在其生日那天时投保，而在一年后或数年后的生日那天死亡，所以我们还必须考虑年龄为非整数时的情形。这时，死力（force of mortality）成为衡量死亡率的一个简单有效的中间量。

死力，又称为死亡强度或死亡力，指的是瞬间的死亡率。由于死力是一个瞬时的概率，所以其实际意义并不大，但是其理论意义却很突出。试想，如果我们知道每一时点的情况，那么整个时间段上的情况就会清清楚楚。同理，如果每个时点上的死亡率是已知的，则一段时间内的死亡率便可以很容易地求出。

既然死力表示的是瞬间的死亡率，利用微积分的知识可以知道，死力是连续的。而生命表统计的生存人数却是离散的，因此我们假定 l_x是连续的，并且可导。

用 μ_{x+s}表示 $x+s$ 岁的人在瞬间死亡的概率，$\mu_{x+s}=-\frac{\frac{\mathrm{d}}{\mathrm{d}s}l_{x+s}}{l_{x+s}}$。$\mu_{x+s}$表示的是死亡率，我们可以通过用死亡人数除以生存人数得出死亡率。

证明 在 $x+s$ 时，生存人数为 l_{x+s}；在 $x+s+\Delta t$ 时，生存人数为 $l_{x+s+\Delta t}$。所以，在 Δt 时间内，死亡人数为 $l_{x+s}-l_{x+s+\Delta t}$，平均死亡人数为 $\frac{l_{x+s}-l_{x+s+\Delta t}}{\Delta t}$，当 $\Delta t\to 0$时，有

$$\lim_{\Delta t\to 0}\frac{l_{x+s}-l_{x+s+\Delta t}}{\Delta t}=\lim_{\Delta t\to 0}-\frac{l_{x+s+\Delta t}-l_{x+s}}{\Delta t}=-\frac{\mathrm{d}}{\mathrm{d}s}l_{x+s}$$

因此，死亡率为$-\frac{\frac{\mathrm{d}}{\mathrm{d}s}l_{x+s}}{l_{x+s}}$得证。

特别地，$\mu_x=-\frac{\frac{\mathrm{d}}{\mathrm{d}x}l_x}{l_x}$称为 x 岁的死力。有

$$-\frac{\frac{\mathrm{d}}{\mathrm{d}x}l_x/l_0}{l_x/l_0}=-\frac{\mathrm{d}\ln\ (l_x/l_0)}{\mathrm{d}x}$$

所以

$$l_x=l_0\mathrm{e}^{-\int_0^x\mu_y\mathrm{d}y}$$

即

$$_xp_0=\mathrm{e}^{-\int_0^x\mu_y\mathrm{d}y}$$

进而

$$_xp_0=\mathrm{e}^{-\int_0^n\mu_{x+s}\mathrm{d}s}$$

14.6.2　*T*(*x*) 的密度函数

(x) 表示的是年龄为 x 岁的人，而保险人更关心的是 x 岁的人还能存活的时间长度 $T(x)$，因为这个时间长度直接影响保险人支付保险金的现值。所以，围绕 $T(x)$ 的问题需要我们在这一节中明确。对于某一个特定的 (x)，它的生存时间 $T(x)$ 是一个随机变量，所以如果我们知道了 $T(x)$ 的密度函数，则将会为 $T(x)$ 的分析带来极大便利。

$\Pr(T(x)\leqslant t)$ 指的是 (x) 在 t 年之内死亡的概率，我们用$_tq_x$ 表示。既然 $T(x)$ 的分布函数为$_tq_x$，那么 $T(x)$ 的密度函数就为$_tq_x$ 的导数，即

$$f_{T(x)}(t)=\frac{d_tq_x}{\mathrm{d}t}=-\frac{d_tp_x}{\mathrm{d}t}={}_tp_xu_{x+t}$$

此时，$f_{T(x)}(t)$ 隐含着一个条件：$X>x$。若换一种表示方法便可一目了然，现推导 (x) 在 y 岁之前死亡的概率，即

$$\Pr[T(x)<y-x]=\Pr[Y<y|X>x]=\frac{\Pr(x<Y<y)}{\Pr(X>x)}$$

因此，此概率函数的密度函数为 $f(y\mid X>x)=\frac{f(y)}{S(x)}$。前后两种表示方法所表示的含义是一样的，因此得证 $f_{T(x)}(t)$ 隐含着的条件就是 $X>x$。所以，如果是 $f(x)$，它隐含的条件是 $X>0$，进而 $f(x)={}_xp_0u_x$。

14.6.3 其他生命函数

在生命表的编制中除了死力和密度函数有助于了解被保险人的生存分布外，还有一些重要的数据也可以反映被调查人群的生命状况，例如，人年数 L_x，人年数总和 T_x，平均余命 $\mathring{e}_x$ 以及中心率 ${}_n m_x$。

1. 人年数 L_x

L_x 指的是年初年龄为 x 岁的人群（l_x）到年末所总共经过的年数和。例如，1 个（x）顺利活到 $x+1$ 岁，其经过的年数为 1 年，若这个人在 $x+t$ 时死亡，则其经过的年数为 t 年。所以，$L_x = \int_0^1 l_{x+t} \mathrm{d}t$ 。

2. 人年数总和 T_x

T_x 指的是年龄为 x 岁的人群到全部死亡，所一共经历的年数和。

L_x 与 T_x

L_x 与 T_x 表示的都是 x 岁的人经历的年数和，但 L_x 的观测时间为 1 年，表示的是在 $x \sim x+1$ 岁时间段里的人年数；而 T_x 表示的是在 $x \sim +\infty$ 岁（或至极限年龄）时间段里的人年数。因此，T_x 是 L_x 的总和，即

$$T_x = \sum_{k=0}^{\infty} L_{x+k}$$

由于

$$L_x = \int_0^1 l_{x+t} \mathrm{d}t$$

所以

$$T_x = \int_0^{\infty} l_{x+t} \mathrm{d}t \quad 或 \quad T_x = \int_x^{\infty} l_y \mathrm{d}y$$

式中，T_0 是 T_x 的特殊形式，指的是 0 岁的人群 l_0 所经历的总年数。

3. 平均余命 $\mathring{e}_x$

$\mathring{e}_x$ 是指（x）的预期寿命，它是衡量特定年龄下某人生存期限的一个重要生命表函数。它可以反映一个国家或地区平均寿命的长短，进而作为分析该地区人民生活水平、医疗水平高低的重要指标。

$\mathring{e}_x$ 反映的是现存的 l_x 人平均能够再活多少年，而 T_x 指的是 l_x 人从现在起能

够活的总年数。所以，有

$$\mathring{e}_x=\frac{T_x}{l_x}=\frac{\int_0^{\infty} l_{x+t}\,\mathrm{d}t}{l_x}=\int_0^{\infty}{}_tp_x\,\mathrm{d}t$$

4. 中心率${}_nm_x$

运用本节的生命表，我们将式（14—4—25）上下同乘 l_x，得

$${}_nm_x=\frac{\int_0^n l_{x+t}\mu_{x+t}\,\mathrm{d}t}{\int_0^n l_{x+t}\,\mathrm{d}t}=\frac{{}_nd_x}{{}_nL_x}$$

从上式可看出，n 年内死亡的人数除以 l_x 人在 n 年总的暴露数即为中心率，所以中心率就是平均暴露单位的死亡人数。特殊地，有

$$m_x=\frac{d_x}{L_x}$$

14.7　尾龄的分布假设

14.7.1　l_{x+s}的线性形式

在这种形式下，生存人数呈线性减少，如果我们要求两点中某个时间点的生存人数，可以假设死亡的 d_x 人是在 1 年中均匀死亡的。因此，生存人数 l_{x+s} 是时间 $s\in(0,1]$ 的函数；d_x 已知，所以斜率固定，所以 $l_{x+s}=l_x-sd_x$ 是线性的，如图 14—1 所示。显然，B 人群的寿命长于 A 人群。

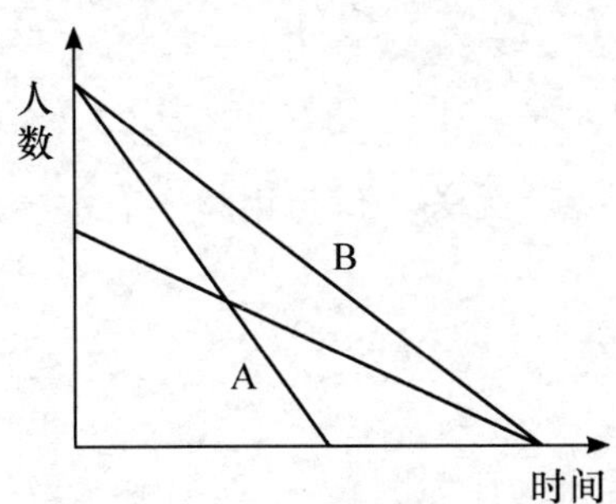

图 14—1　l_{x+s}的线性形式

显然，${}_sq_x=sq_x$，这也是尾龄线性的最常用性质。同理可得

$$生存概率\ {}_sp_x=\frac{l_{x+s}}{l_x}=1-sq_x$$

$$死力\ u_{x+s}=\frac{\frac{\mathrm{d}l_{x+s}}{\mathrm{d}s}}{l_{x+s}}=\frac{d_x}{l_x-sd_x}=\frac{q_x}{1-sq_x}$$

$$概率密度函数\ f_x(s)={}_sp_xu_{x+s}=(1-sq_x)\frac{q_x}{1-sq_x}=q_x \quad 或 \quad ({}_sq_x)=q_x$$

可见，$f_x(s)$ 与 s 无关，只与年龄 x 有关。

由于死亡是均匀的，所以死亡的 d_x 每人生存的期望是$\frac{1}{2}$年，因此，L_x 等于顺利活过 1 年的 l_{x+1}加上$\frac{1}{2}d_x$，即 $L_x=l_{x+1}+\frac{1}{2}d_x$。同理，有

$$m_x=\frac{q_x}{1-1/2q_x}$$

死亡均匀分布是特殊的连续型分布的一种，因此，我们可以通过离散型进行推导。离散型下，假设死亡都发生在年末，人年数总和为 T_x^*，而死亡均匀分布下的 T_x 将会比 T_x^* 多$\frac{1}{2}l_x$，所以 $T_x=T_x^*+\frac{1}{2}l_x$。同理，$\mathring{e}_x=e_x+\frac{1}{2}$。

14.7.2　l_{x+s}的指数形式

若满足 $l_{x+s}=(l_{x+1})^s(l_x)^{1-s}$，则我们说在（0，1）的生存人数服从指数形式。指数形式的重要性质为：

$$ {}_sp_x=\frac{l_{x+s}}{l_x}=\frac{(l_{x+s})^s(l_x)^{1-s}}{l_x}=(p_x)^s$$

$$u_{x+s}=-\ln p_x=u_x$$

从上式可得如下结论：u_{x+s}与 s 无关，只与年龄 x 有关。从而

$$p_x=\mathrm{e}^{-u_x}$$

进一步，有

$$ {}_np_x=p_x\times p_{x+1}\times p_{x+2}\times\cdots\times p_{x+n-1}=\mathrm{e}^{-\sum_{k=0}^{n-1}u_{x+k}}$$

因此

$$ {}_n p_x = \mathrm{e}^{-\int_0^n u_{x+s}\mathrm{d}s} $$

在指数形式下，由于死力为常数，所以密度函数有较好的形式：

$$ f(s) = {}_s p_x \times u_{x+s} = (p_x)^s \cdot u_x = \mathrm{e}^{-u_x s} u_x $$

还有一个特例，若 u_{x+s} 在 $[x, +\infty]$ 上恒为常数，则 $f(s) = u\mathrm{e}^{-us}$。

14.7.3　l_{x+s} 的双曲线形式

双曲线形式又称 Balducci 假设或 Balducci 分布，由于意大利精算学家 Gaetano Balducci 经常在其论文中运用 l_{x+s} 的双曲线形式而命名。但在实务中双曲线形式较少运用，因为在大部分年龄段上，死力都是递增的，而在双曲线形式下，死力却是递减的。

在双曲线形式下，l_{x+s} 满足：

$$ \frac{1}{l_{x+s}} = \frac{s}{l_{x=1}} + \frac{1-s}{l_x} $$

可推导出：

$$ {}_s p_x = \frac{1-q_x}{1-(1-s)\ q_x} $$

$$ {}_s q_x = \frac{s \cdot q_x}{1-\ (1-s)\ q_x} $$

$$ u_{x+s} = \frac{q_x}{1-(1-s)q_x} $$

$$ f_x(s) = \frac{q_x\ (1-q_x)}{[1-(1-s)q_x]^2} $$

${}_s p_x$，${}_s q_x$，u_{x+s} 和 $f_x(s)$ 在形式上都比较复杂，而且推导过程和以上所述的几种假设没有差别，所以本书仅给出最后结果，有兴趣的读者可自行推导。

14.8　选择生命表

在寿险实务中经常会用到选择生命表，这种生命表规定一个选择期，在选择期内，死亡率会低于普通的终极生命表，因此在估计选择生命表中的某群人 t 年后的生存人数时，就要用到与以前稍有不同的方法进行处理。在选择期内，选择生命表的生存人数 $l_{[x]+t}>l_{x+t}$，但是在选择期以外，选择生命表的生存人数 $l_{[x]+t}$ 等于终极生命表生存人数 l_{x+t}。

实务中，通常假定选择期为 4 年，如年限超过 4 年，死亡率和终极生命表一致：

$$\begin{cases} l_{[x]+t}=l_{[x]}s_{(t,x)}, & t=1,2,3 \\ l_{[x]+t}=l_{x+t}, & t\geqslant 4 \end{cases}$$

【例 14—6】 假设选择期为 4 年，求：

(1) $_{2|4}q_{[22]+3}$

(2) $_{1|1}q_{[30]+1}$

解 (1) $_{2|4}q_{[22]+3}=\dfrac{l_{27}-l_{31}}{l_{[22]+3}}$

(2) $_{1|1}q_{[30]+1}=\dfrac{l_{[30]+1+1}-l_{[30]+1+2}}{l_{[30]+1}}$

$$=\frac{l_{[30]+2}-l_{[30]+3}}{l_{[30]+1}}$$

为什么使用选择生命表?

投保人在与保险人签订保险合同之前，需要由保险人审核投保方的资格，其中较重要的一个环节就是对被保险人的筛选，看被保险人是否符合投保要求，通过筛选的通常是身体较好、近期不会发生保险事故的个体。这样，建立在风险选择之上的选择生命表的死亡率就会低于终极生命表。

选择生命表给保险人更准确的计算基础，可以使保费的制定更加科学、合理与公平，有利于保险公司厘定较低的保费，从而增加竞争力。这一较低的保费并不是凭空捏造的，相反，其拥有科学的依据和准确的基础。

但是，保险人的核保效力也是有时间限制的，通常过了 4 年之后，当初的筛选效力渐渐消失殆尽，进而选择生命表的死亡率和终极生命表趋于一致。

习 题

1. 若某人的寿命分布函数为：

$$F(x)=\begin{cases}0, & x<0\\ \dfrac{x}{100}, & 0\leqslant x\leqslant 100\\ 1, & x>100\end{cases}$$

则该人的${}_{15}m_{25}$为多少?

2. 已知 $\lambda(x)=3x^2$，$Y=\ln X$，求 Y 的危险率函数。

3. x 服从均匀分布，且 $f_X(x)=\dfrac{1}{10}$，函数 $Y=25x^2$，求 $\lambda(25)$。

4. 判断在指数假设下，$\dfrac{l_{x+s}}{l_x}=(p_x)^s$是否正确，并说明为什么。

5. 已知某群体寿命服从如表 1 所示生命表。

表 1

x	0	1	2	3
l_x	100	80	40	0

假设该群体在每一年里都服从指数分布，试求 e_0^0。

第15章 完整样本数据和不完整样本数据情况下生存模型的估计

本章重点

1. 了解死亡时间与生存时间的关系
2. 理解完整样本数据情况下表格生存模型的估计
3. 理解非完整样本数据情况下表格生存模型的估计
4. 掌握各种对死亡率估计的方法

生存时间和死亡时间是相对应的两个概念，对于进入观察群体的被观察者，其准确的死亡时间成为研究生存时间及其模型的重要数据基础。所以，本章着重从完整样本和非完整样本两种情况出发，研究被观察者的死亡时间，并在几种特殊情况下估计死亡概率。

15.1 死亡时间

依观察的信息是否完整，将样本划分为两类：完整样本数据和不完整样本数据。如果观察者对被研究对象在每一段时间内进行观察，直至其死亡（被研究对象在观察期内不能离开)，这种情况称为完整样本数据。如果被研究对象在死亡前未被观察或者离开，则称为不完整的样本数据。大多数情况下，用 $\hat{S}(t)$ 表示对$S(t)$的估计。

我们将初始的群体作为研究对象进行封闭研究，要求在 $t=0$ 时刻后不允许任何人进入，所有的对象从 $t=0$ 时刻开始观察，直至他们死亡。例如，研究对象是患有绝症的人群，假设他们都是在 K 到 $K+1$ 年被确诊的，将他们被确诊的那一天定为 $t=0$，确诊日到死亡时间为 t。

15.2 死亡的精确时间

假设观察一个由 5 人构成的团体，他们的死亡时间分别发生在 $t_i(i=0, 1, 2, 3, 4)$，且 $t_i<t_{1+i}$。

15.2.1 经验生存分布

通过观察每个生存时间点 t，可以很自然地估计 $S(t)$。为了帮助理解，画出观察的生存分布图，并用 $S^0(t)$ 代表分布，如图 15—1 所示。

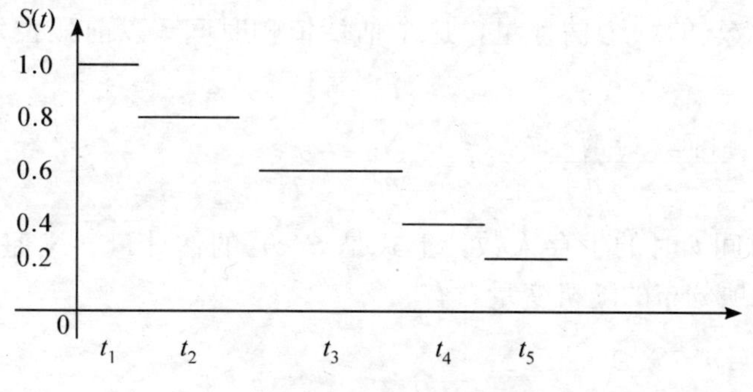

图 15—1　生存分布图

用于估计 $S(t)$ 的 $S^0(t)$ 的值很容易由图中求出。对于所有的 $t<t_1$，生存到时间 t 的比例为 1.00，并且将这个值视为 $S(t)$ 的估计值。

类似地，可得 $t\in[t_1, t_2)$ 时，$S^0(t)=0.80$；$t\in[t_2, t_3)$ 时，$S^0(t)=0.60$。由于估计程序仅仅简单地定义为所观察的生存者人数比例，由此可推出 $t\in[t_5, +x)$时 $S^0(t)=0$。

简言之，对于 n 个人的初始团体，这一简单的估计方法将得到以下估计：

当 $t<t_1$ 时，$S^0(t)=1.00$；

当 $t_i\leqslant t<t_{i+1}$时，$S^0(t)=\frac{n-i}{n}$ （$i=1, 2, \cdots, n-1$）；

当 $t\geqslant t_n$ 时，$S^0(t)=0$。 (15—2—1)

通常，$S(t)$ 应为严格的递减函数，而不是像在 t_i 与 t_{i+1}之间的 $S^0(t)$ 那样是常数。这样估计量 $S^0(t)$ 便表明了这一特色。我们知道 $S^0(t)$ 的阶梯式下降的特性是源于样本空间的有限性。假设对于此处研究的实体，几乎没有人能够生存到时间 $t=10$ 以后，同时假设有一个 50 人的群体，那么经验生存图表在发生每次死亡时，$S^0(t)$ 下降 0.02，且在 $t=0$ 与 $t=10$ 之间有 50 次这样的下降，样本空间越大，下降的阶梯越多，并且在一个较大的实际生存范围内，由此得到的 $S(t)$的估计量的曲线比较平滑。

在描述这里的估计程序时，假设死亡时间记录非常精确，使得在每一个时点只发生一次死亡事件。若记录不够准确且样本很大，如果在同一时间发生 r 次死亡事件，则 $S^0(t)$ 下降为$\frac{r}{n}$，影响并不大。所以我们将就小样本数据情形下的计算展开讨论，这样有利于更好地减少误差。

15.2.2 经验生存分布分析

$S^0(t)$ 是 $S(t)$ 的一个估计量，这个估计依赖时间 t 以前死亡发生的次数，定义 $S^0(t)$ 为：

$$S^0(t)=\frac{\text{时间 } t \text{ 时的生存人数}}{n}=\frac{N_t}{n} \qquad (15\text{—}2\text{—}2)$$

式中，N_t代表时间 t 时的生存人数，上式是 $S(t)$ 的估计量。N_t是服从以 n 和 $S(t)$为参数的二项分布的随机变量，有

$$E(N_t)=n\cdot S(t) \qquad (15\text{—}2\text{—}3)$$

$$\mathrm{Var}(N_t)=n\cdot S(t)\cdot F(t) \qquad (15\text{—}2\text{—}4)$$

式（15—2—4）中，$F(t)=1-S(t)$。由于 N_t 是服从二项分布的随机变量，则$S^0(t)=\frac{N_t}{n}$ 是服从二项分布的随机变量的函数，且

$$E(S^0(t))=\frac{1}{n}N_t=S(t) \qquad (15\text{—}2\text{—}5)$$

$$\mathrm{Var}(S^0(t))=\frac{1}{n^2}\ \mathrm{Var}(N_t)=\frac{S(t)\cdot F(t)}{n} \qquad (15\text{—}2\text{—}6)$$

因为有式（15—2—5），所以 $S^0(t)$ 是 $S(t)$ 的无偏估计，可以用 $S^0(t)$ 代替 $S(t)$ 求得 $\mathrm{Var}(S(t))$ 的估计量，从而有

$$\mathrm{Var}(S^0(t))=\frac{S^0(t)\cdot F^0(t)}{n} \tag{15—2—7}$$

15.3 死亡时间分组法

当所观察的样本很大时，需要用死亡时间分组法，把连续的时间划分为等长的固定时间区间。为了简化估计量的公式和符号，我们假设时间区间相等。须明确的是，在运用完整数据及死亡时间分组法的研究时，目的在于估计 $S(t)$ 以及其他的一些函数，并分析得到的估计。

n 表示所研究团体的初始规模，由于处理完整数据，所有 n 个对象都能观察到死亡时间，并且每一次死亡事件都发生在 k 个区间的某个区间。此处 k 足够大，即生存到终点时刻 k 的可能性极小，可忽略不计。所用到的符号如表15—1 所示。

表 15—1　　常用符号汇总表

符号	意义	相关公式
D_t	发生在时间 t 到 $t+1$ 区间内的死亡人数的随机变量	
d_t	D_t 的确定数值	$n=\sum_{t=0}^{k-1} d_t$　　(15—3—1)
N_t	时间 t 的生存人数的随机变量	
n_t	N_t 的确定数值	$N_{t-1}=N_t-D_t$，　$t=0，1，2\cdots，k-1$　(15—3—2)
q_t	在时间 t 生存的人在 t 与 $t+1$ 之间的死亡概率	

15.3.1 对 $S(t)$ 与 $_{t|}q_0$ 的估计

显然，$S(t)$ 可用生存到时间 t 的生存比例来估计，即

$$\hat{S}(t)=\frac{N_t}{n} \tag{15—3—3}$$

它是一个服从二项分布的随机变量函数，用 $\dot{S}(t)$ 代替 $\hat{S}(t)$，它的期望和方差分别由式（15—2—5）和式（15—2—6）给出。

类似地，有

$$_{t|}\hat{q}_0=\frac{D_t}{n}, \quad t=0,1,2,\cdots,k-1 \tag{15—3—4}$$

它的期望和方差分别为：

$$E(_{t|}\hat{q}_0)=\frac{1}{n}E(D_t)={}_{t|}q_0 \tag{15—3—5}$$

$$\mathrm{Var}(_{t|}\hat{q}_0)=\frac{1}{n^2}\mathrm{Var}(D_t)=\frac{_{t|}q_0(1-{}_{t|}q_0)}{n} \tag{15—3—6}$$

由式（15—3—5）可知，多向随机变量的估计$_{t|}\hat{q}_0=\frac{D_t}{n}$是无偏的。

15.3.2 对 q_t 与 p_t 的估计

q_t 在给定的生存条件下，用时间 $t+1$ 之前的死亡的条件概率，易知有

$$\hat{q}_t=\frac{D_t}{n_t} \tag{15—3—7}$$

若以时间 t 处的生存者人数 n_t 为条件，D_t 服从二项分布，则 $\hat{q}_t=\frac{D_t}{n}$是服从二项分布的随机变量函数，其方差和期望为：

$$E(\hat{q}_t|n_t)=\frac{1}{n_t}E(D_t) \tag{15—3—8}$$

$$\mathrm{Var}(\hat{q}_t|n_t)=\frac{1}{n_t^2}\mathrm{Var}(D_t)=\frac{(1-q_t)q_t}{n_t} \tag{15—3—9}$$

同理可得

$$\hat{p}_t=1-\hat{q}_t \tag{15—3—10}$$

$$E(\hat{p}_t|n_t)=p_t \tag{15—3—11}$$

$$\mathrm{Var}(\hat{p}_t|n_t)=\frac{(1-p_t)p_t}{n_t} \tag{15—3—12}$$

由于 $q_t=1-p_t$，显然式（15—3—9）与式（15—3—12）是相同的。

15.3.3　N_t与D_t的分布

在时间 t 的生存人数 N_t 服从参数为 n 和 $S(t)$ 的二项分布，它们的期望值和方差由式（15—2—3）与式（15—2—4）给出。同时，$D_t(t=0,1,2,\cdots,k-1)$ 服从联合多项分布，且具有如下性质：

$$p_n(d_0,d_1,\cdots,d_{k-1})=\frac{n!}{d_0!\cdot d_1!\cdot\cdots\cdot d_{k-1}}\prod_{t=0}^{k-1}({}_{t|}q_0)^{d_t} \tag{15—3—13}$$

$$E(D_t)=n\cdot{}_{t|}q_0 \tag{15—3—14}$$

$$\mathrm{Var}(D_t)=n\cdot{}_{t|}q_0(1-{}_{t|}q_0) \tag{15—3—15}$$

$$\mathrm{Cov}(D_r,D_t)=-n\cdot{}_{t|}q_0\cdot{}_{r|}q_0 \tag{15—3—16}$$

对于该分布，期望和方差、协方差都是非条件的，即只给定 n 个研究对象在 $t=0$ 时都生存。

若给定在时间 t 时，$N_t=n_t$，D_t服从二项分布的随机变量，则期望是 $q_t n_t$，方差是 $q_t n_t p_t$。

15.3.4　由 $\hat{p}_i$ 估计 $S(t)$

因为 $S(t)$ 是由 0 时刻生存到 t 时刻的非条件概率，由贝叶斯估计可知，欲求 $S(t)$，可由若干个条件概率（p_i）的乘积得出。已知

$$S(t)=p_0p_1\cdots p_{t-1} \tag{15—3—17}$$

由式（14—4—25）给出的直接估计 $S(t)$ 的方法是非条件方法，即

$$\hat{S}(t)=\hat{p}_0\hat{p}_1\cdots\hat{p}_{t-1} \tag{15—3—18}$$

15.3.5　对其他函数的估计

对于完整数据的死亡时间分组法，我们已估计了条件概率 p_t和生存分布函数 $S(t)$。危险率函数和概率密度函数是连续的，即相对于某一点的函数，而不只是一个区间。

例如，假设随机变量 T 在区间（t，$t+1$）上服从指数分布，这样 $\lambda(t)$ 为一常数，令 $t^*=t+0.5$ 为区间（t，$t+1$）的中点，由式（14—2—17）得

$$\lambda(t^*)=-\ln p_t \tag{15—3—19}$$

则 $\lambda(t^*)$ 的估计量为：

$$\hat{\lambda}(t^*)=-\ln p_t \tag{15—3—20}$$

由 $\hat{p}_t=\frac{N_{t+1}}{n}$，得

$$\hat{\lambda}(t^*)=-\ln\frac{N_{t+1}}{n} \tag{15—3—21}$$

这是一个有偏的估计量，随机变量 $\hat{\lambda}(t^*)$ 是服从二项分布的随机变量 N_{t+1} 的自然对数，有

$$\text{Var}(\hat{\lambda}(t^*)|n_t)\approx\frac{q_t}{n_t p_t} \tag{15—3—22}$$

为了估计区间中点的概率密度函数 $f(t^*)$，首先将其表示为生存分布函数的导数形式，令

$$f(t^*)=-\frac{\mathrm{d}}{\mathrm{d}t}S(t)|_{t=t^*}=S(t)q_t={}_{t|}q_0 \tag{15—3—23}$$

这样，$f(t^*)$ 的估计量为：

$$\hat{f}(t^*)={}_{t|}\hat{q}_0 \tag{15—3—24}$$

由式（15—3—8）知

$$\hat{f}(t^*)=\frac{D_t}{n} \tag{15—3—25}$$

$$\text{Var}(\hat{f}(t^*))=\frac{1}{n^2}\text{Var}(D_t)=\frac{(1-{}_{t|}q_0)\,{}_{t|}q_0}{n} \tag{15—3—26}$$

由于本节内容比较松散，容易混淆，我们特将其归纳于表 15—2 中。

表 15—2 估计函数性质

被估计的函数	估计值	条件的或非条件的	有偏或无偏	方差
${}_{t\|}q_0$	$\frac{D_t}{n}$	非条件	无偏	$\frac{{}_{t\|}q_0(1-{}_{t\|}q_0)}{n}$
$S(t)$	$\frac{N_t}{n}$	非条件	无偏	$\frac{S(t)\cdot F(t)}{n}$
p_t	$\frac{N_{t+1}}{n_t}$	以 n_t 为条件	无偏	$\frac{(1-p_t)p_t}{n}$
q_t	$\frac{D_t}{n_t}$	以 n_t 为条件	无偏	$\frac{(1-q_t)q_t}{n}$
$\hat{\lambda}(t^*)$	$-\ln\frac{N_{t+1}}{n}$	非条件	有偏	$\frac{q_t}{n_t p_t}$
$\hat{f}(t^*)$	$\frac{D_t}{n}$	非条件	无偏	$\frac{(1-{}_{t\|}q_0)\,{}_{t\|}q_0}{n}$

15.4　非完整样本数据情况下生存模型的矩估计

15.4.1　概述

以上章节通常只能在观察完成或在其他严格控制的理想条件下获取，无中途加入观察者，对每一个体的观察均从某个时刻开始，直到所有的观察者死亡（没有人活着离开观察）。而实际上，更常见的情况是：在某一确定观察期内，对某一对象的观察有的从初期开始，有的从期中开始（中途有人加入）；有的活着离开观察，有的生存到观察期末，有的在观察期内死亡。这种样本数据叫非完整数据。

由于被观察者在观察期内或在观察期结束后可以以生存状态离开，所以在非完整样本数据中，我们把观察期中活着离开的这种行为简称为退出，把生存到观察期末的这种现象简称为结束。这种情况下的随机事件是退出与死亡，而结束不是随机事件。

在不完整数据的情况下估计 $S(x)$ 或相应的 l_x 的基本方法是，首先估计 x 岁生存的人活到（$x+1$）岁的条件概率 p_x，然后由 $S(x)=p_0\cdot p_1\cdot\cdots\cdot p_{x-1}$ 得出一个 $S(x)$ 的估计量为：

$$\hat{s}(x)=\hat{p}_0\cdot\hat{p}_1\cdot\cdots\cdot\hat{p}_{x-1}$$

此外，从样本数据估计 q_x 要比估计 p_x 方便，在求得 q_x 的值后可由下式估计 p_x：

$$\hat{p}_x=1-\hat{q}_x$$

15.4.2　单风险情况的矩估计

死亡和退出是研究非完整样本下的数据的两个随机事件——风险。只有死亡而无退出叫单风险情况，既有死亡也有退出叫双风险情况。我们从简单情况入手，先讨论单风险情况。

对于被研究团体，如果有些情况已知，对于第 i 个人，在单风险情况下的死亡概率为在（$x+r_i$）岁生存。在（$x+s_i$）岁之前死亡的概率，用 ${}_{s_i-r_i}q_{x+r_i}$ 表示，因此期望人数为：

$$1\cdot{}_{s_i-r_i}q_{x+r_i}+0\cdot{}_{s_i-r_i}p_{x+r_i}={}_{s_i-r_i}q_{x+r_i} \qquad (15—4—1)$$

1. 基本矩关系

如果 n_x 为区间（x，$x+1$）上的总人数，则期望死亡人数为 $\sum_{i=1}^{n_x} {}_{s_i-r_i}q_{x+r_i}$，有

$$E(D_x) = \sum_{i=1}^{n_x} {}_{s_i-r_i}q_{x+r_i} = d_x \tag{15—4—2}$$

又有 $${}_{s_i-r_i}q_{x+r_i} \approx (s_i - r_i)q_t \tag{15—4—3}$$

下面为进一步的表达式：

$$E(D_x) = q_x \sum_{i=1}^{n_x} (s_i - r_i) = d_x \tag{15—4—4}$$

从而有 $$\hat{q}_x = \frac{d_x}{\sum_{i=1}^{n} (s_i - r_i)} \tag{15—4—5}$$

该式为单风险情况下的矩估计的一般形式。

2. 暴露数

l_x 个 x 岁的人在 x 与（$x+1$）岁之间生存的总年数称为暴露数。对于第 i 个观察对象，有序数组［$x+r_i$，$x+s_i$］为年龄区间（x，$x+1$）上观察到的年龄段。从数值上看，s_i-r_i 是该对象年龄区间（x，$x+1$）的暴露时间长度，显然年龄区间（x，$x+1$）上的总暴露数为 $\sum_{i=1}^{n}(s_i - r_i)$。暴露数在估计中有重要作用，式（15—4—5）的分母即为样本的预计暴露数。

3. 特殊情况

（1）如果对于所有的区间（x，$x+1$）上的 n_x 个人都有 $r_i=0$，$s_i=1$，则 ${}_{s_i-r_i}q_{x+r_i}=q_x$。式（15—4—2）变为：

$$E(D_x) = d_x = n_x q_x \tag{15—4—6}$$

由式（15—4—5）得

$$\hat{q}_t = \frac{d_x}{n_x} \tag{15—4—7}$$

将其称为特例 A 的矩估计。

（2）如果对于区间（x，$x+1$）上的所有 n_x 都有 $s_i=1$，且对其中的某些人有 $\gamma_i>0$，则有 ${}_{s_i-r_i}q_{x+r_i} = {}_{1-r_i}q_{x+r_i}$，式（15—4—2）变为：

$$\hat{q}_t = \sum_{i=1}^{n_x} {}_{1-r_i}q_{x+r_i} = d_x \qquad (15—4—8)$$

式（15—4—3）变为：

$${}_{1-r_i}q_{x+r_i} \approx (1-r_i)\ q_x \qquad (15—4—9)$$

将式（15—4—8）代入式（15—4—6），则可得

$$\hat{q}_x = \frac{d_x}{\sum_{i=1}^{n_x}(1-r_i)} \qquad (15—4—10)$$

将其称为特例 B 的矩估计。

在这种情况下，区间（x，$x+1$）上 n_x 个观察对象可以在不同的年龄进入这一区间，但所有的对象都预计在 $x+1$ 岁退出该区间。当然也可以假设 n_x 个观察对象的许多人在刚好 x 岁时进入该区间，令 b_x 为 n_x 的一个子集，并且 $r_i=0$。令剩余的部分为 $k_x=n_x-b_x$，对该部分的对象有 $0<r_i<1$，假设这些 r_i 的平均值为 r，有 $0<r<1$。

由此可推出 n_x 个人在区间(x，$x+1$)上期望死亡人数为 $b_x \cdot q_x + k_x \cdot {}_{1-r_i}q_{x+r_i}$，有

$$E(D_x) = b_x \cdot q_x + k_x \cdot {}_{1-r_i}q_{x+r_i} = d_x \qquad (15—4—11)$$

在双曲线假设下，${}_{1-r_i}q_{x+r_i} = (1-r)q_x$，有

$$\hat{q}_x = \frac{d_x}{b_x + (1-r)k_x} \qquad (15—4—12)$$

这对于式（15—4—12）中的分母的暴露数的解释是很明显的。

（3）如果对于区间（x，$x+1$）上的所有的 n_x 个人都有 $r_i=0$，对某些人有 $s_i<1$，则${}_{s_i-r_i}q_{x+r_i} = {}_{s_i}q_{x_i}$，式（15—4—2）可转化为

$$E(D_x) = \sum_{i=1}^{n} {}_{s_i}q_{x_i} = d_x \qquad (15—4—13)$$

在死亡服从均匀分布下，有

$${}_{s_i}q_{x_i} = s_i \cdot q_x \qquad (15—4—14)$$

将式（15—4—14）代入式（15—4—13），可得

$$\hat{q}_x = \frac{d_x}{\sum_{i=1}^{n_x} s_i} \qquad (15—4—15)$$

将其称为特例 C 的矩估计。

在这种情况下，对于所有的 n_x 个观察对象的观察都是从 x 岁开始，但预计在不同的年龄 z_i 退出区间（x，$x+1$）。令 c_x 表示 n_x 中在 $z_i<x+1$ 时退出的那部分观察对象，则剩余部分 n_x-c_x 预计将接受观察直至（$x+1$）岁。

假设 c_x 中的 s_i 的平均值为 $s(0<s<1)$，在区间（x，$x+1$）上的期望死亡人数为 $(n_x-c_x)q_x+c_{x\,s}q_x$，于是有

$$E(D_x)=(n_x-c_x)q_x+c_{x\,s}q_x \tag{15—4—16}$$

在线性假设下，${}_sq_x=s\cdot q_x$，由式（15—4—16）有

$$\hat{q}_x=\frac{d_x}{n_x+(1-s)c_x} \tag{15—4—17}$$

这对于上式中的分母的暴露数的解释是很明显的。

对于特例 C，还有第二种方法求得矩估计。c_x 中期望的死亡人数为${}_sq_xc_x$，需要对这一部分的死亡概率在一定的假设下进行估计，以便求解矩方程。

下面介绍另一种方法。假设 c_x 个预计终止者在区间（x，$x+1$）上的死亡概率与余下的（n_x-c_x）个观察对象的死亡概率相同，均为 q_x。现考察在区间（x，$x+1$）上 c_x 中的所有死亡人数，用 d_x^c 表示。在 d_x^c 中，一部分可以观察到，另一部分在退出后死亡，无法观察。令 d'_x 表示 c_x 中观察到的死亡人数，用 α 表示 d_x^c 中 d'_x 所占比例，有

$$d'_x=\alpha\cdot d_x^c$$

由于 d_x^c无法观察，所以无法求出 α，通常将 α 作为一个输入参数，该参数由其他数据引出。

c_x 群体中在区间（x，$x+1$）上的期望死亡人数为 c_xq_x，αc_xq_x为 c_x 中的死亡人数的期望观察值，$(n_x-c_x)q_x$为 n_x-c_x 中死亡人数的期望观察值。从而有

$$(n_x-c_x)q_x+\alpha c_xq_x=n_xq_x-(1-\alpha)c_xq_x \tag{15—4—18}$$

预计在 $x+s$ 岁退出观察的对象视为研究终止者，令 e_x 表示样本中实际终止的人数。在区间（x，$x+1$）上期望生存人数为 $c_x(1-q_x)$，而终止者退出后的期望死亡人数为 $(1-\alpha)c_xq_x$，令总的终止人数的期望值与实际终止人数相等，有

$$c_x(1-q_x)+(1-\alpha)c_xq_x=c_x-\alpha c_xq_x=e_x \tag{15—4—19}$$

将式（15—4—18）与式（15—4—19）联立，有

$$c_x=\frac{e_x}{1-\alpha q_x}$$

$$n_x q_x-\frac{(1-\alpha)e_x q_x}{1-\alpha q_x}=d_x$$

从而可推出

$$\alpha n_x q_x^2-[n_x-(1-\alpha)e_x+\alpha d_x]q_x+d_x=0 \tag{15—4—20}$$

其解为：

$$\hat{q}_x=\frac{b-\sqrt{b^2-4\alpha n_x d_x}}{2\alpha n_x} \tag{15—4—21}$$

式中，$b=n_x-(1-\alpha)e_x+\alpha d_x$。该式的优点在于不用讨论 c_x 的值。

15.4.3　矩估计的性质

在给定的条件下，q_x 的估计是无偏的，我们用式（15—4—5）所给出的矩估计来加以证明。为此，需将估计的期望值与所需估计的参数 q_x 的真实值进行比较。用

$$\hat{Q}_x=\frac{D_x}{\sum_{i=1}^{n}(s_i-r_i)} \tag{15—4—22}$$

表示在普通单风险情况下的随机变量 $\hat{Q}_x$ 与 D_x 之间的关系，则 $\hat{Q}_x$ 的期望值为：

$$E(\hat{Q}_x)=\frac{E(D_x)}{\sum_{i=1}^{n}(s_i-r_i)}$$

此处

$$E(D_x)=\sum_{i=1}^{n}{}_{s_i-r_i}q_{x+r_i}$$

有

$$E(\hat{Q}_x)=\frac{E(D_x)}{\sum_{i=1}^{n}(s_i-r_i)}=\frac{\sum_{i=1}^{n}{}_{s_i-r_i}q_{x+r_i}}{\sum_{i=1}^{n}(s_i-r_i)}=q_x$$

这就证明了在式（15—4—3）近似估计的情况下，式（15—4—5）中的矩估计是无偏的。

为了确定普通的矩估计式（15—4—5）的方差，首先将区间（x，$x+1$）上的死亡人数随机变量 D_x 写为：

$$D_x = \sum_{i=0}^{n} D_i \tag{15—4—23}$$

此处的 D_i 为对应于第 i 个观察对象的死亡数的随机变量，其值为 0 或 1，所有的 D_i 都是相互独立的，且服从二项分布，它的方差为：

$$\mathrm{Var}(D_x) = \sum_{i=0}^{n} \mathrm{Var}(D_i) = \sum_{i=1}^{n} {}_{s_i-r_i}q_{x+r_i}(1-{}_{s_i-r_i}q_{x+r_i}) \tag{15—4—24}$$

$$\mathrm{Var}(\hat{Q}_x \mid n_x, \{r_i, s_i\}) = \frac{\sum_{i=1}^{n} s_i - r_i q_{x+r_i}(1 - s_i - r_i q_{x+r_i})}{\sum_{i=1}^{n}(s_i - r_i)} \tag{15—4—25}$$

符号 $\mathrm{Var}(\hat{Q}_x \mid n_x, \{r_i, s_i\})$ 表示该方差是以样本容量 n_x 及观察对象在（x，$x+1$）上的进入时间与预计退出时间为条件的。

另外，可以近似地将 $\hat{Q}_x$ 看成服从样本容量为 $\sum_{i=1}^{n}(s_i - r_i)$ 的近似二项分布，这样

$$\mathrm{Var}(\hat{Q}_x \mid n_x, \{r_i, s_i\}) \approx \frac{p_x q_x}{\sum_{i=1}^{n}(s_i - r_i)} \tag{15—4—26}$$

15.4.4 双风险情况下的矩估计

与单风险情况一样，我们通过对样本数据的分析，推导出第 i 个研究对象在区间（x，$x+1$）上对应的 $[x+r_i, x+s_i]$，在双风险情况下所观察到的第 i 个研究对象的死亡概率为 ${}_{s_i-r_i}q_{x+r_i}^{(d)}$，（$d$）表示双风险的死亡情形，其退出概率为 ${}_{s_i-r_i}q_{x+r_i}^{(w)}$。

1. 基本矩关系

与单风险一样，针对退出和死亡得出两个关系式：

$$E(D_x) = \sum_{i=1}^{n} {}_{s_i-r_i}q_{x+r_i}^{(d)} = d_x \tag{15—4—27}$$

$$E(W_x)=\sum_{i=1}^{n}{}_{s_i-r_i}q_{x+r_i}^{(w)}=w_x \tag{15—4—28}$$

式中，w_x 代表样本中所观察到的退出的人数；W_x 为退出随机变量。

还有一种与式（15—4—23）类似的方法，即假设

$$_{s_i-r_i}q_{x+r_i}^{(d)}\approx(s_i-r_i)\cdot{}_iq_x^{(d)} \tag{15—4—29}$$

$$_{s_i-r_i}q_{x+r_i}^{(w)}\approx(s_i-r_i)\cdot{}_iq_x^{(w)} \tag{15—4—30}$$

有

$$\hat{q}_x^{(d)}=\frac{d_x}{\sum_{i=1}^{n}(s_i-r_i)} \tag{15—4—31}$$

$$\hat{q}_x^{(w)}=\frac{w_x}{\sum_{i=1}^{n}(s_i-r_i)} \tag{15—4—32}$$

一般用由式（15—4—31）和式（15—4—32）所求出的$_i\hat{q}_x^{(d)}$ 和$_i\hat{q}_x^{(w)}$ 来估计 $q'^{(d)}_x$ 和 $q'^{(w)}_x$ 的估计量。此外，也可以通过将$_{s_i-r_i}q_{x+r_i}^{(d)}$ 和$_{s_i-r_i}q_{x+r_i}^{w}$ 表示为某种分布假设下的 $q'^{(d)}_x$ 和 $q'^{(w)}_x$ 形式，来求出 $q'^{(d)}_x$ 和 $q'^{(w)}_x$。

2. 均匀分布假设

如果退出和死亡在区间（x，$x+1$）上都服从均匀分布，可知

$$_{u_i-r_i}q'^{(d)}_{x+r_i}=\frac{(u-r)q'^{(d)}_x}{1-r\cdot q'^{(d)}_x},0\leqslant r<u\leqslant 1$$

且　$$\mu_{x+u_i}^{(d)}=\frac{q'^{(d)}_x}{1-u\cdot q'^{(d)}_x}$$

因此，有

$$(1-{}_{u_i-r_i}q'^{(d)}_{x+r_i})\cdot\mu_{x+u_i}^{(d)}=\frac{q'^{(d)}_x}{1-r\cdot q'^{(d)}_x} \tag{15—4—33}$$

所以
$$\begin{aligned}
{}_{s_i-r_i}q_{x+r_i}^{(d)}&=\int_r^s[1-{}_{u_i-r_i}q'^{(d)}_{x+r_i}][1-{}_{u_i-r_i}q'^{(d)}_{x+r_i}]\cdot\mu_{x+u_i}^{(d)}\,\mathrm{d}u\\
&=\int_r^s\frac{q'^{(d)}_x}{1-r\cdot q'^{(d)}_x}\cdot\frac{1-uq'^{(w)}_x}{1-r\cdot q'^{(w)}_x}\,\mathrm{d}u\\
&=\frac{q'^{(d)}_x}{[1-r\cdot q'^{(d)}_x]\cdot[1-r\cdot q'^{(w)}_x]}\int_r^s[1-u\cdot q'^{(w)}_x]\,\mathrm{d}u
\end{aligned}$$

$$=\frac{q_x'^{(d)}[(s_i-r_i)-0.5(s_i{}^2-r_i{}^2)]q_x'^{(w)}}{[1-r\cdot q_x'^{(d)}]\cdot[1-r\cdot q_x'^{(w)}]} \qquad (15—4—34)$$

类似地，有

$${}_{s_i-r_i}q_{x+r_i}^{(w)}=\frac{q_x'^{(w)}[(s_i-r_i)-0.5(s_i{}^2-r_i{}^2)]q_x'^{(d)}}{[1-r\cdot q_x'^{(d)}]\cdot[1-r\cdot q_x'^{(w)}]} \qquad (15—4—35)$$

由式（15—4—34）与式（15—4—35）和式（15—4—28）与式（15—4—29），可得

$$E(D_x)=\sum_{i=1}^{n}\frac{q_x'^{(d)}[(s_i-r_i)-0.5(s_i{}^2-r_i{}^2)q_x'^{(w)}]}{[1-r\cdot q_x'^{(d)}]\cdot[1-r\cdot q_x'^{(w)}]}=d_x \qquad (15—4—36)$$

$$E(W_x)=\sum_{i=1}^{n}\frac{q_x'^{(w)}[(s_i-r_i)-0.5(s_i{}^2-r_i{}^2)q_x'^{(d)}]}{[1-r\cdot q_x'^{(d)}]\cdot[1-r\cdot q_x'^{(w)}]}=w_x \qquad (15—4—37)$$

由式（15—4—36）和式（15—4—37）可得到 $q_x'^{(d)}$ 和 $q_x'^{(w)}$。

在特例 A 的情况下，有 $r_i=0$，$s_i=1$，则式（15—4—36）和式（15—4—37）中的 $(s_i-r_i)=(s_i{}^2-r_i{}^2)=1$，从而可得

$$E(D_x)=\sum_{i=1}^{n}q_x'^{(d)}[1-0.5q_x'^{(w)}]=d_x \qquad (15—4—38)$$

$$E(W_x)=\sum_{i=1}^{n}q_x'^{(w)}[1-0.5q_x'^{(d)}]=w_x \qquad (15—4—39)$$

令 $q_x'^{(d)}=\theta$ 和 $q_x'^{(w)}=\varphi$，有

$$n_x\theta(1-0.5\varphi)=d_x \qquad (15—4—40)$$

$$n_x\varphi(1-0.5\theta)=w_x \qquad (15—4—41)$$

为了求解 $\theta=\hat{q}_x^{(d)}$，由式（15—4—41）确定 $\varphi=\frac{w_x}{n_x(1-0.5\theta)}$，代入式（15—4—40），有

$$n_x\theta\left[1-\frac{0.5w_x}{n_x(1-0.5\theta)}\right]=d_x \qquad (15—4—42)$$

由式（15—4—42）得

$$0.5n_x\theta^2-\theta(n_x-0.5w_x+0.5d_x)+d_x=0 \qquad (15—4—43)$$

解得

$$\hat{\theta}=\hat{q}_x^{(d)}=\frac{b-\sqrt{b^2-2n_xd_x}}{n_x} \tag{15—4—44}$$

此处　$b=n_x-0.5w_x+0.5d_x$

3. 指数分布假设

如果退出和死亡人数在区间 $(x, x+1)$ 上都服从指数分布，由式（14—4—2）可知

$$\mu_{x+t_i}^{(d)}=\mu^{(d)}$$

$$1-{}_{u_i-r_i}q'^{(d)}_{x+r_i}=e^{-(u-r)u^{(d)}}$$

$$1-{}_{u_i-r_i}q'^{(d)}_{x+r_i}=e^{-(u-r)u^{(w)}}$$

因此

$$\begin{aligned}{}_{s_i-r_i}q_{x+r_i}^{(d)}&=\int_r^s[1-{}_{u_i-r_i}q'^{(d)}_{x+r_i}][1-{}_{u_i-r_i}q'^{(w)}_{x+r_i}]\mu_{x+t_i}^{(d)}\,\mathrm{d}u\\&=\mu^{(d)}\int_r^s e^{-(u-r)u^{(d)}}\ e^{-(u-r)u^{(w)}}\,\mathrm{d}u\\&=\frac{u^{(d)}}{u^{(d)}+u^{(w)}}\cdot[1-e^{-(s-r)(u^{(d)}+u^{(w)})}]\end{aligned} \tag{15—4—45}$$

类似地，有

$$ {}_{s_i-r_i}q_{x+r_i}^{(w)}=\frac{u^{(w)}}{u^{(d)}+u^{(w)}}\cdot[1-e^{-(s-r)(u^{(d)}+u^{(w)})}] \tag{15—4—46}$$

将以上二式代入式（15—4—27）和式（15—4—28），有

$$E(D_x)=\sum_{i=1}^n\frac{u^{(d)}}{u^{(d)}+u^{(w)}}\cdot[1-e^{-(s-r)(u^{(d)}+u^{(w)})}]=d_x \tag{15—4—47}$$

$$E(W_x)=\sum_{i=1}^n\frac{u^{(w)}}{u^{(d)}+u^{(w)}}\cdot[1-e^{-(s-r)(u^{(d)}+u^{(w)})}]=w_x \tag{15—4—48}$$

在特例 A 的情况下，有 $r_i=0$，$s_i=1$，则式（15—4—47）和式（15—4—48）可转化为：

$$E(D_x)=\sum_{i=1}^n\frac{u^{(d)}}{u^{(d)}+u^{(w)}}\cdot[1-e^{-(u^{(d)}+u^{(w)})}]=d_x \tag{15—4—49}$$

$$E(W_x)=\sum_{i=1}^n\frac{u^{(w)}}{u^{(d)}+u^{(w)}}\cdot[1-e^{-(u^{(d)}+u^{(w)})}]=w_x \tag{15—4—50}$$

令 $\mu^{(d)}=\alpha$，$\mu^{(w)}=\beta$，从而有

$$\frac{\alpha n_x}{\alpha+\beta}\cdot[1-e^{-(\alpha+\beta)}]=d_x \tag{15—4—51}$$

$$\frac{\beta n_x}{\alpha+\beta}\cdot[1-e^{-(\alpha+\beta)}]=w_x \tag{15—4—52}$$

跟上一节一样，最后可推出

$$\hat{q}'^{(d)}_x=1-e^{a}=1-\left[\frac{n_x-d_x-w_x}{n_x}\right]^{\frac{d_x}{d_x+w_x}} \tag{15—4—53}$$

15.4.5 矩估计的精算法

1. 暴露数的概念

之前曾提到过暴露数，在此将对其进行详细阐述。传统精算法与矩估计的主要区别在于，精算法不适用于第 15.2 节中定义的预计暴露数，而是用于所观察的暴露数，称之为精算暴露数。令第 i 个观察对象的预计退出年龄为 z_i，这一年龄是已知的，如果 $x<z_i<x+1$，就称第 i 个观察对象预计在年龄 $z_i=x+s_i$处退出区间（x，$x+1$）。另一方面，如果 $z_i\geqslant x+1$，则称该观察对象在区间（x，$x+1$）上是生存的。

假设第 i 个观察对象在 $x+r_i$ 进入区间（x，$x+1$）。在精算法中，如果第 i 个观察对象在 $x+s_i$处退出区间（x，$x+1$），其暴露数为 s_i-r_i；如果在 $x+t_i$ 处退出（$t_i<s_i$），则暴露数为 t_i-r_i。但当被观察者在区间（x，$x+1$）上死亡时，其预计的暴露数是不可知的。为了解决这一问题，假设所有的对象的 $s_i=1$，那么在精算法中将暴露数计算到 $x+1$ 显然是正确的，如果死亡对象 $s_i<1$，仍将暴露数延伸到 $x+1$。

2. 统计判断

假设在（$x+r$）岁时对 n_x个对象进行观察，n_x中的一部分 e_x在 $x+s$ 处退出观察，同时在区间（x，$x+1$）上有 d_x个人死亡，则剩余 $n_x-e_x-d_x$个观察对象。

运用 Cantelli 统计法则，令区间（x，$x+1$）上所观察到的死亡人数等于区间（x，$x+1$）上的期望死亡人数。Cantelli 定义所观察的期望死亡人数为：

$$n_{x\ 1-r_i}q_{x+r_i}-e_{x\ 1-s_i}q_{x+s_i}=d_x$$

这可视为 n_x 样本数据的子样本，有

$$E(D_x)=n_{x\ 1-r_i}q_{x+r_i}-e_{x\ 1-s_i}q_{x+s_i}=d_x \tag{15—4—54}$$

注意，Cantelli 法利用了实际终止人数，而式（15—4—2）则用到了预计退出年龄。

在双风险情况下，Cantelli 法将所观察的退出者也视为退出者，如果在 $x+t$ 有 w_x 个退出观察者，则有

$$E(D_x)=n_{x\,1-r_i}q_{x+r_i}-e_{x\,1-s_i}q_{x+s_i}-w_{x\,1-t_i}q_{x+t_i}=d_x \qquad (15—4—55)$$

此处用 ${}_{1-r_i}q_{x+r_i}$ 代替 ${}_{1-r_i}q'^{(d)}_{x+r_i}$，如果样本中第 i 个观察对象的进入年龄为 $x+r_i$，那么 e_x 中第 j 个对象退出的观察年龄为 $x+s_j$，并且 w_x 中的第 k 个对象的观察退出的年龄为 $x+t_k$，有

$$\sum_{i=1}^{n}{}_{1-r_i}q_{x+r_i}-\sum_{i=1}^{n}{}_{1-s_i}q_{x+s_i}-\sum_{i=1}^{n}{}_{1-t_{ik}}q_{x+t_{ik}}=d_x \qquad (15—4—56)$$

由式（15—4—55）得到的精算估计量为：

$$\hat{q}_x=\frac{d_x}{(1-r)n_x-(1-s)e_x-(1-t)w_x} \qquad (15—4—57)$$

此处分母表示精算暴露数。它的死亡观察对象的暴露数延伸至 $x+1$。

3. 统计判断的弊端

Cantelli 的观点在北美被普遍接受，但是仍存在很大的弊端。参照式（15—4—54）可以看出，属于 e_x 的观察对象也必属于 n_x，而期望值 n_x 是以 $x+r$ 岁生存为条件的，e_x 又是以 $x+s$ 岁生存为条件的，此处 $x+s>x+r$，这一混合条件存在漏洞。一方面，n_x 是以 $x+r$ 岁生存为条件的，e_x 又假设同样的对象在 $x+s$ 岁仍然生存，但没有明确该对象由 $x+r$ 岁至 $x+s$ 岁的生存情况。另一方面，所有在 $x+s$ 岁的观察退出者 e_x 在 $x+r$ 岁时便已预计在 $x+s$ 岁退出，但实际上不一定这样，所以它不是一个完全正确的期望值表达式。

4. 精算估计的性质

在单因素减少的情况下，特例 A 和特例 B 的精算估计量和矩估计量相同。当退出者的退出年龄为 $x+s_i(s_i<1)$ 时，在模拟或其他条件下提出的各种研究都证明了精算估计式是有偏的，矩估计的估计量 $\hat{q}_x$ 总比精算估计量大。

最后，需要强调的是，所有具有形式为$\frac{\text{死亡人数}}{\text{暴露数}}$的估计都近似服从二项分布，因此，它们都是近似无偏的，并且方差为 $\frac{q_xp_x}{\text{暴露数}}$，这一结论在以后的讨论中会经常用到，若将此思想运用到 $\hat{q}_t$ 中，也将有助于理解。

15.4.6 对 $S(x)$ 的估计

为了估计 $S(x)$，我们将运用以前曾介绍的方法：

$$\hat{S}(x)=\hat{p}_0\hat{p}_2\cdots\hat{p}_{x-1} \tag{15—4—58}$$

为了求 $\hat{S}(x)$ 的期望和方差，先作两个重要假设：

(1) 假设每一个 $\hat{p}_i$近似地为一个无偏的服从二项分布的比例，期望和方差为 p_i和 $\frac{p_iq_i}{n'_i}$，其中 n'_i为计算 $\hat{p}_i$的暴露数。

(2) 假设在条件 $\{n'_i\}$ 下条件概率 p_i是相互独立的。第一个假设的重要结果是无偏性。由第二个假设可知，独立随机变量的积的期望值等于它们的期望值的积。

$\hat{S}(x)$ 的期望值是以 $\hat{q}_i$的估计量的暴露数集合为条件的，运用 $E(\hat{S}(x)|\{n'_i\})$ 来表示这个期望值，由式（15—4—58），有

$$\begin{aligned}E(\hat{S}(x)|\{n'_i\})&=E(\hat{p}_0\hat{p}_1\cdots\hat{p}_{x-1}|\{n'_i\})\\&=\prod_{i=0}^{x-1}E(\hat{p}_i|\{n'_i\})\end{aligned} \tag{15—4—59}$$

由无偏性假设，有

$$E(\hat{S}(x)|\{n'_i\})=p_0p_1\cdots p_{x-1}=S(x) \tag{15—4—60}$$

以上所推导的 q_x(或者在双风险情况下的 $q_x'^{(d)}$）的估计量大部分都是用死亡人数与相应的暴露数的比例来表示的。另外我们注意到，m_x(或者是双风险情况下的 $m_x'^{(d)}$）也可用到相应的比例形式，这一数值也是对 μ 的估计量，即在区间（x，$x+1$）上的常值死力。

样本中的第 i 个观察对象在 $x+r_i$处进入估计区间（x，$x+1$)，并预计在 $x+s_i$($0<s_i\leqslant1$)处，通过达到区间终点（即 $s_i=1$)，或通过达到观察期限终点这两种形式终止暴露。也可能发生这样的情况，即在 $x+t_i$（$t_i\leqslant s_i$）时，观察对象 i 死亡，或在 $x+t_i$（$t_i\leqslant s_i$）时，观察对象 i 退出。如果这两个随机事件没有发生，对象 i 就称为生存的终止者（若 $s_i<1$）或区间生存者（若 $s_i=1$)。

对于形式为$\frac{\text{死亡人数}}{\text{暴露数}}$的每一个估计量，表 15—3 概括了计算暴露数的方法。

在简单的单风险情况下，通过运用近似式：${}_{b-a}q_{x+a}\approx(b-a)\,q_x$，推导出矩估计量。在特例 B 的情况下，这一近似式与双曲线假设相同；在特例 C 的情况下，其与线形假设一样。

表 15—3　　三种估计法汇总表

估计量	暴露数类型	暴露数的计算
$\hat{m}_x$ 或 μ	精确法	s_i-r_i（对于生存的终止者和生存者） t_i-r_i（对于观察到的死亡者和退出者）
$\hat{q}_x$或 Hoem 矩估计法	预计法	s_i-r_i（对于生存的终止者和生存者） t_i-r_i（观察到的退出者） s_i-r_i（观察到的死亡者）
$\hat{q}_x$	精算法	s_i-r_i（对于生存的终止者和生存者） t_i-r_i（观察到的退出者） $1-r_i$（观察到的死亡者）

15.5　非完整样本数据情况下表格生存模型的极大似然估计

本节将在单风险和双风险的情况下，运用极大似然估计理论在区间（x，$x+1$）上估计 q_x。在极大似然估计中，如果知道确切的死亡年龄，将精确死亡年龄用于估计，称为完全数据的情况；另一类的估计只利用区间(x，$x+1$)上的死亡人数，称为部分数据的情况。

令 δ_i为表示死亡的示性函数。所以对于各种特例，有如表 15—4 所示情形。

表 15—4

r_i的值	对于所有的 i，$\delta_i=0$ 且 $t_i=1$	对于某些 i，$\delta_i=0$ 且 $t_i<1$
对于所有的 i，$r_i=0$	特例 A	特例 C
对某些 i，$r_i>0$	特例 B	一般情况

15.5.1　单风险一般情况

1. 完全数据的一般式

设 $\hat{n}_x$是估计区间（x，$x+1$）上观察对象的总数，$x+r_i$为第 i 个观察对象进入估计区间的年龄。令 $x+t_i$为第 i 个观察对象退出区间的年龄，不论其为预计退出者、生存者或死亡者。

观察对象 i 的似然函数的一般形式为：

$$L_i=(\mu_{x+t_i})t_i-r_ip_{x+r_i} \tag{15—5—1}$$

经过分析，总的似然函数为：

$$L = \prod_{i=1}^{n} {}_{t_i - r_i}p_{x+r_i}(\mu_{x+t_i}) \tag{15—5—2}$$

2. 完全数据下的指数假设

在指数分布下，有

$$L = (\mu)^d \prod_{i=1}^{n} \mathrm{e}^{-(t_i - r_i)\mu} \tag{15—5—3}$$

令 $$l = \ln L = d\ln\mu - \mu\sum_{i=1}^{n}(t_i - r_i) \tag{15—5—4}$$

由 $\frac{\mathrm{d}l}{\mathrm{d}\mu}=0$，可得

$$\hat{\mu} = \frac{d_x}{\sum_{i=1}^{n}(t_i - r_i)} \tag{15—5—5}$$

在下面的学习中，我们会发现式（15—5—21）的形式与式（15—5—5）的形式大致相同，同是 d_x 与样本精算暴露数的比，同是样本的中心率。可见，在指数分布假设下对于所有的完全数据都将得到相同的结果。

3. 完全数据下的均匀分布假设

为了在均匀分布假设下估计 q_x，我们注意到

$${}_{t_i-r_i}p_{x+r_i} = 1 - {}_{t_i-r_i}q_{x+r_i} = \frac{1-t_iq_x}{1-r_iq_x} \tag{15—5—6}$$

并且

$$\mu_{x+t_i} = \frac{q_x}{1-t_iq_x} \tag{15—5—7}$$

这样，式（15—5—2）可化简为：

$$L = (q_x)^d \prod_{i=1}^{n}(1-r_iq_x)^{-1}\prod_{\varphi\in\varepsilon}(1-t_iq_x) \tag{15—5—8}$$

由 $\frac{\mathrm{d}l}{\mathrm{d}q}=0$，可得

$$\frac{d_x}{q_x} + \sum_{i=1}^{n}\frac{r_i}{1-r_iq_x} - \sum_{\varphi\in\varepsilon}\frac{t_i}{1-t_iq_x} = 0 \tag{15—5—9}$$

式中的φ表示生存者的集合，ε表示生存者终止的集合。如果对于所有的 n_x个观察对象都有 $r_i=0$，并且对于所有的 n_x-d_x 个未死亡对象都有 $t_i=1$，则为特例 A 的情况。

如果对于所有的 n_x-d_x 个未死亡对象都有 $t_i=1$，对于 n_x 中的 b_x 个观察对象有 $r_i=0$，对于剩下的 $n_x-b_x=k_x$ 个观察对象有 $r_i>0$，则可得到特例 B 的情况。如对于所有对象，令 $r_i=r$，则式（15—5—9）可转化为：

$$\frac{d}{q}+k\left(\frac{r}{1-rq}\right)-(n-\mathrm{d})\left(\frac{1}{1-q}\right)=0 \tag{15—5—10}$$

这就可以解出 $\hat{q}_x$。

类似地，对于特例 C，所有的预计退出者的年龄都为 $x+s$，这样一来，对于样本中所有的 n_x 个观察对象都有 $r_i=0$；对于 e_x 个观察退出者，有 $t_i=s$，对于 $n_x-d_x-e_x$ 个生存者，有 $t_i=1$，此时同样可化简。

15.5.2　单风险情况（特例 A）

1. 部分数据的情况

若在 x 处有 n_x 人生存，其中有 d_x 人在区间（x，$x+1$）上死亡，n_x-d_x个生存到（$x+1$）岁，将其视为一个二项分布模型，这时似然率函数为：

$$L(q_x|n_x, d_x)=\frac{n_x!}{d_x!(n_x-d_x)!}\cdot {q_x}^{d_x}(1-q_x)^{n_x-d_x} \tag{15—5—11}$$

极大似然估计的基本性质之一就是在忽略乘积常数的情况下，将得到相同的q_x的估计量。为方便书写，我们省略下标 x，于是，在部分数据下，特例 A 的似然率又可写成：

$$L=q^d\cdot(1-q)^{n-d} \tag{15—5—12}$$

要求 q 的估计量 $\hat{q}$，即如果存在 $\hat{q}$，使得对于所有的 L 值，有 $L(\hat{q})\geqslant L(q)$恒成立，则 $\hat{q}$ 即为 q 的极大似然估计量。

对式（15—5—12）取对数，有

$$l=\ln L=\mathrm{d}\cdot\ln q+(n-d)\cdot\ln(1-q) \tag{15—5—13}$$

令
$$\frac{\mathrm{d}l}{\mathrm{d}p}=\frac{d}{q}-\frac{n-d}{1-q}=0 \tag{15—5—14}$$

所以
$$\hat{q}=\frac{d_x}{n_x} \tag{15—5—15}$$

结果与矩估计法的相同。

2. 完全数据的情况

由于每一次死亡事件对应的年龄不一定相同，于是要分别进行考察。

第 i 个死亡者的似然率在 x 岁生存的条件下，在 x_i处死亡的密度函数为：

$$L_i=f(x_i|X>x)=\frac{f(x_i)}{S(x)}=\frac{S(x_i)\lambda(x_i)}{S(x)} \tag{15—5—16}$$

如果令 $s_i=x_i-x$ 为在（x，$x+1$）上的第 i 个死亡者的生存时间，其中$0<s_i\leqslant 1$，则有如下标准的精算表达式：

$$L_i=f(x_i|X>x)=\frac{S(x+s_i)\lambda(x+s_i)}{S(x)}={}_{s_i}p_x\cdot\mu_{x+s_i} \tag{15—5—17}$$

将所有的死亡者的似然率相乘，得

$$\prod_{i=1}^{d}{}_{s_i}p_x\cdot\mu_{x+s_i} \tag{15—5—18}$$

或记为 $\prod_D {}_{s_i}p_x\cdot\mu_{x+s_i}$

显然，在（n_x-d_x）个生存者中，似然率函数为：

$$(1-q_x)^{n_x-d_x}=(p_x)^{n_x-d_x}$$

这样，似然率函数为：

$$L=(1-q_x)^{n_x-d_x}=\prod_D {}_{s_i}p_x\cdot\mu_{x+s_i} \tag{15—5—19}$$

由式（15—5—19）求解 $\hat{q}$，有必要用 q_x来表示${}_{s_i}p_x\cdot\mu_{x+s_i}$。在线性假设下，对于所有的 $0<s_i\leqslant 1$，有${}_{s_i}p_x\cdot\mu_{x+s_i}=q_x$；对于所有的 d_x 个死亡者，其似然率均为 q_x，则上式可简化为：

$$L=q^d(1-q)^{n-d}$$

这样，由式（15—5—19）也得到估计量 $\hat{q}=\frac{d_x}{n_x}$。

在指数假设下，μ_{x+s_i} 为常数，即 $\mu=-\ln p_x$，所以${}_{s_i}p_x=(p_x)s_i=\mathrm{e}^{-\mu s_i}$，上式可化为：

$$L=(1-q_x)^{n_x-d_x}\prod(p_x)s_i\mu \tag{15—5—20}$$

$$l=\ln L=\mathrm{d}\ln\mu-\mu[(n-\mathrm{d})+\sum_D s_i]$$

令$\frac{\mathrm{d}l}{\mathrm{d}p}=\frac{d}{\mu}-[(n-\mathrm{d})+\sum_{D}s_i]=0$，解上式可得

$$\hat{\mu}=\frac{d}{(n-d)+\sum_{D}s_i} \tag{15—5—21}$$

由上式估计出的 m_x 值与在指数情况下的估计量的值相同，从而有

$$\hat{q}_x=1-\mathrm{e}^{-\hat{\mu}} \tag{15—5—22}$$

另外，令 t_i为 n_x中第 i 个观察对象终止观察的时间，终止的形式有两种，一种是存活到（$x+1$）岁，另一种为死亡，若用示性函数 δ_i表示，则 $\delta_i=1$ 或 0。$\delta_i=1$表示观察对象 i 在区间（x，$x+1$）上死亡；0 表示其他。则第 i 个观察对象的似然率为：

$$L_i={}_{t_i}p_x(\mu_{x+t_i})^{\delta_i} \tag{15—5—23}$$

15.5.3　部分数据下的特例 C

在特例 C 中，c_x 和 n_x-c_x分别构造了一个二项分布样本。在 c_x 中的观察对象或在（$x+s$）岁之前死亡，或生存到（$x+s$）岁退出观察；在 n_x-c_x 中的观察对象或在（$x+1$）岁之前死亡，或生存到（$x+1$）岁退出。令 d'_x 为样本 n_x-c_x中观察而得的死亡人数，d''_x为样本 n_x-c_x 中观察而得的死亡人数，因而所有观察的死亡人数为 $d_x=d'_x+d''_x$。同时，$e_x=c_x-d'_x$为（$x+s$）岁时所观察的退出观察人数。这样，样本 c_x 的似然率为：

$$L_c=({}_sq_x)^{d'}\cdot(1-{}_sq_x)^{c-d'} \tag{15—5—24}$$

样本 n_x-c_x 的似然率为：

$$L_{n-c}=(q_x)^{d''}\cdot(1-q_x)^{n-c-d''} \tag{15—5—25}$$

由于两组样本相互独立，则总的似然率为：

$$L=({}_sq_x)^{\mathrm{d}'}\cdot(1-{}_sq_x)^{c-\mathrm{d}'}(q_x)^{d''}\cdot(1-q_x)^{n-c-d''} \tag{15—5—26}$$

在均匀分布假设下和指数分布假设下，可以利用${}_sq_x=s\cdot q_x$或${}_sp_x=(p_x)^s$进行化简。

一般而言，用数值分析法可求极大似然估计量 $\hat{p}_x$，再得出 $\hat{q}_x$。

如果所给数据不包括 d'_x 和 d''_x，也没有将 n_x 分为 n_x 和 n_x-c_x，这样就更复杂了。假定数据包括：x 处的 n_x 观察对象，$x+s$ 处的 e_x 个观察退出者，d_x

个死亡对象，在（$x+1$）岁的 $n_x - d_x - e_x$ 个生存者。则表达式为：

$$L=(q_x)^{d'}\cdot(1-q_x)^{n-e-d'}(1-{}_sq_x)^e \qquad (15—5—27)$$

这对于似然率而言并不完全正确，因为并不是所有的 d_x 个随机死亡在整个区间发生。预计在 $x+s$ 退出的未知部分可以包含在模型的随机结构中，令 φ 表示这一比例，即 $c_x=\varphi n_x$，则所观察到的死亡概率为 $\varphi_s q_x+(1-\varphi)q_x$，这样似然函数就得变化了。

显然，在均匀分布假设下进行估计时所得到的估计量 $\hat{q}_x$ 与式（15—5—22）相同。

如果在指数分布下进行，则可以化简为：

$$L=p^{n-d-(1-s)e}(1-p)^d \qquad (15—5—28)$$

令 $\frac{\mathrm{d}l}{\mathrm{d}p}=0$

容易求得

$$\hat{q}_x=\frac{d_x}{n_x-(1-s)e_x} \qquad (15—5—29)$$

15.5.4 双风险的情况

如果是死亡和退出都在估计区间（x，$x+1$）上发生的随机事件，则要在双风险情况下估计 $q_x=q'^{(d)}_x$。

1. 完全数据下的一般情况

设 n_x 是估计区间（x，$x+1$）上观察对象的总数，$x+r_i$ 为第 i 个观察对象进入估计区间的年龄。令 $x+t_i$ 为第 i 个观察对象退出区间的年龄，不论其为预计退出者、生存者或死亡者。每个人从年龄 $x+r_i$ 到年龄 $x+t_i$ 都在观察中，则总的似然率为：

$$L=\prod_{i=1}^{n}{}_{t_i-r_i}p^{(\tau)}_{x+r_i}\quad\prod_{D}\mu^{(d)}_{x+t_i}\quad\prod_{W}\mu_{x+t_i} \qquad (15—5—30)$$

式中，定义一个指示变量 γ_i，当其取 1 时，表示第 i 个对象在区间内退出；其他情况取 0，再加上前面的一个指示变量 δ_i。则上式可以表示为：

$$L=\prod_{i=1}^{n}{}_{t_i-r_i}p'^{(d)}_{x+r_i}\quad{}_{t_i-r_i}p'^{(w)}_{x+r_i}\quad(\mu^{(d)}_{x+t_i})^{\delta_i}(\mu^{(w)}_{x+t_i})^{r_i} \qquad (15—5—31)$$

若估计 $\hat{q}_x$，则有

$$L=\prod_{i=1}^{n} {}_{t_i-r_i}p'^{(d)}_{x+r_i} \quad {}_i(\mu^{(d)}_{x+t_i})^{\delta_i} \tag{15—5—32}$$

由于完全数据下，死亡服从指数分布分析过程一样，在此不再重复阐述，服从均匀分布要用到高次迭代，对理论掌握贡献不大，所以略过。

2. 部分数据，特例 A

当有观察对象退出时，由部分数据估计比由完全数据估计要更复杂些。在特例 A 中，设 n_x 是估计区间（x，$x+1$）上观察对象的总数，有 d_x 个死亡，w_x 个退出。这样有 $n_x-d_x-w_x$ 个对象活过（$x+1$）岁，而精确时间并不知道，则似然函数为：

$$L=(q_x^{(d)})^{d_x}\cdot(q_x^{(w)})^{w_x}(1-q_x^{(d)}-q_x^{(w)})^{n_x-d_x-w_x} \tag{15—5—33}$$

（1）部分数据，特例 A，指数分布假设下的情况。这一假设意味着 $\mu^{(d)}_{x+t_i\,i}=\mu^{(d)}$，$\mu^{(w)}_{x+t_i}=\mu^{(w)}$，因此有

$$q_x^{(d)}=\int_0^1\mu^{(d)}\,\mathrm{e}^{-(\mu^{(d)}+\mu^{(w)})t}\mathrm{d}t=\frac{\mu^{(d)}}{\mu^{(d)}+\mu^{(w)}}\left[1-\mathrm{e}^{-(\mu^{(d)}+\mu^{(w)})t}\right]$$

和

$$q_x^{(w)}=\int_0^1\mu^{(w)}\,\mathrm{e}^{-(\mu^{(d)}+\mu^{(w)})t}\mathrm{d}t=\frac{\mu^{(w)}}{\mu^{(d)}+\mu^{(w)}}\left[1-\mathrm{e}^{-(\mu^{(d)}+\mu^{(w)})t}\right]$$

同样可用对数法求出估计量。

（2）部分数据，特例 A，均匀分布假设下有 ${}_tq'^{(d)}_x=t\,q'^{(d)}_x$ 及 $\mu^{(d)}_{x+t}=\dfrac{q'^{(d)}_x}{1-tq'^{(d)}_x}$。同样对 ${}_tq'^{(w)}_x=tq'^{(w)}_x$，$\mu^{(w)}_{x+t}=\dfrac{q'^{(w)}_x}{1-tq'^{(w)}_x}$，有

$$q_x^{(d)}=\int_0^1 q'^{(d)}_x[1-tq'^{(w)}_x]\mathrm{d}t=q'^{(d)}_x[1-0.5q'^{(w)}_x]$$

$$q_x^{(w)}=\int_0^1 q'^{(w)}_x[1-t\,q'^{(d)}_x]\mathrm{d}t=q'^{(w)}_x[1-0.5\,q'^{(d)}_x]$$

15.6 乘积估计量

尽管乘积估计不是极大似然估计（MLE），但它利用了 MLE 的结果求 q_x 的

估计量，所以我们将这一估计量放在本节，它的优点是不需要进行分布假设。

15.6.1 q_x的估计

q_x是生命表中的一个重要变量，如果能够提供完全数据，乘积估计可以在任何情况下估计 q_x。它将终止对象与随机退出者同样对待。

在任一个子区间上都符合特例 A 的情况，因为在子区间中除了发生死亡事件外，无别的事件发生，如果用 q_i表示观察对象在第 i 个子区间的开始时仍存在的个体在该子区间内死亡的条件概率，则 q_i的 MLE 为简单的二项分布：

$$\hat{q}_i=\frac{d_i}{n_i} \tag{15—6—1}$$

式中，d_i为第 i 个子区间上所观察到的死亡人数；n_i为该子区间的样本容量。显然，当 $d_i=0$ 时，$\hat{q}_i=0$。

q_x的乘积估计量定义为：

$$\hat{q}_x=1-\prod_{i=1}^{m}(1-\hat{q}_i)=1-\prod_{i=1}^{m}\left(\frac{n_i-d_i}{n_i}\right) \tag{15—6—2}$$

式中，m 为区间中子区间的数目。

如果死亡、进入和结束发生在同一时间，将会出现死亡究竟属于哪一子区间的问题，惯例是将死亡事件认定为发生在子区间的终点，这与通常的表示符号一致 $(x,\ x+1)$。

也可用另外一种方法来划分区间 $(x,\ x+1)$，即在每一死亡发生点进行分割。在本例中，将得到多个子区间，令 r_i为第 i 个子区间的风险集合，即死亡发生之前的样本容量。所以，在第 i 个子区间的死亡概率为：

$$\hat{q}_i=\frac{1}{r_i} \tag{15—6—3}$$

最后一个子区间因为没有死亡发生，于是在这一子区间上有 $\hat{q}_i=0$，从而 q_x的估计量为：

$$\hat{q}_x=1-\prod_{i=1}^{m}(1-\hat{q}_i)=1-\prod_{i=1}^{m}\left(\frac{r_i-1}{r_i}\right) \tag{15—6—4}$$

在这种方法中，如果死亡与进入或退出发生在同一年龄，便需要一个准则，以确定与死亡有关的风险集合。为了将风险集合解释为“在死亡之前一瞬间存在的被观察对象的全体”，可将死亡视为发生在进入或结束之前。这样，死亡者属

于该风险集合，同一时间进入者则不属于，而同一时间的结束者仍然在该风险集合内。如果在同一时间内有超过一次死亡发生，则式（15—6—3）被修正为：

$$\hat{q}_i=\frac{d_i}{r_i} \tag{15—6—5}$$

式中，d_i 为第 i 个子区间终点处的死亡人数。

值得注意的是，如果该区间的研究样本都不存在了，则 $\hat{q}_i$ 和 $\hat{q}_x$ 也不存在了。这种情况发生在样本个体均在（$x+1$）岁之前结束的情况。

15.6.2　估计量的性质

根据乘积估计的定义，它具有无偏性和一致性。为了求估计量的方差，先考察

$$\hat{p}_x=\prod_{i=1}^{m}\hat{p}_i \tag{15—6—6}$$

式中，每一个 $\hat{p}_i$ 都以样本容量 n_i为条件，所有的 $\hat{p}_i$ 都是条件独立的，同时两项比例也是无偏的，由此可得

$$\mathrm{Var}[\hat{p}_x|\{n_i\}]=(p_x)^2\left[\prod_{i=1}^{m}\left(\frac{q_i}{p_i n_i}+1\right)-1\right] \tag{15—6—7}$$

在任何情况下，都可以由样本求得 $\hat{p}_i$，$\hat{q}_i$的估计量，并代入求得方差。

15.6.3　$S(t)$ 的估计

假设对一个有 n 个对象的样本中的个体都从 $t=0$ 开始观察，并在所有的对象死亡之前终止研究，可以得到不同的时间 t 处样本中终止对象的人数。在诊断研究中，习惯上在每一死亡点进行分组。如果 r_i是第 i 个死亡点之前的风险集合，则

$$\hat{S}(t_m)=\prod_{j=1}^{m}(1-q_j)=\prod_{j=1}^{m}\left(1-\frac{d_j}{r_j}\right) \tag{15—6—8}$$

由上式可以估计出由 $t=0$ 到 t_m的生存概率，对于 $t\in[t_m,t_{m+1}]$，$S(t)$ 的估计量与 $\hat{S}(t_m)$ 相同，因为在 t_m与 t 之间没有发生死亡事件，从而有

$$\hat{S}(t)=\prod_{j=1}^{m}\left(1-\frac{d_j}{r_j}\right),\quad t\in[t_m,t_{m+1}],\quad m=1,2,\cdots \tag{15—6—9}$$

特别地，当 $t < t_1$时，$\hat{S}(t)=1$。

同理，$\hat{S}(t)$ 的方差可由下式表示：

$$\mathrm{Var}[S(\hat{t})|\{r_i\}] = (S_t)^2 \sum_{i=1}^{m} \frac{q_i}{p_i r_i} \qquad (15—6—10)$$

如果不存在结束者，则对于所有的 i，$r_{i+1}=r_i-d_i$，则式（15—6—8）可化为：

$$\hat{S}(t_m) = \prod_{i=1}^{m} \frac{r_{i+1}}{r_i} = \frac{r_{m+1}}{r_1} \qquad (15—6—11)$$

此处，$r_1=n$，r_{m+1}为在第 $m+1$ 个死亡点之前的生存人数。$S(t_m)$ 就是由生存到那一时间的人数与 n 的比值来确定的，这与前面的方法一样。

习　题

1. 在时间 t 处有 1 000 名生存者，有 100 名在 $t+1$ 之前死亡，若假设死力为常数，则 m_t为多少?

2. 利用上题的条件，求$\mathrm{Var}(\hat{m}_t)$。

3. 在考察一个均在某年 1 月 1 日出生的群体时发现，在 30 岁的非条件概率密度的估计值为 0.02，该人群 60～80 周岁之间死亡数的非条件方差是多少？该人群的生命表如表 1 所示。

表 1

年龄	20	40	60	80
生存数	1 000	800	600	400

4. 假设在区间（x，$x+1$）上有 n_x 个观察对象，其中 m 个对象均有 $r_i=r$，剩下的 n_x-m 个观察对象均有 $r_i=0$。已知对于所有的 n_x个观察对象，都有 $s_i=1$，则 q_x的估计量为多少?

5. 已知 5 个 60 岁的观察对象在观察期间内有 2 个死亡，他们的样本数据如表 2 所示。

表 2

观察对象	1	2	3	4	5
数对	(0，0.4)	(0.1，0.5)	(0.2，0.6)	(0.3，0.7)	(0.4，0.8)

假设死亡服从指数分布，求 q_{60} 的矩估计。

第16章

参数生存模型的估计

本章重点

1. 掌握参数生存模型的估计
2. 掌握大样本数据下年龄的处理及暴露数的计算
3. 理解年龄暴露数的处理方式

随着研究的深入，模型与现实情况越来越接近。对模型中的未知参数，需要根据历史数据求出，才能构造完整的生存模型。本章仍从完整数据和非完整数据两种情况出发，探讨参数估计及参数模型。

16.1 完整数据的单变量模型

本节所采用的样本分为两类：一类是死亡的精确时间已知，另一类是对死亡时间分组。我们将用 $S(t)$ 表示要估计的生存模型。

16.1.1 精确死亡时间条件下的参数估计

假定一个样本有 n 个观察对象，从 $t=0$ 开始观察，得到他们的死亡时间

分别是 t_1，t_2，…，t_n，若死亡时间相互独立，则可以对这些数据进行生存模型估计。

最简单的参数模型是只有一个参数的模型，比如在指数分布假设下 $S(t)=e^{-\lambda t}$，首先样本的平均死亡时间为：

$$\bar{t}=\frac{\sum_{i=1}^{n} t_i}{n} \tag{16—1—1}$$

由于在指数分布假设下，$E(T)=\frac{1}{\lambda}$，令$\frac{1}{\lambda}=\bar{t}$，从而

$$\hat{\lambda}=\frac{1}{\bar{t}}=\frac{n}{\sum_{i=1}^{n} t_i} \tag{16—1—2}$$

对于两参数模型，在矩估计法中，除令样本和分布的均值相等外，还须令样本和分布的二阶中心矩相等。对于所讨论的死亡时间 $t_i(i=0, 1, 2, \cdots, n)$ 的样本，样本的二阶中心矩为：

$$s^2=\frac{\sum_{i=1}^{n}(\bar{t}-t_i)^2}{n-1} \tag{16—1—3}$$

式中，$\bar{t}$ 为样本期望值。如果 μ 和 σ^2 分别为含两个未知参数模型的期望值和方差，可以令 $\mu=\bar{t}$ 和 $\sigma^2=s^2$，求得这些参数的估计量。如果以分布参数所表示的 μ 和 σ^2 有简单的表达式，则参数估计的方法会比较简单。

下面采用一种并不直接利用精确死亡时间进行参数估计的方法。假定由死亡精确时间 t_i 求得参数模型 $\overset{0}{S}(t)$，其中，$\overset{0}{S}(t)$ 是通过对样本进行观察所得到的生存函数。显然，$\overset{0}{S}(t)$ 与参数估计量 $\hat{S}(t)$ 是不同的。

假定存在 $S(t)$，考察

$$SS=\sum\left[S(t_i)-\overset{0}{S}(t)\right] \tag{16—1—4}$$

对上式中每一个参数求偏导，令其为 0，便求得参数的最小二乘估计。

对于某些生存模型（如 Compertz 和 Makeham）不存在使 $S(t)$ 成为其参数的线性形式的变换，但仍然可以使用最小二乘法。当然，对其导数方程只能用数值分析法来求出，从而少了一些优点。

注意，以上讨论的都不是加权的最小二乘法。如果对于某些 t_i，$\overset{0}{S}(t_i)$ 的值比对于另外一些 t_i 更可靠，则对于这些值在 $\sum_{i=1}^{n}\{S(t_i)-0.5[\overset{0}{S}(t_i)+\overset{0}{S}(t_{i-1})]\}$ 上可使用较高的权数。

16.1.2　分组死亡时间条件下的参数估计

假定在 $t=0$ 处有 n 个观察对象，在 k 个相等的时间区间上观察他们的死亡。令 d_i 为区间上观察到的死亡人数。在 $t=0$ 生存的人在区间上死亡的概率为 ${}_{i|}q_0=S(i)-S(i+1)$，这样，第 $i+1$ 个区间的似然率为：

$$L_i=[S(i)-S(i+1)]^{d_i} \tag{16—1—5}$$

总似然率为：

$$L=\prod_{i=1}^{k}[S(i)-S(i+1)]^{d_i} \tag{16—1—6}$$

因此，可以通过求 L 的最大值求得未知参数。

另外一种使得实际与期望的总平方偏差最小的方法，是通过估计在每一区间的中点的危险率，并将 SS 定义为实际危险率与观察危险率的差的平方和。

16.2　不完整数据下的单变量模型

16.2.1　极大似然估计法

考察 $t=0$ 时生存的 n 个样本，在时间 $t=r$ 之前，观察每一次死亡的确切时间，在 $t=r$ 时停止观察，此时并不是所有的样本都死亡，因而这是不完全的数据。

若每一个死亡事件的似然率为在死亡实际发生时的概率密度函数，在 $t=r$ 处的每一个生存者的似然率为生存到 $t=r$ 的概率 $S(r)$，如果在初始样本中总共有 d 次死亡，则有

$$L=[S(r)]^{n-d}\prod_{i=1}^{d}f(t_i) \tag{16—2—1}$$

式中，t_i为第 i 次的死亡时间。然后，按照极大似然估计法对参数进行估计。在更一般的情况下，假设第 i 个观察对象在时间 r_i开始接受观察，在 t_i终止观察，则会有两种情况。一种为观察期限的结束（即计划退出者），另一种为死亡（此处假定不存在随机离开）。也就是说，可能发生的随机事件就是死亡，这就可以在单风险下进行研究了。

由 r_i生存到 t_i的概率为${}_{t_i-r_i}p_{r_i}$。对于死亡，需要求出在 t_i的概率密度函数。因而有

$$L=\prod_{D}\frac{S(t_i)\lambda(t_i)}{S(r_i)}\prod_{\bar{D}}\frac{S(t_i)}{S(r_i)} \tag{16—2—2}$$

其中，第一个式中包含了所有的死亡对象，第二个式中包含了所有在结束观察时仍生存的观察样本。

利用以前定义的示性函数 δ_i，上式可简化为：

$$L=\prod_{i=1}^{n}\frac{S(t_i)\left[\lambda(t_i)\right]^{\delta_i}}{S(r_i)} \tag{16—2—3}$$

进而再求出参数，完成最后的估计。

现在假定存在随机离开，且与死亡相互独立，即双风险情况，则 r_i生存到 t_i的概率为：

$${}_{t_i-r_i}p_{r_i}^{(\tau)}={}_{t_i-r_i}p_{r_i}^{\prime(d)}\,{}_{t_i-r_i}p_{r_i}^{\prime(w)} \tag{16—2—4}$$

令 $S_d(t)$ 与 $S_w(t)$ 分别表示对应的死亡的生存函数和退出的生存函数，则

$${}_{t_i-r_i}p_{r_i}^{(\tau)}=\frac{S_d(t_i)S_w(t_i)}{S_d(r_i)S_w(r_i)} \tag{16—2—5}$$

进一步，$\mu_t^{(d)}=\lambda_d(t)$，$\mu_t^{(w)}=\lambda_w(t)$ 分别表示死亡和离开的死力，在这种情况下，t_i为样本的随机死亡、随机离开和计划退出的时间。显然，这三种情况都包括了${}_{t_i-r_i}p_{r_i}^{(\tau)}$。同时，每一死亡和退出的似然率分布函数还分别包括 $\lambda_{\mathrm{d}}(t_i)$，$\lambda_w(t_i)$。于是，有

$$L=\prod_{d}{}_{t_i-r_i}p_{r_i}^{(\tau)}\mu_{t_i}^{(d)}\prod_{\bar{\omega}}{}_{t_i-r_i}p_{r_i}^{(\tau)}\mu_{t_i}^{(w)}\prod_{\xi}{}_{t_i-r_i}p_{r_i}^{(\tau)} \tag{16—2—6}$$

再引入一个新的指示变量 γ_i，有

$$\gamma_i=\begin{cases}1, & \text{如果观察对象 } i \text{ 为一随机离开者}\\ 0, & \text{其他}\end{cases}$$

则似然函数为：

$$L=\prod_{i=1}^{n}\frac{S_d(t_i)S_w(t_i)[\lambda_d(t_i)]^{\delta_i}[\lambda_w(t_i)]^{\gamma_i}}{S_d(r_i)S_w(r_i)} \tag{16—2—7}$$

此时，关于死亡的生存模型依赖于某些参数，因此，需要在是否独立的假设下作进一步分析。

16.2.2　最小二乘法

假定精算法、矩估计法或极大似然估计法可以求得在区间（x，$x+1$）的一系列估计量 $\hat{q}_x$，然后由 $\hat{q}_x$ 可求出在区间的中点的死力，由指数分布假设，得

$$\hat{\mu}_{x+0.5}=-\ln(1-\hat{q}_x) \tag{16—2—8}$$

在均匀分布假设和双曲线假设下，有

$$\hat{\mu}_{x+0.5}=\frac{\hat{q}_x}{1-0.5\hat{q}_x} \tag{16—2—9}$$

当然，在指数假设的完全数据下可以直接求得 $\hat{\mu}_{x+0.5}$。

16.3　参数模型的假设检验

本节将在完整数据下讨论假设检验，用于检验拟合参数模型的可接受程度。首先讨论死亡分组时间的情况，然后讨论确切的死亡时间的情况。

16.3.1　死亡分组时间的情况下的假设检验

假定在 16.2 节的分组死亡时间条件下，所拟合模型参数已由估计方法估计出来。若该拟合模型 $\hat{S}(t)$ 为实际 $S(t)$ 的一个表达式，我们希望检验这一假设，令

$$\hat{E}_i=n[S(i)-S(i+1)] \tag{16—3—1}$$

上式代表在所给定的假设模型下，在区间（i，$i+1$] 上的期望死亡人数。d_i 为样本在区间（i，$i+1$] 上所观察的死亡人数，则

$$\chi^2=\sum_{i=0}^{k-1}\frac{(\hat{E}_i-d_i)^2}{\hat{E}_i} \tag{16—3—2}$$

服从自由度为 $k-1-r$ 的 χ^2 分布，此处 r 为样本数据所估计的参数的个数。如果假设模型的所有信息都是指定的，则定义的 χ^2 统计量的自由度为 $k-1$。

由于一个较小的 χ^2 值表明 $\hat{S}(t)$ 是所给数据的较好的拟合，因而可以通过式（16—3—2）的最小化来确定 $\hat{S}(t)$ 的参数，通过这种方式来确定参数称作参数的最小 χ^2 估计法。

由于在式（16—3—2）中，未知参数将同时出现在分子和分母中，因此可用另外一种方法：

$$\chi^2 = \sum_{i=0}^{k-1} \frac{(\hat{E}_i - d_i)^2}{\hat{E}_i} \tag{16—3—3}$$

其具体检验方法已在数理统计中讲过，此处不再赘述。

16.3.2 精确死亡时间下的假设检验

在这种情况下，将比较 $\hat{S}(t)$ 和 $\overset{0}{S}(t)$，并考虑两者之间的偏差。

令 n 为样本容量，利用 *K-S* 统计考虑的方法进行一个简单的偏差度量，即

$$D_n = \max[\hat{S}(t) - \overset{0}{S}(t)] \tag{16—3—4}$$

然后计算

$$Y = \sqrt{n}\, D_n \tag{16—3—5}$$

对于较小的 n，可以用各种显著性水平的临界值表。当 $n \to \infty$ 时，概率值可由下式计算，即给出了对于较大 n 值的概率：

$$\Pr(Y > y) = 2\sum_{j=1}^{\infty} (-1)^{j+1} \mathrm{e}^{-2j^2 y^2} \tag{16—3—6}$$

16.4 参数模型中的伴随变量

16.4.1 参数模型中的伴随变量

我们考察了两类生存模型：一类是关于年龄 x 的生存函数 $S(x)$，另一类是关于某一事件开始时间 t 的函数 $S(t)$，它们都是单变量模型。

生存函数中需要考虑两个或更多个随机变量，例如保费的多少不仅取决于签单时间，而且取决于投保人的年龄，于是生存模型 $S(t, x)$ 具有多个参数。这里，伴随变量为签单年龄，用 $[X]$ 表示。对于不同的 x 值，有不同的生存模型函数 $S(t, x)$。

类似地，假如要考察癌症病人的生存函数，由于癌症的性质、病人的性别、治疗的方式均会影响生存，则视其不同的伴随变量，对于每一种类型的癌症、每一性别、每一种治疗方法，都可以估计一个 $S(t)$。

当然，在伴随变量的生存函数模型中，伴随变量与时间将同时加以考虑，而不是对其分别处理。

16.4.2　一般多变量模型

参考含 s 个伴随变量 z_1，z_2，…，z_s 的一般情况。用 Z 代表伴随向量，用 $S(t, Z)$ 代表生存函数，用 $\lambda(t, Z)$ 代表危险率函数，通常有

$$\lambda(t,Z)=-\frac{\mathrm{d}}{\mathrm{d}t}\ln S(t,Z) \tag{16—4—1}$$

$$S(t,Z) = \exp\left[-\int_0^t \lambda(u,Z)\mathrm{d}u\right] \tag{16—4—2}$$

$$F(t,Z)=S(t,Z)\lambda(t,Z) \tag{16—4—3}$$

对于使用于 $S(t, Z)$ 的团体中每一个人，将有各自的不同的 Z 值。例如，假定 Z_1 为选择年龄，Z_2 和 Z_3 是由下列定义的指示变量：

$$Z_2=\begin{cases}0\text{，男性}\\1\text{，女性}\end{cases}\quad Z_3\begin{cases}0\text{，吸烟者}\\1\text{，不及烟者}\end{cases}$$

如果观察的对象是 x 岁的不吸烟女性，则她们的危险函数为 $\lambda(t, Z_i)$，该位女性的信息可表示为 $Z=[x, 1, 1]$。

在很多情况下，伴随变量是在 $t=0$ 就存在的因素，他们往往并不随时间的改变而改变。对于不同的 t，Z 为常数这一概念容易处理，因此本书仅考虑这种情况。

除了变量 t 和 Z 之外，参数模型 $S(t, Z)$ 还依赖于一系列参数。正如前面所讨论的单变量模型，对于 $S(t, Z)$ 选择一个参数模型，然后运用最大似然估计由样本数据估计参数。

为了建立似然估计函数，假设观察对象 i 在时间 r_i 开始进入观察，并在时间 t_i 离开观察。此时，对象 i 要么生存，要么死亡。假定离开事件不发生，或者即

使发生，也与死亡相互独立。无论在哪种情况下，它们都可在似然函数中忽略。这样，第 i 个对象的似然率如下：

若该对象死亡，则

$$L_i = \frac{f(t_i, Z_i)}{S(r_i, Z_i)} \tag{16—4—4}$$

若对象在观察终止时间 t_i 处仍然生存，则

$$L_i = \frac{S(t_i, Z_i)}{S(r_i, Z_i)} \tag{16—4—5}$$

以上两种情况可以用示性函数 δ_i 统一表示为：

$$L_i = \frac{S(t_i, Z_i)[\lambda(t_i, Z_i)]^{\delta_i}}{S(r_i, Z_i)} \tag{16—4—6}$$

则总似然率为：

$$L = \prod_{i=1}^{n} [\lambda(t_i, Z_i)]^{\delta_i} \frac{S(t_i, Z_i)}{S(r_i, Z_i)} \tag{16—4—7}$$

理论上，总是可以估算出式（16—4—7）中的参数，并使得 L 取得最大值。求最大值的困难在于 $\lambda(t, Z)$ 和 $S(t, Z)$ 的复杂性，下面讨论 $\lambda(t, Z)$ 的两种模型，并在每一种情况下，讨论式（16—4—7）的极大值。

16.4.3 和模型

在这种模型中，总危险率由基本危险率 $\lambda(t)$ 和由伴随变量引起的附加危险率（对所有附加率加总）组成。一般而言，有

$$\lambda(t, z_j) = h_j(t) g_j(z_j) \tag{16—4—8}$$

上式代表时间 t 处所有 j 个伴随变量引起的额外危险率，则总危险率为：

$$\lambda(t, Z) = \lambda(t) + \sum_{j=1}^{s} h_j(t) g_j(z_j) \tag{16—4—9}$$

这里，式（16—4—8）为 $\lambda(t, z_j)$ 的一般表达式，以时间函数 t 与 z_j 函数的乘积来表示。特别地，由 $g_j(z_j) = z_j$（对于所有的 j），可令 $h_j(t) = a_j$，如果将两种简化形式相乘，有

$$\lambda(t, z_j) = a_j z_j \tag{16—4—10}$$

于是，附加模型可以简化为：

$$\lambda(t,Z)=\lambda(t)+\sum_{j=1}^{s}a_jz_j \tag{16—4—11}$$

基本危险率 $\lambda(t)$ 为一常数 a_0 时，可以得到模型最终的简化形式。令 $Z_0=1$，于是式（16—4—11）可以写为：

$$\lambda(t,Z)=\sum_{j=0}^{s}a_jz_j=a'Z \tag{16—4—12}$$

此处，$a'=[a_0, a_1, \cdots, a_s]$，$Z'=[z_0, z_1, \cdots, z_s]$，由于危险率为常数，则总的生存函数服从指数分布，并且由于式（16—4—12）为 Z 的线性形式，因而，$\lambda(t, Z)$ 在某些时候也可以称作线性指数模型。

为了估计式（16—4—12）中的参数，建立由式（16—4—7）给出的似然率。注意，在这种情况下，有

$$\frac{S(t_i,Z_i)}{S(r_i,Z_i)}=\exp\left[-\int_{r_i}^{t_i}\lambda(u,Z_i)\mathrm{d}u\right]=\exp[-a'Z_i(t_i-r_i)]$$

由于 $\lambda(u, Z_i)=a'Z_i$ 为一常数，则有

$$L=\prod_{i=1}^{n}\{(a'Z_i)^{\delta_i}\exp[-a'Z_i(t_i-r_i)]\} \tag{16—4—13}$$

由此得

$$\ln L=\sum_{i=1}^{n}\delta_i\ln(a'Z_i)-\sum_{i=1}^{n}(t_i-r_i)(a'Z_i) \tag{16—4—14}$$

最后由 $\frac{\partial \ln L}{\partial a_j}=0$，得

$$\sum_{i=1}^{n}\frac{\delta_iz_{ji}}{a'Z_i}-\sum_{i=1}^{n}(t_i-r_i)z_{ij}=0 \tag{16—4—15}$$

式中，z_{ij} 为观察对象 i 的第 j 个伴随变量。$s+1$ 个这样的等式可以同时解出 $\hat{a}_0$，$\hat{a}_1$，…，$\hat{a}_s$，通常要用到数值分析法。

16.4.4　积模型

在积模型中，总危险率由基本危险率与由伴随变量产生的危险率相乘得到。最常用的模型是 Cox 模型，此时有

$$\lambda(t,z_j)=\exp(a_j z_j) \qquad (16\text{—}4\text{—}16)$$

于是，总危险率为：

$$\lambda(t,Z)=\lambda(t)\prod_{j=1}^{s}\lambda(t,z_j)=\lambda(t)\exp(\sum_{j=1}^{s}a_j z_j) \qquad (16\text{—}4\text{—}17)$$

并且，如果基本危险率为常数，可令 $\lambda(t)=\lambda=e^{a_0}$，于是

$$\lambda(t,Z)=\exp(\sum_{j=0}^{s}a_j z_j)=e^{a'Z} \qquad (16\text{—}4\text{—}18)$$

此处，$a'=[a_0, a_1, \cdots, a_s]$，$Z'=[z_0, z_1, \cdots, z_s]$，其中，$z_0=1$。

由于危险率为常式，则生存模型服从指数分布，并且 $\ln\lambda(t, Z)$ 为 Z 的线性形式，于是，上式通常又称为对数线性模型。

为了估计上式的参数，建立用式（16—4—7）的似然率。由于 $\lambda(t, Z_i)=e^{a'Z_i}$ 为常数，则

$$L_i=\frac{S(t_i,Z_i)}{S(r_i,Z_i)}=\exp[-(t_i-r_i)e^{a'Z_i}] \qquad (16\text{—}4\text{—}19)$$

同理

$$L=\prod_{i=1}^{n}[e^{a'Z_i}]\exp[-(t_i-r_i)e^{a'Z_i}] \qquad (16\text{—}4\text{—}20)$$

取对数后分别对 a_j 求偏导，并令偏导数等于 0，运用数值分析法，便可得到 $\hat{a}_j$。

16.5 大样本数据下年龄的处理及暴露数的计算

前面各章讨论了对死亡率的估计和对函数中参数的估计问题，在这些估值过程中，都需要计算各种年龄，并且由此计算各种类型的暴露数。

在计算机时代之前的大样本研究中，由于采用准确年龄数据而导致大量难以承受的人工计算。基于以上原因，精算师发展了分组方法，该方法能够在较高精确度的情况下大大减少计算量。

在本书中，我们假设所有大样本研究均已计算机化，这使我们可以引入精确年龄数据。

本章将描述大样本研究中数据处理过程，这个过程需用每位观察对象的实际出生日期数据，不过，对于保险公司或养老基金，可以假定的出生日期代替，这样可以简化数据的处理过程。下面是两类不同的保险类型：

（1）个体保单，用投保日代替实际的生日。

（2）团体保单或养老金计划，用会计日替代实际日。

保险公司运营养老金时，常利用精算估计量来计算q_x。

16.5.1　实际年龄的计算

在以往章节中，我们引入了有序数组（y_i，z_i），来表示观察对象 i 进入观察的精确年龄 y_i与计划退出年龄 z_i，都涉及小数年的计算。

1. 小数年的计算

小数年的计算通常根据一张日历日期排序表。即使忽略闰年的情况，也能获得足够的精确度。因此，通常假定在 2 月 29 日发生的事件都在 2 月 28 日发生。将日期发生的天数除以 365，就得到小数年龄。

2. 精确年的计算

容易知道，由事件发生的小数年减去观察对象出生的小数年就可以得到在事件发生时观察对象的精确年龄。

【例 16—1】　如果观察对象 i 生于 1963 年 10 月 11 日，并在 2002 年 8 月 1 日进入观察，求观察开始的精确年龄 y_i。

解　小数年为：

$$2\,002+\frac{213}{365}=2\,002.58$$

由此　$y_i=2\,002.58-1\,963.78=38.80$

对于样本中的观察对象，有三个年龄是很重要的：y_i进入观察的年龄；z_i终止观察的年龄；在年龄 z_i之前由于死亡或离开而终止观察的实际年龄。用 θ_i表示死亡时的精确年龄，用 φ_i表示离开时的精确年龄。如果观察对象在观察期内没有死亡，则 $\theta_i=0$；如果观察对象在观察期内没有离开，则 $\varphi_i=0$。

这样，对于样本中的每一个观察对象，均存在一个对应的年龄向量 $\mu'_i=[y_i，z_i，\theta_i，\varphi_i]$，该向量包含了前面章节进行估计的所有信息。

【例 16—2】　某观察期由 2002 年 8 月 1 日开始到 2007 年 12 月 31 日结束。观察对象 i 于 1963 年 10 月 11 日出生，于 2006 年 4 月 12 日死亡，求该对象的年龄向量 μ'_i。

解 由上例可知，$y_i=38.80$，2007 年 12 月 31 日的小数年为 2 008。所以$z_i=2\,008-1\,963.78=44.22$，2006 年 4 月 12 的小数年为 $2\,006+\dfrac{102}{365}=2\,006.28$，故死亡年龄为 $2\,006.28-1\,963.78=42.50$。离开年龄为 $\varphi_i=0$，故 $\mu'_i=[38.80,\ 44.22,\ 42.50,\ 0]$。

在区间 $(x,\ x+1]$ 上估计 q_x，首先需要确定对象 i 对区间的贡献。如果 $y_i\geqslant x+1$，则对象 i 在年龄 $x+1$ 后进入观察，不会出现在区间上；同理，如果 $z_i\leqslant x$，则观察对象在 x 岁之前就已经离开了区间。即使当 $y_i<x+1$ 和 $z_i>x$ 时，观察对象会计划出现在区间上，但如果死亡或离开发生在 x 岁之前，也将使对象 i 不会出现在区间上，显然有 $0<\theta_i<x$ 或者 $0<\varphi_i<x$。

一旦对区间没有贡献，该人的年龄向量就不需考虑，下一步便是将其观察对象的年龄向量转化为区间上的期限向量，以表明在区间上的观察开始、计划退出，及由于死亡或离开而在计划退出之前离开观察时在该区间上的位置。用 $\mu'_{i,x}=[r_i,\ s_i,\ \tau_i,\ k_i]$ 表示这一期限向量，显然 τ_i，k_i至少有一个为零。

16.5.2 保险年龄

由于大多数投保人并不是在其生日那天购买保单，因而在保单签订时他们有不同的非整数年龄。另一方面，保险公司在签订保单时也不依据被保险人的实际年龄代替投保人的实际年龄。通常，被保险人的实际年龄为离签订保单最接近的实际生日年龄，即保险年龄（IA）。即

$$IA=\text{最接近生日的实际年龄} \tag{16—5—1}$$

另外，也可选用保单签订前的刚过去的实际生日年龄。即

$$IA=\text{已满的实际生日年龄} \tag{16—5—2}$$

注意，本章的例题和练习题都运用最接近生日实际年龄（式（16—5—1））作为保险年龄 IA。

1. 评估出生年

在签订保单时，对被保险人指定一个整数保险年龄即一个假定的出生日期，称之为保险出生日期，以代替实际的出生日期。显然，这一日期的日、月份相同。称这一假设出生年份为评估出生年（VYB），则

$$VYB=CYI-IA \tag{16—5—3}$$

此处，CYI 为保单签订时的日历年。CYB 表示出生的日历年。VYB 通常与

CYB 相同，但它也可能比 *CYB* 早一年或者晚一年。

【例 16—3】 某保单在 2008 年 8 月 22 日签订，假设实际日期为：（1）1988年 1 月 12 日；（2）1987 年 7 月 4 日。求 *IA* 和 *VYB*。

解 （1）离 2008 年 8 月 22 日最近的生日为 2009 年 1 月 12 日，此时

$$IA = 2\,009 - 1\,988 = 21$$
$$VYB = 2\,008 - 21 = 1\,987$$

可见，其比 *CYB* 早一年。

（2）离 2008 年 8 月 22 日最近的生日为 2008 年 7 月 4 日，此时 $IA=21$，则

$$VYB = 2\,008 - 20 = 1\,988$$

可见，其与 *CYB* 相同。

2. 周年日

当运用保险年龄时，对于所研究的每一个观察对象，都很自然地选择出生日期的某个周年日作为观察期限的开始，选取以后的某年的同一天作为观察期限终止日。例如，某一观察期限可定义为由 2004 年周年日到 2008 年的周年日。在这种方法下，每个观察对象都有各自不同的观察期限。

由某一固定日期开始以后在某一固定日期结束的观察期限也可用于保险年龄的情况。但是，由周年日—周年日方法明显观察期限有其明显的优点，故在本书中研究保险年龄时，重点使用周年日—周年日的方法。

周年日方法的主要优点在于，研究对象签订保单进入保险群体时，无论研究已经开始还是尚未开始，所有的研究对象总是在整数年龄进入研究。由于 y_i 是整数，因此对于任何估计区间 $(x, x+1)$，总有 $r=0$。

同样，由于观察期限在保险周年日终止，则所有的计划退出年龄 Z 都为整数，从而对于所有的估计区间 $(x, x+1]$，都有 $S=1$。因此，所有的 $u_{i,x}$ 向量均具有 $[0, 1, \tau_i, K]$ 的形式，由此所有的周年日—周年日的保险年龄研究都属于特例 A 的情况。

如果没有离开事件的发生，则可以简单地通过计算向量中 $r=0$ 的个数得到 n_x，以及由 $r_i \neq 0$ 的向量个数得到区间 $(x, x+1]$ 上的 d_x，从而估计出 $\hat{p}_x$。如果有随机离开事件发生，则在区间 $(x, x+1]$ 上的离开者个数为向量 $u_{i,x}$ 中 $k \neq 0$ 的个数。在求得 n，d_x 和 w_x 之后，可估计出 $\hat{p}'^{(d)}_x$ 和 $\hat{p}'^{(w)}_x$。当然，也可以用任何以暴露单位为基础的估计量。注意，由于所有的 $s_i=1$，精算估计量与矩阵估计量相等。

另一通常运用的方法是当在周年日—周年日的保险年龄研究中存在离开者时，可用日历保险年龄对离开者进行分组，这与实际保险年龄类似，区别仅在于用 VYB 代替 CYB。于是有

$$CIA=CYW-VYB \tag{16—5—4}$$

式中，CIA 指日历保险年龄；CYW 为离开发生时的日历年。于是，对于所有离开者，$CIA=\omega$，为一整数，可用 $\varphi_i=\omega$ 代替他们的实际年龄 φ_i。由于所有的离开事件都可以视为发生于某整数保险年龄，即发生在估计区间的边界上，这样，便得到了简化的特例 A 的形式，于是可以很容易地估计 q_x。

用 CIA 进行分组也是假设所有的离开事件均发生于保单周年日。由于从某一保险集团离开，一般意味着被保险人退保，而退保通常发生在保单周年日，所以，假设所有的离开事件发生在保单周年日不是没有道理的。

16.5.3 会计年龄

团体保险或团体养老金计划在一张保单或一个计划中容纳了大量的个体，为了便于统计，这个团体存在一个 T 日，称之为计划周年日期或计划评估日期。正是在该日期，需要计算保险费率、利润的精算现值以及其他经济值。基于这一目的，为团体计划中所有成员在该关键日期选取一个整数年龄，这一整数年龄称作会计年龄。在采用团体计划关键日期整数年龄情况下，每个个体均在相同的日期到达整数年龄。即对所有的投保人，保单周年日均相同。通常用 T 日与会计年龄表示一个企业会计年度的终止日期。其中，T 日为计划周年日。

1. 出生会计年

在团体保险中根据 T 日为每位投保人制定一会计年龄（FA）。这一会计年龄可以是最接近 T 日的生日时的实际年龄，或是上一次生日时的实际年龄，也可以是实际日历年龄。不管它是如何得到的，都可定义出生会计年为：

$$FYB=Z-FA \tag{16—5—5}$$

与保单年龄中的 VYB 类似，FYB 可以与保单对象的实际 CYB 相同，也可以比 CYB 早一年或者晚一年。一旦 FYB 确定下来，则 FYB 的 T 日便成为团体计划中的每一对象的假设生日。

2. 会计年龄研究的观察期限

对观察期限的一个很自然的选择是观察期限由某一年的 T 日开始到未来某年的 T 日为止。由于 T 日为养老金计划中所有对象的周年日，T 日研究既是日期研究，也是周年日研究。

运用 T 日至 T 日观察期限的主要好处在于当观察期限开始时，养老金计划中的所有成员在某一整数年龄 y_i 处进入研究。类似地，研究样本中的所有成员都有计划的整数退出年龄 z_i，由此，y_i z_i 为整数，这样对于任何估计区间 $(x, x+1]$，都有 $r_i=0$，$s_i=1$。

3. 新成员和离开者

如果新成员都在 T 日加入一个团体计划，则这些新员工都在整数会计年龄进入研究。但是，这种限制条件并不总是成立的，因而，加入团体保险的新员工便会有非整数年龄。类似地，投保人也可在任意时间离开，于是也产生了非整数离开年龄。

y_i 是观察对象 i 进入研究的年龄，如果在员工 i 加入团体计划后观察期才开始，则 y_i 为整数；如果员工 i 在观察期限内加入团体计划，则 y_i 可能为整数，也可能为非整数。

习　题

1. 已知某参数生存模型服从指数分布，即死力为常值 λ，假设服从该分布的 n 个观察样本值为：t_1，t_2，…，t_n，则 λ 的矩估计为多少？

2. 跟踪观察一个医院中在同一天出生的 8 名婴儿，死亡时间分别为：2，4，8，16，32，45，64，82，若他们的死力服从 $\mu_x=\alpha x$，试用极大似然估计法求 α。

3. 某人群生存分布服从参数为 b 的均匀分布，在时间 $[4, 8]$ 区间上，观察这个群体中的 4 个人，在 6 时间处有 2 人死亡，其余 2 人生存到时间 8。b 的极大似然估计值为多少？

4. 试阐述保险年龄与会计年龄的区别。

人口统计

本章重点

1. 掌握死亡或生育的各种测度指标的概念及计算方法
2. 掌握三个人口统计模型的特征及相关计算：静止人口模型、稳定人口模型和拟稳定人口模型
3. 掌握利用插值模型、几何模型和 Logistic 模型对人口数据估计的方法
4. 掌握人口规划的方法及相关计算
5. 理解人口统计数据在生命表编制中的应用
6. 了解人口统计数据在社会保障中的应用

本章的主要内容包括死亡和生育测度、人口模型、人口规划及人口普查应用，统称为人口统计。人口统计在编制国民生命表的工作中以及社会保障中运用得最多，因此有很强的现实意义；在理论上也是对以上所学的章节的综合运用和扩展。

17.1　死亡和生育测度

17.1.1　死亡率

1. 粗死亡率

由于人口的不断变动，使得精确的测量在某种程度上没有必要，我们在只需要粗略知道人口死亡率的时候经常会使用粗死亡率。粗死亡率（d_c^Z）是将一年中死亡人数（D^Z）与该年平均人口（$P(Z)$）相比，它是有关人口动态统计的指标。其中，$P(Z)$ 可以是时间上的一年中点（6 月 30 日）统计的人数，也可以是年初与年末人口的平均人数。相似地，粗出生率为一年中出生的人数（B^Z）与 $P(Z)$ 的比。即

$$d_c^Z=\frac{D^Z}{P(Z)} \tag{17—1—1}$$

$$b_c^Z=\frac{B^Z}{P(Z)} \tag{17—1—2}$$

显然，人口自然增长率为：

$$r_c^Z= b_c^Z-d_c^Z \tag{17—1—3}$$

2. 按年龄和性别分组的死亡率

如果需要特定年龄和性别在一段时间的死亡率，粗死亡率思想也给出了近似的估计。用${}_nm_x$ 表示 x 岁到 $x+n$ 岁的死亡率，${}_nD_x^Z$ 表示 x 到 $x+n$ 岁之间死亡的人数，${}_nP_x^Z$ 表示 x 到 $x+n$ 岁之间的平均人口数，有

$${}_nm_x=\frac{{}_nD_x^Z}{{}_nP_x^Z} \tag{17—1—4}$$

3. 婴儿死亡测度

据统计，婴幼儿的死力较高，所以各国医疗卫生机构人口统计学家对婴儿死亡率特别关注，这些统计数字可以衡量一国人口总的健康和医疗水平。统计人员选取婴儿死亡人数与出生人数的比例，即

$$\frac{D_0^Z}{B^Z} \tag{17—1—5}$$

作为反映死亡状况的指标。式中，B^Z 表示日历年 Z 的活产儿。但 D_0^Z 反映的是日历年 Z 未满一岁的婴儿死亡数目，其中有一部分来源于上一年度出生的未满周岁的婴儿，所以用式（17—1—5）来衡量婴儿死亡率误差较大。进而，令 ρ_0^Z 表示 Z 年死亡的婴儿中占 $Z-1$ 年出生的比例，将当年婴儿死亡人数与对应出生年份进行合理分配，得到调节婴儿死亡率：

$$\left[\frac{D_0^Z(1-\rho_0^Z)}{B^Z}+\frac{D_0^Z\rho_0^Z}{B^{Z-1}}\right]$$

17.1.2 生育率

1. 生育率

粗出生率反映的是新生儿在整个群体中的比例，而粗生育率则建立在母亲年龄有关的人口上研究更有意义。令${}_nf_x^Z$ 为 x 岁至 $x+n$ 岁女性在 Z 年的生育率，则有

$${}_nf_x^Z=\frac{B^Z}{{}_nF_x^Z}$$

式中，${}_nF_x^Z$ 是 x 岁至 $x+n$ 岁女性人数。特殊地，有日历年 Z 的特定生育率，即

$$f_x^Z=\frac{B^Z}{F_x(Z)}$$

2. 人口再生产率

新生儿的性别决定了下一代的人口生育状况，所以用${}_nf_x^{f,Z}=\dfrac{B^{f,Z}}{{}_nF_x^Z}$表示特定年龄—性别生育率，衡量日历年 Z，年龄 x 岁到 $x+n$ 岁的女性生育女婴的比例。当 $n=1$ 时，简记为 $f_x^{f,Z}$。相应地，${}_nf_x^{m,Z}=\dfrac{B^{m,Z}}{{}_nM_x(Z)}$表示日历年 Z，年龄为 x 岁到 $x+n$ 岁的男性生育男婴比例。

17.2 静态人口模型

17.2.1 生存组分析

假定某一年有 l_0 个新生儿出生，且出生时间在出生年呈均匀分布，其死亡

情况服从某特定生命表，则：

（1）在某年 l_0 个人均匀出生，则 x 年后，有 l_0 个人于这一年内满 x 岁。

（2）任何时刻，年龄在 x 岁与 $x+1$ 岁之间的人数为 L_x。

（3）任何时刻，x 以上人口总数为 $L_x+l_{x+1}+\cdots = T_x$。

上述结论（1）显然成立，下面来证明结论（2）。

在部分年 h 中，有 $h\,l_0$ 个人出生，则其中 hl_y 个人活到 y 岁，$x<y<x+1$，取 h 无穷小形式，在区间 $[x，x+1]$ 积分，有

$$\int_x^{x+1} l_x \mathrm{d}y = L_x$$

所以，这里 L_x 不是人年数，而被赋予新的含义：它表示新生儿组中在区间 $[x，x+1]$ 岁中总存活人数，推广到 x 岁中总存活人数；推广到 x 岁以上得到结论（3）。

我们知道，在人寿保险中的被保险人进入保险群体的年龄不一定都是 0 岁，很大程度上都是在任意 x 岁进入的。如何处理 x 岁进入的样本，并且估计他们死亡的时间才是保险人关心的问题。以上讨论所提出的三个结论为我们进一步研究提供了基础。

【例 17—1】　求年新生儿组活到 x 岁的人的平均死亡年龄。

解　$\text{平均死亡年龄}=\dfrac{\text{活过 } x \text{ 岁的人的总寿命}}{\text{人数}}$

新生儿组中，将有 l_x 人活到 x 岁。

l_x 个人所活年数为 $\int_x^{\infty} y\cdot l_y\cdot \mu_y \mathrm{d}y$，这里 y 为年龄，$l_y\cdot\mu_y\mathrm{d}y$ 是 y 时点瞬间的死亡人数。则

$$\text{死亡平均年龄}=\frac{\int_x^{\infty} y\cdot l_y\cdot \mu_y \mathrm{d}y}{l_x}=\frac{x\cdot l_x+T_x}{l_x}=x+\overset{0}{\mathrm{e}}_x$$

这个结果就是已活年龄 x 加上平均余命。

【例 17—2】　某寿险公司承接了一笔 25 岁新进员工的业务，需要统计这批员工在退休（60 岁）以前死亡的人的死亡平均年龄。

解　该组人数为：

$$\int_{25}^{60} l_y\mu_y \mathrm{d}y = l_{25}-l_{60} \tag{1}$$

该组生存年数的总和为：

$$\int_{25}^{60} l_y\mu_y \mathrm{d}y = (-yl_x - T_y)_{|_{25}^{60}} =-60l_{60} - T_{60} + 25l_{25} + T_{25} \tag{2}$$

所以

$$\text{死亡平均年龄} = \frac{\text{式}(2)}{\text{式}(1)} = 25 + \frac{T_{25} - T_{60} - 35T_{60}}{l_{25-}l_{60}}$$

17.2.2 静态人口特征

1. 静态人口的两个假设

（1）年出生人口是常数，且出生时间均匀分布。

（2）死力不随时间改变，适用于同一生命表。

2. 静态人口模型的特征

（1）在任何时刻，总人口数量 $P(t) = T$。在 t 时刻年龄区间 $[x, x+\mathrm{d}x]$ 上的人口数来自于 x 年之前出生的人口 $l_0\mathrm{d}x$，考虑生存概率，有

$$\mathrm{d}P(t) = l_0 S(x)\mathrm{d}x$$

所以

$$P(t) = \int_0^\omega l_0 S(x)\mathrm{d}x = T_0$$

（2）静态人口每年死亡人数 $D=l_0$。在任意年中，y 年前出生人口 l_0 在这一年中有 l_y 个人死亡，死亡人数微分为 $l_y\mu_y\mathrm{d}y$，那么在一年中，所有年龄死亡人数为：

$$D = \int_0^1\int_0^\omega l_y\mu_y\mathrm{d}y = l_0$$

（3）静态人口模型中所有人口总剩余寿命可以用 $\int_0^\omega T_y\mathrm{d}y = Y$ 表示。这是因为在年新生儿组中，l_x 个人有剩余寿命 T_y，则 $l_y\mathrm{d}y$ 个人将剩余寿命 $T_y\mathrm{d}y$，对于 y 从 0 岁到极限年龄 ω 的积分为：

$$\int_0^\omega T_y\mathrm{d}y = Y_0 \tag{17—2—1}$$

即为所有人口总剩余寿命。类似地，x 岁以上人口总寿命表示为 Y_x。

（4）若存在在既定时刻退出观察者，则静态性质仍保持不变。假定对一个静态人口，在任意时刻到达 50 岁的人中有 50%迁出，虽然不再是无迁移状态的 T_{50}，但 50 岁以上的总人数将为 $0.5T_{50}$，人口仍保持静态，即 50 岁以上未来总

生存年数变为 $0.5Y_{50}$。

【例 17—3】　求 x 岁及以上的 T_x 个人的总活过年数和总寿命。

解　对于 x 岁以上的人，他们在 x 岁前活过年数为 $x \cdot T_x$，满 x 岁后，总活过年数为：

$$\int_x^{\infty} (y-x) l_x \mathrm{d}y = Y_x$$

因此，总活过年数为 $x \cdot T_x + Y_x$。且有

总寿命＝总活过年数＋总剩余寿命

【例 17—4】　求静止人口中现龄 30～50 岁，在 65 岁以前死亡的平均年龄。

解　由上例可知：

$$平均死亡年龄=\frac{总寿命}{人数}$$

一般地，这类问题可以利用重积分求解：

$$\int_{y_1}^{y_2}\int_{t_1}^{t_2} f(y,t) l_{y+t}\mu_{y+t} \mathrm{d}t\mathrm{d}y \tag{17—2—2}$$

式（17—2—2）中，令 $f(y,\ t)=1$，将求得人数，令 $f(y,\ t)=y$，将得到总已活过的年数，令 $f(y,\ t)=t$，可得到总剩余寿命。上例中，令 $f(y,\ t)=y+t$，得到了总寿命。其中

$$人数=\int_{30}^{50}\int_{0}^{65-y} l_{y+t}\mu_{y+t} \mathrm{d}t\mathrm{d}y = T_{30} - T_{50} - 20 l_{65} \tag{3}$$

总寿命可用如下积分表示：

$$总寿命=\int_{30}^{50}\int_{0}^{65-y} (y+t) l_{y+t}\mu_{y+t} \mathrm{d}t\mathrm{d}y \tag{4}$$

式中，y 表示已活过年数；t 表示剩余寿命。利用 $\int_{\alpha}^{\beta} T_y \mathrm{d}y = Y_{\alpha} - Y_{\beta}$ 求得

$$式(4)=30T_{30}+2Y_{30}-50\ T_{50}-2Y_{50}-20(65l_{65}+T_{65})$$

将式（4）除以式（3）即得到死亡平均年龄。

【例 17—5】　求在静止人口中，现龄 30～65 岁之间，将在 60～80 岁之间，并且在今后 40 年内死亡的人的寿命总和。

解 先考虑前面两个条件，现龄30～65岁之间，在60～80岁之间死亡，由于年龄区间相交，利用式（17—2—2）可得积分表达式为：

$$\int_{30}^{60}\int_{60-y}^{80-y}(y+t)l_{y+t}\mu_{y+t}\mathrm{d}t\mathrm{d}y+\int_{60}^{65}\int_{0}^{80-y}(y+t)l_{y+t}\mu_{y+t}\mathrm{d}t\mathrm{d}y$$

再考虑“从现在起40年内”这个条件，会对上式中第一积分部分产生影响，整个表达式将由三个二重积分构成：

$$\int_{30}^{40}\int_{60-y}^{40}(y+t)l_{y+t}\mu_{y+t}\mathrm{d}t\mathrm{d}y+\int_{30}^{60}\int_{60-y}^{80-y}(y+t)l_{y+t}\mu_{y+t}\mathrm{d}t\mathrm{d}y$$
$$+\int_{60}^{65}\int_{0}^{80-y}(y+t)l_{y+t}\mu_{y+t}\mathrm{d}t\mathrm{d}y$$

通过整理，计算得到：

$$\begin{aligned}\text{总寿命}=&1\,800l_{60}+90T_{60}+2Y_{60}-65T_{65}-2Y_{65}\\&-2\,000l_{80}-70T_{70}-2Y_{70}+55T_{80}+2Y_{80}\end{aligned}$$

17.2.3 Lexis 图

在17.2.2节中用积分方法以式（17—2—2）分析静止人口数学问题，积分方法虽便于理解，但运用起来比较复杂，人口学家Veit巧妙地运用了Lexis图（见图17—1）解决了静态人口数量问题。

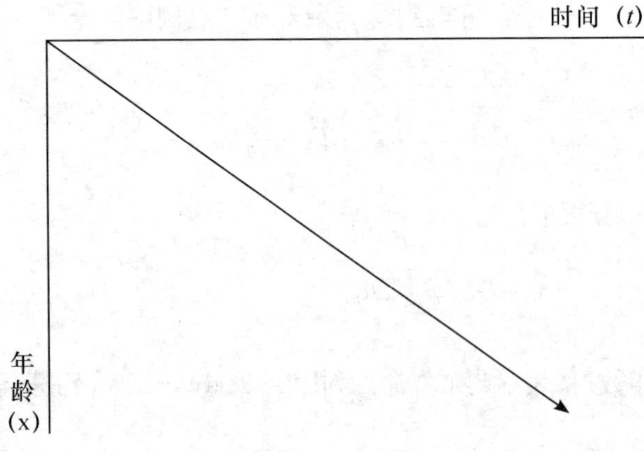

图17—1 Lexis图

Lexis 图特点如下：

(1) 用垂直线表示年龄轴。

(2) 用水平线表示时间轴。

(3) 年龄随时间同步增长，在图上表示为向右下方（45°）运动的射线。

由 17.2.2 节内容可知：

(1) 每年有 l_x 人满 x 岁，其总寿命为 $x\cdot l_x+T_x$。

(2) 任何时刻 x 岁及以上人口 T_x 人，总寿命为 $x\cdot T_x+2Y_x$。

(3) 任何时刻 x 岁及以上人口 T_x 人，总活过寿命 $x\cdot T_x+Y_x$。

这样就很容易解决静态模型中的数量问题。

【例 17—6】　求在静止人口中现龄 30～40 岁之间，将在 50 岁之间前死亡的死亡年龄和目前平均年龄。

解　首先绘出 Lexis 图（略）。

进入：$T_{30}-T_{40}$

迁出：$10l_{50}$

总人数：$T_{30}-T_{40}-10l_{50}$

利用例 17—4 的结论，有

$$总寿命=30T_{30}+2Y_{30}-40T_{40}-2Y_{40}-10(T_{50}+50l_{50})$$

$$死亡平均年龄=\frac{总寿命}{总人数}=\frac{30T_{30}+Y_{30}-40T_{40}-2Y_{40}-10(T_{50}+50l_{50})}{T_{30}-T_{40}-10l_{50}}$$

$$目前平均年龄=\frac{总活过年数}{总人数}$$

例 17—3 中，已证明 T_x 个人总活过年数为 $x\cdot T_x+Y_x$，则 $T_{30}-T_{40}$ 个人总活过年数为 $30T_{30}+Y_{30}-40T_{40}-Y\,40$，而 $10l_{50}$ 个人的总活过年数为多少呢？我们知道，它在 Lexis 图中表示人口迁出，它们来自于目前 30～40 岁之间的人口，这意味着他们目前平均年龄为 35，因此最终活到 50 岁的人目前总活过年数是 $35\cdot 10l_{50}=350l_{50}$。则

$$死亡者目前的总活过年数=30T_{30}+Y_{30}-40T_{40}-Y_{40}-350l_{50}$$

$$目前平均年龄=\frac{30T_{30}+Y_{30}-40T_{40}-Y_{40}-350}{T_{30}-T_{40}-10l_{50}}$$

到现在为止，可以总结出运用 Lexis 图解题的步骤：

(1) 根据条件绘出 Lexis 图，可用阴影部分表示所要讨论的静态人口。

(2) 根据直边界写出进入、迁出人口数，进入发生在上、左面，迁出发生在右、下面。

(3) 根据进入、迁出人口，写出总成员数。

(4) 运用例 17—3 的结论写出总寿命或总活过年数。

17.3 稳定人口模型

17.3.1 稳定人口模型的重要性质

由于男性生育率很难估计，所以本章在分析中仅使用女性生育率，不过这不影响人口数量分析，因为男性人口数量可以通过男女出生比例得到。

在静态人口模型中，基本假设之一是年出生人口数是常数，且出生时间均匀分布，等价于每个时刻的出生人数不变，即若令 $B(t)$ 表示时刻 t 的女性出生人数，则 $B'(t)=0$。通常每个时刻的出生人数不会是不变的，且它的变化率往往和时间有关，或具有某种函数关系。一种常用的模型假设是 t 时刻的出生人数变化率与 t 时刻的出生人数成正比，即 $B'(t)=kB(t)$。

本节的稳定人口模型的两个基本假设为：

假设 1：时刻 t 的女性出生人数 $B(t)$ 满足方程 $B(t+n)=B(t)\mathrm{e}^{nr_i}$，即 $B'(t)=r_iB(t)$。

假设 2：死力不随时间改变。

假设 2 简化了模型。实际上，相同年龄在不同时间上死力是不同的，例如在 20 世纪初期，医疗水平或战争使得死亡率显著不同于现代，也就是死力是年龄 (x) 和时间 t 的函数。如果时间跨度不是很长，可以认为生命表是一致的，如 10 年前 50 岁的人的生命状况与现在 50 岁的人的生命状况相同。

性质 1 稳定人口模型中，女性人口规模满足方程

$$P(t+n)=P(t)\mathrm{e}^{nr_i}$$

式中，$P(t)$ 表示时刻 t 的女性人口总数。

证明 由稳定人口模型的基本假设 1 知，$t-x$ 时刻出生的女性人数 $B(t-x)$ 满足方程

$$B(t-x)=B(t)\mathrm{e}^{-xr_i}$$

因为死力不随时间改变，所以生存函数只是年龄 (x) 的函数，记为 $S(x)$，则 $t-x$ 时刻出生且活到 x 岁的女性人数为 $B(t-x)S(x)$。又因为 t 时刻年龄为 x 岁的女性人数等于 $t-x$ 时刻出生且活到 (x) 岁的女性人数，所以 t 时刻的女

性总人口数为：

$$P(t)=\int_0^{\infty} B(t-x)S(x)\mathrm{d}x=\int_0^{\infty} B(t)\mathrm{e}^{-xr_i}S(x)\mathrm{d}x$$

所以

$$\begin{aligned}P(t+n)&=\int_0^{\infty} B(t+n-x)S(x)\mathrm{d}x\\&=\int_0^{\infty} B(t-x)\mathrm{e}^{nr_i}S(x)\mathrm{d}x\\&=P(t)\mathrm{e}^{nr_i}\end{aligned}$$

这个性质表明，在稳定人口模型中，出生人数的增长率 r_i 即为人口内在增长率，它形式上类似于连续利息力或死力，是人口增长速度的本质反映。

性质 2　稳定人口模型中，任何年龄的女性人口数在女性总人口数中的比例与时间无关。

证明　由性质 1 的证明可知，t 时刻年龄为（x）岁的女性人数等于 $B(t-x)S(x)$，所以

$$\frac{B(t-x)S(x)}{P(t)}=\frac{B(t)\mathrm{e}^{-xr_i}S(x)}{\int_0^{\infty} B(t)\mathrm{e}^{-xr_i}S(x)\mathrm{d}x}=\frac{\mathrm{e}^{-xr_i}S(x)}{\int_0^{\infty}\mathrm{e}^{-xr_i}S(x)\mathrm{d}x}$$

且与时间 t 无关。

令 ϕ_x^f 表示平均每个年龄为（x）岁的女性在 x 时刻生育女婴的个数，它是 x 的连续函数，即有

$$\int_x^{x+1}\phi_y^f\mathrm{d}y=f_x^f$$

式中，f_x^f 为$[x,x+1)$ 岁女性人口生育率。

性质 3　令 α 和 β 分别是最小生育年龄和最晚生育年龄，则有 $\int_\alpha^\beta \mathrm{e}^{-xr_i}S(x)\phi_x^f\mathrm{d}x=1$ 。

证明　根据性质 1 的证明可知，t 时刻年龄为（x）岁的女性生育女婴的总数为 $B(t-x)S(x)\phi_x^f$，所以 t 时刻生育女婴的总数为：

$$B(t)=\int_0^{\infty} B(t-x)S(x)\phi_x^f\mathrm{d}x=\int_0^{\infty} B(t)\mathrm{e}^{-xr_i}S(x)\phi_x^f\mathrm{d}x$$

即

$$\int_0^{\infty}\mathrm{e}^{-xr_i}S(x)\phi_x^f\mathrm{d}x=\int_\alpha^\beta \mathrm{e}^{-xr_i}S(x)\phi_x^f\mathrm{d}x=1$$

性质 4　若 $D(t)$ 表示时刻 t 的女性死亡人数，令 $b_i=\dfrac{B(t)}{P(t)}$，$d_i=\dfrac{D(t)}{P(t)}$，则 $d_i=b_i-r_i$。

证明　由性质 1 的证明可知，t 时刻年龄为 (x) 岁的女性人数等于 $B(t-x)S(x)$，这些人在区间 $(t,\ t+\mathrm{d}x]$ 内死亡的概率为 $\mu_x\mathrm{d}x+o(\mathrm{d}x)$，所以时刻 $t+\mathrm{d}x$的女性死亡人数为：

$$D(t+\mathrm{d}x)=\int_0^\infty B(t-x)S(x)\mu_x\mathrm{d}x+o(\mathrm{d}x)$$

令 $\mathrm{d}x\rightarrow 0$,则

$$D(t)=\int_0^\infty B(t-x)S(x)\mu_x\mathrm{d}x$$

所以　$$b_i=\frac{B(t)}{P(t)}=\frac{B(t)}{\int_0^\infty B(t)\mathrm{e}^{-xr_i}S(x)\mathrm{d}x}=\frac{1}{\int_0^\infty \mathrm{e}^{-xr_i}S(x)\mathrm{d}x}$$

$$d_i=\frac{\int_0^\infty B(t)\mathrm{e}^{-xr_i}S(x)\mu_x\mathrm{d}x}{\int_0^\infty B(t)\mathrm{e}^{-xr_i}S(x)\mathrm{d}x}=b_i\int_0^\infty \mathrm{e}^{-xr_i}S(x)\mu_x\mathrm{d}x$$

将上式分部积分化简可得 $d_i=b_i-r_i$。

由性质 4 的证明可知，在连续的稳定人口模型中，生育率 b_i 和死亡率 d_i 与时间无关，且人口内在增长率 r_i 等于生育率 b_i 减去死亡率 d_i，含义同 17.1.2 节的定义。

由于以上模型是连续的，而人口普查得到的数据是离散的，所以在计算 r_i 时需要离散近似。一种方法是离散化性质 3 中的积分公式，可得

$$\sum_{x=\alpha}^{\beta}\mathrm{e}^{-(x+\frac{1}{2})r_i}S(x+\frac{1}{2})\phi_x^f=1$$

另一种方法是：因为净再生产率 NRR 可以理解为一代人与上一代人数量的比率，如果令平均世代间隔为 T，则有

$$NRR\approx\mathrm{e}^{Tr_i}$$

其中　$$NRR=\sum_{x=\alpha}^{\beta}f_x^f\frac{L_x}{l_0}$$

$$T=\frac{\sum(x+\frac{1}{2})L_x\phi_x^f}{\sum L_x\phi_x^f}$$

17.3.2　拟稳定人口模型

在前面的内容中，一个基本假设为死力不随时间改变。本小节允许死力随时间改变，即由于科技进步等原因，相同年龄在不同时间死力是不同的，例如 10 年前 50 岁的人的生命状况比现在 50 岁的人的生命状况差，也可以说生命表随时间改变。

假设死力对所有 x 满足方程

$$\mu_x(a+t)=\mu_x(a)-kt$$

式中，x 表示年龄；参数 k 可以理解为一个发展因子。$\mu_x(t)$ 的含义是年龄为 (x) 岁的人在 t 时刻的死力，例如，$\mu_{50}(2\,000)=\mu_{50}(1\,990)-10k$ 的含义是年龄为（50）岁的人在 2000 年的死力等于 10 年前年龄为（50）岁的人的死力减去社会进步对生命状况的改进作用。因为死力决定生存函数，所以生存函数也是年龄和时间的函数，记为 $S(x, t)$，可以证明，稳定人口模型中的性质 1 将不再成立。

拟稳定人口模型中的两个基本假设为：

(1) 时刻 t 的女性出生人数 $B(t)$ 满足方程 $B(t+n)=\exp(nr_i^b)$，即 $B'(t)=r_i^bB(t)$。

(2) 死力满足方程 $\mu_x(a+t)=\mu_x(a)-kt$。

可以证明，女性人口规模满足方程

$$P(t+n)=P(t)\exp(\int_t^{t+n} r_i^p(s)\mathrm{d}s)$$

即

$$P'(t)=r_i^p(t)P(t)$$

式中，$r_i^p(t)$ 为人口内在增长率。

17.4　人口规划及人口普查应用

人口普查大多每隔几年进行一次，时间间隔依普查的规模而异。而对于两次普查日之间的人口数目，人口学家通常利用一些数学模型来估计。

17.4.1　线形插值

线形插值是常用的数值计算方法，虽然简单，但很好用。若已知 t_1 时刻人

口普查数据 $P(t_1)$ 和 t_2 时刻普查数据 $P(t_2)$，利用线形插值估测 t 时刻 $(t_1<t<t_2)$ 人口，则有

$$P(t)=\frac{t_2-t}{t_2-t_1}P(t_1)+\frac{t-t_1}{t_2-t_1}P(t_2) \qquad (17—4—1)$$

17.4.2 几何模型

几何模型有两种形式。

第一种用连续模型的增长力 r_i 表示，有

$$P(t)=P(0)e^{r_i t}$$

即

$$P'(t)=r_iP(t) \qquad (17—4—2)$$

第二种用离散的年增长率 r_a 表示，有

$$P(t)=P(0)(1+r_a)^t \qquad (17—4—3)$$

给出相隔 n 年的两个数据 $P(0)$ 和 $P(n)$，可以推算出 r_i 或 r_a，即

$$r_i=\frac{1}{n}\ln\left[\frac{p(n)}{p(0)}\right] \qquad (17—4—4)$$

$$r_a=\left[\frac{p(n)}{p(0)}\right]^{\frac{1}{n}}-1 \qquad (17—4—5)$$

17.4.3 Logistic 模型

线形插值和几何模型对于人口增长的上限没有约束；换言之，人口增长趋向于无穷大。类似种群动力学方程，人口规模较小时，种群之间呈现一种合作关系，种群增长率与种群规模成正比，但是当人口规模较大时，由于环境资源的约束，种群之间呈现一种竞争关系。所以，人口动力学 Logistic 模型可以表示为：

$$P'(t)=kP(t)(1-\frac{1}{a}P(t))$$

式中，参数 a 表示人口的上限，即 $\lim\limits_{t\to\infty}P(t)=a$。

若已知 $P(0)$，则这个常微分方程的解为：

$$P(t)=\frac{a}{1+\left[\frac{a}{P(0)}-1\right]e^{-kt}}$$

可简写为：

$$P(t)=\frac{1}{A+Be^{-kt}} \tag{17—4—6}$$

式中，$A=\frac{1}{a}$，B 是一个常数，$P(0)=\frac{1}{A+B}$。

根据式（17—4—6）可知：

（1）$p(t)=\frac{1}{2A}=\frac{a}{2}$是模型函数的拐点，此时 $t=-\frac{\ln(A/B)}{K}$。

（2）若在等时间间隔 t_1，t_2，t_3，有普查数据 C_1，C_2，C_3，则

$$a=\left(\frac{1}{C_1}+\frac{1}{C_3}-\frac{2}{C_2}\right)\Big/\left(\frac{1}{C_1C_3}-\frac{2}{C_2^2}\right)$$

这两个性质证明过程并不复杂，读者可自行完成。

17.5 人口规划

假设有 1990 年按性别年龄分组的女性人口普查数据${}_5C_0^{1990}$，${}_5C_5^{1990}$，${}_5C_{10}^{1990}$，…，${}_5C_{95}^{1990}$这里${}_5C_x^Z$ 表示 Z 年普查的 x 到 $x+5$ 岁的女性人口数。该如何估计 1995 年女性人口数据：${}_5C_0^{1995}$，${}_5C_5^{1995}$，${}_5C_{10}^{1995}$，…，${}_5C_{95}^{1995}$？

很容易想到，1995 年女性人口来自两个因素：

（1）生存因素，${}_5C_x^{1990}$ 中经历 5 年后到 1995 年仍生存的人口数。

（2）生育—生存因素，1990—1995 年间，女性生育的女婴到 1995 年时存活的新生儿人数。

对于因素（1），借助性别生命表，有

$${}_5C_5^{1995}={}_5C_0^{1990}\ \frac{l_{7.5}}{l_{2.5}}={}_5C_0^{1990}\ \frac{{}_5L_5}{{}_5L_0}$$

同理

$${}_5C_x^{1995}={}_5C_x^{1990}\ \frac{l_{x+7.5}}{l_{x+2.5}}={}_5C_x^{1990}\ \frac{{}_5L_{x+5}}{{}_5L_x},\ x=5,\ 10,\ \cdots,\ 95$$

考虑因素（2）的目的是为了得到 1995 年的 0～4 岁年龄组的女性人口，即${}_5C_0^{1995}$；如果育龄区间是 10～45 岁，则${}_5C_0^{1995}$ 将来自 10～45 岁女性

于 1990—1995 年生育的且在 1995 年仍生存的女婴。用特定年龄—性别率集合（${}_5f^f_{10}$，${}_5f^f_{15}$，…，${}_5f^f_{40}$）来估计${}_5C_0^{1995}$，以${}_5C_{25}^{1990}$为例，研究它对${}_5C_0^{1995}$ 的贡献。

首先，1990 年处于 25～30 岁的人于 1990—1995 年间，有的在 30 岁以前生育，产生${}_5f^f_{30}$。假设 30 岁以前与以后生育的可能性各占一半，那么这些女性于 5 年内每年生育产儿数为：

$${}_5C_{25}^{1990}\left(\frac{1}{2}{}_5f_{25}^f+\frac{1}{2}\frac{l_{32.5}}{l_{27.5}}{}_5f_{30}^f\right)={}_5C^{1990}\left(\frac{1}{2}{}_5f_{25}^f+\frac{1}{2}{}_5f_{25}^f+\frac{1}{2}\frac{{}_5L_{30}}{{}_5L_{25}}{}_5f_{30}^f\right)$$

则 5 年内 25～30 岁的女性总产儿数为：

$$5{}_5C_{25}^{1990}\left(\frac{1}{2}{}_5f_{25}^f+\frac{1}{2}\frac{{}_5L_{30}}{{}_5L_{25}}{}_5f_{30}^f\right)$$

又因为 5 年内新生产儿的平均年龄为 2.5 岁，所以其生存概率为$\frac{l_{2.5}}{l_0}\approx\frac{{}_5L_0}{5l_0}$，则${}_5C_{25}^{1990}$女性组对${}_5C_0^{1995}$ 贡献的为：

$${}_5C_{25}^{1990}\left(\frac{1}{2}{}_5f_{25}^f+\frac{1}{2}\frac{{}_5L_{30}}{{}_5L_{25}}{}_5f_{30}^f\right)\frac{{}_5L_0}{l_0}$$

同理，${}_5C_5^{1990}$ 女性组对${}_5C_0^{1995}$ 贡献的为：

$${}_5C_5^{1990}\left(\frac{1}{2}{}_5f_5^f+\frac{1}{2}\frac{{}_5L_{10}}{{}_5L_5}{}_5f_{10}^f\right)\frac{{}_5L_0}{l_0}={}_5C_5^{1990}\left(0+\frac{1}{2}\frac{{}_5L_{10}}{{}_5L_5}{}_5f_{10}^f\right)\frac{{}_5L_0}{l_0}$$

由因素（1）和因素（2）导出下列矩阵：

$$M=\begin{pmatrix}0 & \frac{{}_5L_0}{l_0}\left(0+\frac{1}{2}\frac{{}_5L_0}{{}_5L_5}\right) & \frac{{}_5L_0}{l_0}\left(\frac{1}{2}{}_5f_{10}^f+\frac{1}{2}\frac{{}_5f_{15}^f}{{}_5L_{10}{}_5}f_{15}^f\right) & \cdots \\ \frac{{}_5L_5}{{}_5L_0} & 0 & \vdots & \vdots \\ 0 & \frac{{}_5L_{10}}{{}_5L_5} & 0 & \vdots \\ 0 & 0 & \frac{{}_5L_{15}}{{}_5L_{10}} & \vdots \\ \cdots & \cdots & \cdots & \cdots\end{pmatrix}\qquad(17—5—1)$$

M 称为 Leslie 矩阵。Leslie 矩阵第一行所有元素在育龄上限以外均为 0 次；对角线上元素$\frac{{}_5L_{x+5}}{{}_5L_x}$在超过生命表极限年龄时为 0，这两点决定了矩阵阶数。

现在利用 Leslie 矩阵和向量（${}_5C_0^{1990}$，${}_5C_5^{1990}$，${}_5C_{10}^{1990}$，…，${}_5C_{95}^{1990}$）来预测向量（${}_5C_0^{1995}$，${}_5C_5^{1995}$，${}_5C_{10}^{1995}$，…，${}_5C_{95}^{1995}$）。剔除移民因素，不难发现，将 Leslie 矩阵乘上向量（${}_5C_0^{1990}$，${}_5C_5^{1990}$，…）^{T} 将得到向量（${}_5C_0^{1995}$，${}_5C_5^{1995}$，…）^{T}。

下面研究 Leslie 矩阵的性质。

性质 1　若已知初始人口结构向量 $C_n^Z=$（${}_nC_{0n}^Z$，${}_nC_{1n}^Z$，…）^{T}，其中 n 是年龄组间距，则 $n\cdot i$ 年后人口为 $M^iC_n^Z$。

证明略。

性质 2　Leslie 矩阵 M 有唯一的正特征值 λ_1，且对任意非零初始向量 $C_n^Z=$（${}_nC_{0n}^Z$，${}_nC_{1n}^Z$，…）^{T}，当 i 充分大时，$M^{i+1}C_n^Z=\lambda_1M^iC_n^Z$。

证明略。

性质 2 的含义是 Leslie 矩阵刻画的人口模型是稳定人口结构，人口增长率长时间后将趋于稳定。因为稳定人口每期内在增长率为 e^{nr_i}，所以可以用 Leslie 矩阵 M 的唯一的正特征值 λ_1 计算人口年内在增长率 r_i，即有 $\lambda_1=e^{nr_i}$。

【例 17—7】　利用下面年龄组 0～14 岁，15～29 岁和 30～45 岁的女性 Leslie 矩阵 M，规划 480 年后（32 个周期）的人口，并求其内在增长率。假定初始人口数按年龄组分别为 10 万，20 万，30 万。

$$M=\begin{pmatrix}0.4271 & 0.8498 & 0.1273\\ 0.9924 & 0 & 0\\ 0 & 0.9826 & 0\end{pmatrix}$$

解　因为 $M^{32}=\begin{pmatrix}255.1174 & 201.0906 & 26.8548\\ 209.3532 & 165.0179 & 22.0374\\ 170.1018 & 134.0789 & 17.9056\end{pmatrix}$

所以 480 年后总人口将为：

$$(1,1,1)\times M^{32}\times\begin{pmatrix}10\\20\\30\end{pmatrix}=(1,1,1)\times\begin{pmatrix}7\,378.6283\\6\,055.1261\\4\,919.7663\end{pmatrix}=18\,353$$

495 年后总人口将为：

$$(1,1,1)\times M^{33}\times\begin{pmatrix}10\\20\\30\end{pmatrix}=(1,1,1)\times\begin{pmatrix}8\,923.248\,1\\7\,322.550\,7\\5\,949.655\,4\end{pmatrix}=22\,195$$

所以 $$e^{15r_i}=\frac{22\,195}{18\,353}=1.209\,3$$

即 $r_i=1.27\%$。如图 17—2 所示。

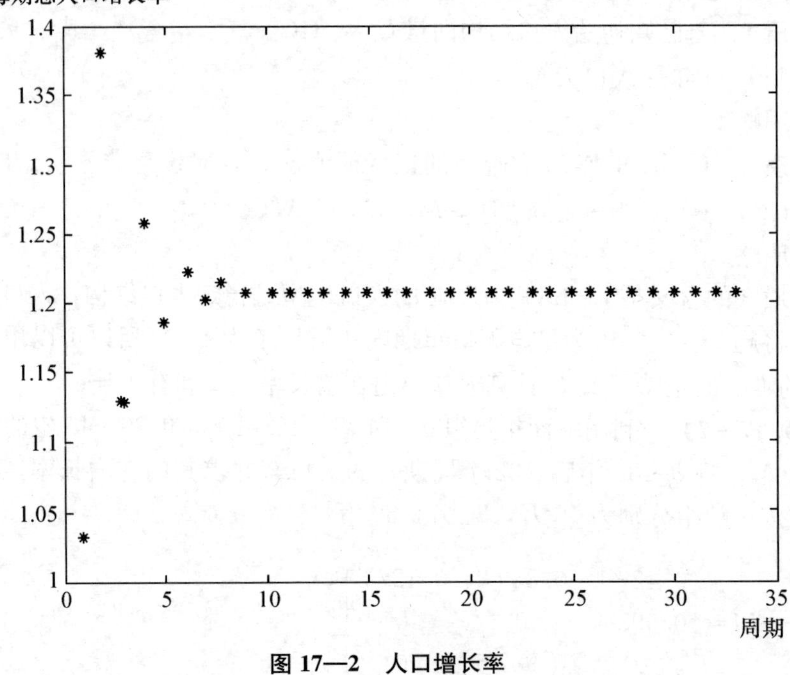

图 17—2 人口增长率

17.6 人口统计的应用

17.6.1 国民生命表

人口统计数据的一个重要应用是编制国民生命表。国民生命表以人口普查数据为基础，反映一个国家某一段时间人口生存状况的数学模型。

编制国民生命表的基本数据来自于：

(1) 通过人口普查取得的按年龄分布的人口数。

（2）通过人口动态统计取得的各年龄死亡人数。

（3）通过出生登记取得的每年出生人数。

国民生命表分完全生命表和简略生命表。完全生命表按每一岁分组编制，反映的是生存组逐岁变动的情况；简略生命表则按每年龄组（通常每 5 岁或每 10 岁为一组）来反映生命过程。简略生命表有的是为使用方便由完全生命表演化而来，有的是根据不完全的或比较粗略的人口统计资料编制而成。

形式上，无论是完全生命表还是简略生命表，都与保险公司经验生命表一样，含有 l_x，${}_t\mathrm{d}_x$，${}_tq_x$，${}_tL_x$，T_x，e_x 项，而且只需估计 ${}_tq_x$ 就得到其他表值，${}_tq_x$ 的估计来自于人口统计资料，也就是第 14 章中提到的死亡率和特定年龄死亡率。即

$$m_x=\frac{D_x}{P_x}$$

$$_nm_x=\frac{_nD_x}{_nP_x}$$

它的分母是年中人口或平均人口，所以又称为中心死率。

国民生命表的构造就是从中心死率开始的。中心死率总是有误差或缺乏光滑性，需进一步调整或修匀，利用修匀后的 m_x 估计 q_x 的最简单的做法是利用死亡均匀假设

$$q_x=\frac{m_x}{1+2m_x} \quad 或 \quad {}_nq_x=\frac{n\,{}_nm_x}{1+\frac{n}{2}\,{}_nm_x}$$

在这种方法下，由于人们是在一年中不同的时刻改变年龄进入下一个年龄组，所以中心死率的计算，由于没有考虑不同年龄数据不一的情况，而变得十分笼统，所以在实际操作中，为减少误差，具体采取不同做法来估计 q_x。

17.6.2 人口统计与社会保障

目前，大部分国家对退休保障都采用政府、雇主、个人三者共同承担的统筹方法，而在分摊额的计算上采用现收现付制和完全精算制两种不同的制度。

现收现付制下，所有退休人员当年要支付的退休金由当年所有在职劳动者分摊。这种制度没有退休基金存在，计划组织者或赞助者一旦消失或破产，计划立即结束，参与者将得不到任何利益，因此这种制度组织者通常只能是政府。这种制度的优点是人口结构非老年化时，由于受益者远小于在职捐纳者，所以每位在职劳动者分摊额较少。另外，现收现付制使政府无须费力管理收上来的捐纳金。

在完全精算制度下，每一个参与者拥有一个专属账户，逐年累计退休基金，但它的价值依赖于资产管理成效，所以，投资效果对其基金净值影响很大，但在这种方式下，人口统计学对基金净值的增长或减少影响不大。

【例 17—8】 人口增长率为 r_i，对 y 岁及 y 岁以上的居民每年提供退休金津贴，采用随收随付计划，年捐纳 π 由 x 岁到 y 岁人支付，求 π，并将其与完全精算制度下保费进行比较，假定利力恒为 δ。

解 稳定人口中，t 时刻 y 岁以上人口为：

$$B(t)\int_{y}^{\infty} \mathrm{e}^{-r_i x_s(x)}\mathrm{d}x$$

x 岁到 y 岁的人口为：

$$B(t)\int_{x}^{y} \mathrm{e}^{-r_i x_s(x)}\mathrm{d}x$$

则在随收随付计划中，有

$$\pi=\frac{B(t)\int_{y}^{\infty}\mathrm{e}^{-r_i x}\cdot s_{(x)}\mathrm{d}x}{B(t)\int_{x}^{y}\mathrm{e}^{-r_i x}\cdot s_{(x)}\mathrm{d}x}=\frac{\int_{y}^{\infty}\mathrm{e}^{-r_i x}\cdot l_x\mathrm{d}x}{\int_{x}^{y}\mathrm{e}^{-r_i x}\cdot l_x\mathrm{d}x}$$

在完全精算计划下，每个人在 x 岁开始缴费 π'，至 y 岁开始领取养老金，根据精算平稳方程，有

$$\pi'\int_{x}^{y}\frac{\mathrm{e}^{\delta(y-x)}l_x}{l_y}\mathrm{d}x=\int_{y}^{\infty}\frac{\mathrm{e}^{-\delta(x-y)}l_x}{l_y}\mathrm{d}x$$

整理得 $$\pi'=\frac{\int_{y}^{\infty}\mathrm{e}^{-\delta(x-y)}l_x\mathrm{d}x}{\int_{x}^{y}\mathrm{e}^{-\delta(x-y)}l_x\mathrm{d}x}$$

比较 π 与 π' 发现，当利力与人口内在增长率相等时，现收现付计划与完全精算计划等价。

【例 17—9】 假设定义养老负担（PB）为 y 岁以上人口与 x 岁到 y 岁人口的比率，在稳定人口模型下，写出养老负担表达式 PB，并证明：$\frac{\mathrm{d}\ln(PB)}{\mathrm{d}r_i}=\bar{X}_1-\bar{X}_2$，这里 $\bar{X}_1$ 是时刻 t，x 岁到 y 岁人口的平均年龄；$\bar{X}_2$ 是时刻 t，y 岁及以上人口的平均年龄。

证明 由例 17—8，有

$$PB=\frac{\int_y^{\infty} e^{-r_i x}\cdot s_{(x)}\,dx}{\int_x^{y} e^{-r_i x}\cdot s_{(x)}\,dx}$$

$$\begin{aligned}\frac{d\ln(PB)}{dr_i}&=\frac{d[\ln\int_y^{\infty} e^{-r_i x}s_{(x)}\,dx]}{dr_i}-\frac{d[\ln\int_x^{y} e^{-r_i x}s_{(x)}\,dx]}{dr_i}\\&=\frac{-\int_y^{\infty} xe^{-r_i x}\cdot s_{(x)}\,dx}{\int_y^{\infty} e^{-r_i x}\cdot s_{(x)}\,dx}-\frac{-\int_x^{y} e^{-r_i x}\cdot s_{(x)}\,dx}{\int_x^{y} e^{-r_i x}\cdot s_{(x)}\,dx}\\&=-\overline{X_2}-(-\overline{X_1})\\&=\overline{X_1}-\overline{X_2}\end{aligned}$$

习　题

1. 稳定人口模型的性质包括哪些?

2. 某国家人口以增长力 c 递增，死亡服从 $U(0, w)$ 的均匀分布，使用以上条件表示现在仍活着的人占曾活过人数之比。

3. 人口规划与人口普查中用到的模型包括哪些?

4. 人口统计在社会保障中的运用表现在分摊额的计算上，有两种不同的制度：现收现付制和完全精算制。试比较二者并进行说明。

5. 对于静止人口，“在任何一年内将有 l_0 个人死亡”这一命题是否正确？为什么?

表格数据修匀

本章重点

1. 掌握表格数据修匀、参数修匀的各种方法
2. 掌握移动加权平均修匀法、Whittaker 修匀、Bayes 修匀的概念及相关计算
3. 掌握二维 Whittaker 修匀的方法及相关计算
4. 掌握对于三种含参数的人口模型（Gompertz，Makeham，Weibull）估计的方法
5. 理解分段参数修匀、光滑连接修匀的方法及相关计算

在生存模型的诸多参数估计中，数据并不是独立存在的，新数据的出现有赖于先验信息，正是基于这种假设，统计学家们利用某种先验信息对初始估计值进行修正，便形成了本章所要论述的修匀法。不同的修匀方法只是适用情况和出发点不同，但其基本理念都是相同和相通的。

18.1 修匀的定义

修匀就是利用某种先验信息对初始估计值进行修正。先验信息在本章主要有两种，一种是通常的物理函数都具有某种内在联系，如函数连续、一阶可导或高

阶可导（光滑）、递增等；另一种是先验的统计信息，如历史上已经得到的关于死亡率的分布。

为了严格地描述修匀，引入下列符号：

x　下标（常指年龄）

t_x　待估参数（常指死力）

U_x　t_x 的估计量，它是一个随机变量，当它作为死力的估计量时，可表示为二项比例$\frac{N_x}{n_x}$，而 N_x 服从参数为 n_x 和 t_x 的二项分布 $B(n_x,\ t_x)$

n_x　样本容量或暴露数

u_x　t_x 的初始估计值，即 U_x 的观察值

v_x　t_x 的修匀值

V_x　修匀随机变量

w_x　修匀表达式中的权序列

E_x　估计误差随机变量

e_x　估计误差值

它们的一般关系为：

$$u_x = t_x + e_x$$
$$U_x = t_x + E_x$$

设 G 是某个修匀过程（修匀算子），则 $V_x = G(U_x)$。如果 U_x 是 t_x 的无偏估计量（$EU_x = t_x$），且 V_x 也是 t_x 的无偏估计量，修匀的目的就是使 $\mathrm{Var}(V_x) < \mathrm{Var}(U_x)$。

本书主要讨论两类修匀方法：假设真实的函数是 $t_x = f(x;\ c)$，其中 c 是未知参数，如果已知初始估计值序列 u_x，则两类方法为：

（1）表格数据修匀。这种方法是直接对所获取的表格（或离散）数据进行修匀，即直接去找一个函数 G，用 $v_x = G(u_x)$ 作为 t_x 新的估计值。

（2）参数修匀。这种方法是先估计参数 c，再将 c 的估计值 $\hat{c}(u_x)$ 代入函数 f 中，用 $v_x = f(x;\ \hat{c}(u_x))$ 作为 t_x 新的估计值。所以，参数修匀是间接的，而且必须要知道函数 f 的参数表达形式。

18.2　移动加权平均修匀法

移动加权平均修匀法（moving weighted average），简称 M-W-A 法，又称线

性组合公式。

18.2.1 基本表达式

M-W-A 法的基本表达式如下：

$$v_x = \sum_{r=-n}^{n} a_r u_{x+r} \tag{18—2—1}$$

显然，每一个修匀值都是由 $2n+1$ 个连续初始估计值确定的。为方便起见，称这 $2n+1$ 个数值为该 M-W-A 的修匀幅度。

若 $a_r = a_{-r}$（$r=1$，2，3，…，n），称式（18—2—1）为对称 M-W-A 公式。

为了简化系数 a_r 的确定难度，本书仅限于讨论对称 M-W-A 公式。如无特别说明，书中提到的 M-W-A 公式都是对称的。

由于式（18—2—1）是中心对称（r 从 $-n$ 到 n），就出现了“端值”问题，即如果 u_a 和 u_b 分别是具有最大和最小指标的 u_x，则根据式（18—2—1），具有最大和最小指标的修匀值分别是 v_{a+n} 和 v_{b-n}，而不是 v_a 和 v_b。

18.2.2 系数 a_r 的确定

常用的修匀法，实质上的目的是得到真实值 t_x 的无偏估计，同时使估计量的方差尽可能小。

1. 再生性(无偏性)

如果修匀后的统计量 $V_x = G(U_x)$ 是 t_x 的无偏估计，则

$$t_x = EV_x = E\sum_{r=-n}^{n} a_r U_{x+r} = \sum_{r=-n}^{n} a_{t_x+r} \tag{18—2—2}$$

这里将这一性质称为修匀表达式的再生性。

假设先验信息给出 t_x 的函数形式，可以利用再生性来确定一个方程。

【例 18—1】 若 t_x 是 x 的三次多项式，则再生性条件式（18—2—2）等价于

$$\sum_{r=n}^{n} a_r = 1, \sum_{r=-n}^{n} r^2 a_r = 0 \tag{18—2—3}$$

或
$$a_0 + 2\sum_{r=1}^{n} a_r = 1, \sum_{r=-n}^{n} r^2 a_r = 0 \tag{18—2—4}$$

证明 设 $t_x = c_0 + c_1 x + c_2 x^2 + c_3 x^3 (c_3 \neq 0)$，则式（18—2—2）可表示为：

$$
\begin{aligned}
& c_0+c_1x+c_2x^2+c_3x^3 \\
= & c_0\sum_{r=-n}^{n}a_r+c_1\sum_{r=-n}^{n}a_r(x+r)+c_2\sum_{r=-n}^{n}a_r\,(x+r)^2+c_3\sum_{r=-n}^{n}a_r\,(x+r)^3 \\
= & x^3\cdot c_3(\sum_{r=-n}^{n}a_r)+x^2\cdot c_2(\sum_{r=-n}^{n}a_r)+x[c_1(\sum_{r=-n}^{n}a_r) \\
& +3c_3\sum_{r=-n}^{n}r^2a_r]+c_0\sum_{r=-n}^{n}a_r+c_2\sum_{r=-n}^{n}r^2a_r
\end{aligned}
\qquad (18—2—5)
$$

（第二个等式运用了对称性）

比较三次项的系数可知，$\sum_{r=-n}^{n}a_r=1$。比较一次项的系数，注意到 $c_3\neq 0$，可知 $\sum_{r=-n}^{n}r^2a_r=0$，故式（18—2—3）成立。由对称性可知式（18—2—4）成立。

很多物理曲线都符合或可近似为多项式 $c_0+c_1x+c_2x^2+c_3x^3$，所以实际中 t_x 常被假设为符合三次多项式，因此式（18—2—3）也常作为再生性条件的等价形式。

2. 最小方差无偏性

衡量统计量好坏的常用准则是最小方差无偏性，即在无偏估计类中找方差最小的估计量。

假设 $U_x=t_x+E_x$，$\{E_{x+r}\}$ 独立同方差且为 σ^2，修匀量 $V_x=G(U_x)$，且 U_x 和 V_x 都是 t_x 的无偏估计。

求解修匀函数 G，使无偏修匀量 V_x 达到最小方差，等价于求解如下带约束的二次优化问题：

$$
\begin{aligned}
\min R_0^2 &= \frac{\mathrm{Var}(V_x)}{\mathrm{Var}(U_x)}=\frac{\mathrm{Var}(V_x)}{\sigma^2} \\
&= \frac{\mathrm{Var}(\sum_{r=-n}^{n}a_rU_{x+r})}{\sigma^2}=\sum_{r=-n}^{n}a_r^2
\end{aligned}
\qquad (18—2—6)
$$

约束为　$t_x=EV_x=E\sum_{r=-n}^{n}a_rU_{x+r}=\sum_{r=-n}^{n}a_rt_{x+r}$　　(18—2—7)

进一步假设 t_x 是 x 的三次多项式，替换为：

$$\sum_{r=-n}^{n}a_r=1,\quad \sum_{r=-n}^{n}r^2a_r=0 \qquad (18—2—8)$$

由最优化理论知，拉格朗日乘子可表示为：

$$L = \sum_{r=-n}^{n} a_r^2 - \lambda(\sum_{r=-n}^{n} a_r - 1) - \mu \sum_{r=-n}^{n} r^2 a_r \qquad (18—2—9)$$

所以可得$\frac{\partial L}{\partial a_r} = 2a_r - \lambda - \mu r^2 = 0$，即有

$$a_r = \frac{1}{2}\lambda + \frac{1}{2}\mu r^2 \qquad (18—2—10)$$

将式（18—2—10）代入式（18—2—4），得

$$\begin{cases} a(2n+1) + 2b\sum_{r=1}^{n} r^2 = 1 \\ a\sum_{r=1}^{n} r^2 + b\sum_{r=1}^{n} r^4 = 0 \end{cases}$$

求解此方程组并代入式（18—2—10），得

$$a_r = \frac{3(3n^2+3n-1) - 15r^2}{(2n-1)(2n+1)(2n+3)}$$

M-W-A 法流行于计算技术落后的 18 世纪。随着计算技术的进步，一些更好的修匀法出现了，M-W-A 法便渐渐为人们所弃。

18.3 Whittaker 修匀

Whittaker 修匀于 1923 年开始形成和发展，其基本思想源于对修匀结果的光滑与拟合要求。

18.3.1 基本表达式

Whittaker 修匀由两部分组成，一部分是拟合度量算子，另一部分是光滑度量算子，其表达式如下：

$$M = F + hS = \sum_{x=1}^{n-Z} w_x (v_x - u_x)^2 + h\sum_{x=1}^{n-Z} [\Delta^Z v_x]^2 \qquad (18—3—1)$$

式中，拟合度量算子 $F = \sum_{x=1}^{n-Z} w_x (v_x - u_x)^2$ 类似于最小二乘法的思想；w_x 为权重。光滑度量算子 $S = \sum_{x=1}^{n-Z} [\Delta^Z v_x]^2$，其中 Δ^Z 为 Z 阶差分算子。曲线的光滑性在连

续时是通过导数来衡量的，可导阶数越高曲线越光滑；差分运算和求导数是对应的，差分的阶数越高对光滑性要求也就越高。参数 h 是一个权重，它在拟合和光滑性之间作了一个平衡。

值得注意的是，在式（18—3—1）中，下标 $x=1$ 表示第一个最小年龄，$x=n$ 表示最后一个最大年龄。最小和最大年龄到底是多少？这取决于所考虑的问题本身。

通过最小化 M，可确定修匀值 v_x。这实际上是一个无约束的二次优化问题。

权数 w_x 往往确定为$\frac{n_x}{v_x(1-v_x)}$或$\frac{n_x}{n}$，这主要是为了体现观察死亡人数与修匀死亡人数的差别。

可以证明，使式（18—3—1）极小化的修匀值 v_x 必自动地使拟合度量为零：

$$F_1=\sum_x w_x(v_x-u_x)$$

$$F_3=\sum_x xw_x(v_x-u_x)$$

因此，对死亡数据而言，当 $w_x=n_x$ 时，有

$$\sum_x n_x v_x=\sum_x n_x u_x$$

和

$$\sum_x xn_x v_x=\sum_x xn_x u_x$$

这说明，对观察数据 u_x 和修匀数据 v_x 来说，死亡人数是相等的，死亡年龄也是相等的。

18.3.2 M 的矩阵形式

令 $u'=[u_1,u_2,\cdots,u_n]$

$v'=[v_1,v_2,\cdots,v_n]$

$$w=\begin{pmatrix} w_1 & & & \\ & w_2 & & \\ & & \ddots & \\ & & & w_n \end{pmatrix}$$

则 $F=(v-u)'w\ (v-u)$

为了用矩阵表示 hS，考虑展开式

$$(1-x)^Z=1-C_Z^1x+C_Z^2x^2+\cdots+(-1)^kC_Z^kx^k+\cdots+(-1)^Zx^Z \qquad (18—3—2)$$

设矩阵 K_z 为 $(n-z)\times n$ 矩阵，其元素按照下面的方式确定：

(1) 若 z 为偶数，K_z 的第一行中前 $z+1$ 个元素恰为式（18—3—2）中的 $z+1$个系数，后 $n-z+1$ 个元素为 0。第二行元素是将第一行右移一位得到的，被挤出的一个 0 发放到前面去。用类似的方法可得其余各行元素。

(2) 若 z 为奇数，则 K_z 的第一行中前 $z+1$ 个元素恰为式（18—3—2）中的$z+1$个系数的相反数，后 $n-z+1$ 个元素为 0，其余各行元素仍按上述右移方法得到。

(3) $hS=h(K_zv)'(K_zv)$

【例 18—2】 分别在下列情形下，求矩阵 K 及 S 的形式：(1) $z=2$；(2) $n=6$；(3) $z=3$，$n=7$。

解 二阶差分算子可以通过矩阵表达为：

$$K_2=\begin{pmatrix}1 & -2 & 1 & 0 & 0 & 0\\ 0 & 1 & -2 & 1 & 0 & 0\\ 0 & 0 & 1 & -2 & 1 & 0\\ 0 & 0 & 0 & 1 & -2 & 1\end{pmatrix}$$

$$K_2v=(\Delta^2v_1,\Delta^2v_2,\Delta^2v_3,\Delta^2v_4)$$

$$S=(K_2v)'(K_2v)=v'(K'_2K_2)v=\sum_{x=1}^{4}[\Delta^2v_x]^2$$

$$K_3=\begin{pmatrix}-1 & 3 & -3 & 1 & 0 & 0 & 0\\ 0 & -1 & 3 & -3 & 1 & 0 & 0\\ 0 & 0 & -1 & 3 & -3 & 1 & 0\\ 0 & 0 & 0 & -1 & 3 & -3 & 1\end{pmatrix}$$

可知 $$S=\sum_{x=1}^{4}(\Delta^3v_x)^2=v'(K'_3K_3)v$$

最后，显然有 M 的如下矩阵形式：

$$M=(v-u)'w(v-u)+hv'(K'_ZK_Z)v \qquad (18—3—3)$$

极小化 M，即

$$\frac{\partial M}{\partial v_r}=0,\quad r=1,\cdots,n \qquad (18—3—4)$$

可以写成如下的矩阵形式：

$$\frac{\partial M}{\partial v}=\left[\frac{\partial M}{\partial v_1},\cdots,\frac{\partial M}{\partial v_n}\right]'$$

由$\frac{\partial M}{\partial v}=0$，得如下线性方程组：

$$(w+hK'_ZK_Z)\quad 或\quad cv=wu \tag{18—3—5}$$

这里　　$c=w+hK'_ZK_Z$

若 c 为非奇异，则

$$v=c^{-1}wu \tag{18—3—6}$$

这部分实际上只是用矩阵的算法求解式（18—3—1）的优化问题。

18.4　Bayse 修匀

Bayse 修匀与数理统计中的 Bayse 估计十分相似。下面将对这种方法进行简单描述。

与 Bayse 估计一样，Bayse 修匀按如下四个步骤进行：

（1）确定 t_x 的先验分布。视 t_x 为随机变量 T 的一个观察值。设 T 为一个连续型向量，其先验密度为 $f_T(t)$。

（2）确定试验模型。所谓试验模型，就是估计量 U 的条件密度，记为 $f_{U\mid T}(u\mid t)$。

（3）确定后验分布。就是在已知样本的前提下 T 的分布：

$$f_{U|T}(u|t)=\frac{f_{T|U}(t|u)\cdot f_T(t)}{f_U(u)} \tag{18—4—1}$$

（4）修匀值 v_x 的确定。v_x 是 t_x 的最佳估计，若这种最佳的衡量标准是均方误差最小的话，则该值应为 V 关于 U 的条件期望，即

$$V=E(T|U) \tag{18—4—2}$$

【例 18—3】　将一枚硬币上抛几次，记其正面出现的次数为 H，试用 Bayse 修匀，确定其正面出现的概率 t（已知 t 的先验分布为 Beta（a，b））。

解　（1）对先验分布，有

$$f_T(t)=\frac{\Gamma(a+b)}{\Gamma(a)\Gamma(b)}t^{a-1}(1-t)^{b-1},\quad 0\leqslant t\leqslant 1$$

（2）试验模型。H 的分布律为：

$$P_{H|T}(h|t)=C_n^h t^h\ (1-t)^{n-h},\quad h=0,1,2,\cdots,n$$

H 的边缘分布律为：

$$P_H(h)=\int_0^1 P_{H|T}(h\mid t)f_T(t)dt=\frac{\Gamma(a+b)}{\Gamma(a)\Gamma(b)}\cdot C_n^h\cdot\frac{\Gamma(a+h)\Gamma(b+n-h)}{\Gamma(a+b+n)}$$

（3）后验分布。T 的后验密度为：

$$\begin{aligned}f_{T|H}(t|h)&=\frac{p_{H|T}(h|t)\cdot f_T(t)}{p_H(h)}\\&=\frac{\Gamma(a+b+n)}{\Gamma(a+h)\Gamma(b+n-h)}\cdot t^{a+h-1}(1-t)^{b+n-h-1}\end{aligned}$$

即为分布 Bata($a+h-1$，$b+n-h-1$)。

（4）确定修匀值。

$$V=E(T|H)=\frac{a+h}{a+b+n}=\frac{a}{a+b}\cdot\frac{a+b}{a+b+n}+\frac{h}{n}\cdot\frac{n}{a+b+n}\qquad(18—4—3)$$

式（18—4—3）说明，修匀值正是先验估计值$\frac{a}{a+b}$与后验估计值$\frac{h}{n}$的加权平均，权数分别是$\frac{a+b}{a+b+n}$及$\frac{n}{a+b+n}$。

18.5 二维 Whittaker 修匀

在选择—终极生命表中，数据是二维的，所以它相当于一个曲面，如果利用 Whittaker 修匀的思想，则拟合算子相当于曲面拟合误差，而曲面的光滑度连续时是通过偏导数来衡量的，所以这里可以分别理解为在垂直与水行两个方向上作差分。

假设有 $m\times n$ 个初始估计值 u_{ij}（$i=1，2，\cdots，m$；$j=1，2，\cdots，n$）。这里 m 为选择年龄，$n-1$ 为选择期。于是对每个 i，有 $n-1$ 个选择死率，一个终极死率。此时的拟合度为：

$$F=\sum_{i=1}^{m}\sum_{j=1}^{n}w_{ij}\ (v_{ij}-u_{ij})^2\qquad(18—5—1)$$

光滑性分别从垂直与水行两个方向得到。设 $\underset{v}{\Delta^z}$ 为垂直方向差分算子，$\underset{v}{\Delta^z}$ 为水平方向差分算子，则第 j 列的垂直光滑度量为 $\sum_{i=1}^{m-z}(\underset{v}{\Delta^z}v_{ij})^2$，总的垂直光滑度量为：

$$^{v}S=\sum_{j=1}^{n}\sum_{i=1}^{m-z}(\underset{v}{\Delta^z}v_{ij})^2 \qquad (18—5—2)$$

类似地，总的水平光滑度量为：

$$^{h}S=\sum_{i=1}^{m}\sum_{j=1}^{n-y}(\underset{v}{\Delta^z}v_{ij})^2 \qquad (18—5—3)$$

Whittaker 修匀算子为：

$$M=F+\alpha\cdot{}^{v}S+\beta\cdot{}^{h}S \qquad (18—5—4)$$

求解 M 时并不比求解一维时困难。

【例 18—4】　已知观察值 U 和修匀值 V 分别如下：

$$U=\begin{pmatrix}1 & 1 & 6\\ 3 & 4 & 6\end{pmatrix},\quad V=\begin{pmatrix}2 & 3 & 5\\ 3 & 5 & 6\end{pmatrix}$$

并且知道：

(1) 所有的权数都等于 2。

(2) $F=\sum_{i=1}^{2}\sum_{j=1}^{3}w_{ij}\ (u_{ij}-v_{ij})^2$。

(3) 垂直光滑度量 ^{v}S 和水平光滑度量 ^{h}S 都采用一阶差分。

(4) $M=F+2{}^{v}S+{}^{h}S$。

求 M。

解　$^{v}S=\sum_{i=1}^{1}\sum_{j=1}^{3}(\Delta v_{ij})^2=\sum_{j=1}^{3}(\Delta v_{ij})^2=(3-2)^2+(5-3)^2+(6-5)^2=6$

$$^{h}S=\sum_{i=1}^{2}\sum_{j=1}^{2}(\Delta v_{ij})^2=(3-2)^2+(5-3)^2+(5-3)^2+(6-5)^2=10$$

$$F=\sum_{i=1}^{2}\sum_{j=1}^{3}2\ (u_{ij}-v_{ij})^2=14$$

则　$M=14+12+10=36$

18.6 参数修匀

参数修匀与表格数据修匀的差别在于，前者直接对初始估计值进行修匀，修匀算子是观察值$\{u_x\}$的含参函数；后者是间接对 u_x 进行修匀，假设修匀值 v_x 是 x 的含参函数。不论何种情形，完成参数估计后，修匀值就被确定了。

18.6.1 函数形式

这里的函数形式是关于死力 u_x 的含参函数形式，根据寿险精算理论，死亡概率 q_x 与死力 u_x 的关系式为：

$$q_x = 1 - \mathrm{e} - \int_0^t u_{x+t}\mathrm{d}t$$

因此，从本质上看，u_x 和 q_x 一一对应。

由于在寿险精算中，对几种特殊的死力形式已作过详细讨论，因此，这里只作些简单的描述。

1. Gompertz 形式

$$u_x = Bc^x \tag{18—6—1}$$

如果我们想用线性最小二乘法估计参数 B，c，需要对死力方程线性化，则有

$$\lg u_x = \lg B + (\lg c)x$$

2. Weibull 形式

$$\mu_x = k\,(x-a)^n, \quad x \geqslant a,\ k > 0,\ n > 0 \tag{18—6—2}$$

或当 $a=0$，$u_x = kx^n$，其等价的线性形式为：

$$\lg\mu_x = \lg k + n\lg x$$

3. Makeham 形式

$$u_x = A + Bc^x$$

18.6.2 参数估计

一、配置法

参数估计的配置法是利用恰当的差分运算来确定参数值。为说明这种方法，

假设 u_x 是 p_x 的初始估计值，采用 Makeham 形式的特点，其等价形式为：

$$p_x = sg^{c^x(c-1)} \qquad (18—6—3)$$

选取三个等间隔的自变量 x，$x+r$，$x+2r$，有

$$\frac{\Delta_r \lg u_{x+r}}{\Delta_r \lg u_x} = c^r$$

Δ_r 是间隔为 r 的向前差分，即

$$\Delta_r f(x) = f(x+r) - f(x)$$

由此可确定 c，从 $\lg u_x = \lg s + (c+1)(\lg g)\ c^x$ 可确定 s。

事实上，模型中有三个参数，已知函数中的三个点相当于确定了三个方程，在一定条件下，可以解出所有的参数。同样，如果初始估计值多于 3 个，那么根据配置法，就可能得到参数的不同估计，较好的点估计就越准确；反之越差。

二、最小二乘修匀法

常用的死力函数都是非线性的，但如果先验信息已给出函数形式，通常可以通过变换或近似得到死力函数的线性形式，如前所述。所以，也就可以用最小二乘法进行参数估计。

如对 Gompertz 模型 $\mu_x = Bc^x$ 取对数，则有

$$\log\mu_x = \log B + x\log c$$

若已知 μ_x 的观测值序列 $\{u_x\}$，则用最小二乘法估计参数 $\log B$，$\log c$ 之后，任给 x，都可以得到一个 μ_x 的修匀值或是新的估计值。

三、极大似然法

在精算实务中，若死力的含参函数形式已知，则各种事件（如死亡，退出）等的概率值的形式也已知，于是可利用极大似然估计法获取参数的估计，但样本信息不同，似然函数也就不同。下面分别情况讨论这种方法。

1. 完全数据，精确死亡年龄

此时的样本信息是：已知第 i 个人进入观察的年龄为 x_i，死亡年龄为 y_i，于是对于每个人（事件），所对应的似然因子为：

$$L_i = {}_{y_i-x_i}p_{x_i} u_{y_i} = \exp\left(-\int_{x_i}^{y_i} u_s \mathrm{d}s\right) u_{y_i} \qquad (18—6—4)$$

似然函数为：

$$L = \prod_{i=1}^{n} L_i$$

则 $$\ln L=\sum_{i=1}^{n}(\ln u_{y_i}-\int_{x_i}^{y_i}u_s\mathrm{d}s) \tag{18—6—5}$$

若已知 u_x 的参数形式，通过极小化 $\ln L$，可得参数估计。

2. 非完全数据，精确死亡年龄或退出年龄

此时的样本信息为：在观察期内，每个人要么死亡，要么活着。其中，第 i 个人若死亡，死亡年龄记为 y_i；若活着，所观察到的年龄（退出年龄）记为 z_i。死亡者的全体记为 W。退出人的似然因子为：

$$L_i={}_{z_i-x_i}p_{z_i}=\exp\left(-\int_{x_i}^{z_i}u_s\mathrm{d}s\right) \tag{18—6—6}$$

这里，x_i 为进入观察的年龄，下同。

死亡人的似然因子为式（18—6—4），第 i 个人的似然因子可表示为：

$$L_i=\exp\left(-\int_{x_i}^{z_i}u_s\mathrm{d}s\right)(u_{w_i})^{a_i} \tag{18—6—7}$$

其中

$$a_i=\begin{cases}0,\text{第 } i \text{ 个人活着(包括退出)}\\1,\text{第 } i \text{ 个人死亡}\end{cases}$$

$$w_i=\begin{cases}z_i,\text{第 } i \text{ 个人活着(包括退出)}\\y_i,\text{第 } i \text{ 个人死亡}\end{cases}$$

似然函数可表示为：

$$L=\prod_{i\in D}u_{y_i}\exp\left(-\int_{x_i}^{y_i}u_s\mathrm{d}s\right)\prod_{i\in W}\left(-\int_{x_i}^{z_i}u_s\mathrm{d}s\right)$$
$$=\prod\exp(-\int_{x_i}^{w_i}u_s\mathrm{d}s)(u_{w_i})^{a_i}$$

则 $$\ln L=\sum_{i=1}^{n}(a_i\ln w_i-\int_{x_i}^{w_i}u_s\mathrm{d}s) \tag{18—6—8}$$

若 u_x 的参数形式已知，则通过极小化 $\ln L$，可得参数估计。

【例 18—5】 为求某群体死力，我们观察该群体从 2004 年 1 月 1 日开始，到 2008 年 1 月 1 日结束的情况，观察结果如下：

	2004 年 1 月 1 日的年龄	观察结果
甲	1	2006 年 1 月 1 日死亡
乙	2	2008 年 1 月 1 日仍生存
丙	3	2006 年 1 月 1 日退出
丁	4	2006 年 1 月 1 日退出

死力 $u_x=kx$，求 k 的极大似然估计。

解 $L={}_2p_1\cdot u_3\cdot {}_4p_3\cdot {}_2p_4=3k\cdot e^{-38k}$

$$\ln L=\ln 3+\ln k-38k$$

$$\frac{\partial \ln L}{\partial k}=0$$

即 $$k=\frac{1}{38}$$

3. 不完全数据，分组死亡，精确退出年龄

在精算实务中，经常遇到研究个人人身险投保人的死亡率的情况。假设考虑期为 Z 年到 $Z+m$ 年（这里的年指保险年度）。采用保险年龄使所有被考察的投保人的年龄都为整数年龄，且进一步假设所有的退出都发生在保险年度上，因而也是整数年龄。死亡年龄也是保险年龄。

设 n_x 为进入考察时年龄为 x 岁的人数，w_x 为在 x 岁退出的人数，θ_x 为在年龄区间$[x, x+1]$内死亡的人数。观察记录的最低年龄为 a 岁，最高年龄为 h 岁。

显然，进入年龄区间 $[j, j+1]$ 的人数为：

$$A_j=\sum_{x=a}^{j}(n_x-w_x-\theta_{x-1})+\theta_j$$

则 $$A_j-\theta_j=\sum_{x=a}^{j}(n_x-w_x-\theta_x)$$

在这个年龄区间上，有 θ_j 个人死亡，$A_j-\theta_j$ 个人生存，这个年龄的似然函数为：

$$L_i=(q_j)^{\theta_j}(1-q_j)^{A_j-\theta_j}$$

总似然函数为：

$$L=\prod_{j=a}^{h}L_j=\prod_{j=a}^{h}(q_j)^{\theta_j}(1-q_j)^{A_j-\theta_j}$$

则 $$\ln L=\sum_{j=a}^{h}\theta_j\ln q_j-\sum_{j=a}^{h}(A_j-\theta_j)\int_j^{j+1}u_s\mathrm{d}s$$

若 u_s 的参数形式已知，则由此可获得参数估计。

四、分段参数修匀

以上所讨论的参数形式都是单一的函数形式，这样做很难得到满意的修匀结果。更一般的做法是，在 x 的不同区域上，用不同形式的含参函数拟合它。这种方法叫分段函数修匀，又叫样条修匀。

样条修匀的基本特征是：那些不同区域上的拟合函数有比较简单的形式，如二次或三次多项式。在结点处，有光滑性要求，如连续、一次可导等。

五、最小二乘三次样条

假设有初始估计值 u_x，先验观点 t_x 是（或近似可表示成）一个三次多项式。令

$$t_x = c_1 + c_2 x + c_3 x^2 + c_4 x^3$$

此时的问题是，如何去估计参数 c_1，c_2，c_3，c_4。

由最小二乘法，可构造如下函数：

$$SS = \sum_{x=a}^{b} w_x (u_x - c_1 - c_2 x - c_3 x^2 - c_4 x^3)^2 \qquad (18\text{—}6\text{—}9)$$

令 $\dfrac{\partial SS}{\partial c_i} = 0$，　$i = 1, 2, 3, 4$

可得矩阵方程

$$X'WXc = X'Wu$$

其中 $$X = \begin{pmatrix} 1 & a & a^2 & a^3 \\ 1 & a+1 & (a+1)^2 & (a+1)^3 \\ \vdots & \vdots & \vdots & \vdots \\ 1 & b & b^2 & b^3 \end{pmatrix}_{(b-a-1)\times 4}$$

$$W = \begin{pmatrix} w_a & & & \\ & \ddots & & \\ & & w_{b-1} & \\ & & & w_b \end{pmatrix}_{(b-a-1)\times(b-a-1)} \qquad (18\text{—}6\text{—}10)$$

其中 $c = (c_1, c_2, c_3, c_4)'$

求得 c，完成修匀。

六、两弧三次样条

若先验观点为：t_x 是 $[a, b]$ 上的分段三次多项式，即

$$t_x = \begin{cases} p_0(x) a \leqslant x \leqslant k \\ p_1(x) k \leqslant x \leqslant b \end{cases} \qquad (18\text{—}6\text{—}11)$$

根据最小二乘法构造函数如下：

$$SS=\sum_{x=a}^{h} w_x\left[u_x-p_0(x)\right]^2+\sum_{x=h+1}^{b} w_x\left[u_x-p_1(x)\right]^2 \quad (18—6—12)$$

式中，h 为不大于 k 的样本最大下标值。

为了得到光滑连接，要求在两个函数的连接处，有相同的函数值和一阶、二阶导数，即

$$\begin{cases} p_0(k)=p_1(k) \\ p'_0(k)=p'_1(k) \\ p''_0(k)=p''_1(k) \end{cases} \quad (18—6—13)$$

式（18—6—13）是为了确保在整个期间［a，b］上的 t_x 二阶连续可微。

$$p_0(x)=c_1+c_2x+c_3x^2+c_4x^3$$
$$p_1(x)=c_1+c_2x+c_3x^2+c_4x^3+c_5(x-k)^3 \quad (18—6—14)$$

在实际应用中，结点的选择非常重要。仔细观察 u_x，在有较大起伏的地方应设置结点。结点个数越多，拟合程度越高，计算量也越大。

【例 18—6】　有如下资料：

（1）$V_x\begin{cases} p_0(x), & 10\leqslant x\leqslant k \\ p_0(x)-0.0064(x-k), & k\leqslant x\leqslant 13 \end{cases}$

其中，$10<k<12$。

（2）已知数据如下：

x	w_x	u_x	$p_0(x)$
10	4	0.02	0.020
11	4	0.03	0.031
12	2	0.04	0.042
13	3	0.04	0.053

用最小二乘法样条修匀发来拟合观察值 u_x，并求 k。

解　$$SS=\sum(v_x-u_x)^2w_x$$
$$=[0.042-0.0064(12-k)-0.04]^2\times 2$$
$$+[0.053-0.0064(13-k)-0.04]^2\times 3$$

令　$$\frac{\partial SS}{\partial k}=0$$

即　$k=12.6$

七、光滑连接修匀

以下我们仍然试图确定每一段（等距区间）上的多项式函数，但是，所用的方法却不是最小二乘法，而是采用 Everett 公式，这种修匀方法叫做光滑连接修匀。其基本性质如下。

1. 表达式

这种修匀方法的基本表达式如下：

$$v_{x+s}=F(s)u_{x+1}+F(t)u_x,\quad 0\leqslant s\leqslant 1,\ t=s-1 \tag{18—6—15}$$

这个表达式又叫 Everett 公式。式中，$F(s)=A(s)+B(s)\delta^2+C(s)\ \delta^4+\cdots$，而 $A(s)$，$B(s)$，$C(s)$，…，是关于 s 的函数。δ 是中心差分算子，其中

$$\delta f(x)=f\left(x+\frac{1}{2}\right)-f\left(x-\frac{1}{2}\right)$$

$$\delta^2 f(x)=\delta[\delta f(x)]=f(x+1)-2f(x)+f(x-1)$$

……

$$\delta^n f(x)=f\left(x+\frac{n}{2}\right)-c_n^1 f\left(x+\frac{n}{2}-1\right)+c_n^2 f\left(x+\frac{n}{2}-2\right)+\cdots+(-1)^n f\left(x-\frac{n}{2}\right) \tag{18—6—16}$$

$F(s)$的表达式中的最后一项为 δ^{2m}，在区间［x，$x+1$］内。v_{x+s}（$0\leqslant s\leqslant 1$）的值依赖于 $2m+2$ 个 u_x 值 u_{x-m}，u_{x-m+1}，…，u_{x+m+1}，因此 Everett 公式又叫（$2m+2$）点插值公式。

当 $F_{(}s)$ ＝s 时，式（18—6—15）变为：

$$v_{x+s}=su_{x+1}+tu_x$$

2. 光滑性

最基本的要求是：在结点处的修匀值相等，即

$$v_{x-1+s}|_{s=1}=v_{x+s}|_{s=0} \tag{18—6—17}$$

由 Everett 公式，得

$$\begin{aligned}v_{x-1+s}|_{s=1}=&A(1)u_x+B(1)\delta^2 u_x+C(1)\delta^4 u_x+\cdots+A(0)u_{x-1}\\&+B(0)\delta^2 u_{x-1}+C(0)\delta^4 u_{x-1}+\cdots\end{aligned}$$

$$\begin{aligned}v_{x+s}|_{s=0}=&A(0)u_{x+1}+B(0)\delta^2 u_{x+1}+C(0)\delta^4 u_{x+1}+\cdots+A(1)u_x\\&+B(1)\delta^2 u_x+C(1)\delta^4 u_x+\cdots\end{aligned}$$

比较式（18—6—17）的两端，欲使之成为等式，当且仅当

$$A(0)=B(0)=C(0)=\cdots=0 \tag{18—6—18}$$

若光滑性要求是在接点处的一阶导数相等，则

$$v'_{x-1+s}|_{s=1}=v'_{x+s}|_{s=0}=0 \tag{18—6—19}$$

由于　$F'(s)=A'(s)+B'(s)\delta^2+C'(s)\delta^4+\cdots$

$$\frac{\mathrm{d}F(t)}{\mathrm{d}s}=-F'(t)$$

则比较式（18—6—19）两端，有

$$F'(1)u_x=F'(0)(u_{x+1}+u_{x-1})=F'(0)(2+\delta^2)u_x \tag{18—6—20}$$

因此　$2F'(1)=F'(0)(2+\delta^2)u_x$　(18—6—21)

若光滑性要求是在接点处二阶导数相等，则

$$v''_{x-1+s}|_{s=1}=v''_{x+s}|_{s=0} \tag{18—6—22}$$

可推知　$F''(0)(u_{x+1}-u_{x-1})=0$　(18—6—23)

而　$F'(s)=0$

或　$A'(0)=B'(0)=C'(0)=\cdots=0$　(18—6—24)

3. 再生性

若 Everett 公式具有再生性，即

$$\begin{aligned}v_x&=u_x=v_{x+s}|_{s=0}\\&=A(1)u_x+B(1)\delta^2u_x+C(1)\delta^4u_x+\cdots\end{aligned} \tag{18—6—25}$$

则等价于

$$A(1)=1,B(1)=C(1)=\cdots=0 \tag{18—6—26}$$

4. 精确度

Everett 公式的精确度指的是再生多项式函数的最高次数。

为了给出精确度的判别准则，先研究中心差分算子 δ 与向前差分算子 Δ 的关系。由简单的代数运算，得恒等式

$$\delta^{2m}u_x=\Delta^{2m}u_{x-m} \tag{18—6—27}$$

Δ 算子本身有如下性质：

$$\Delta^{2m}u_{y+1}=\Delta^{2m}u_y+\Delta^{2m+1}u_y \tag{18—6—28}$$

从而推出 Everett 公式的向前差分表示：

$$\begin{aligned}u_y=&[A(s)+A(t)]\Delta u_x+A(s)\Delta u_x+[B(s)+B(t)]\Delta^2u_{x-1}\\&+B(s)\Delta^3u_{x-1}+[C(s)+C(t)]\Delta^4u_{x-2}+C(s)\Delta^5u_{x-2}+\cdots\end{aligned} \tag{18—6—29}$$

由此可推出，Everett 公式的精度为 z 的充要条件是表 18—1 中得到的前 $(z+1)$ 个等式成立。

表 18—1 **Everett 公式的条件**

z	条件
0	$A(s)+A(s+1)=1$
1	$A(s)=s$
2	$B(s)+B(1-s)=\frac{1}{2}s(s-1)$
3	$B(s)=\frac{1}{6}s(s^2-1)$
4	$C(s)+C(1-s)=\frac{1}{24}s(s^2-1)(s-2)$

八、四点修匀公式

通常所说的四点修匀公式，其 $F(s)$ 的最后一项为 $\delta^2(m=1)$。我们试图寻求满足以下两个条件的四点公式：

(1) 精确度为 1。

(2) 光滑性条件为接点处一阶导数相等（相切）。

此时

$$v_{x+s}=F(s)u_{x+1}+F(t)u_x \tag{18—6—30}$$

其中 $F(s)=A(s)+B(s)\delta^2$

由 (1) 知，$A(s)=s$。由 (2) 知，$B(0)=0$ 且 $2F'(1)=F'(0)(2+\delta^2)$。即

$$B(0)=0,\ B'(0)=0,\ B'(1)=\frac{1}{2} \tag{18—6—31}$$

若 $B(1)=L$，且选择 B 为满足这些条件的最低次数多项式，则

$$B(s)=\left(3L-\frac{1}{2}\right)s^2+\left(\frac{1}{2}-2L\right)s^3 \tag{18—6—32}$$

若取 $L=0$，则 $B(s)=\frac{1}{2}s^2(s-1)$。

当 $L=\frac{1}{4}$时，$B(s)=\frac{1}{4}s^2$。

当 $L=\frac{1}{6}$时，$B(s)=\frac{1}{6}s^3$。

此公式是四点公式中的唯一密切公式。

【例 18—7】 用 Everett 四点修匀公式修匀 u_x 得到 v_x，已知

(1) 此公式是线性的。

（2）此公式是密切的。

（3）$B\ (s)$是次数不超过 3 的多项式。

（4）$v_{x+\frac{1}{2}}=\sum_{k=1}^{2}a_k u_{x+k}$ 。

求系数 a_2。

解　参照表 18—1，由（1）知，$A(s)\ =s$。

由（2），（3）知，$B(s)\ =\frac{1}{6}s^2$，且

$$
\begin{aligned}
v_{x+\frac{1}{2}} &= F\left(\frac{1}{2}\right)u_{x+1}+F\left(\frac{1}{2}\right)u_x \\
&=\left[A\left(\frac{1}{2}\right)+B\left(\frac{1}{2}\right)\delta^2\right](u_{x+1}+u_x) \\
&=\left(\frac{1}{2}+\frac{1}{48}\delta^2\right)(u_{x+1}+u_x) \\
&=\frac{1}{2}(u_{x+1}+u_x)+\frac{1}{48}(u_{x+2}-2u_{x+1}+u_x+u_{x+1}-2u_x+u_{x-1})
\end{aligned}
$$

把上式与（4）相比较，易知 $a_2=\frac{1}{48}$。

习　题

1. 参数修匀中的参数估计有几种方法？各个方法的思想是什么？
2. 设 $n=2$，$z=1$，求最小化 R_1^2 时的 a_2 值。
3. 移动平均法不再流行，其原因是什么？
4. 试阐述如何利用最小二乘法，在告知一系列年龄和死力的情况下估计出 Gompertz 模型中的 B 和 c。
5. 对于 40 个年龄为 4 岁的人，假设死力服从 $\mu_x=mx$，1 个死亡，39 个活过 5 岁，则 m 的极大似然估计为多少？

附录：部分习题答案

第 1 章

1. $t=\frac{2}{3}\sqrt{15}$

2. 27.1

3. 10.2

4. 1.61

5. $\hat{\beta}_{YX}\hat{\beta}_{XY}=\frac{\left(\sum(X_i-\overline{X})(Y_i-\overline{Y})\right)^2}{\sum(X_i-\overline{X})^2\sum(Y_i-\overline{Y})^2}=r_{XY}^2$

6. 9/8

7. D

8. $\hat{\alpha}=\frac{\sum\limits_{k=1}^{n}y_k\mathrm{e}^{x_k}}{\sum\limits_{k=1}^{n}\mathrm{e}^{2x_k}}$

第 2 章

1. -0.5

2. $2.5=\frac{(0.8-0.75)/2}{(1-0.8)/(N-4)}$，$N=24$

3. 5.51。

4. (1) 4.08；(2) 8.53；(3) 置信区间为：(−0.686，−1.149)。

5. 三种说法都是错误的。

6. D。

第3章

1. −4。

2. 1.393。

3. 首先对观测值进行普通最小二乘回归，得到残差序列，然后求 $\hat{\rho}$ 的估计值的初值。计算得到 $\hat{\rho}=0.425$。

第4～12章答案略。

第13章

1. 解答如下：

(1) 正确。

(2) x，y 的分布期望都是1，但不保证数值都是相同的。例如：如果 $n=1$，不保证 $x_1=-\log u_1=-\log(1-u_1)=y_1$。错误。

(3) 独立的指数分布随机变量的和是Gamma分布的变量。正确。

2. $F_x(x_0)=u_0=0.87$

$$F_x(x_0)=P[X\leqslant x_0]=P\left[\frac{X-E[X]}{\sqrt{\mathrm{Var}[X]}}\leqslant\frac{x_0-1}{2}\right]$$

$$=P\left[Z\leqslant\frac{x_0-1}{2}\right]=\varphi\left(\frac{x_0-1}{2}\right)=0.87$$

$\phi(1.1)=0.8643$

$\phi(1.2)=0.8849$

$$\frac{x_0-1}{2}=1.1+(0.1)\frac{0.87-0.8643}{0.8849-0.8643}=1.13$$

$x_0=3.26$

3. 当 $x=0$ 时，$F(x)=0$

当 $x\geqslant\frac{3}{4}$ 时，$F(x)=1$

当 $0<x<\frac{3}{4}$ 时，$F(x)=\begin{cases} x, & 0\leqslant x\leqslant \frac{1}{2} \\ 2x-\frac{1}{2}, & \frac{1}{2}\leqslant x\leqslant \frac{3}{4} \end{cases}$

$$r=0.716=F(x)=2x-\frac{1}{2}$$

$$x=0.608$$

4. 解答如下：

s	0	1	2	3
$f(s)$	0.216	0.432	0.288	0.064
$F(s)$	0.216	0.648	0.936	1.00

二项式分布的值 2 对应在区间（0.648，0.936），所以 0.71，0.66 落在这个区间。

5. 95%的置信区间的宽度为 $2(1.96)\frac{S_k}{\sqrt{k}}$，其中 k 是样本数量。

因为 $0.1\leqslant S_k\leqslant 0.2$，我们必须保证 $2(1.96)\frac{0.2}{\sqrt{k}}<0.2\rightarrow k>15.37$，所以 $k\geqslant 16$，即满足条件的最小的 k 为 16。

6. 均值为 2 的泊松分布的概率函数为：$p(n)=\frac{e^{-2}2^n}{n!}$

N	0	1	2	3	…
p	0.135 3	0.270 6	0.270 6	0.180 4	…
F	0.135 3	0.406 0	0.676 7	0.857 1	…

小的均匀随机数对应小的赔付次数，模拟理赔次数的随机数是 0.8。因为 $0.6767<0.8\leqslant 0.8571$，所以被模拟的理赔次数是 3。

帕累托分布的分布函数是 $F(x)=1-\left(\frac{\theta}{x+\theta}\right)^{\alpha}$。要从随机数 u 中计算被模拟的理赔金额 x，就相当于解式子 $u=F(x)$，因为小的均匀随机数对应少的赔付金额（标准的反变换方法）。

$0.6=1-\left(\frac{500}{x+500}\right)^2\Rightarrow$第一个被模拟的损失 $x=291$

$0.25=1-\left(\frac{500}{x+500}\right)^2\Rightarrow$第二个被模拟的损失 $x=77$

$0.7=1-\left(\frac{500}{x+500}\right)^2$ ⇒第三个被模拟的损失 $x=413$

一年的总损失为：291＋77＋413＝781。所以理赔金额为：(0.8)(750)＋(781－750)＝631。

7. 经验分布对两个数均有$\frac{1}{2}$的概率。

经验分布的均值是：$\frac{1}{2}(3+7)=5$。

均值的估计使用$\frac{1}{2}(x_1+x_2)$。

再抽样 {3，3}，{3，7}，{7，3}，{7，7}，结果如下表所示。

样本	估计值	方差
3，3	$\frac{3+3}{2}=3$	$(3-5)^2=4$
3，7	$\frac{3+7}{2}=5$	$(5-5)^2=0$
7，3	$\frac{7+3}{2}=5$	$(5-5)^2=0$
7，7	$\frac{7+7}{2}=7$	$(7-5)^2=4$

计算得 $\frac{1}{4}(4+0+0+4)=2$

8. 首先，找出要估计参数在经验分布中对应的值。因为原始样本有 5 个样本点，因此众位数就是第三个样本点，即 $\theta=4$。

其次，对于每个样本计算（样本中位数$-4)^2$。

因此，样本中位数的均方误差为：

$$\frac{1}{5}[(1-4)^2+(3-4)^2+(4-4)^2+(4-4)^2+(7-4)^2]=3.8$$

第 14 章

1. $S(x)=1-x/100=\frac{100-x}{100}$

$${}_{15}m_{25}=\frac{\int_0^{15}{}_tp_{25}u_{25+t}\mathrm{d}t}{\int_0^{15}{}_tp_{25}\mathrm{d}t}=\frac{S(25)-S(40)}{\int_0^{15}S(25+t)\mathrm{d}t}=\frac{\frac{15}{100}}{\int_0^{15}\frac{75-t}{100}\mathrm{d}t}=\frac{2}{135}$$

2. $S_Y(y)=P(Y>y)=P(\ln X>y)=P(X>\mathrm{e}^y)=e^{-\int_0^{e^y}3x^2\mathrm{d}x}=\mathrm{e}^{-\mathrm{e}^{3y}}$

$$S'_Y(y)=e^{-e^{3y}}(-3e^{3y})$$

$$\therefore \lambda_Y(y)=S'_Y(y)/S_Y(y)=3e^{3y}$$

3. $P\ (Y<y)=P\ (25x^2<y)=P\ (0\leqslant x<\frac{\sqrt{y}}{5})=\frac{\sqrt{y}}{50}$

$$\therefore S_Y(y)=1-\frac{\sqrt{y}}{50},S'_Y(y)=-\frac{1}{100\sqrt{y}}$$

$$\therefore \lambda(25)=\frac{\frac{1}{100}\times\frac{1}{5}}{1-\frac{\sqrt{25}}{50}}=\frac{1}{450}$$

4. 正确。请读者自行证明。

5. $e_0^0=\int_0^{o}{}_tp_0\,dt=\int_0^1{}_tp_0\,dt+\int_1^2{}_tp_0\,dt+\int_2^3{}_tp_0\,dt+\int_3^{o}{}_tp_0\,dt$

$$=\int_0^1(p_0)^t dt+\int_0^1 p_0\cdot{}_tp_1\,dt+\int_0^1{}_2p_0\cdot{}_tp_2\,dt$$

$$=\frac{(p_0)^t}{\ln p_0}\Big|_0^1+p_0\cdot\frac{(p_1)^t}{\ln p_1}\Big|_0^1+2p_o\cdot\frac{(p_2)^t}{\ln p_2}\Big|_0^1$$

$$=\frac{\left(\frac{l_1}{l_0}\right)-1}{\ln\frac{l_1}{l_0}}+\frac{l_1}{l_0}\cdot\frac{\left(\frac{l_2}{l_1}\right)-1}{ln\,\frac{l_2}{l_1}}+\frac{l_2}{l_0}\cdot\frac{\left(\frac{l_3}{l_2}\right)-1}{\ln\frac{l_3}{l_2}}$$

$$=1.473\,362$$

第15章

1. $\hat{m}_t=\frac{\int_0^1{}_tp_x\mu_{x+1}\,dt}{\int_0^1{}_tp_x\,dt}=\mu=-\ln p_t=-\ln\frac{N_{t+1}}{n_t}=-\ln\frac{1\,000-100}{1\,000}=0.1$

2. $\mathrm{Var}(\hat{m}_t)=\left(\frac{1}{E(\hat{p}_t)}\right)^2\mathrm{Var}(\hat{p}_t)=\left(\frac{1}{0.9}\right)^2\times\frac{1}{1\,000}\times0.9\times(1-0.9)=0.000\,111$

3. $\hat{f}(30)=\frac{D_t}{n}=0.02$

所以 $n=200/0.02=10\,000$

$$\mathrm{Var}({}_{20}D_{60})=n\cdot{}_{60|20}q_0(1-{}_{60|20}q_0)$$

$$=10\,000\times\frac{600-400}{10\,000}\times\frac{10\,000-(600-400)}{10\,000}=196$$

4. $\dfrac{d_x}{n_x - mr}$

5. $5 - e^{-u(0.4-0)} - e^{-u(0.5-0.1)} - e^{-u(0.6-0.2)} - e^{-u(0.7-0.3)} - e^{-u(0.8-0.4)} = 2$

所以 $e^{-0.4\mu} = 0.6$，

$$\hat{q}_{60} = 1 - e^{-\hat{\mu}} = 1 - 0.6^{2.5} = 0.721$$

第 16 章

1. $\hat{\lambda} = \dfrac{n}{\sum t_i}$

2. $f(t) = S(t)\mu_t = \alpha t e^{-\alpha t^2/2}$

$$L = \alpha^8 e^{-\frac{\alpha}{2}\sum_{i=1}^{8} t_i^2} \prod_{i=1}^{8} t_i$$

$$\ln L = 8\ln\alpha - \frac{\alpha}{2}\sum t_i^2 + \sum_{i=1}^{8} \ln t_i$$

两边同时对 α 求导：

$$\hat{\alpha} = \frac{16}{\sum t_i^2} = 0.001\,12$$

3. 12

4. 略。

第 17 章

1. (1) $P(n+t) = P(t)e^{nr_i}$

(2) 任何年龄区间人口所占总人口比例不随时间变化而变化。

(3) 女性生育函数的特征方程为：$\int_{\alpha}^{\beta} e^{-r_i x} S(x) \Phi_x^f dx = 1$

(4) $d_i = b_i - r_i$

2. $\dfrac{c}{\left(\int_0^w e^{-cx}\left(1 - \dfrac{x}{w}\right)dx\right)^{-1}}$

3. 线形插值、几何模型、Logistic 模型。

4. 略。

5. 正确。$l_0 = \int_0^w l_y \mu_y dy$

第 18 章

1. 配置法、最小二乘法、极大似然估计法、分段参数修匀、最小二乘三次样条、两弧三次样条、光滑连接修匀、四点修匀公式。

2. $-\frac{5}{63}$

3. 计算水平的提高。

4. 解答如下：

(1) 构建最小二乘函数。

(2) 对参数分别求导，并令偏导数为 0。

(3) 求出参数。

5. $\frac{1}{180}$

参考文献

George E. P. Box, Gwilym M. Jenkins, Gregory C. Reinsel, *Time Series Analysis: Forecasting & Control* (*3rd Edition*), Prentice Hall, 1994

Hardy, M., *Investment Guarantees: Modeling and Risk Management for Equity-Linked Life Insurance*, Wiley, 2003

James Douglas Hamilton, *Time Series Analysis*, Princeton University Press, 1994

Klugman, S. A., Panjer, H. H. and Willmot, G. E., *Loss Models: From Data to Decisions*, Second Edition, New York: Wiley, 2004

McDonald, R. L., *Derivatives Markets*, Second Edition, Addison Wesley, 2006

Peter J. Brockwell, Richard A. Davis, *Time Series: Theory and Methods*, 2nd edition, Springer, 1998

Robert S Pindyck, Daniel L Rubinfeld, *Econometric Models and Economic Forecasts*, 4th edition, McGraw-Hill/Irwin, 1997

Rubinfeld, D. L., and R. S. Pindyck, *Econometric Models & Economic Forecasts*, 4th Edition, Irwin / McGraw-Hill, 1998

Samuel A. B., *Study Manual for the SOA Exam C and CAS Exam*, 4 Fall 2007 Edition

Ross, S. M. 统计模拟（第 3 版）（英文影印版）. 北京：人民邮电出版

社，2006

安鸿志，陈兆国等著．时间序列的分析与应用．北京：科学出版社，1983

复旦大学编．概率论（第一册、第二册第一分册）北京：人民教育出版社，1979

高惠璇等编译．SAS 系统 SAS/ETS 软件使用手册．北京：中国统计出版社，1998

姜礼尚．期权定价的数学模型和方法．北京：高等教育出版社，2003

康诺华．实用非参数统计（第 3 版）．崔恒建译．北京：人民邮电出版社，2006

李晓林，孙佳美编著．生命表基础．北京：中国财政经济出版社，2006

茆诗松等．统计手册．北京：科学出版社，2003

王燕．应用时间序列分析．北京：中国人民大学出版社，2005。

吴岚，王燕．风险理论．北京：中国财政经济出版社，2006

周江雄，刘建华，黎颖芳编著．生命表的构造理论．天津：南开大学出版社，2001

邹公明编著．生存模型的构造理论．上海：上海财经大学出版社，2005

图书在版编目（CIP）数据

精算中常用的统计模型/黄向阳等编著.
北京：中国人民大学出版社，2009
（21世纪保险精算系列教材）
ISBN 978-7-300-10255-9

Ⅰ. 精…
Ⅱ. 黄…
Ⅲ. 保险-精算学-统计模型-教材
Ⅳ. F840.4

中国版本图书馆CIP数据核字（2009）第007057号

21世纪保险精算系列教材
精算师考试用书
中国人民大学风险管理与精算中心主编
精算中常用的统计模型
黄向阳　金　阳　肖宇谷　宁　威　编著

出版发行	中国人民大学出版社		
社　　址	北京中关村大街31号	**邮政编码**	100080
电　　话	010－62511242（总编室）		010－62511398（质管部）
	010－82501766（邮购部）		010－62514148（门市部）
	010－62515195（发行公司）		010－62515275（盗版举报）
网　　址	http://www.crup.com.cn		
	http://www.ttrnet.com(人大教研网)		
经　　销	新华书店		
印　　刷	北京昌联印刷有限公司		
规　　格	170 mm×228 mm　16开本	**版　　次**	2009年2月第1版
印　　张	23	**印　　次**	2013年3月第2次印刷
字　　数	416 000	**定　　价**	32.00元

出教材学术精品　育人文社科英才

中国人民大学出版社读者信息反馈表

尊敬的读者：

感谢您购买和使用中国人民大学出版社的________________一书，我们希望通过这张小小的反馈卡来获得您更多的建议和意见，以改进我们的工作，加强我们双方的沟通和联系。我们期待着能为更多的读者提供更多的好书。

请您填妥下表后，寄回或传真回复我们，对您的支持我们不胜感激！

1. 您是从何种途径得知本书的：

❑书店　❑网上　❑报刊杂志　❑朋友推荐

2. 您为什么决定购买本书：

❑工作需要　❑学习参考　❑对本书主题感兴趣

❑随便翻翻

3. 您对本书内容的评价是：

❑很好　❑好　❑一般　❑差　❑很差

4. 您在阅读本书的过程中有没有发现明显的专业及编校错误，如果有，它们是：____

____

____

5. 您对哪些专业的图书信息比较感兴趣：________________________

____

6. 如果方便，请提供您的个人信息，以便于我们和您联系（您的个人资料我们将严格保密）：

您供职的单位：________________________

您教授的课程（教师填写）：________________

您的通信地址：________________________

您的电子邮箱：________________________

请联系我们：

电话：62515732　62514162　82501704

传真：62514775

E-mail：rdcbsjg@crup.com.cn

通讯地址：北京市海淀区中关村大街甲59号文化大厦15层　100872

中国人民大学出版社工商管理出版分社

人大版
自 ① 检